高等职业教育公共管理与服务类专业系列教材

民 政 工 作

第 2 版

主　编　徐静春　刘　昉

副主编　肖　静

参　编　杨颂平　梁俊华　刘三强　雷建玲

　　　　陈　辉　何秀琴　吕　露

机械工业出版社

本书为项目式教材，开发的理论依据是当代高等职业教育的前沿课程理论和教育部基于工作过程导向的课程开发指导方针。本书按照高等职业教育人才培养目标设置内容，紧扣专业人才核心能力；按照理论够用、任务驱动的原则，进行教学环节的重构，注重培养专业精干、动手能力和实操能力强的实用型人才。

本书主要面向高职高专和应用型本科院校公共管理与服务大类专业（如民政服务与管理）的学生，也可作为社会工作师、助理社会工作师、社区工作者、社区管理员、民政系统管理人员等自我进修和提高的参考读物。

为方便教学，本书配备电子课件、习题答案、教学大纲、试卷等教学资源。凡选用本书作为教材的教师均可登录机械工业出版社教育服务网 www.cmpedu.com 下载。咨询电话：010-88379375；服务QQ：945379158。

图书在版编目（CIP）数据

民政工作 / 徐静春，刘昉主编. —2 版. —北京：机械工业出版社，2022.12（2025.1 重印）
高等职业教育公共管理与服务类专业系列教材
ISBN 978-7-111-72177-2

Ⅰ. ①民… Ⅱ. ①徐… ②刘… Ⅲ. ①民政工作 – 中国 – 高等职业教育 – 教材 Ⅳ. ①D632

中国版本图书馆 CIP 数据核字（2022）第 231417 号

机械工业出版社（北京市百万庄大街 22 号 邮政编码 100037）
策划编辑：乔　晨　　　　　责任编辑：乔　晨　单元花
责任校对：贾海霞　王　延　　封面设计：鞠　杨
责任印制：邓　敏
中煤（北京）印务有限公司印刷
2025 年 1 月第 2 版第 4 次印刷
184mm×260mm・18.75 印张・401 千字
标准书号：ISBN 978-7-111-72177-2
定价：49.80 元

电话服务　　　　　　　　网络服务
客服电话：010-88361066　机 工 官 网：www.cmpbook.com
　　　　　010-88379833　机 工 官 博：weibo.com/cmp1952
　　　　　010-68326294　金 书 网：www.golden-book.com
封底无防伪标均为盗版　　机工教育服务网：www.cmpedu.com

前言 Preface

2019年，习近平总书记对民政工作做出重要指示。4月2日召开的第十四次全国民政会议上，对该指示进行传达。"聚焦脱贫攻坚，聚焦特殊群体，聚焦群众关切"，三个"聚焦"高屋建瓴，为下一步民政工作的开展提供了明确的行动指南。习近平总书记指出，各级民政部门要"更好履行基本民生保障、基层社会治理、基本社会服务等职责"，指出了民政事业发展的根基，明确了新时代民政工作的主要职责，强调了民政工作的定位是社会建设的兜底性、基础性工作，民政工作对改革发展稳定大局具有重要促进作用。做好基本民生保障工作，当务之急是要兜住底。习近平总书记的重要指示，要求民政人从民生保障的兜底性工作和社会治理的基础性工作来把握民政在社会建设中的具体定位。群众的满意度和获得感，来自于基层服务能力的创新和提升，是衡量各项工作的基本尺度，也是民政部门履行基层社会治理职能的主要内容。

民政工作以人民群众为对象，为民谋利、为民施政是民政工作的本质属性。基层民政工作承担民生保障、基层民主政治建设、社区综合治理之责，任务重、事务杂、责任大、涉及面广、工作手段多样。许多工作不是在聚光灯下，而是在灯火阑珊处，其工作难度、效度、持续度最考验工作者的阅历、智慧和专业素养。系统的专业学习、案例阅读、工作预案前置体验，在入职之初，最不能缺席！

本书立足于对单项民政工作的探索，既清楚阐释了具体工作的概念、特征、政策辑要、工作方略，又提出问题，引人深入思考；重点突出怎样创新地去开拓，将实践中行之有效而又有创新意识的各种工作经验进行概括浓缩，以期产生开启民政工作者智慧之门的功效。

2018年，国务院机构改革方案提请十三届全国人民代表大会第一次会议审议通过成立退役军人事务部，自此，新中国成立以来民政部门承担的优抚、安置、双拥工作正式移交给退役军人事务部。同日，国务院机构改革方案提请十三届全国人民代表大会第一次会议审议通过成立应急管理部，自此，新中国成立以来民政部门承担的抢险救灾、灾害救援工作正式移交给应急管理部。

本次修订充分吸收了近年来民政工作发展创新获得的理论成果和宝贵的实践经验，并且移出了已被调出的业务工作内容，同时结合近年来，特别是民政工作结束"十三五"，迈向"十四五"和2035远景目标所带来的工作理念、工作规范、工作规程的渐变，努力给民政工作教育和干部培训，提供系统规范和比较全面的基层民政工作教程。

本书由徐静春、刘昉主编。各项目撰写的具体分工如下：项目一、项目九由刘昉编写；

项目二由杨颂平编写；项目三、项目四由梁俊华编写；项目五由刘三强编写；项目六、项目十由徐静春编写；项目七、项目八由雷建玲编写；项目十一由何秀琴编写；项目十二、项目十三、项目十四由肖静编写；项目十五、项目十六由吕露编写。陈辉参与统稿和部分编审工作。本书教学大纲由徐静春编写。

目前，我国的民政工作正处于不断完善的过程中，加之编写团队的能力和水平有限，书中难免存在不当之处，恳请广大专家、学者、同行和其他读者批评指正，以利于我们在实践中继续修改和完善。

为方便教学，本书配备教学大纲、电子课件、习题答案、试卷等教学资源。凡选用本书作为教材的教师均可登录机械工业出版社教育服务网 www.cmpedu.com 下载。咨询电话：010-88379375；服务QQ：945379158。

编　者

目录

前言

项目一　认识民政工作 ... 1
任务一　知道什么是民政 ... 2
任务二　熟悉民政工作的主要内容 ... 7
任务三　把握民政事业发展规划 ... 12
练习题 ... 16

项目二　学习社会工作的基本方法在民政工作中的运用 ... 18
任务一　了解民政工作与社会工作的联系 ... 19
任务二　掌握社会工作的理念与基本方法 ... 24
任务三　运用社会工作的基本方法处理具体民政工作 ... 33
练习题 ... 38

项目三　认知基层政权建设 ... 40
任务一　认识基层政权 ... 40
任务二　了解基层政权建设的目标和内容 ... 41
任务三　熟悉基层政权建设中的职责与任务 ... 44
练习题 ... 48

项目四　熟悉基层群众自治组织建设 ... 49
任务一　掌握基层群众自治组织建设的任务 ... 49
任务二　指导开展村（居）民自治示范 ... 53
任务三　指导监督村（居）民委员会的选举 ... 56
任务四　了解和谐社区建设 ... 61
练习题 ... 64

项目五　开展社会救助 ... 66
任务一　认定最低生活保障 ... 67
任务二　救助供养特困人员 ... 76
任务三　临时救助 ... 85
练习题 ... 91

项目六　救助流浪乞讨人员 93
任务一　了解流浪乞讨人员救助管理变革 93
任务二　救助与跟进管理流浪乞讨人员 98
练习题 103

项目七　登记婚姻事务 105
任务一　认知婚姻登记事务 106
任务二　办理结婚登记 110
任务三　办理离婚登记 115
任务四　办理补领婚姻登记证 120
练习题 122

项目八　登记收养事务 124
任务一　认知收养登记事务 125
任务二　办理收养登记 127
任务三　办理解除收养关系登记 137
任务四　办理撤销收养登记与补领收养登记证、解除收养关系证明 140
练习题 144

项目九　登记管理社会组织 146
任务一　认知社会组织 147
任务二　熟悉社会团体登记管理 152
任务三　熟悉基金会管理 160
任务四　熟悉民办非企业单位登记管理 167
任务五　熟悉社会组织执法监督 175
练习题 179

项目十　管理行政区划和地名事务 181
任务一　认知行政区划 181
任务二　做好行政区划变更 185
任务三　熟悉边界争议处理 190
任务四　熟悉行政区域界线管理 192
任务五　熟悉地名命名与更名 196
练习题 203

项目十一　管理殡葬事务 205
任务一　管理殡葬事务与改革殡葬习俗 205
任务二　管理殡仪馆 209

任务三	服务殡仪客户	212
任务四	管理公墓	215
练习题		218

项目十二　开展老年人福利事业　220

任务一	搜集老龄化社会资料	220
任务二	熟悉居家养老、社区养老、机构养老方式	223
练习题		229

项目十三　开展儿童福利事业　231

任务一	了解儿童福利事业	231
任务二	农村留守儿童关爱服务和困境儿童保障	235
任务三	管理儿童福利院	240
任务四	熟悉残疾儿童康复服务	243
任务五	熟悉家庭寄养	246
练习题		250

项目十四　开展残疾人福利事业　251

任务一	了解残疾人福利事业	252
任务二	熟悉残疾人康复	256
任务三	熟悉残疾人就业	260
练习题		263

项目十五　认知慈善募捐　265

任务一	熟悉慈善募捐工作	265
任务二	熟悉善款筹集与使用	269
练习题		274

项目十六　认知福利彩票　276

任务一	熟悉福利彩票发行和销售管理	276
任务二	熟悉福利彩票资金使用与管理	281
练习题		287

参考文献　289

项目一　认识民政工作

> **项目概述**
>
> 　　民政工作源远流长，当前已成为和谐社会建设的重要工作之一。本项目要求学生了解、熟悉民政工作，清楚民政工作的任务和内容，探索民政工作的改革与发展趋势，促使学生对民政工作有概貌性的了解，培养学生一定的宏观思维能力。
>
> 　　本项目包括：知道什么是民政、熟悉民政工作的主要内容、把握民政事业发展规划三项任务。

背景介绍

　　在日常工作中，为促进某行业的规范发展，总结该行业深化改革和开拓市场的经验，进行交流和推广，同时旨在加强行业自律，需要成立非营利性的行业协会。那么，成立该协会需要到哪个部门申请呢？还有，在日常生活中，你的邻居因失业、家庭成员又罹患重大疾病，家庭人均收入低于当地城乡居民最低生活保障标准该怎么办？该找哪个部门寻求救助？办理婚姻登记去哪里？遇到城市中生活无着落的流浪乞讨人员该怎么办？受到家庭暴力的受害人可以到哪里寻求临时庇护？年满80岁的高龄老人的生活补贴到哪里领取？当前，应对人口老龄化的养老服务由谁负责？农村留守老人、留守儿童的关爱服务和困境儿童的保障由谁提供？未成年人保护工作涉及千家万户，关系广大群众的切身利益，根据2021年6月1日起施行的《中华人民共和国未成年人保护法》，未成年人保护工作协调机制牵头部门是谁？为社会中遇到灾难或不幸的人群提供公益服务的、实质上进行社会再分配的慈善事业由哪个部门来规范管理？这一切都离不开各级政府的一个重要职能部门——民政部门。各级民政部门代表政府所从事的社会救助、社会组织管理、基层政权建设和社区治理、区划地名管理、社会事务、养老服务、儿童福利、慈善事业和社会工作管理等工作，与我们的生活密切相关，与社会的稳定、和谐、可持续发展息息相关，是关系民生、连着民心的工作，是社会建设的兜底性、基础性工作。

任务一　知道什么是民政

任务描述

什么是民政？民政工作到底是干什么的？通过大家日常生活中的所见所闻，通过阅读"孺子牛"奖获得者的事迹，来感知你周围的民政社会管理与公共服务工作，了解民政的起源，民政工作的内涵、性质、特点、功能与宗旨等。

任务实施

请谈谈自己、家人、所在社区与民政的联系，举一个你认为民政是干什么的例子。

任务引导

1. 通过不同渠道，了解民政和民政工作的内容。
2. 了解民政部门最高荣誉"孺子牛"奖。

知识链接

1. 民政的源起

"民政"一词，溯其源流，源于"民事"一词，在先秦古籍，如《尚书·商书·太甲下》中就有"无轻民事，惟难"之句。民事在古代泛指民间诸事，民事是民政最早的来源，它涵盖了民政工作最初的内涵和外延。

新中国成立之初，中央设立内务部管理民政事务。1978年，设立"中华人民共和国民政部"，在历次国家机构改革中保留并延续至今。根据2018年十九届三中全会审议通过的《中共中央关于深化党和国家机构改革的决定》《深化党和国家机构改革方案》和第十三届全国人民代表大会第一次会议批准的《国务院机构改革方案》，民政工作主要涉及社会组织管理、社会救助、基层政权建设和社区治理、区划地名、社会事务、养老服务、儿童福利、慈善事业促进和社会工作等工作。

2. 民政工作的内涵

历史上"民政"工作有广义、狭义之分。广义的民政与军政相对应，泛指国家对除军事以外的一切社会事务的管理。狭义的民政指的是国家对一部分社会事务的行政管理，这些事务均是以人民群众为对象的。

民政工作是指具体的民政业务和工作,是国家对社会事务行政管理的一个重要内容,承担着解决社会问题、调整社会关系、稳定社会秩序的重要任务。其作用是服务于国家经济和社会进步,在社会管理和建设中发挥调解、稳定、助动的作用。在不同的历史时期,民政工作的内容有所不同,但其本质没有变,都是与人民群众的切身利益密切相关,都是为民之政、爱民之政,在和谐社会建设中,发挥着社会稳定器和减压阀的作用。

3. 民政工作的性质

社会主义制度条件下的民政工作,是人民政府与人民群众紧密结合,充分发挥人民群众民主自治作用的一种社会管理工作。它是政府的一种行政管理工作,具有社会行政管理的属性;它是党和政府同人民群众紧密联系的一种行政性社会工作;它是人民群众民主自治的社会性管理工作。

4. 民政工作的特点

民政工作具有多元性、社会性、群众性、政治性特点。民政工作的多元性体现在内容繁杂,各项业务可自成体系,工作中牵涉部门多。民政工作所涉及的社会事务多具有社会性,人们从出生到死亡,各个生活周期都有相关事务牵涉到民政工作的内容。民政工作的群众性体现在其根本工作目的、活动宗旨,以及全部活动的出发点和归宿,就是为广大人民群众谋利益,为群众排忧解难,聚焦群众关切的问题。人民群众是民政工作活动的主体,直接参与民政工作,参与民政社会管理,既是民政工作的创造者和建设者,也是民政工作的受益者。民政工作历来具有鲜明的政治性特点,民政部门讲政治,要求民政干部坚持正确的政治观点,保持正确的政治方向和政治立场,要求民政工作贯彻执行党的基本路线,围绕中心,服务大局,处理好党和政府与人民群众的关系问题。

5. 民政工作的功能

(1)保障基本人权,促进人的发展。通过社会再分配来保障贫困人口、残疾人、老年人、孤儿等社会弱势群体的基本生存权,通过基层政权和社区治理来实现公民的选举权和被选举权以及参与社会管理的权利,通过对社会组织的管理实现公民的自由结社权。

(2)维护社会公平。民政工作的基本对象是社会弱势群体、特殊群体。

(3)维护社会稳定,促进社会发展。民政工作通过保障基本人权,通过满足人们的基本生活和社会需要,维护了社会公平,促进了人的发展,这就自然发挥了维护社会稳定、促进社会发展的功能。

(4)促进社会主义精神文明建设。民政工作是做人的工作,保障了基本人权,它直接面对的是广大人民群众,在工作中必然要体现社会主义精神文明的要求。民政工作所倡导的扶老、助残、恤孤、济困,还有社会工作倡导的助人自助、邻里守望的精神等也是精神文明建设的直接体现。

6. 民政工作的宗旨

民政工作的宗旨从最初的"上为国家分忧,下为百姓解愁",到第十一次全国民政会议确定的"三个服务"(为广大人民群众服务,为最需要帮助的困难群众服务,为改革发展稳定的大局服务),都是适应不同历史发展时期和形势要求的理论概括。2004年,全国民政厅(局)长会议上,民政部原部长李学举将民政工作宗旨提炼为"以民为本,为民解困"。2006年,第十二次全国民政会议在"以民为本,为民解困"的基础上增加了"为民服务","以民为本,为民解困,为民服务"更加全面地体现了民政工作的本质特征,是党和政府重点关注、感情所系,也是民政工作职责所在、使命所系,是对民政部门践行"三个代表"重要思想、实现科学发展观、构建社会主义和谐社会的具体要求,是指导各级民政部门与时俱进、推进民政事业全面协调发展的行动纲领。

党的十八大以来,习近平总书记对民生民政工作做出的一系列重要论述和指示,为做好民政工作提供了根本遵循。党的十八届六中全会以后,民政部党组在深刻学习领会的基础上提出的"民政为民、民政爱民"工作理念,贯彻了党的执政宗旨,明确了民政工作的核心职责和神圣使命,阐明了做好新时代民政工作应有的情怀,提出了民政工作者职业操守的根本标准,全面体现了习近平新时代中国特色社会主义思想对民政工作的核心要求。

案例阅读

给孤残儿童"当妈"15年

李明英是钦州市儿童福利院的一名孤残儿童护理员,她在这个平凡的岗位上一干就是15个年头。李明英把爱全部奉献给每一位孤残儿童,把孤残儿童当作儿女般呵护、教育,用母爱的光辉为他们托起爱的港湾。2019年3月29日,民政部决定,授予李绍纯等30名同志中华人民共和国民政部最高荣誉奖——"孺子牛"奖,李明英系获得者之一。

1. 愿成为爱的海洋里的一滴水

提起李明英,人们总喜欢夸她"舍小我为大家"。

"我读幼儿园的时候,农场那有个托儿所,妈妈就在那里工作,每天都能看见她无微不至地照顾小孩子,教会他们穿衣服、喝水、走路、讲故事……"1974年,李明英出生在一个普通工人家庭,捉襟见肘的家境磨砺了她吃苦耐劳的特性,父母的言传身教又种下她乐于助人的希望之果。父母是孩子最好的导师。"记忆中,父母对我很严厉,他们总教我要与人和善。"

初心之始,还来自雷锋故事的感染。"教室里都贴着雷锋叔叔的画像,学校鼓励我们去帮助他人……"回忆起年少,李明英说那时的她就想着要像雷锋叔叔一样不计名利、助人为乐,长大后当一名老师或者医生,帮助有需要的人。

高中毕业后,李明英早早步入了社会,进工厂、入车间、摆地摊,学会了乐观、坚韧、果敢。这一闯,就是10年。

2003年10月的一天，朋友无意中向李明英提起市社会福利院的招聘启事。"母亲在托儿所工作的情景一下就浮现在眼前，我要去试试看！"

正是这样的一个契机，让这颗乐于助人的种子，回到了适合它生长的沃土。

由于富有爱心、操作熟练，李明英从众人中脱颖而出，正式入职。她知道机会来之不易，从小班护理员开始干起，勤奋刻苦，踏实肯干，如饥似渴地在新环境里学习。

工作后不久，李明英开始深深感受到压在肩上的担子的重量。

民惜素，患有先天性心脏病和地中海贫血，刚进福利院时总是愁容满面，用戒备的眼神盯着外界。

为了帮助这个孩子，李明英经常让她留在自己的视线范围内，总是握着她的手与她交流，经常来抱抱她，让她能感受到妈妈般的温暖。渐渐地，惜素的脸上露出了笑容，并且能够与大家用表情和肢体沟通了。

2．孤残儿童也要健康成长

"只要孩子们有需要，我必定倾尽全部的力量！"李明英铿锵的话语，至今还深深印在其他护理员的心中。

"工作累，待遇低，还坚持做下去吗？"李明英坦言，也曾多次叩问过内心，也在一瞬间产生过一走了之的念头。然而，看到孩子们天真可爱的笑容、渴望关爱的眼神、哭闹撒娇的模样时，她的内心就一次次被触动。这种根植于心的爱，让李明英愈发坚定地认为，这份工作带来的不仅是养活自己的薪水，更重要的是和孩子们在一起的快乐。

"每天看着那一张张稚气的笑脸，就感觉没有理由不把他们照顾好，看着他们一点点地成长，就是无比的幸福。"李明英渐渐喜欢上这份工作，因为她觉得自己是"被孩子们的快乐所感染着的人"。

繁杂的工作并未消磨李明英的意志，反而促使她化解了容易烦躁的情绪，为今后的工作积攒下了宝贵的经验。

民清朵，五个月大了，现在刚学会翻身，能够靠墙坐着，看到有人在她面前就会笑眯眯的。小清朵出生三天就到了市儿童福利院，体重只有2千克，全身发黄，整个下肢都是硬的。护士给她抽血化验的时候，针口按压了好久都没有止血，把大家都吓坏了。李明英带领十几个护理员对其进行了细致严谨的照料。

医生针对清朵的身体状况进行评估后，制定了全方面治疗方案。一个星期后，清朵的黄疸基本消失了，两个月后身上的硬肿基本没有了。最大的问题是，清朵总是喜欢吐奶，营养始终跟不上。

"怎么才能帮到这个可怜的孩子呢？"李明英思考了很久，决定为她申请使用早产儿奶粉。医疗方面的对症治疗配合精心照料，清朵的体质有了很大的改善。

光解决了清朵的问题还不够。在市儿童福利院里像清朵一样的孩子还有很多。他们有的是早产儿，有的是营养不良，有的是低出生体重儿，都急需适当的高质量营养。为此，李明英倾尽全力与许多慈善爱心机构联系，帮助院内的孩子们争取帮扶资助。

"有党和政府的关怀,还有社会上许多爱心组织和人士的帮助,我们的孩子的生命必将更加精彩。"李明英说道。

3. 不让一个孩子在教育上掉队

逐渐成长为市儿童福利院业务骨干的李明英不敢轻言懈怠,因为还有更难的任务在等着她。"现在条件变好了,温饱、穿衣不成问题,孩子们最紧缺的,是教育。"

护理孤残儿童有苦有乐,不但要让孩子吃饱、穿好、睡好,还要用爱心去关心孩子的成长,从平时生活点滴中引导他们树立自强自立的信心,使他们真正能学会面对生活甚至独立生活。

对于大多数孤残儿童来说,学习生活技能不是一件易事,一个简单的动作要反反复复地学,还不一定学得会。李明英总是一遍又一遍地引导孩子重复完成那些适合自身发展的训练,让他们慢慢锻炼出自信心。

民俏荷,刚入院时只有两岁,是个脑瘫小女孩,不会坐、不会说,爱哭闹还不肯吃东西。李明英特别关注她,吃饭时把她抱在怀里慢慢地喂,建立了亲密关系后,便把她放在特别凳上坐着吃,还在她耳边轻声细语:"小朋友长大了都要坐着吃饭,所以俏荷也要坐着吃饭。"

时光一晃而过,俏荷早已十分依恋李明英,十分抗拒别的护理员。李明英发现了这个情况后,便有意识地减少和俏荷接触的时间,并告诉其他护理员,平时要多跟俏荷说话,特别是在吃饭时要多些沟通。经过一段时间的逐步适应,俏荷对别的护理员喂饭已经不抗拒,也逐渐适应了市儿童福利院的生活。

李明英不仅要在孩子的养育、护理、早期刺激及孩子的心理健康方面考虑和安排周详,还肩负着提高全班护理水平的责任。她积极参加院里举办的业务知识培训和院里安排到外地的学习培训,还利用业余时间参加育婴师的培训。

0至3岁是孩子成长的关键时期,早期刺激和情感交流显得尤为重要。自从接触到奥尔夫音乐后,李明英感到利用奥尔夫音乐进行亲子教学非常有帮助,于是利用休息时间在网上查找资料,下载有关奥尔夫音乐方面的视频供早教的老师参考。

早教三个小组都开展奥尔夫音乐课,老师会逐个抱着孩子一起感受音乐的律动,虽然每个孩子只有短短一首歌的时间,但孩子们都非常高兴,不管是婴儿还是两三岁的孩子,都能看到他们眼睛里露出兴奋的神采。

为了丰富孩子们的生活,李明英还把他们平时参加各种活动的照片制作成视频,她专门在网上查找资料,学习音频、视频的制作方法,制成影音视频给孩子们观看。看到自己的照片出现在电视上,孩子们都非常兴奋。如今,大、中、小班的老师在儿童生日会、节假日或文艺表演后都把相片制作成视频重复播放,让孩子们加深印象。

资料来源:钦州文明网　2019-05-15　记者:田时胜　赖昕。

【思考】我们从"孺子牛"奖获得者李明英的身上学到了什么?

【职业素养】"孺子牛"奖获得者所体现的民政精神,是每一个从业者应该坚守和弘扬的。

拓展知识

"孺子牛"奖是中华人民共和国民政部最高荣誉奖,于1986年11月设立,每4年评选一次。该奖取名于鲁迅先生"俯首甘为孺子牛"的名句,旨在体现、弘扬一往无前、踏实苦干、不图名利、勇于献身的精神。"孺子牛"奖主要授予全国民政系统中成绩卓著、有突出贡献和重大影响、堪称典范的工作人员,以及国内外关心、支持民政事业并做出重大贡献的社会各界人士。"孺子牛"奖由民政部授予,并向获奖者颁发"孺子牛"奖杯。

(1) 授奖条件。具备下列条件之一者,授予"孺子牛"奖:①勇于改革,为民政工作的发展做出突出贡献者;②工作中有重大发明创造,并取得显著效益者;③曾经担任民政部门领导工作,对我国民政事业的发展做出卓越贡献者;④关心、支持民政工作,对民政事业的发展做出重要贡献的社会人士;⑤关心、支持我国民政和社会保障事业,在国际交往和合作交流中做出突出贡献的爱国华侨、国际友好组织和人士。

(2) 评选办法。由各省、自治区、直辖市民政厅(局)提名,报中华人民共和国民政部最高荣誉奖评选委员会。"孺子牛"奖由民政部评选委员会评选,部务会议审定批准。评选委员会由现职正副部长二人,民政部咨询委员会成员五人,有关司局和人事教育局负责人各一人组成,部长任主任委员。

任务二 熟悉民政工作的主要内容

任务描述

在不同的历史时期,民政工作的内容各有不同,伴随经济社会的发展,民政工作也应因社会建设的需要而变化。例如,20世纪90年代初开展的农村养老保险到21世纪初划转到当时的劳动保障部门,同时又增加了指导社区建设、老龄工作、民办非企业登记和管理等工作。2018—2019年新一轮机构改革中,将优待抚恤、退伍军人安置、军休、灾害救助、大病医疗救助等业务划转。但是变中有恒,民政工作为民之政的性质没变。试通过搜索民政部门的职责,概括总结其主要工作内容。

任务实施

通过网络等渠道,了解民政部的各项主要职责,举例如下:

民政部职能、内设机构和人员编制规定

第一条 根据党的十九届三中全会审议通过的《中共中央关于深化党和国家机构改革的决定》《深化党和国家机构改革方案》和第十三届全国人民代表大会第一次会议批准的

《国务院机构改革方案》，制定本规定。

第二条　民政部是国务院组成部门，为正部级。

第三条　民政部贯彻落实党中央关于民政工作的方针政策和决策部署，在履行职责过程中坚持和加强党对民政工作的集中统一领导。主要职责是：

（一）拟订民政事业发展法律法规草案、政策、规划，制定部门规章和标准并组织实施。

（二）拟订社会团体、基金会、社会服务机构等社会组织登记和监督管理办法并组织实施，依法对社会组织进行登记管理和执法监督。

（三）拟订社会救助政策、标准，统筹社会救助体系建设，负责城乡居民最低生活保障、特困人员救助供养、临时救助、生活无着流浪乞讨人员救助工作。

（四）拟订城乡基层群众自治建设和社区治理政策，指导城乡社区治理体系和治理能力建设，提出加强和改进城乡基层政权建设的建议，推动基层民主政治建设。

（五）拟订行政区划、行政区域界限管理和地名管理政策、标准，负责报国务院审批的行政区划设立、命名、变更和政府驻地迁移审核工作，组织、指导省县级行政区域界线的勘定和管理工作，负责地名管理工作，负责重要自然地理实体以及国际公有领域、天体地理实体的命名、更名审核工作。

（六）拟订婚姻管理政策并组织实施，推进婚俗改革。

（七）拟订殡葬管理政策、服务规范并组织实施，推进殡葬改革。

（八）统筹推进、督促指导、监督管理养老服务工作，拟订养老服务体系建设规划、政策、标准并组织实施，承担老年人福利和特殊困难老年人救助工作。

（九）拟订残疾人权益保护政策，统筹推进残疾人福利制度建设和康复辅助器具产业发展。

（十）拟订儿童福利、孤弃儿童保障、儿童收养、儿童救助保护政策、标准，健全农村留守儿童关爱服务体系和困境儿童保障制度。

（十一）组织拟订促进慈善事业发展政策，指导社会捐助工作，负责福利彩票管理工作。

（十二）拟订社会工作、志愿服务政策和标准，会同有关部门推进社会工作人才队伍建设和志愿者队伍建设。

（十三）完成党中央、国务院交办的其他任务。

（十四）职能转变。民政部应强化基本民生保障职能，为困难群众、孤老孤残孤儿等特殊群体提供基本社会服务，促进资源向薄弱地区、领域、环节倾斜。积极培育社会组织、社会工作者等多元参与主体，推动搭建基层社会治理和社区公共服务平台。

（十五）有关职责分工。

1. 与国家卫生健康委员会的有关职责分工。民政部负责统筹推进、督促指导、监督管理养老服务工作，拟订养老服务体系建设规划、法规、政策、标准并组织实施，承担老年人福利和特殊困难老年人救助工作。国家卫生健康委员会负责拟订应对人口老龄化、医养结合政策措施，综合协调、督促指导、组织推进老龄事业发展，承担老年疾病防治、老年人医疗照护、老年人心理健康与关怀服务等老年健康工作。

2. 与自然资源部的有关职责分工。民政部会同自然资源部组织编制公布行政区划信息的中华人民共和国行政区划图。

......

第五条　民政部机关行政编制333名。设部长1名，副部长4名，司局级领导职数47名（含机关党委专职副书记1名、机关纪委书记1名、离退休干部局领导职数3名）。

第六条　民政部所属事业单位的设置、职责和编制事项另行规定。

第七条　本规定由中央机构编制委员会办公室负责解释，其调整由中央机构编制委员会办公室按规定程序办理。

第八条　本规定自2018年12月31日起施行。

任务引导

1. 结合你家乡民政部门的特点，了解民政工作内容。
2. 通过第十四次全国民政会议，学习习近平总书记关于民政工作的指示精神。

知识链接

1. 民政工作内容的学说

（1）"三个一部分"说。1983年，时任民政部部长的崔乃夫提出了"三个一部分"的说法。他认为民政工作可以划分为"三个一部分"，即政权建设的一部分，社会保障的一部分，行政管理的一部分（包括行政区划、社会团体、结婚登记、殡葬改革）。

（2）"四个方面"说。1998年国务院机构改革以后，民政部部长多吉才让首次提出"四个方面"的说法，并系统地回答了关于民政工作的职能定位等一系列重要理论问题。四个方面的内容为：一是以行政区划管理、省县边界管理、地名管理、社团管理、民办非企业单位管理、婚姻管理、殡葬管理、收养管理、流浪乞讨救助管理等为主要内容的社会事务管理方面的工作；二是以乡镇、街道政权的规范化建设和村委会、居委会等群众性自治组织建设为主要内容的基层民主政治建设方面的工作；三是以拥军优属、优待抚恤、烈士褒扬、安置退役战士和军队离退休干部等为主要内容的为军队和国防建设服务方面的工作（现已经移交退伍军人事务部管辖）；四是以为城乡贫困户、鳏寡孤独、老弱病残、灾民难民、流浪乞讨人员实施救助以及为老年人、残疾人等社会群体提供福利服务为主要内容的社会救助和社会福利方面的工作。

（3）"大民政"说。20世纪末，上海提出建立"大民政"管理格局的理念。所谓"大民政"就是以社区为载体，全面整合各项与人的发展和社会发展相关的政府、社会、个人的所有行政性、服务性、自助性社会工作，建构一张既包括传统民政业务又协调各部门相关工作，既覆盖全体市民又连接家庭、单位和社会保障，既符合中国文化和中国人的心理特征又具有鲜明时代特征的社会安全网络。其管理框架主要包括五个方面，即社区创新、福利发展、中介培育、健全保障和居民自治，其运行机制为"民政主导、各方配合、依托社区、中介运作、群众参与"。2009年全国民政工作年中分析会提出，北京市"大民政""大民生""大保障"的措施，推动了民政事业向更深、更广、更宽的领域发展，实现了民生事业的统筹发展、民生问题的整体解决，北京市的经验在全国有重要的宣传推广价值。其一，覆盖范围宽。做到了社会救助无盲点，社会福利服务适度普惠，特别是城乡所有老年人都能享受到多种形式的社会优待，城乡所有无保障老年居民都能享受到福利养老金。其二，涉及领域广。主要包括资助农村贫困人口参加新农合和新型农村养老保险，资助城乡贫困家庭参加"一老一小"大病医疗保险；为优抚对象和社会救助对象翻建住房，为无保障老年人发放居家养老服务券；提高孤残儿童养育标准，设立专款解决其成年后的住房、就业和社保问题；建设公益性公墓，为农民和城镇失业人员普遍发放丧葬费补助，惠及百姓生活的方方面面。其三，投入力度大。全市公共财政不断向保障和改善民生方面倾斜，把保障好老年人、困难群体、优抚对象、儿童生活作为重点，不断提高保障标准、大幅增加财政投入。其四，配套衔接强。北京市加强了社会救助、社会福利、慈善事业等方面政策的有机整合和城乡统筹，促进了民政与卫生、教育、住房和人力资源等部门相关政策的配套衔接。其五，机制模式新。通过落实税收优惠政策和实施财政补贴政策，吸引和扩大社会力量参与民政服务；建立了慈善组织行业自律机制，创新了社区管理和服务模式，有效提高了为民服务的质量和效率。

（4）"三聚焦""三基本（层）"说。2019年，习近平总书记对民政工作作出重要指示。4月2日召开的第十四次全国民政会议上，对该指示进行了传达。"聚焦脱贫攻坚，聚焦特殊群体，聚焦群众关切"，三个"聚焦"高屋建瓴，为下一步民政工作开展提供了明确的行动指南。习近平总书记深刻指出，民政部门要"更好履行基本民生保障、基层社会治理、基本社会服务等职责"，指出了民政事业发展的根基，明确了新时代民政工作的主要职责，强调了民政工作的定位是社会建设的兜底性、基础性工作，民政工作对改革发展稳定大局具有重要促进作用。做好基本民生保障工作，当务之急是要兜住底。总书记的重要指示，要求民政人从民生保障的兜底性工作和社会治理的基础性工作来把握民政在社会建设中的具体定位。群众的满意度和获得感，来自于基层服务能力的创新和提升，是衡量各项工作的基本尺度，也是民政部门履行基层社会治理职能的主要内容。基本的社会服务是民政部门长期以来的重要工作内容之一，包含了人生中的诸多重大环节：生老病死、婚丧嫁娶，对应着养老服务、婚姻登记服务、殡葬管理服务等方面的工作，其中养老是群众关切的突出问题。

2. 民政工作的对象

民政工作的对象是民政工作活动领域中所涉及的人、财、物、事的统称，包括主体对象、物质对象和抽象对象。主体对象就是人，具体可划分为：①直接与间接对象。直接对象是指民政工作中的直接当事人，如结婚登记的男女婚姻当事人、社会救助对象本人。间接对象是指与直接对象关系极其密切的相关亲属等人员。②比较稳定、定型的对象与不稳定、不定型的对象。比较稳定、定型的对象是指长期相对稳定的集中供养的特困对象等。不稳定、不定型的对象主要是指临时补助、救助户与人等。③普遍性、全民性的对象与局部性、专项性的对象。普遍性、全民性的对象主要是指基层政权与社区建设中的城乡居民、村民和移风易俗、殡葬改革、社区建设等全社会性改革活动的全民参与。局部性、专项性的对象主要是指特困对象、社区服务对象、社会救助对象、未成年保护对象等。民政工作的物质对象包括社会福利基金、有奖募捐款、民政事业费等财物。民政工作的抽象对象包括民政理论、民政教育、民政思想研究等内容。

民政工作的对象具有可变性，包括三层内涵：一是指具体到人、到户的民政工作对象，某些人与户是不断变化的，为个体变化；二是指在一定环境、条件下形成，又在一定环境、条件下改变了的民政工作对象群体，为群体变化；三是指不同历史时期、不同条件下，民政工作对象会发生部分的社会性变化。

拓展知识

目前，中华人民共和国民政部设下列内设机构：

（一）办公厅（国际合作司）。负责机关日常运转，承担信息、安全、保密、信访、政务公开、新闻宣传、国际交流合作和与港澳台交流合作等工作。

（二）政策法规司。负责起草相关法律法规草案和规章，承担民政行业标准化工作，承担规范性文件的合法性审查和行政复议、行政应诉等工作。

（三）规划财务司。拟订民政事业发展规划和民政基础设施建设标准，指导和监督中央财政拨付的民政事业资金管理工作。拟订民政部门彩票公益金使用管理办法，管理本级彩票公益金。承担民政统计管理和机关及直属单位预决算、财务、资产管理与内部审计工作。

（四）社会组织管理局（社会组织执法监督局）。拟订社会团体、基金会、社会服务机构等社会组织登记和监督管理办法，按照管理权限对社会组织进行登记管理和执法监督，指导地方对社会组织的登记管理和执法监督工作。

（五）社会救助司。拟订城乡居民最低生活保障、特困人员救助供养、临时救助等社会救助政策和标准，健全城乡社会救助体系，承办中央财政困难群众救助补助资金分配和监管工作。参与拟订医疗、住房、教育、就业、司法等救助相关办法。

（六）基层政权建设和社区治理司。拟订城乡基层群众自治建设和社区治理政策，指导城乡社区治理体系和治理能力建设，提出加强和改进城乡基层政权建设的建议，推动基层民主政治建设。

（七）区划地名司。拟订行政区划管理政策和行政区域界限、地名管理办法，审核报国务院审批的行政区划设立、命名、变更和政府驻地迁移，组织、指导省县级行政区域界线的勘定和管理，审核重要自然地理实体以及国际公有领域、天体地理实体的命名、更名，参与联合国地名标准化建设工作。

（八）社会事务司。推进婚俗和殡葬改革，拟订婚姻、殡葬、残疾人权益保护、生活无着流浪乞讨人员救助管理政策，参与拟订残疾人集中就业扶持政策，指导婚姻登记机关和残疾人社会福利、殡葬服务、生活无着流浪乞讨人员救助管理机构相关工作，协调省际生活无着流浪乞讨人员救助事务，指导开展家庭暴力受害人临时庇护救助工作。

（九）养老服务司。承担老年人福利工作，拟订老年人福利补贴制度和养老服务体系建设规划、政策、标准，协调推进农村留守老年人关爱服务工作，指导养老服务、老年人福利、特困人员救助供养机构管理工作。

（十）儿童福利司。拟订儿童福利、孤弃儿童保障、儿童收养、儿童救助保护政策、标准，健全农村留守儿童关爱服务体系和困境儿童保障制度，指导儿童福利、收养登记、救助保护机构管理工作。

（十一）慈善事业促进和社会工作司。拟订促进慈善事业发展政策和慈善信托、慈善组织及其活动管理办法。拟订福利彩票管理制度，监督福利彩票的开奖和销毁，管理监督福利彩票代销行为。拟订社会工作和志愿服务政策，组织推进社会工作人才队伍建设和志愿者队伍建设。

机关党委（人事司）。负责机关和在京直属单位的党群工作。承担机关和直属单位的人事管理、机构编制、教育培训、科技管理及队伍建设等工作。

离退休干部局。负责机关离退休干部工作，指导直属单位离退休干部工作。

任务三 把握民政事业发展规划

任务描述

"十四五"时期是我国全面建成小康社会、实现第一个百年奋斗目标之后，乘势而上开启全面建设社会主义现代化国家新征程、向第二个百年奋斗目标进军的第一个五年。编制"十四五"民政事业发展规划是全面贯彻落实党的十九大和十九届二中、三中、四中、五中全会精神和党中央、国务院决策部署，对标国家"十四五"规划纲要，系统谋划今后五年民政事业发展的重要举措。民政专业人才要把握民政事业发展规划，明确"十四五"时期民政事业发展主要目标、重点任务。

任务实施

1. 民政事业发展主要目标

到 2025 年民政事业发展主要目标：民政系统党的建设全面加强，制度体系进一步健全完善，基本民生保障、基层社会治理、基本社会服务水平显著提高，城乡区域发展差距明显缩小，民政事业现代化建设取得明显进展。

（1）基本民生保障更加有力。实现巩固拓展脱贫攻坚兜底保障成果同乡村振兴有效衔接。社会救助制度进一步完善，分层分类的社会救助体系建立健全。老年人、残疾人、儿童等社会福利适度普惠迈出新步伐。福利彩票支持基本民生保障的能力和水平进一步提升。

（2）基层社会治理更加有序。基层群众自治制度不断完善，城乡社区服务体系更加健全。社会组织、社会工作者、志愿者联动机制和参与社会治理的途径进一步畅通和规范。慈善事业的第三次分配作用更加凸显。行政区划设置与推进区域协调发展、新型城镇化进程相适应。

（3）基本社会服务更加有效。基本养老服务制度全面建立，居家社区机构相协调、医养康养相结合的养老服务体系更加完善，未成年人保护工作机制更加系统完备，地名、婚姻、殡葬等服务管理更加科学有效，普惠均等和智能精准程度同步提高。

到 2035 年民政事业发展的远景目标：对标国家基本实现社会主义现代化远景目标，展望 2035 年，与社会主义现代化国家相匹配的民政法规制度体系、技术支撑体系、人才队伍体系等全面形成，以人民为中心、共建共治共享、精准高效协同、兼顾韧性和温度的民政事业高质量发展新局面全面形成；基本民生保障体系更加完善，精准覆盖全部目标群体，在推进全体人民共同富裕中提供坚实兜底保障；基层社会治理能力基本实现现代化，在国家治理体系和治理能力现代化建设和更高水平平安中国建设中发挥重要基础性作用；基本社会服务实现更高层次、更高水平发展，成为国家基本公共服务均等化进程的重要支撑，在满足人民美好生活需要中贡献重要力量。

2. 民政事业发展主要任务指标

"十四五"时期民政事业主要发展指标见表 1-1。

表 1-1 "十四五"时期民政事业主要发展指标

序 号	指 标	单 位	2025 年目标值	属 性
1	城乡低保标准年度增速	%	不低于居民上年度人均消费支出增速	预期性
2	农村低保标准占城市低保标准比例	%	75	预期性
3	困难残疾人生活补贴覆盖率	%	100	约束性
4	重度残疾人护理补贴覆盖率	%	100	约束性
5	福利彩票销售网点数	万个	18	预期性
6	每百户居民拥有的城乡社区综合服务设施面积	平方米	>30	预期性
7	社会组织专职工作人员数量	万人	1250	预期性
8	社会工作专业人才总量	万人	200	预期性
9	志愿服务站点在社区综合服务设施中的覆盖率	%	80	预期性
10	婚姻登记"跨省通办"实施率	%	100	预期性
11	乡镇（街道）未成年人保护工作站覆盖率	%	50	预期性
12	查明身份信息流浪乞讨受助人员接送返回率	%	100	约束性
13	县级公益性安葬（放）设施覆盖率	%	100	约束性
14	养老机构护理型床位占比	%	≥55	约束性
15	乡镇（街道）范围具备综合功能的养老服务机构覆盖率	%	60	预期性

任务引导

了解"十四五"时期我国民政事业的发展主要目标和主要任务指标。

知识链接

1. "十四五"时期民政工作必须坚持的原则

（1）坚持党的全面领导。贯彻党把方向、谋大局、定政策、促改革的要求，深入学习习近平新时代中国特色社会主义思想，始终把习近平总书记重要指示精神作为民政工作的根本遵循，贯彻落实新时代党的组织路线，坚持严的主基调，确保民政事业始终沿着正确政治方向前进。

（2）坚持以人民为中心。聚焦巩固拓展脱贫攻坚兜底保障成果，聚焦特殊群体，聚焦群众关切，科学界定基本民生保障范围，稳步提升基本社会服务水平，尽力而为、量力而行，将党和政府的惠民政策精准送到群众身边，为实现"全体人民共同富裕取得更为明显的实质性进展"做出新贡献。

（3）坚持共建共治共享。充分调动广大社会组织、社会工作者、志愿者和慈善组织等社会力量，更好发挥政府作用，统筹利用各类资源，加大向基层放权力度，向基层队伍赋能、向参与主体赋能、向服务对象赋能，促进广泛参与、各负其责、互为补充、同频共振。

（4）坚持深化改革创新。用改革的办法和开放的视野补短板、强弱项、破壁垒，聚焦重点领域和关键环节，全面深化社会救助、基层治理、残疾人福利、儿童福利、养老服务、殡葬等改革，鼓励基层开拓创新，探索开展原创性、差异化改革，不断为民政事业发展探索新方式、注入新动能。

（5）坚持系统观念。以全局站位和长远眼光推动民政工作融入区域协调发展、创新驱动发展、乡村振兴、新型城镇化、可持续发展等国家重大战略，坚持民政事业城乡统筹、区域协调、整体推进，加强跨业务、全系统、多部门协同，更加注重防范化解民政领域重大风险，推动民政事业行稳致远。

2. 强化实施保障，推进民政事业高质量发展

坚持和加强党的全面领导，推进法规、制度、标准体系建设，加强资金保障，加强人才队伍、基层能力建设和新技术应用，构建全方位、多层级、管长远的民政事业发展保障体系，确保规划顺利实施，目标任务如期完成。

如何优化民政资源配置：

（1）加强资金保障。加强兜底性、基础性民政工作经费保障，与经济社会发展水平相适应，与宏观政策、社会政策相衔接。完善转移支付分配管理，向中西部地区、脱贫地区、民族地区、特殊类型地区等倾斜。优化中央财政安排用于社会福利事业的彩票公益金分配使用，提高资金使用效益。扩展民政事业资金来源渠道，总结金融支持养老服务的有益经验，综合运用税费减免、资金引导、培育孵化、人才支持、精神奖励、共建共治等多种手段，广泛吸引各类社会资金投入。加强民政服务设施建设，引导建设资金投向短板领域和薄弱环节。在保障实际需求的基础上，加强养老服务、儿童福利、未成年人保护、救助管理、精神卫生福利等服务设施资源整合和统筹利用，节约成本提高效率。

（2）推动对外合作交流。依托"一带一路"等多边、双边机制，加强社会救助、社区治理、地名管理、养老服务、儿童福利、社会事务、慈善事业、社会工作、志愿服务、康复辅助器具等领域的对接合作，讲好中国故事，实现互利共赢。引导规范社会组织依法有序参与国际交流合作。

（3）强化干部队伍建设。着力建设政治过硬、具备领导民政现代化建设能力的民政骨干队伍。坚持以党的政治建设为统领加强领导班子建设，着力提高干部队伍专业化能力，严格干部管理监督，以正确的选人用人导向激发干事创业的热情和责任担当，强化对敢担当善作为干部的激励和保护。持续抓好干部培养工作，在困难艰苦地区和基层一线锻炼干部。完善继续教育体系，健全专业人才职称评定制度，培育造就一支专业化、职业化民政技术技能人才队伍。

（4）增强基层服务能力。推动民政服务事项清单化管理，规范完善服务内容和标准，强化培训指导，提升基层民政为民办实事能力。总结推广乡镇（街道）社会工作人才队伍建设经验，推动乡镇（街道）社工站全覆盖，打通为民服务"最后一米"。推动健全政府购买社会工作服务长效机制，促进乡镇（街道）社工站建设和增强基层民政服务能力融合发展。

> **拓展知识**
>
> 民政部有关司局负责同志就贯彻落实《"十四五"民政事业发展规划》答记者问（节选）
>
> **问**：婚姻是家庭的纽带，请问民政部"十四五"期间将采取什么措施来促进婚姻家庭的幸福、稳定？
>
> **答**：婚姻是家庭的纽带，家庭是社会的基础。婚姻和谐、家庭幸福是社会稳定的基石。民政部门是婚姻登记管理的主管部门，"十四五"期间，民政部将按照党中央、国务院的决策部署，和相关部门密切配合，积极采取措施，通过加强适婚青年婚恋观、家庭观教育引导，对婚嫁陋习、天价彩礼等不良社会风气进行治理，助力婚姻家庭幸福稳定。
>
> 一是全面提升结婚登记颁证服务水平。"十四五"期间，我们将推动各地县（市、区）级婚姻登记机关至少设置一个独立的颁证大厅，探索将颁证仪式引入结婚登记流程，并实现颁证的常态化，通过引导婚姻当事人宣读结婚誓言、领取结婚证，在庄重神圣的仪式中宣告婚姻缔结，让当事人感悟铭记婚姻家庭蕴含的责任和担当。

二是推动县（市、区）级婚姻登记机关实现婚姻辅导服务全覆盖。"十四五"期间，我们将依托婚姻登记机关的阵地优势，建立婚姻家庭服务机制，重点是在县（市、区）级婚姻登记机关设置婚姻家庭辅导室（婚姻家庭纠纷调解室）和社会工作专业岗位，引入社会工作专业力量，为有需求的婚姻当事人提供情感沟通、心理疏导、关系修复、纠纷调解等服务，提高婚姻当事人维护婚姻家庭的综合能力和素质，减少冲动离婚行为。

三是开展婚俗改革试点工作。"十四五"期间，我们将依托婚姻登记机关，联合相关部门，从推广体现优秀中华文化的传统婚礼，组织举办集体婚礼，倡导特色突出、文明节俭的现代婚俗礼仪入手，探索建立婚俗改革长效机制，培育文明向上的婚俗文化，传承良好家风家教。今年（2021年）4月，民政部已经将河北省河间市等15个单位确认为全国首批婚俗改革实验区，后续我们还将公布一批。

四是推动各地把反对天价彩礼，抵制铺张浪费、大操大办等作为村规民约、居民公约的重要内容，充分发挥村（居）民议事会、人民调解委员会、道德评议会、红白理事会等群众自治组织的作用，强化村规民约、居民公约的遵守和落实。

练 习 题

一、填空题

1. "民政"一词，溯其源流，源于_____一词，在《尚书·商书·太甲下》中就有_____之句。

2. 从_____年设立"中华人民共和国民政部"，在历次国家机构改革中保留并延续至今。

二、单项选择题

1. 党的十八届六中全会以后，民政部党组在深刻学习领会的基础上提出（　　）工作理念，贯彻了党的执政宗旨，明确了民政工作的核心职责和神圣使命。

　　A. "上为国家分忧，下为百姓解愁"　　B. "以民为本，为民解困"
　　C. "以民为本，为民解困，为民服务"　　D. "民政为民、民政爱民"

2. "孺子牛"奖是哪一级民政部门颁发的奖项？（　　）

　　A. 民政部　　B. 民政厅　　C. 地市民政局　　D. 县市民政局

三、多项选择题

1. 民政执掌（　　）。

　　A. 劳动就业之政　　　　　　　　B. 民生保障之政
　　C. 基层民主之政　　　　　　　　D. 群众结社之政

2. 民政工作的特点有（　　　）。
   A. 多元性　　　　B. 社会性　　　　C. 群众性　　　　D. 政治性

四、判断题

1. 民政工作要为广大人民群众服务，为改革发展稳定的大局服务。　　　　（　　）
2. 民政部门有责任不让一个孩子因为穷而辍学。　　　　（　　）

五、问答题

"十四五"时期，民政工作必须坚持哪些原则？

项目二　学习社会工作的基本方法在民政工作中的运用

项目概述

本项目要求了解我国民政工作与现代社会工作的联系与区别，熟悉社会工作的个案、小组、社区三大直接工作方法，了解社会工作行政、社会工作督导、社会工作研究等间接工作方法，并能运用社工方法处理具体领域中的民政事务。

本项目包括：了解民政工作与社会工作的联系、掌握社会工作的理念与基本方法、运用社会工作的基本方法处理具体民政工作三项任务。

背景介绍

改革开放以来，我国进行了八次国务院机构改革，这与我国经济体制改革的不断深入和经济社会的不断发展基本做到了同步适应和逐步深化。

2006年党的十六届六中全会提出将社会工作作为和谐社会建构的一种重要制度安排。2008年7月的第六轮机构改革，增加了民政部推进社会工作及其人才队伍建设方面的职能，设立了社会工作司，标志着民政部已经成为我国社会工作及其人才队伍建设的政府职能部门。

2013年、2018年的国务院机构改革重点首先是转变政府职能，基于大部制思维进行了进一步的整合。2019年2月，民政部引导慈善社工资源实现"三个聚焦"，发挥慈善社工力量形式多样、机制灵活、贴近基层、针对性强的特点，更好地聚焦脱贫攻坚、聚焦特殊群体、聚焦群众关切，更好地引导慈善社工资源助力基本民生保障、基层社会治理、基层社会服务，更好发挥民政部门服务党和国家中心工作、服务改革发展稳定大局的作用，设立慈善事业促进和社会工作司。

党的十九大进一步强调了提升社会治理专业化水平的要求。2021年3月5日，李克强总理在政府工作报告中再次强调加强和创新社会治理。"加强和创新社会治理。夯实基层社会治理基础，健全城乡社区治理和服务体系，推进市域社会治理现代化试点。加强社会信用体系建设。大力发展社会工作，支持社会组织、人道救助、志愿服务、公益慈善发展。保障妇女、儿童、老年人、残疾人合法权益。继续完善信访制度，推进矛盾纠纷多元化解。"在3月12日新华社受权发布的2021年政府工作报告全文中，增加了"大力发展社会工作"的论述，这意味着社会工作的大力发展被纳入国务院的工作安排，按照国务院的工作安排，各项任务会被分解到对应的负责部门。

新华社3月12日还受权播发了《中华人民共和国国民经济和社会发展第十四个五年规划和2035年远景目标纲要》（以下简称"十四五"规划纲要）全文。与2020年11月3日党的十九届五中全会审议通过的《中共中央关于制定国民经济和社会发展第十四个五年规划和二〇三五年远景目标的建议》（以下简称"十四五"规划建议）对比，此次发布的"十四五"规划纲要中新增两处社会工作的内容。在第八篇第二十九章"新型城镇化建设工程"部分的"现代社区培育"中提出："实施大学生社工计划（新增），每万城镇常住人口拥有社区工作者18人"。第十四篇第五十一章第三节"积极引导社会力量参与基层治理"部分，明确提出"畅通和规范市场主体、新社会阶层、社会工作者和志愿者等参与社会治理的途径"，"支持和发展社会工作服务机构和志愿服务组织，壮大志愿者队伍，搭建更多志愿服务平台，健全志愿服务体系"。

民政部作为社会工作的主管部门，大力推动社会工作的发展责无旁贷。从民政部的工作职能来看，民政部门坚持为民理念，立足自身职责，在推进社会工作及其人才队伍建设方面做了大量卓有成效的工作。

随着"十四五"规划建议的落实和中央部委的推进，乡镇（街道）社工站建设已在全国范围内广泛地启动，我国社会工作事业迎来一个新的发展阶段。

社会工作以一种专业的身份和姿态正在融入民政工作场域，积极促进民政工作的变革，既是专业的实践，更是我国社会治理的必然要求。目前，社会工作正形成党委组织部门牵头总抓，民政部门具体负责，人力资源和社会保障、教育、发展改革、公安、司法、财政、卫生健康、信访、乡村振兴、机构编制等部门以及工会、共青团、妇联、残联等组织密切配合，社会力量广泛参与的工作格局。

下一步，民政部将坚持以人民为中心的发展思想，锚定新目标新要求，聚焦基层群众需求和社区服务体系建设短板弱项，不断深化完善社区治理，建设人人有责、人人尽责、人人享有的社会共同体，着力增进民生福祉，促进区域均衡发展，走共同富裕之路。

任务一　了解民政工作与社会工作的联系

任务描述

民政工作与社会工作联系紧密，全国人大常委会原副委员长，著名社会学家、法学家雷洁琼先生曾说："民政工作是中国特色的社会工作。"两者到底是何种关系呢？请比较民政工作与社会工作的异同。

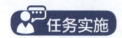

1. 民政工作和社会工作的相同点

（1）从民政工作和社会工作的使命来看，两者是相同的。民政工作是从"以人为本"的价值观出发，遵循"民政为民，民政爱民"的理念开展工作。社会工作也是从"以人为本"的价值观出发提供社会服务。无论民政工作还是社会工作，双方的工作者都注意到了被服务对象的价值和需要。

（2）从服务对象上看，两者都是为困难群体、弱势群体、特殊群体等有服务需要的群体提供福利服务的。

（3）从工作方法来看，两者都以服务为手段开展助人活动。

（4）从服务功能上看，两者都有助人的功能，民政工作和社会工作没有本质的区别。

2. 民政工作和社会工作的不同点

（1）从服务理念看，民政工作代表党和政府依法行政、依法服务。社会工作遵循"助人自助""平等""尊重""接纳""案主自决"等专业伦理，更强调和服务对象平等的地位，通过服务使服务对象能够自立自强。

（2）从服务内容看，民政部门还有大量其他社会事务，如社会组织管理、行政区划管理、婚姻登记、殡葬等社会管理职能。社会工作主要是为服务对象提供专业服务。

（3）从服务方式看，现阶段我国的民政工作主要是对不同对象施以不同帮助，对低保户、特困户等，主要是给钱给物，即救济型助人，对集中供养的城市"三无对象"和农村"五保户"提供生活护理服务，即服务型助人。社会工作主要是用个案工作、小组工作、社区工作、社会工作行政等专业方法进行服务型助人。

（4）从服务功能看，目前我国民政工作多侧重于救济性、保障性功能。国际流行的社会工作则多侧重于服务性功能。

（5）在"主体"和"应用"上的关系不同，即民政工作（包括本土的"工青妇"等部门开展的各类社会福利服务工作）是主体，是业务领域。当我们说民政工作的时候，首先想到的是社会福利、社会救助、社区建设等业务领域。社会工作是一门专业，是人们从长期社会服务实践中总结、提炼并不断丰富发展的专业操守、理论和方法，是一门实务性很强的专业技术。当我们说社会工作时，首先想到的是个案工作、小组工作、社区工作等专业理论和方法，而不是主要工作领域。

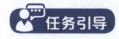

明白民政工作和社会工作的关系。

知识链接

社会工作的界定

社会工作在一些国家又被称作社会服务或社会福利服务。尽管在实务操作层面上，各个国家的社会工作性质及其工作领域大致相同，但在理论认识层面上人们对社会工作的认识却是仁者见仁，智者见智，尤其是在对"社会工作"概念的认识上不尽相同。联合国在1947年调查各国社会工作教育状况时，33个国家就提交了33种不同的社会工作定义。不同学者对社会工作的界定更是五花八门。归纳起来，学者们对"社会工作"的界定大体有五种不同的视角：

第一种视角是把社会工作看作一种"活动"。例如，联合国1960年出版的《国家社会服务计划的发展》指出："社会工作是运用个人潜能与社会资源，以协助个人调适环境的一种方法和技术。""社会工作是一种活动，用以帮助个人与其社会环境获得更好的相互调适。"[一] 李迎生根据中国现阶段的国情将社会工作定义为："社会工作者运用专业知识与方法帮助社会上处于不利地位的个人、群体和社区，克服困难、解决问题并预防问题的发生，恢复、改善和发展其功能，以适应和进行正常的社会生活的服务活动。"[二]

第二种视角是把社会工作看作一种"专业"。例如，我国台湾学者叶楚生在其《社会工作概论》中指出："现代社会工作或称社会事业，系指由政府机构或私立社团，所从事以协助个人、家庭、团体或社会发挥其潜能，调整其关系，或接触或预防其问题，并改进其生活或促进其福利的一种专业工作。它是一种有组织且具连续性的专业服务，需用现代科学知识与科学方法。"[三] 美国《社会工作年鉴》也认为社会工作是一种"专业工作"。

第三种视角是把社会工作看作一种"学科"。例如，在社会工作机构中，我们可能会听到"我是学社会工作专业的"。我国本科层次的社会工作专业所属的一级学科是法学，二级学科是社会学。高职层次的社会工作专业属于公共管理与服务大类中的公共事业类。

第四种视角是把社会工作看作一种"职业"。例如，我们常说，社会工作已经正式纳入国家职业序列中而成为一种新的职业了。很显然，在这里我们把社会工作首先看作一种专门的职业。许多学者也指出，社会工作与传统的助人活动的区别之一就在于它是一种专门的职业，是运用科学的方法和艺术的手段去解决各种各样的社会问题的职业。

第五种视角是把社会工作看作一种助人的"制度"。例如，西柏龄认为："社会工作是一种协助人们去预防和解决社会问题，恢复并增强他们社会生活功能的一种社会制度化的方法。"[四] 一般来说，社会工作是由政府或社会组织提供的一种规范化的、制度化的专业服务，它因此而被纳入现代社会的制度系统中，成为贯彻政府的福利政策、确保社会稳定的一种不

[一] 陈良瑾：《中国社会工作百科全书》，中国社会出版社，1994，第1页。
[二] 李迎生：《社会工作概论》，中国人民大学出版社，2004，第6页。
[三] 叶楚生：《社会工作实务》，台湾同泰印刷局，1986。
[四] 陈良瑾：《中国社会工作百科全书》，中国社会出版社，1994，第1页。

可或缺的社会制度。

2014年7月,在澳大利亚墨尔本召开的世界社工联合大会重新定义了社会工作:社会工作是以实践为基础的职业,是促进社会改革和发展、提高社会凝聚力、让人民享有权利并获得解放的一门学科。社会工作的使命是追求社会正义、人权、集体责任和尊重多样性。基于社会工作、社会学、人类学和本土化知识的理论基础,社会工作鼓励、引导人们和各类机构应对生活挑战和改善福利。会议还提出了社会工作发展的共同任务:一是促进社会发展和经济发展的平衡;二是维护人的尊严和价值;三是促进社区和环境的可持续发展;四是通过可持续的人类关系提升幸福感;五是为实践和教育提供适合的环境。[①]

上述不同视角都从某一个方面表达了社会工作的性质,也概括了社会工作的某些特征。根据国家职业标准对社会工作者的定义,我们认为,社会工作是在遵循助人自助的价值理念指导下,运用个案、小组、社区、行政等专业方法,以帮助机构和他人发挥自身潜能,协调社会关系,预防和解决社会问题,促进社会公正的一项专业性工作。

案例阅读

睦邻组织运动

19世纪后半叶,英国贫富差距加大,社会不平等加剧,出现了大量的社会问题。为了应对这些社会问题,各种民间组织自愿组织起来,主张以人道主义来回应和改变社会不平等状况,特别是贫富差距等问题。这一运动被称为睦邻组织运动。睦邻组织运动被誉为社区社会工作的先驱。

1. 汤恩比馆

"汤恩比馆"是社区早期形态之一,由巴纳特(Samuel Barnett)于1884年所创立。之所以取名汤恩比,是为纪念为此运动而英年早逝的学生汤恩比(Toynbee Arnold)。它的主要内容是解决工业化以及社会化所产生的新兴问题,特别是贫穷问题。为了解决这个问题,组织有共识之人士一起致力改革。他们认为让受过高等教育的知识分子与贫民一起生活,不仅有助于舒缓社会的阶级差距,实现政治上的民主与平等,更能使穷人有受教育及享受文化生活的机会。此外,共同生活可加深知识分子对贫穷问题的了解,更能促成贫穷问题的合理解决。东伦敦圣犹太牧区会牧森姆班勤为了使在大学就读的学生对居住于贫民区的劳工阶层有更深了解,在贫民区兴建了"汤恩比馆",此馆也被称为"大学睦邻区",目的是使大学学生也能与现实生活不脱节,使贫富拉近,也能使大学生与工人因拉近而互相学习。"汤恩比馆"和它里面的居民对于劳工阶级的教育也有很大的贡献:他们为劳工提供了夜间延伸学习、思辨和讨论的空间和课程,也促进了当地的文化团体及协会的形成。巴涅特夫妇曾经一度想要将"汤恩比馆"变成"劳工大学(Working Man's

---

[①] 赵蓬奇:新使命给社会工作再添生机:2014年国际社工联全体会议综述,中国社会报,2014.08.15。

University)",可惜之后因为一些因素而没办法如愿。同时,英国的工艺学校和一些夜间学校也开始发展。"汤恩比馆"最主要的贡献,则是为这种创新服务提供了一套测量和品质标准。它最主要的工作方法有四项:①工作者与服务对象在一起;②以居民的需求作为工作的重点;③充分运用当地的民力;④使各地的社区睦邻中心成为当地的社区服务中心,介绍本国和外国文化。

2. 霍尔馆

"霍尔馆"的创始人是美国的亚当斯女士。她受到"汤恩比馆"工作理念的启发,于1889年在美国芝加哥创立"霍尔馆"。"霍尔馆"的工作取向可用3R来概括,即Research,以研究来支援行动;Residence,与穷人共同生活以了解问题的真相;Reform,社会重建。

"霍尔馆"的设立不但对芝加哥市民的生活改善有重大贡献,也成为美国最著名的社会服务中心及当代社会工作的先驱。初期,这些"邻舍组织"的工作是提供居住区内居民各种实用的服务及咨询,其中大部分是针对移民和难民提供社会和教育的服务。有一种想法认为,"邻舍组织"在对于被形容为封建传统的英国睦邻运动做出一种反应。"邻舍组织"反对社会的不平等,并且对于某些社会改变表达明显和主动的关心,就如"霍尔馆"的创立者亚当斯所说的:"睦邻运动的教育活动,就如同它的慈善、公民和社会事业,是对于尝试社会化民主不同的表现形式,就如同睦邻运动本身非常真实地存在"。而且她期待睦邻运动像一种尝试,是去表达"生命的意义就在于生命本身,其表现的形式就是活动"。她也主张将睦邻运动视为一个"社会学的实验室"来收集社会事实。除此之外,她也将睦邻运动的精神视为一种"合成",是一个所需要的知识能够被测试且使用的地方。

3. 睦邻组织运动的贡献意义

给社区内的贫困者提供实质上的帮助,也使社区内的福利有了改善之道。由英国发起的"汤恩比馆"成了新的潮流运动,不仅如此,还相继成为其他国家模仿的对象,尤其是对美国的社会工作发展产生了很大的影响,显示并说明了社会工作的改善方式,应该从两个方面着手:从小的点——个人和大的点——社会两个方面共同进行,发现了新的服务方法,使社会工作走向更专业化的途径,此种方式运用到了社会个案工作的方法,并且发展了两大工作方法——社会团体工作和社区组织(李增录,1995)。

【思考】英国的睦邻组织运动对我国的民政工作有何启示?

【职业素养】睦邻组织运动从社区实际需要入手,发动、组织和整合社区力量,以促进社区福利为目的,寻求个人与社会生活的改善,既包括物质救济,也重视对受助人精神的关怀,同时强调对社区环境的改造,运用小组工作的方法,帮助社区居民发展友谊,学习文化,进行青少年小组活动,体现了以人为本的社区治理理念。

> **拓展知识**
>
> 2021年第四季度例行新闻发布会上，民政部慈善事业促进和社会工作司副司长表示，社会工作者广泛分布在社会福利、慈善事业、社会救助、社区建设、卫生健康、应急处置、矫治帮教、禁毒戒毒等众多领域，通过综合运用专业知识、技能和方法，帮助有需要的个人、家庭、组织和社区，整合社会资源，协调社会关系，预防和解决社会问题，恢复和发展社会功能，已经成为服务保障民生、加强基层治理、促进社会和谐的一支重要专业力量，在打赢脱贫攻坚战、实施乡村振兴战略、抗击新冠肺炎疫情等重大任务中均有出色表现。例如，在抗击新冠肺炎疫情中全国就有20多万名社会工作者贯彻落实习近平总书记重要指示精神，发挥专业优势，服务各类人群上千万人次，心理热线累计服务200余万人次，有力服务了抗疫大局。
>
> 资料来源：民政部网站。

任务二 掌握社会工作的理念与基本方法

任务描述

由于现代社会的纷繁复杂，社会工作专业强调熟悉社会工作实务观，以便能够面对和服务于不同的服务对象，处理各种各样的问题和应对各种不同情况。因此，要掌握社会工作的理念和社会工作的方法。

任务实施

1. 社会工作的专业价值

社会工作的专业价值是指社会工作者所遵守和奉行的专业服务理念和准则。社会工作专业伦理体系由核心价值、伦理原则和伦理标准三个方面内容构成。

不同学者对社会工作的专业价值的概括不完全一致。关于社会工作的专业价值的一般概括包括七点：

（1）服务。社会工作的宗旨就是为社会中有需要的人提供专业社会服务。

（2）利他。社会工作者为他人提供的服务应该超越个人利益，其行为动机是利他的、非功利的。

（3）社会公平与正义。社会工作者协助弱势群体争取平等发展机会，协助困难群体预防和克服障碍，走出困境，都是社会公平与正义的要求与体现。

（4）人的价值与尊严。社会中的每一个人都有与生俱来的价值与尊严。

（5）尊重与平等。社会工作者在服务过程中应从内心真诚地接纳服务对象，要以尊重和平等的态度与服务对象建立专业关系。

（6）合作。社会工作者与服务对象、社会工作者、所在专业服务机构之间，均应是合作关系。

（7）敬业。社会工作者应热爱自己的专业，坚信专业在社会发展中的作用，在实践中，更要不断学习提升自己的理论和实践水平，提高服务质量，积极促进社会工作专业的发展。

2. 社会工作的方法

（1）个案工作。美国社会工作的先驱玛丽·里士满（Mary Richmond），1917年出版了《社会诊断》，这本书被后人公认是第一本对社会工作系统论述的专著。因此，一般也认为，《社会诊断》的问世标志着现代社会工作的发端。1922年，她又出版了《什么是个案社会工作》，最早对个案工作进行了清晰的界定。

个案工作是专业工作者遵循基本的价值理念，运用科学的专业知识和技巧、以个别化的方式为遭遇困难的个人或家庭提供物质和心理方面的支持和服务，以帮助个人或家庭减少压力、解决问题、挖掘生命潜能，不断提高个人和社会的福利水平。

个案工作是一个助人的历程，是以个人或个别家庭为服务对象，让其更好地发挥社会功能，其目的是帮助人们解决本身能力和资源无法解决的问题。个案工作的本质是协调服务对象与社会环境之间的适应状况，恢复和增强个人或家庭的社会功能。

在协助过程中，个案工作者与案主之间维持着面对面或一对一的专业关系，运用专业知识、理论、方法与技巧协助失调的个人改善环境，增进生活适应能力；协调社会关系，建立良性互动网络；调适自我功能，促进人格发展；以健康、成熟的心态，来认识及面对问题，充分发挥自己的潜能，善用社会资源和机会，来解决问题，以提升自我信心和生活质量。

个案工作的特点：①注重以个人为工作对象；②注重建立一对一的专业助人关系；③注重个人和社会两方面的调整，兼顾形成问题的内因和外因；④注重知识基础。

个案工作的作用：①帮助个人或家庭善用社会资源；②帮助个人或家庭挖掘潜能；③帮助个人或家庭为适应新的生活转变做准备；④帮助个人或家庭处理突发性的危机事件。

个案工作的介入过程可分为接案或转介、收集资料、制订计划、签订协议、开展服务、结案、评估和追踪等八个基本阶段。根据个案工作的过程，可以把个案工作的技巧分为会谈、建立关系、收集资料、方案策划和评估等不同方面。

（2）小组工作。美国的科伊尔（Coyle）教授在1946年"全美社会工作大会"上提出，"小组工作应该是社会工作方法"被大会接受。从此，小组工作成为社会工作的三大方法之一。

小组工作又称团体工作，是指将小组作为服务对象（通常两个及以上的人）的助人工作方法，通过组员的互动和影响，帮助组员利用小组工作过程来应付和解决个人的社会心理功能性方面存在的问题，促进个人发生转变并得到成长。具有四层含义：①小组工作是工作者按照既定的目标带领和引导的一个过程，同时也是一种方法；②工作者的带领过程以科学的知识和技巧为基础；③小组成员在小组开展过程中进行互动；④小组活动围绕小组成员和小组的目标展开。

1）小组工作在功能上的特点：

① 影响个人转变。小组工作的最终目的在于帮助成员解决心理、家庭、社会等方面的问题，因此，促进个人改变是小组工作的核心功能。

② 社会控制。小组工作过程可以使小组成员学习、遵守、适应社会期望的行为规范，培养成员的社会责任心，使其学会在社会生活中承担合适的社会角色。

③ 形成群体力量解决问题。小组工作具有互助互惠的性质，通过成员之间的互助合作，依靠群体的力量解决问题。

④ 再社会化。小组服务可以帮助成员学习社会规范和人际关系的技巧，改变以往不适应社会的观点和行为。

⑤ 预防。对可能发生的困难做预测，并提供人们所需要的环境支援。小组的预防体现在小组的经验分享和学习中，通过组员之间的互动，学习对可能发生的困难的解决方法。

2）小组工作在成效上的特点：

① 促进人际交往。

② 运用团体动力。团体动力是指小组在实现目标的过程中，参与小组生命发展的各种复杂力量及其交互作用和交互方式。这个过程包括小组的形成、启动、发展、成熟、落幕、结束、跟进等所有过程。动力因素包括静态的因素，如机构、小组特性、领导者的个人特点、小组成员；还包括动态因素，如小组领导的方式和形态、成员的参与、沟通模式、冲突等。团体动力是影响成员改变的关键。

③ 促进经验分享和经验选择。小组工作为成员提供了一个可以分享彼此经验和感受的环境，通过互动和经验交流，增强成员的社会适应能力。

④ 带来的转变更为持久。

⑤ 在时间和人力资源等方面更经济。

小组工作过程可划分为五个阶段，即小组筹备期、小组初期、小组中期、小组后期和小组结束期。小组工作过程中常用的方法和技巧主要有：沟通和互动的技巧、控制小组进程的技巧、小组会议技巧和策划小组活动的技巧等。

（3）社区工作。到 20 世纪 60 年代，社区工作已被正式承认为社会工作专业的一个基本方法。社区工作是社区社会工作的简称，是指以社区组织、社区发展、社区服务为内容的社会工作基本方法。总体概括，社区工作是指在党和政府的领导下，依靠社区力量，利用社区资源，强化社区功能，解决社区问题，促进社区政治、经济、文化、环境协调和健康发展，不断提高社区成员的生活水平和生活质量的过程，也是建设管理有序、服务完善、环境优美、治安良好、生活便利、人际关系和谐的新型社区的过程。

社区工作的具体目标：①促进居民参与解决自己的问题，提高社区居民的社会意识；②调整或改善社会关系，减少社会冲突；③寻求社区需要与社区资源的有效配合，以满足社区需要，解决或预测社会问题，改善社区生活环境，提高社区生活质量，促进社区进步；④追求权力和资源的公平分配；⑤发挥人民的潜能，发掘并培养社区的领导人才；⑥培养互相关怀、互助互济的美德；⑦增强社区的凝聚力。

社区工作程序：社区工作以一定的社区为对象，帮助社区居民了解与认识社区存在的问题，动员与调配社区的可用资源，配合外力的协助，解决社区的社会问题，改善社区成员的生活质量。整个工作过程是从横向的社会网络开展社区组织工作，从纵向开展社区发展和社区服务工作。纵横结合，相辅相成，促进社区变迁。

社区工作是一个解决社区问题，满足社区需求的过程，一般可分为以下几个阶段：准备阶段、启动阶段、巩固阶段和评估阶段。社区工作的技巧主要包括组织技巧、社区教育技巧、策划技巧。

社区工作的模式众多，在实际工作中常用工作模式包括：地区发展模式、社会策划模式和社会行动模式，见表2-1。

表2-1 社区工作的常用工作模式

类 别	地区发展模式	社会策划模式	社会行动模式
基本理念	和谐、共识	崇尚理性	谈判
目标	社区能力的成长（自助、整合）	用规划技术来解决实际问题	资源与权力的重新分配
所关注问题	社区的冷漠、疏离	实质的社区问题	弱势群体遭受的不公平对待
策略	广泛参与	科学的调查研究	团结受损群体引致社会/政府关注
工作者角色	使能者、教师、中介者	技术专家、方案实施者	倡导者、行动者

（4）间接工作方法。

1）社会工作行政。社会工作行政是社会工作的间接实务工作方法，是将社会政策转化为具体的社会服务，同时又积累服务经验，建议修订社会政策的双向过程。具体来说，社会工作行政是社会服务机构的行政人员，在专业价值观和专业理论的指导下，有效整合利用社会资源，通过社会服务机构内部实施的计划、组织、人员任用、领导（包括志愿者管理）、控制、决策等，实现机构高效运转，输出社会服务的过程。

社会工作行政通常涉及组织分析、方案策划、人力组织、效能发挥与资金运作以及评估总结五大程序。

2）社会工作督导。社会工作督导是由社会服务机构内资深的社会工作者，对新进入机构的工作人员、一线初级社会工作者、实习生以及志愿者等四种类型的对象，通过定期和持续的监督、指导，传授专业服务的知识和技术，提高其专业技巧，促进他们的成长并确保服务质量的专业活动。

督导者通常由资深的社会工作者担任，他们一般接受过正规的社会工作专业训练，有丰富的实践经验，拥有良好的专业知识和督导技能。

社会工作督导具有行政、教育和支持三大功能。其中行政功能主要回应社会服务机构在组织管理方面的障碍，要求督导者在被督导者的招募与选择、引导与安置、工作计划与分配、工作监督、回顾与评估、工作授权与协调等方面承担指导责任，强调工作效率的提升。教育功能，主要针对被督导者在完成工作任务时所需要的理念、知识和技能方面的不足，提供指导，协助被督导者实现专业上的发展，强调被督导者专业知识和技巧方面的提高，能够更加称职和胜任本岗位工作。支持功能，则是关注被督导者情感上的需求，督导者向被督导者提供心理和情感上的支持，促使被督导者感到自己的价值与重要性，更强调被督导者了解组织并树立正确的工作态度。

社会工作的督导类型一般包括四类：师徒式督导、咨询式督导、管理式督导和训练式督导。

社会工作督导能够促进社会工作者的专业成长，保障社会服务机构的正常运行，保证社会工作服务质量，有利于提升社会服务机构的整体服务水平，并对推动社会工作专业整体发展起到重要作用。

3）社会工作研究。社会工作研究是获取和发现与社会工作相关的知识和事实的过程，属于社会工作和社会研究的交叉领域。社会工作者依托社会工作理论和社会研究理论，使用社会研究的方法和程序，收集和分析与社会福利、社会服务及社会工作相关资料，以达到协助社会工作的目标。

社会工作研究主要探究失业、贫困、疾病、家庭暴力、环境不适应等社会问题，研究对象往往是贫困人群、病人、失业者、流动人口、面临压力的群体等。社会工作方法和技术也是社会工作的研究对象。在研究中，社会工作往往依托"人在情境中"框架，采取整合的视角进行探讨和研究。社会工作研究旨在推进社会工作实务，有效整合研究与实践，检验社会工作技术和方法，完善理论，促进专业发展。社会工作研究的成果可以直接或间接地指导社会工作实务，实现实务的优化，同时，社会工作者本身就既是实务者、研究者和成果使用者，其现实一体的多元角色对于发展社会工作知识有着积极作用。

社会工作研究特别强调在研究选题、获取研究资料等方面恪守社会工作价值与伦理的要求。

社会工作研究的方法主要应用的是社会研究的方法，分为调查研究、实验研究和非接触性研究三大类，涉及定量研究和定性研究。

此外，循证社会工作也是近年来在社会工作领域中越来越被重视和应用的研究方法。是社会工作领域将研究者的研究证据、社会工作者的专业技能和案主的独特性三者有效整合起来的一种实践模式，是社会工作中"证据为本的实践"。

任务引导

1. 掌握社会工作的理念。
2. 了解现代社会工作的三大直接工作方法：个案工作、小组工作和社区工作。

3. 了解社会工作的间接工作方法。

知识链接

社会工作实务通用过程模式

1. 社会工作实务通用过程模式的概念

社会工作实务的通用过程模式就是一种用于个人、家庭、群体、组织和社区工作的基本程序和方法，是对助人行动基本程序和方法的概括，为社会工作者在助人过程中助人思想和行动、社会工作价值、知识和技巧的运用提供了一个框架，指示着助人活动的方向，是一个结构化的适用于所有社会工作领域和服务对象的一般性的实务方法。

2. 社会工作实务通用过程模式中的基本要素

（1）完成生命任务的条件与资源。

1）非正式（或自然）的资源系统，主要包括家庭、朋友、邻居、同事、亲戚等。非正式的资源系统能够提供物质与精神帮助，帮助个人获取和使用正式的社会资源。

2）正式的资源系统，主要有群团组织，包括工作单位、各种专业团体、群众组织及各种协会等；社会性资源，它们是为适应社会公共生活与活动建立起来的、满足人们短期或特别需要的机构。

以上两种资源系统组成了人们完成生命任务与履行社会角色的非正式和正式的社会支持网络，也构成了人们生活于其中的社会处境。

（2）人与资源系统的互动。人与资源系统的互动包括三种类型：人在资源系统中的互动、人与资源系统的互动和资源系统之间的互动。这种划分方法强调人与各种资源系统之间关系的连接。

（3）个人问题与社会问题的关系。个人问题不但与其所处的社会情境相关，而且与社会公共问题有密不可分的内在联系。社会公共问题是以个人问题为基础的。社会工作不仅要为有需要的个人和群体提供服务和资源，而且要研究个人问题对形成社会问题的影响。

3. 通用过程模式的特点

通用过程模式将助人过程看作一个有计划、有步骤地解决问题的过程，是一个系统的程序：①强调助人是一个过程；②运用综合方法；③工作过程阶段化；④工作任务阶段化；⑤整合的价值观。

4. 通用过程模式中的四个基本系统

1）改变媒介系统，即受雇于公立、志愿、非营利机构、组织和社区中的社会工作者。

2）服务对象系统，即社会工作服务的对象，可以是个人、家庭、团体、组织或社区。

3）目标系统，即为了达到改变服务对象系统的目的所需要改变和影响的系统，服务对象系统与目标系统有时是一致的，有时是不一致的，有时还可能是交叉的。

4）行动系统，是指那些与社会工作者一起努力，实现改变目标的人，是社会工作者的合作者。

5. 社会工作的通用过程

社会工作的通用过程包括：接案、预估、计划、介入、评估和结案六个阶段或步骤，每个阶段或步骤都有不同的工作任务、内容和方法与技巧。

案例阅读

江苏省扬州市广陵区民政局婚姻登记处从2014年起引入社会工作服务机构和其他专业社会组织，通过"三式"服务，帮助已婚家庭进行婚姻危机干预，对新人进行婚前辅导，受到了群众的好评。

1. 定点式服务：专业力量、温馨规范

2014年5月，扬州市广陵区婚姻登记处采取政府购买服务的方式，与扬州市心语驿站工作室合作，在全市首推离婚劝和服务，无偿为婚姻当事人提供法律咨询、情感辅导、心理疏导、离婚辅导等多种形式的婚姻家庭辅导服务。心语驿站工作室在登记处长期派驻两名全（专）职婚姻家庭社会工作者定时"坐诊"，为离婚当事人提供婚姻辅导专业服务，委派一名督导老师负责日常督导管理工作，为冲动离婚的夫妻提供现场婚姻危机干预服务。登记处专门设立"婚姻家庭辅导室"，置于离婚室对面，环境整洁幽静，色调温和，墙上张贴温馨提示，与婚姻当事人签订保密协议与隐私保护协议，为走进辅导室的夫妻营造了宽松、安静的环境。同时，依托"社工＋义工""公益项目＋志愿项目""社会组织＋志愿组织"的"3+3"联动服务机制，针对不同成员的不同需求，定期开展法律讲座、专业知识培训和"月分享、月精彩"、婚姻危机干预案例交流会等婚姻家庭辅导等拓展性服务。

2. 诊疗式服务：评估干预、对症开方

扬州市广陵区婚姻登记处和心语驿站工作室本着夫妻双方自愿选择是否接受调解为原则，为准备登记离婚的夫妻发放排队号码，在为当事人提供离婚的相关手续和程序咨询的过程中，通过"察言观色"了解需求，根据服务对象的情绪及实际情况进行判断，制订专门的服务方案。一是对冲动型离婚调解过程中存在的"不稳定"个案上门出诊，及时了解动态，对症下药；二是对疑难个案实行"专家会诊"指导，由专家分析评估会诊并出具指导意见书；三是与办理离婚后的当事人建立辅导关系，进行电话跟踪，提供后续心理疏导，防止离婚后恶性事件的发生。

如此一来，专业心理老师和社会工作者根据每一对夫妻存在的不同问题，开出"药方"，帮助他们学会在日常生活中处理各种矛盾，即使最终因为无法共同生活而选择分开，也能在这个过程中帮助双方调节婚姻解体后的心理状态，将离婚对家人、对孩子、对双方造成的伤害降到最低，使双方"好聚好散"，并有信心去寻找下一段幸福。

3. 前站式服务：源头介入、积极面对

在进行婚姻危机干预的同时，扬州市广陵区婚姻登记处还积极开展新婚辅导服务，通过源头介入的"前站式"服务，探索在婚姻家庭关系中建立更有效的工作模式。一方面，策划"5·20"主题活动，为即将领证的青年开展婚前辅导，帮助婚姻当事人树立正确的生活态度及婚恋观念，辅导新婚夫妻正确处理爱情、婚姻、责任等问题，及时调整自我、尽快适应婚姻生活，提高婚姻品质和满意度；另一方面，指导新婚夫妻在遭遇婚姻危机困扰时，及时寻求婚姻辅导帮助，有效降低不和谐婚姻风险，减少闪婚闪离、冲动离婚现象，筑起婚姻家庭矛盾纠纷"第一道防线"。

扬州市广陵区婚姻登记处还联合社会工作者将婚姻知识送到社区，帮助群众树立正确的婚恋观，预防冲动式结婚、非理性离婚，改善家庭关系。在社区开展提前介入辅导会，通过不同的专业服务手法开展沙龙、小组、个案等服务，以讲座、互动等形式为广大家庭带去有益身心的健康课与"和谐社会幸福人生"的道德课，力求让科学的婚姻家庭理念在更多的家庭中扎根，及时将家庭纠纷化解在萌芽状态。

开展婚姻危机干预以来，扬州市广陵区婚姻登记处总共接待3358对离婚夫妻，对其中的2160对提供了专业婚姻辅导，成功调和1440对，挽救了他们濒临破碎的家庭，有效地抑制了离婚率上升的趋势。

<small>资料来源：韦玮，陈昱，"三式"服务为婚姻护航：江苏省扬州市广陵区民政局婚登事务引入社会工作，中国社会工作，2019年10月。</small>

【思考】民政工作者应该如何为人民服务？

【职业素养】家庭是组成社会的基本单位，婚姻家庭和谐是社会和谐的重要组成部分。婚姻登记是一项神圣的工作，民政局婚姻登记处的工作人员应用心工作、热情服务，用自己的初心和使命坚守着这份甜蜜的事业。

拓展知识

社会工作者职业水平考试介绍

根据人事部、民政部关于印发《社会工作者职业水平评价暂行规定》和《助理社会工作师、社会工作师职业水平考试实施办法》的通知（国家人事部发〔2006〕71号），设立社会工作者职业水平考试。从2008年起，先行实施助理社会工作师、社会工作师职业水平考试。2019年，根据人力资源和社会保障部、民政部关于印发《高级社会工作师评价办法》的通知（人社部规〔2018〕2号），实施高级社会工作师职业水平考试。

一、实施部门

民政部、人力资源和社会保障部。

二、科目介绍

助理社会工作师考试科目为"社会工作综合能力（初级）"和"社会工作实务（初级）"，均为客观科目。

社会工作师考试科目为"社会工作综合能力（中级）""社会工作实务（中级）"和"社会工作法规与政策"。"社会工作实务（中级）"为主观科目，其他科目均为客观科目。

高级社会工作师考试科目为"社会工作实务（高级）"，为主观科目。

三、报名条件

（一）助理社会工作师、社会工作师

凡中华人民共和国公民，遵守国家法律、法规，恪守职业道德，并符合助理社会工作师或社会工作师报名条件的人员，可申请参加相应级别的考试。

助理社会工作师考试报名条件：

1. 取得高中或者中专学历，从事社会工作满4年。
2. 取得社会工作专业大专学历，从事社会工作满2年。
3. 社会工作专业本科应届毕业生（包括已经取得社会工作专业本科及以上学历、学位的人员）。
4. 取得其他专业大专学历，从事社会工作满4年。
5. 取得其他专业本科及以上学历，从事社会工作满2年。

社会工作师考试报名条件：

1. 取得高中或者中专学历，并取得助理社会工作师职业水平证书后，从事社会工作满6年。
2. 取得社会工作专业大专及以上学历或学位，从事社会工作满4年。
3. 取得社会工作专业大学本科学历，从事社会工作满3年。
4. 取得社会工作专业硕士学位，从事社会工作满1年。
5. 取得社会工作专业博士学位。
6. 取得其他专业大专及以上学历或学位，其从事社会工作年限相应增加2年。

（二）高级社会工作师

报名参加高级社会工作师考试的人员，需同时具备以下条件：

1. 拥护中国共产党领导，遵守国家法律、法规，热爱社会工作事业，具有良好的职业道德。
2. 具有本科及以上学历或学士及以上学位。
3. 在通过全国社会工作者职业水平考试取得社会工作师（中级）资格后，从事社会工作满 5 年，截止日期为考试报名年度的当年年底。

四、报名办法

社会工作者职业水平考试报名证明事项推行告知承诺制，报考人员可自行选择是否采用告知承诺制方式办理。选择采用告知承诺制方式办理报考事项的，报考人员须以电子方式签署《专业技术人员职业资格考试报名证明事项告知承诺书》，考试组织机构不再索要有关证明，依据承诺为其办理报名相关事项。未选择告知承诺制方式或者不适用告知承诺制方式办理相关事项的，报考人员应按报名地考试组织机构有关规定办理相关事项，提交相关证明材料。（详情请见资格考试报名证明事项告知承诺制《办事指南》）

考试报名实行网上报名、网上交费。报考人员可在规定时间内在中国人事考试网进行相关操作。报名前，须完成注册、上传照片等操作。报名时，须认真阅读并知晓《报考须知》等有关内容，在规定时间内提交报名信息并完成交费。报名具体安排详见各省（区、市）有关通知。

五、成绩和证书管理

参加助理社会工作师考试的人员，应在一个考试年度内通过全部科目的考试。参加社会工作师考试的人员应在连续两个考试年度内通过全部科目的考试。考试成绩在中国人事考试网（www.cpta.com.cn）发布。

助理社会工作师、社会工作师职业水平考试合格，颁发人力资源和社会保障部统一印制、人力资源和社会保障部和民政部共同用印的《中华人民共和国社会工作者职业水平证书》，该证书在全国范围有效。

高级社会工作师实行考试和评审相结合的评价制度，高级社会工作师考试合格，颁发高级社会工作师考试成绩合格证明，该证明自颁发之日起，在全国范围 3 年内有效；在该证明有效期内，符合高级社会工作师评审条件的，可以申请参加高级社会工作师评审，通过评审且经公示无异议后，颁发由人力资源和社会保障部统一印制、人力资源和社会保障部和民政部共同用印的《中华人民共和国社会工作者职业水平证书（高级社会工作师）》，该证书在全国范围内有效。

六、其他事项

符合考试报名条件的香港、澳门和台湾居民，可以申请参加社会工作者职业水平考试。

资料来源：中国人事考试网/考试介绍。

任务三　运用社会工作的基本方法处理具体民政工作

任务描述

在了解掌握社会工作的基本方法的基础上，能将其灵活运用于具体民政工作。

任务实施

1. 在民政工作领域引入社会工作理念方法的具体做法

对民政工作者、民政系统服务队伍开展社会工作专业教育和培训，明确社会工作在民政业务中起到的作用，积极创造良好的民政社会工作氛围。

（1）用委托培养、短期进修社会工作专业等方式，提升民政系统干部职工的社会工作专业能力。

（2）鼓励民政部门现有工作人员积极参加社会工作者职业水平考试，不断提高其社会工作知识水平和专业技能。

（3）在民政部门的社会福利、社会救助等各服务领域，大胆尝试用社会工作的专业理念和方法创新。

2. 在民政工作领域开发、设置专业社会工作岗位

积极研究设置民政系统的社会工作岗位，通过岗位调整、增设和扶持来增加社会工作岗位。民政部门积极与各级职能部门互相协调、配合和整合资源，规范和完善社会工作岗位，或是通过政府购买社会工作服务的方式，引入专业社会工作机构，参与民政工作领域的相关服务。

3. 加大宣传力度

一是树立民政工作者在社会工作方面的先进典型，并大力宣传；二是加强面向人民群众的关于社会工作发展的宣传报道，让人民群众了解社会工作是什么、社会工作的运作机制，明白自己在什么时候、什么地点可获得社会工作服务。

任务引导

1. 了解全国民政部门社会工作试点情况。
2. 搜索资料并调查了解你家乡所在地的民政部门设置社会工作岗位的情况。

知识链接

民政工作引入社会工作的有效途径

民政工作引入社会工作既不是一种形式，也不是另辟一项独立的业务，而是把社会工作的理念方法引入既有的业务中去，更新服务理念，充实业务内涵，提高服务水平。在此过程中，提高认识是基础，没有真正提高对社会工作的认识，就不可能真正在业务服务领域引入社会工作。

要对民政业务、民政范围的服务队伍进行专业教育和培训。既然认识到民政工作社会工作化的必要性和重要性，认识到社会工作是民政业务的核心和基础专业，在具体服务中起着主导、策划、组织、协调和推动实施的作用，就需要组织所有民政服务队伍，进行社会工作专业价值观、知识、方法的培训，让所有民政工作人员掌握社会工作理念和基本方法，并能灵活运用到实际工作中去。

要研究设置专职社会工作岗位。在我国，目前各类提供公益性社会服务的事业单位是主要载体，引入社会工作的主要标志和重要结果，就是在各类提供社会服务功能的事业单位中研究设置专职社会工作岗位并纳入专业技术岗位管理。要研究制定专职社工岗位的岗位名称、专业级别、结构比例、工作范围、职责、从业人员资质要求等规范，并通过培训现有工作人员和吸引社会工作专业大学毕业生积极参加全国助理社会工作师、社会工作师职业水平考试，引导大家从事专业社会工作。

要勇于试点探索，大力发展非营利性的专业社会服务机构。随着经济的不断发展和人民生活水平的不断提高，人们对专业社会服务的要求也越来越多样化。作为政府提供社会福利和社会救助、专项社会事务的职能部门，民政部门的责任必然越来越重，任务必然越来越多，但又不可能大包大揽。所以，必须进一步深化社会福利社会化的改革，建立起符合社会主义市场经济要求的社会治理体制，明确政府职能部门和社会服务机构各自在提供专业社会服务方面的职能、职责与权限。一方面，强化民政部门依法行政的行政职能，弱化并逐渐退出具体的社会服务工作领域；另一方面，制定鼓励扶持和规范发展的政策，促进民办专业社会工作机构的发展，并加强管理与监督，使之更好地满足人民生活的需要。

资料来源：中大网校 http://www.wangxiao.cn/shg/shg1/fudao/497730342290.html。

案例阅读

发挥专业优势　实施温暖救助
——武昌区社会工作参与社会救助试点工作

一、服务背景

中国特色社会主义进入新时代，我国社会主要矛盾已经发生深刻转变，社会救助不再局限于兜底生活保障。2021年，按照民政部统一部署，武昌区试点开展困难家庭救助帮扶综合评估工作。通过创新引入社会工作参与社会救助，致力于发挥社会工作专业优势，实施温暖救助，在政府救助保障基本生活的基础上，满足困难群众更加差异化、个性化需求，积极响应他们对美好生活的向往，提升其获得感和幸福感。

二、服务路径

社会工作以"助人自助"为核心服务理念，在授人以渔，帮助困难群众的同时，提升他们自我解困的能力。社会工作参与社会救助，以社区社工站为依托，接受社区党委领导，广泛动员，整合社区、社工、社会组织、社区志愿者、社会慈善资源"五社"联动力量，开展社会救助服务。

(一) 服务流程

参照社会工作通用流程，从发现困难群众，入户、评估、制订服务计划，到实施救助、服务评估，通过服务实践，梳理社会工作参与社会救助服务流程如图2-1所示。

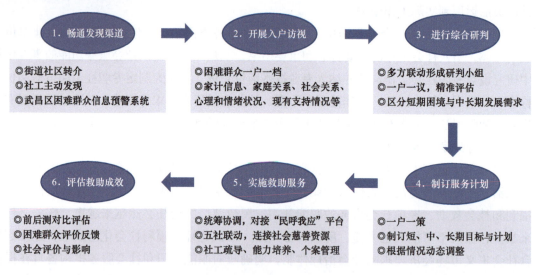

图2-1　社会工作参与社会救助服务流程

(二) 具体做法

发现、入户与评估。以一位困难群众H为例，目前有三种发现渠道进入社会工作参与社会救助的服务体系：街道和社区转介、社工主动发现以及武昌区困难群众信息预警系统。H是通过第一种渠道，街道社区受理后不能享受低保或其他救助政策，由其填写《武昌区困难对象救助申请摸排表》后转介给社工跟进服务。社工同社区低保专干或网格员对其开展入户访视并设立一户一档。档案内容不仅包括家计调查信息，还包括社会工作"生理-心理-社会"多维度服务信息。接下来，街道组织多部门召开综合研判小组，一户一议，对困难群众的需求和问题进行精准评估。

社会救助的问题和需求越来越趋向多元化，目前收集了解的困难群众需求主要在于经济帮扶、关爱访视和生活照料、心理情绪疏导、儿童学业辅导、家庭关系问题、具体事宜的协调处理等，这些问题往往叠加在一起，单一方法和资源往往解决不了复杂问题。社会工作"个案管理方法"以其整合性服务特点被有效运用，社工作为全流程服务的专业人员，协调多种救助服务力量，全程跟踪服务动态并适时调整服务。

计划制订与服务实施。在综合研判和评估后，社工对需求进行精细化分类，并根据具体需求一户一策制订服务计划，实施救助服务。例如，H的需求出自短期困境，需要近期协调解决孩子上学问题，也有因为危机事件引发家庭重大矛盾，或因疾病临时需要人手照顾家人的需求，社工会参与单位协调、家庭调解或动员社区志愿者提供生活照顾支持；在收集的中长期需求中，心理情绪问题较多，包括就业需求等，社工会通过五社联动机制连接心理专业志愿者，为困难群众连接社会就业资源、开展职业技能培训等。

服务成效评估。救助服务结束进行服务评估时，会检视服务目标的达成情况，就服务成效进行前后比对，并听取困难群众的反馈意见，也会收集对救助服务整体的社会评价与影响。

三、服务成效

试点工作开展以来，取得了如下服务成效：

初步理顺了社会工作参与社会救助的服务流程和服务制度。制定了清晰的服务流程图并在实践中得到有效验证，同时制定了综合研判、个案管理、危机干预、权益保护、保密管理等工作制度，对后续服务推广具有示范和借鉴意义。其中，综合研判对社会工作本土化促进社会救助以及政府部门了解社会工作理念与方法大有裨益，促进社会工作与社会救助的深度融合。

通过精细化服务有效补充民政基层服务力量的不足。一是一户一档，在家计调查基础上，"生理-心理-社会"多维度地了解困难群众情况，对政府开展救助服务提供有效参考；二是一户一策，以个案管理、五社联动机制动员多方力量，满足困难群众个性化、差异化服务需求，协调解决各类问题，有效为政府减负。

深度有效开展救助服务，提高困难群众自助能力，化解矛盾促和谐。温暖救助更能够体现党和政府的人文关怀。通过深度服务提升了困难群众的政策理解能力、心理情绪管理能力、问题协调能力等，化解其内在矛盾和外在矛盾，水果湖街道困难群众上访量明显下降。

初步搭建了水果湖街道社会救助慈善资源库。社会慈善资源是政府救助资源的重要补充。目前，试点项目依托水果湖街社会工作服务中心五社联动机制整合水果湖街道内外公益慈善资源，以及就业、心理、医疗、教育等专项资源，形成了水果湖街道社会救助慈善资源库，后续将不断扩大资源质量，提升社会救助资源保障水平。

四、未来展望

建立区、街、社区三级平台，构建救助对象主动发现网络以及联动服务平台，培养社会救助社工人才以及督导队伍。依托社区社工站建设，建立社会救助服务阵地。社区社工站主要发现救助对象并进行初筛，对于政府救助不能覆盖的，或覆盖后仍存在困难的救助对象，再转介社工进行专业介入。由武昌区社创谷或街道社工中心开展必要的培训和督导服务，建立区、街、社区三级平台，梯队培养社会工作参与社会救助骨干人才队伍。

建立救助对象分层分类服务数据系统和资源库。随着社会工作参与社会救助试点工作的推广运行，逐步形成社会救助服务网络，引入数据系统进行分层分类管理，利用线上服务终端，便于统筹管理与督导、数据分析，以及日常高效服务与记录。同时，开辟社会资源供需板块，社会资源界面可以与社会互动交流，并且形成分门别类的动态资源库，方便社会救助资源取用，不断完善社会服务网络。

探索建立社会工作参与社会救助服务与评价标准。温暖救助试点工作意义重大，先试先行，在服务的同时通过积累宝贵的经验，社工机构联合政府、高校智力资源，研究探索社会工作参与社会救助的服务与评价标准，为后续该项服务推广起到更大的借鉴与示范作用。

资料来源：武昌区民政局、水果湖街道办事处、武汉楚馨社会工作服务中心。

【思考】在社会救助工作中引入专业社工队伍，探索社会工作参与社会救助的意义何在？

【职业素养】社会工作对参与社会救助具有专业优势，社会工作者应该在工作中发挥自己的专业优势，在政府救助保障基本生活的基础上，满足困难群众更加差异化、个性化需求，积极响应他们对美好生活的向往，提升其获得感和幸福感。

拓展知识

民政部慈善事业促进和社会工作司副司长在2021年第四季度例行新闻发布会上介绍：截至2021年11月，全国持证社会工作者共计约66.9万人，其中助理社会工作师50.7万人，社会工作师16.1万人，高级社会工作师238人。2021年，社会工作者职业水平评价考试报名人数82.9万，再创历史新高。全国开发设置社会工作专业岗位超过44万个，各级成立社会工作服务机构超过1.3万家。

练 习 题

一、单项选择题

1. 社会工作专业价值是指社会工作者所遵守和奉行的专业服务理念和准则。社会工作专业伦理体系由核心价值、（　　）和伦理标准三个方面构成。

  A. 伦理原则 B. 伦理守则 C. 伦理规则 D. 伦理手册

2. 下列不属于社会工作核心价值的一般概括的是（　　）。

  A. 服务 B. 利他 C. 社会公平与正义 D. 热爱

二、多项选择题

1. 小组工作在功能上的特点包括（　　）。

  A. 影响个人转变 B. 社会控制
  C. 形成集体力量解决问题 D. 再社会化
  E. 预防

2. 社会工作督导具有（　　）等功能。

  A. 行政 B. 教育 C. 支持 D. 激励
  E. 管理

3. 社会工作研究的成果可以直接或间接地指导社会工作实务，实现实务的优化，同时，社会工作者本身就既是（　　）又是（　　）还是（　　），其理实一体的多元角色对于发展社会工作知识有着积极作用。

A. 行动者　　　B. 实务者　　　C. 研究者　　　D. 成果使用者

E. 管理者

4. 社会工作通用过程模式的基本系统包括（　　）。

A. 改变媒介系统　　B. 服务对象系统　　C. 目标系统　　D. 行动系统

E. 管理系统

5. 在民政工作领域开发设置专业社会工作岗位的方式和途径包括（　　）。

A. 积极研究设置民政系统的社会工作岗位，通过岗位调整、增设和扶持来增加社会工作岗位

B. 民政部门积极与各级职能部门互相协调、配合和整合资源，规范和完善社会工作岗位

C. 通过政府购买社会工作服务的方式，引入专业社会工作机构，参与民政工作领域相关服务

D. 大力宣传推广社会工作

E. 鼓励民政系统工作人员通过考试、评审拿到社会工作证书（初、中、高级社会工作师）

三、判断题

1. 社会工作方法和技术也是社会工作研究对象。　　　　　　　　　　（　　）

2. 社会工作认为，个人问题不但与个人有关，还与其所处的社会情境相关，与社会公共问题并没有内在联系。　　　　　　　　　　　　　　　　　　　　　（　　）

四、问答题

1. 如何在民政工作领域引入社会工作理念和方法？

2. 请对比民政工作和社会工作的异同点。

项目三　认知基层政权建设

> **项目概述**
>
> 基层政权是国家依据《中华人民共和国宪法》（简称《宪法》）和《中华人民共和国地方各级人民代表大会和地方各级人民委员会组织法》的规定，在最低一级行政区域设立的国家政权。基层政权建设，是民政工作的重要内容之一。
>
> 本项目要求学生熟悉基层政权的基本含义，认识基层政权在国家治理中的意义和地位，探讨如何发挥民政部门的传统优势，在国家的基层政权建设中进行卓有成效的工作。
>
> 本项目包括：认识基层政权、了解基层政权建设的目标和内容、熟悉基层政权建设中的职责与任务。

背景介绍

> 基层政权是相对于高层政权、中层政权而言的，在国家政权系统中处于基层，是国家为治理社会依法设立的直接面对民众的政权组织，它处于"上情下达"和"下情上传"的位置，是连接国家与民众的桥梁与纽带，发挥着重要的组织与协调作用。基层政权是国家政权的基础。

任务一　认识基层政权

任务描述

以习近平新时代中国特色社会主义思想为指导，坚持和加强党的全面领导，坚持以人民为中心，以增进人民福祉为出发点和落脚点，以加强基层党组织建设、增强基层党组织政治功能和组织力为关键，以加强基层政权建设和健全基层群众自治制度为重点，以改革创新和制度建设、能力建设为抓手，建立健全基层治理体制机制，推动政府治理同社会调节、居民自治良性互动，提高基层治理社会化、法治化、智能化、专业化水平。

任务实施

基层政权，顾名思义就是指设在最低一级行政区域内的国家政权。我国的基层政权包括农村基层政权和城市基层政权两个部分。按照《宪法》和《中华人民共和国地方各级人民代表大会和地方各级人民委员会组织法》的规定，在农村，是指乡、民族乡、镇一级；在城市，是指不设区的市、市辖区一级。为了便于行政管理，我国城市基层政权一般设有自己的派出机关——街道办事处。从组织机构上说，我国的基层政权是指乡、镇、民族乡人民代表大会和人民政府以及市（不设区的市）、市辖区人民代表大会和人民政府。

任务引导

认识基层政权在国家政权体系中的地位，深入思考我国城乡基层政权包括的内容。

知识链接

基层政权这个概念在《宪法》中首次见于1978年《宪法》，1982年《宪法》在第111条（"居民委员会、村民委员会同基层政权的相互关系由法律规定"）中又沿用了这一概念。

基层政权是由"基层"和"政权"组成的复合词，明确基层政权的概念，应在先弄清"政权"和"基层"的含义的基础上进行。"政权"一般有两种含义：一是指权力，并且主要是指国家权力；二是指国家机关，主要是权力机关和行政机关。综合起来看，可以将政权理解为国家机关与国家权力的统一体。

基层政权中的"基层"有特定的政治含义。基层政权是相对于其他层次或级别的政权而言的，因而这里的"基层"应同国家行政区划联系起来理解。它指的是国家最低的一级行政区划，在城市包括不设区的市和市辖区的行政区划，在农村则指乡级行政区划。据此可以说，基层政权是指国家为实现其政治、经济和文化职能，依法在基层行政区域内设立的国家机关及其所行使的权力的统一体。

在农村，它指的是乡镇人民代表大会和乡镇人民政府及其职权的统一体；在城市，它指的是不设区的市、市辖区的人民代表大会及其常委会和人民政府及其权力的统一体。

任务二　了解基层政权建设的目标和内容

任务描述

习近平总书记深刻指出，只有把基层党组织建设强、把基层政权巩固好，中国特色社会主义的根基才能稳固。2021年4月28日，中共中央、国务院印发《关于加强基层治理体系和治理能力现代化建设的意见》（以下简称《意见》），明确统筹推进乡镇（街道）和城乡社区治理，是实现国家治理体系和治理能力现代化的基础工程，强调推进基层治理体系和治理能力现代化建设要以加强基层政权建设为重点，为新时代加强基层政权建设指明了方向、提供了遵循。

加强基层政权建设，是巩固党的执政基础的内在要求。习近平总书记强调，要加强和改善党的领导，善于使党的主张通过法定程序成为国家意志，善于使党组织推荐的人选通过法定程序成为国家政权机关的领导人员，善于通过国家政权机关实施党对国家和社会的领导，维护党和国家权威、维护全党全国团结统一。基层政权是党执政的基石，党对基层的领导是通过基层政权来实施的。理顺乡镇（街道）党政机构职责关系，形成统一高效的领导体制，使党组织推荐的人选通过法定程序成为基层政权机关的领导人员，依法将党的领导和党的建设要求写入基层政权有关法律法规，确保基层政权承担起引导群众听党话、跟党走的政治任务，是保证党对基层集中统一领导，不断夯实党执政的阶级基础和群众基础的内在要求。

任务实施

中共中央、国务院印发《关于加强基层治理体系和治理能力现代化建设的意见》规定加强基层政权治理能力建设应从以下五个方面开展工作：

（1）增强乡镇（街道）行政执行能力。加强乡镇（街道）党（工）委对基层政权建设的领导。依法赋予乡镇（街道）综合管理权、统筹协调权和应急处置权，强化其对涉及本区域重大决策、重大规划、重大项目的参与权和建议权。根据本地实际情况，依法赋予乡镇（街道）行政执法权，整合现有执法力量和资源。推行乡镇（街道）行政执法公示制度，实行"双随机、一公开"监管模式。优化乡镇（街道）行政区划设置，确保管理服务有效覆盖常住人口。

（2）增强乡镇（街道）为民服务能力。市、县级政府要规范乡镇（街道）政务服务、公共服务、公共安全等事项，将直接面向群众、乡镇（街道）能够承接的服务事项依法下放。乡镇要围绕全面推进乡村振兴、巩固拓展脱贫攻坚成果等任务，做好农业产业发展、人居环境建设及留守儿童、留守妇女、留守老人关爱服务等工作。街道要做好市政市容管理、物业管理、流动人口服务管理、社会组织培育引导等工作。加强基层医疗卫生机构和乡村卫生健康人才队伍建设。优化乡镇（街道）政务服务流程，全面推进一窗式受理、一站式办理，加快推行市域通办，逐步推行跨区域办理。

（3）增强乡镇（街道）议事协商能力。完善基层民主协商制度，县级党委和政府围绕涉及群众切身利益的事项确定乡镇（街道）协商重点，由乡镇（街道）党（工）委主导开展议事协商，完善座谈会、听证会等协商方式，注重发挥人大代表、政协委员作用。探索建立社会公众列席乡镇（街道）有关会议制度。

（4）增强乡镇（街道）应急管理能力。强化乡镇（街道）属地责任和相应职权，构建多方参与的社会动员响应体系。健全基层应急管理组织体系，细化乡镇（街道）应急预案，做好风险研判、预警、应对等工作。建立统一指挥的应急管理队伍，加强应急物资储备保障。每年组织开展综合应急演练。市、县级政府要指导乡镇（街道）做好应急准备工作，强化应急状态下对乡镇（街道）人、财、物支持。

（5）增强乡镇（街道）平安建设能力。坚持和发展新时代"枫桥经验"，加强乡镇（街道）综治中心规范化建设，发挥其整合社会治理资源、创新社会治理方式的平台作用。完善基层社会治安防控体系，健全防范涉黑涉恶长效机制。健全乡镇（街道）矛盾纠纷一站式、多元化解决机制和心理疏导服务机制。

任务引导

1. 把握好基层政权建设的意义和目标。
2. 熟悉基层建设的主要内容。

知识链接

切实加强新时代基层政权建设的组织保障

加强基层政权建设，要强化组织保障，压实各级党委和政府的责任，科学地把资源、服务、管理放到基层，及时帮助乡镇（街道）解决困难和问题，真正让基层政权更好地发挥作用。

加强党的领导，确保基层政权建设始终沿着正确的方向前进。坚持党对基层政权建设的全面领导，把党的领导贯穿基层政权建设的全过程、各个方面。各级党委要加强对基层政权建设的领导，强化统筹协调，分类指导、分层推进、分步实施。定期研究基层政权建设工作，凡涉及乡镇（街道）的重要事项、重大问题都要由党组织研究讨论后按程序决定。统筹乡镇（街道）党政机构设置、职能配置和编制资源，设置综合性内设机构，构建党委领导、党政统筹、简约高效的管理体制。推动全面从严治党向乡镇（街道）延伸，加强日常监督，持续整治群众身边的不正之风和腐败问题。

改进考核评价，让乡镇（街道）有时间办事。市、县级党委和政府要规范乡镇（街道）权责事项，并为权责事项以外委托工作提供相应支持。未经党委和政府统一部署，各职能部门不得将自身权责事项派交乡镇（街道）承担。完善考核评价体系和激励办法，加强对乡镇（街道）的综合考核，严格控制考核总量和频次。统筹规范面向乡镇（街道）的督查检查，清理规范工作台账、报表以及"一票否决"、签订责任状、出具证明事项、创建示范等项目，切实减轻乡镇（街道）负担。

加大投入保障，让乡镇（街道）有钱有物办事。完善乡镇（街道）经费保障机制，进一步深化乡镇（街道）国库集中支付制度改革。将乡镇（街道）综合服务设施建设纳入国土空间规划，优化以党群服务中心为基本阵地的服务设施布局。明确乡镇（街道）的办公、服务、活动、应急等功能面积标准，按照有关规定采取盘活现有资源或新建等方式，支持建设完善基层阵地，确保服务群众区域面积最大化。

加强队伍建设，让乡镇（街道）有能力办事。充实乡镇（街道）治理骨干力量，加强基层党务工作者队伍建设。探索建立乡镇（街道）干部分级培训制度，建好用好城乡基层干部培训基地和在线培训平台，加强对乡镇（街道）人才的培养使用。推进编制资源向乡镇（街道）倾斜，鼓励从上往下跨层级调剂使用行政和事业编制。严格执行乡镇（街道）干部任期调整、最低服务年限等规定，落实乡镇机关事业单位工作人员乡镇工作补贴政策。做好容错、纠错工作，保护乡镇（街道）干部干事创业的积极性。

加强信息化建设，让乡镇（街道）能够智能化办事。实施"互联网＋基层治理"行动，完善乡镇（街道）地理信息等基础数据，共建全国基层治理数据库。完善乡镇（街道）与部门政务信息系统数据资源共享交换机制，推动基层治理数据资源共享，根据需要向乡镇（街道）开放使用。加快全国一体化政务服务平台建设，推动各地政务服务平台向乡镇（街道）延伸，建设开发智慧信息系统和简便应用软件。加强基层治理平台建设，健全基层智慧治理标准化体系，构建网格化管理、精细化服务、信息化支撑、开放共享的基层服务管理平台，不断提高乡镇（街道）数字化智能化水平。

任务三　熟悉基层政权建设中的职责与任务

任务描述

党和政府通过基层政权组织了解社会、体察民情、传达政令，人民群众通过基层政权组织这个"窗口"，参与国事、感受关怀、反映自己的意见和建议。

根据党的十九届三中全会审议通过的《中共中央关于深化党和国家机构改革的决定》《深化党和国家机构改革方案》和第十三届全国人民代表大会第一次会议批准的《国务院机构改革方案》，民政部在基层政权建设和社区治理中的主要职责包括拟订城乡基层群众自治建设和社区治理政策，指导城乡社区治理体系和治理能力建设，提出加强和改进城乡基层政权建设的建议，推动基层民主政治建设。

任务实施

推进基层民主政治建设，保障人民群众民主权利。引导人民群众在基层民主实践过程中提高自我管理能力和自我服务水平。深入开展以"民主选举、民主决策、民主管理、民主监督"为主要内容的村民自治示范活动。要注重把握城乡社区共性因素，促进城乡社区全面、协调、可持续发展。在加强社区硬件设施和社区综合服务平台建设的同时，积极推进各项服务实体建设，方便社区居民生产生活。加大对社区服务体系建设的投入，改善社区服务发展的设施条件，特别是搞好城乡社区民生综合服务中心建设，努力健全服务功能，提高社区综合服务能力。推行社区管理服务社会化，发挥政府公共服务、居民自治服务、志愿者志愿服务、驻区单位社会化服务的综合作用。

要建立政府引导、社会力量参与的运行机制，鼓励采用政府购买服务方式，进一步整合资源，协调力量，通过社区这个平台推进基层民主，搞好基层社会化服务工作。

任务引导

了解民政与政府职能的一般关系，认识基层政权在国家政权体系中的地位，深入思考我国城乡基层政权建设中的重点和难点。

知识链接

1. 我国的基层政权在农村是乡、民族乡、镇政权，在城市是不设区的市、市辖区政权

基层政权反映人民群众的意愿，不仅有助于维护当地的社会秩序，促进地方经济发展，也保证了国家在当地的政治统治，从而为整个国家的政治稳定和社会发展创造条件，打好基础。基层既是民众最直接参与国家管理的场所，也是民众表达和维护自身利益最明显和尖锐的地方。民众对国家政权的评价，以及支持和维护的程度，在相当大程度上取决于民众对基层政权所持的态度。

2. 民政部门在基层政权建设中的职责

（1）调查了解基层政权的现状和存在的问题，提出改进和加强基层政权建设的意见。民政部门调查了解基层政权的现状包括：在农村，了解政权的设置及组织机构现状、法治完善与职能完备情况、干部监督及绩效考核等；在城市，了解城市基层政权体制改革、基层民主和群众自治组织建设、社区建设和社区服务等问题。这些问题需要民政部门做深入细致的调查研究，取得典型材料，给党委和政府提供有价值的解决方案。

（2）总结交流经验。民政部门应及时把握基层政权建设的动态和发展趋势，发现典型，树立榜样。把各地的典型经验通过各种行之有效的方式，如报纸、杂志、广播、电视、文件、简报、座谈会、现场会、经验交流会等形式，向全国各地宣传、推广。以点带面，推动全盘，使基层政权建设更能适应国家经济建设的需要。

（3）组织先进乡镇和先进村（居）民委员会的评比、表彰活动。主要包括指导评比、表彰先进集体，如先进乡镇和先进街道、先进村委会和先进社区居委会；指导评比、表彰先进个人，如先进乡镇长，先进街道办事处主任、先进村（居）委会主任。通过评比、表彰先进集体和先进个人，树立典型集体和典型个人，推动基层政权和基层群众性自治组织的建设工作。

（4）培训乡镇长和村（居）民委员会主任。近几年，随着新农村建设和城市社区建设的开展，基层政权需要面对很多新问题、新矛盾，基层干部需要不断地更新知识和观念。因此，培训乡镇长和村（居）民委员会主任是党和政府搞好基层政权建设的首要工作。培训的内容主要是：马克思主义基本理论，法律知识，科学技术和现代管理知识，党和政府在农村和城市的改革和发展经济的各项政策。通过培训，教育基层干部全心全意为人民服务，知法、懂法、守法、依法办事；掌握组织发展产业经济和科学管理的基本技能。地方财政要在培训经费上给予适当安排。

（5）指导村（居）民委员会的组织建设和制度建设。村民委员会和社区居民委员会虽然不是一级政权组织，但是它们是基层政权开展各项工作的依托。目前，有部分地区，特别是部分经济困难地区的村（居）民委员会组织不够健全。各地要采取措施，积极加强农村基层组织建设。要把思想整顿放在首位，教育基层干部全心全意为人民服务，积极带领群众勤劳致富，遵纪守法，抓好物质文明和精神文明建设。其次是组织整顿，要帮助村（居）民委员会建立健全人民调解、治安保卫、公共卫生、社会福利等工作委员会（组）和各项工作制度，妥善解决村（居）民委员会工作人员和工作中遇到的困难。

（6）制订和修改有关的条例和规章制度。为了保障基层政权建设的制度化、规范化和法治化，民政部要担负起起草、制订和修改有关基层政权建设的条例和规章制度。过去民政部代中央和国务院起草过《关于实行政社分开建立乡政府的通知》和中共中央、国务院《关于加强农村基层政权建设工作的通知》，拟定了《中华人民共和国村民委员会组织法》（简称《村民委员会组织法》）（试行），修改和重新拟定了《城市居民委员会组织法》。

3. 民政部门在基层政权建设中的任务

（1）民政部门要争取党和政府对基层政权建设工作的重视和支持，这是加强基层政权建设的根本前提。坚持党的领导，坚持社会主义是中国人民的共同愿望，也是把具有中国特色社会主义事业全面推向21世纪的基本保障。党对国家政权机关的领导，在地方是通过各级党委的领导来实现的，在乡镇表现为乡镇党委对乡镇政权机关的领导。这就要求民政部门积极争取党和政府对基层政权建设工作的重视和支持，多提合理化的建议，遇到困难和问题及时反映，为进一步加强和巩固基层政权创造根本前提。

（2）民政部门要增强乡镇（街道）行政执行能力，这是加强基层政权建设的核心内容。能力建设是增强制度执行力，把我国制度优势转化为治理效能的关键。中共中央、国务院印发《关于加强基层治理体系和治理能力现代化建设的意见》对新时代基层政权治理服务能力建设做出了科学部署。

基层政权是党的路线方针和国家政策落实到基层的执行主体，其行政执行能力如何，直接关系到中央政策能否得到有效贯彻落实，直接影响到党和政府在群众心目中的形象。随着社会治理重心落到城乡社区，越来越多的行政事务都要通过乡镇（街道）来落实，必须从制度、人力和财力上，保障乡镇（街道）有能力行使行政权力，并在行政执法中受到人民群众的监督。

案例阅读

舒庄镇大鲁村"三变"改革 助推乡村振兴

舒庄镇大鲁村围绕"做实基础、做活资源、做优特色、做大产业"的基本思路,大胆尝试资源变资产、资金变股金、农民变股东的"三变"改革,充分利用资源,整合资金,汇聚发展要素,激活发展潜能,让沉寂的资源变成发展的资产,村级集体经济得到发展壮大,农民收入(特别是贫困户收入)得到稳定提高,走出了一条具有舒庄特色的"三变"改革之路。

(1)激活沉睡资源,实现资源变资产。清查集体资源,村两委成员自筹资金10万元注入村集体创业经济服务有限公司,将原来分散的113.75亩(1亩=666.67平方米)村集体土地整理并块,整体流转,建设蔬菜种植基地,增加村集体经济收入;将600多亩村集体沟塘进行清淤扩挖,用于村集体发展特色水产养殖,养殖黑鱼和螃蟹,预计年净收益10万余元;此外,建设光伏电站,增加集体收益;将旧学校改造建成扶贫车间等出租给小微企业,通过企业带动贫困户务工,既增加了村集体收入,又帮助群众实现脱贫致富。

(2)对接经营主体,实现资金变股金。整合资金110万元,投资入股界首市沙河有限公司、农民专业合作社等,进行投资分红。探索"龙头企业+贫困户"金融扶贫分红模式,按照"双向自愿"原则,与界首市佳祺农业开发有限公司对接,共吸纳98户贫困户"带资入股",参股资金39.2万元,每户每年可分红500元;与杰鑫种植专业合作社等经营主体对接,共吸纳53户贫困户"带资入股",参股资金265万元,每户每年可分红3000元。新建钢构大棚25亩,出租新型经营主体和大户,发展草莓、辣椒、豆角等特色经济作物种植,带动周围群众发展特色产业,增加村集体经济增收。通过与新型农业经营主体对接,创新经营发展模式,有效破解了群众自身能力不足及企业发展资金短缺难题,实现了企业和群众的双赢发展。

(3)创新入股形式,实现农民变股东。坚持以五大发展理念为引领,以打造"一个基地"(扶贫产业基地)、建立"两个机制"(土地增值分享机制、精准扶贫到户机制)、实施"两大举措"(搭建一个村集体经济发展平台、领办一个股份经济合作联合社)。通过实施土地入股、扶贫配股、折资入股、发包租赁等方式路径,探索建立促进农户增收和集体经济发展的长效机制,推动形成农村产业升级、企业发展壮大、农户收入增加、集体经济发展、基层组织加强的五位一体共赢局面。

通过实施"三变"改革,大鲁村集体经济的后发优势正在形成,农户也得到了明显的实惠。村集体经济的发展,改善了村内的基础设施:完成了硬化道路20多公里,巷道17公里,安装路灯300多盏,绿化面积460亩,实现各自然村全部通水泥路、全部亮化,主要巷道全部硬化,主要路口都安装了监控。新建了休闲文化广场、文化长廊、文化舞台、便民大礼堂、便民服务中心。另外,基本公共服务得到明显提升。

资料来源:安徽省政府网站,2019-07-05。

【思考】大鲁村改革给了我们怎样的启示?

【职业素养】大鲁村资源变资产、资金变股金、农民变股东的"三变"改革发生在

"十三五"时期，期间村民自治更加完善，农村社会主义市场经济体制改革更加深入，社会主义核心价值观得到充分体现，农民当家做主的积极性更加高涨，每一项改革背后都是农民满满的获得感、参与感、幸福感。

练 习 题

一、填空题

我国的基层政权在农村是_____政权，在城市是不设区的_____政权。

二、单项选择题

1. 调查了解基层政权的现状和存在的问题，提出（　　）的意见。
    A. 改进　　　　　　　　　　　　B. 问题
    C. 改进和加强基层政权建设　　　D. 建设
2. 根据我国现行法律法规，街道办事处属于（　　）。
    A. 社会团体　　　　　　　　　　B. 基层政权
    C. 群众自治组织　　　　　　　　D. 市政府派出机构

三、判断题

基层政权管理是不是公平公正，基层政权建设是不是富有效率，直接影响基层政权的效能。　　　　　　　　　　　　　　　　　　　　　　　　　　　　（　　）

四、问答题

民政部门在基层政权建设中的任务是什么？

项目四 熟悉基层群众自治组织建设

项目概述

基层群众性自治组织是指在城市和农村按居民的居住地区建立起来的居民委员会和村民委员会。它是建立在我国社会中的基层、与群众直接联系的组织，是在自愿的基础上由群众按照居住地区自己组织起来管理自己事务的组织。基层群众性自治组织建设，是民政工作的重要内容之一。

本项目要求学生通过学习，熟悉基层群众性自治组织的基本含义，了解基层群众性自治组织的概念和发展历史，认识基层群众性自治组织的性质、地位和作用，明确基层群众性自治组织与基层政权的关系，探讨如何发挥民政部门的职能，在基层群众性自治组织的建设中进行卓有成效的工作。

本项目包括：掌握基层群众自治组织建设的任务、指导开展村（居）民自治示范、指导监督村（居）民委员会的选举、了解和谐社区建设。

背景介绍

基层群众性自治是指依据《宪法》和其他法律规定，一定地域的居民（村民）成立基层群众性自治组织，实行自我管理、自我教育、自我服务，管理国家事务，管理经济和文化事业，管理社会事务的一种民主形式，是我国社会主义民主的重要形式。

我国《宪法》第二条第三款规定："人民依照法律规定，通过各种途径和形式，管理国家事务，管理经济和文化事业，管理社会事务。"宪法第一百一十一条规定："城市和农村按居民居住地区设立的居民委员会或者村民委员会是基层群众性自治组织。"

基层群众性自治组织不是国家政权机关，非经行政机关和法律授权不享有国家权力，相对于国家政权，它们享有的是自治权利，这种权利具有《宪法》地位。

任务一 掌握基层群众自治组织建设的任务

任务描述

基层群众自治制度处于政治建设的基础位置，主要是通过城市社区建设、村民自治以及社会组织的自我管理来体现群众自治制度的优越性。

十九大报告明确提出"健全人民当家作主制度体系，发展社会主义民主政治"，把发展基层民主、保障人民享有更多更切实的民主权利作为一项重大任务，并且要求把它作为发展社会主义民主政治的基础性工程重点推进。要求"加强社会治理制度建设，完善党委领导、政府负责、社会协同、公众参与、法治保障的社会治理体制，提高社会治理社会化、法治化、智能化、专业化水平"，"加强社区治理体系建设，推动社会治理重心向基层下移，发挥社会组织作用，实现政府治理和社会调节、居民自治良性互动"。

任务实施

党的十九大报告明确提出："坚持党的领导、人民当家作主、依法治国有机统一是社会主义政治发展的必然要求。必须坚持中国特色社会主义政治发展道路，坚持和完善人民代表大会制度、中国共产党领导的多党合作和政治协商制度、民族区域自治制度、基层群众自治制度，巩固和发展最广泛的爱国统一战线，发展社会主义协商民主，健全民主制度，丰富民主形式，拓宽民主渠道，保证人民当家作主落实到国家政治生活和社会生活之中。"把基层群众自治制度确立为我国民主政治的四项制度之一，把坚持和完善基层群众自治制度作为坚持中国特色社会主义政治发展道路的重要内容，这是我们党的一个重大决策，是对基层群众自治制度地位的重大提升。根据十九大精神，民政部门要着重抓好以下工作：

（1）加强法治建设，保证基层群众自治在法治轨道上健康有序发展。依法自治，是开展基层群众自治的基本要求。要抓紧制定和完善保障人民群众在基层行使民主权利的法律法规。在国家立法层面，2018年12月29日，第十三届全国人民代表大会常务委员会第七次会议通过全国人民代表大会常务委员会关于修改《中华人民共和国村民委员会组织法》的决定，研究制定基层政府指导村（居）委会工作办法，形成有利于发展基层群众自治的法制环境。在地方立法层面，要不断健全村（居）委会组织法实施办法、村（居）委会选举办法、村（居）务公开办法、村（居）务管理条例，不断完善地方性法规。在城乡基层，要以保证人民当家作主为根本目标，不断制定、完善、创新、落实各项基层群众自治的具体制度。

（2）不断扩大基层群众自治范围，规范民主实践，提高广大干部群众的民主法治素质。发扬民主、扩大民主，是基层群众自治制度的生命所系、本质所在。要进一步完善和落实好现有的基层群众自治制度，切实保障群众应当享有的民主权利。要适应经济社会发展的要求，不断丰富民主形式，创新民主内容。从目前看，基层群众自治范围应当不断扩大，做到哪里有群众的利益，民主就应该延伸到哪里；哪里有公共决策，民主就应该延伸到哪里。要加强对基层干部群众的民主法制宣传教育，满腔热情地帮助和引导他们。

（3）进一步发挥基层党组织的领导核心作用。发挥基层党组织的领导核心作用和党员的先锋模范作用，是搞好基层群众自治的关键和基础。在民主选举过程中，基层党组织要积极参加各项准备工作，把握选举的正确方向。基层党组织领导班子成员应通过合法程序，进入基层民主选举机构，主持选举机构的工作。在民主决策中，基层党组织要与基层群众性自治组织一道，积极组织群众参与民主决策，保障群众当家作主的权利。在日常管理和民主监督中，要组织党员和群众监督民主决策事项的实施情况。党的基层组织干部和党员，要在基层民主实践中，充分发挥先锋模范作用。要适应经济社会发展的需要，不断完善基层党组织的领导方式、领导机制。

（4）进一步做好基层群众自治制度建设的统筹协调工作。要把做好基层群众自治工作作为政府履行社会治理和公共服务职能的重要组成部分，建立长期稳定、有效的政府投入保障机制。要充实和加强基层群众自治制度建设指导部门的工作力量，不断提高其依法办事的能力和服务群众的水平。要统筹发展城乡村（居）民自治和社区建设，推动城乡社区在发展民主自治、加强管理服务上实现良性互动、共同进步。要统筹协调基层群众自治制度建设与其他方面基层民主制度建设，共同推进基层群众自治制度建设与人民代表大会制度建设、中国共产党领导的多党合作和政治协商制度建设、民族区域自治制度建设，使基层群众自治制度在发展社会主义民主政治的大局中更好地发挥基础性作用。

任务引导

1. 了解我国基层群众性自治组织的历史及其发展趋势，明确其性质、地位、作用和任务。
2. 理解自治制度的发展对我国民主法治建设的重要意义。

知识链接

1. 基层群众自治组织的主体

宪法规定了基层群众自治组织的性质，自治的主体是"基层群众"，也就是"村民"或者"居民"及其民主选举产生的组织，如村民（居民）委员会、村民（居民）会议、村民（居民）代表会议、村民（居民）小组、村民（居民）代表、村民（居民），以及党支部等。

村民（居民）委员会相对于村民（居民），行使的是自治权力，这种权力属于社会权力的范畴。在协助基层人民政府工作时，村民（居民）委员会可以因被授权而行使行政权力。根据法律规定，村民（居民）委员会办理本辖区的公共事务和公益事业，调解民间纠纷，协助维护社会治安，向人民政府反映村民（居民）的意见、要求和提出建议。

村民（居民）小组，是按村民（居民）居住情况划分的，其中，居民小组在实践中的主要功能是联系居民和产生居民代表等；村民小组除有居民小组的功能外，它通常还是一种集体经济组织。村民（居民）小组不是村民（居民）委员会下属机构或者派出组织，村民（居民）小组的小组长由村民（居民）小组会议推选。

村民（居民）代表，由村民（居民）或村民（居民）小组产生，通过村民（居民）代表会议依法行使自治权力。

党支部是中国共产党的基层组织,按照中国共产党章程开展工作,发挥领导核心作用;依照宪法和法律,支持和保障村民(居民)开展自治活动、维护村民依法行使民主权利。

2. 基层群众性自治组织与基层人民政府的关系

《村民委员会组织法》第五条规定:"乡、民族乡、镇的人民政府对村民委员会的工作给予指导、支持和帮助,但是不得干预依法属于村民自治范围内的事项。村民委员会协助乡、民族乡、镇的人民政府开展工作。"《中华人民共和国城市居民委员会组织法》(以下简称《城市居民委员会组织法》)第二条规定,"居民委员会是居民自我管理、自我教育、自我服务的基层群众性自治组织。不设区的市、市辖区的人民政府或者它的派出机关对居民委员会的工作给予指导、支持和帮助。居民委员会协助不设区的市、市辖区的人民政府或者它的派出机关开展工作。"

3. 基层群众性自治组织与基层人大的关系

基层群众性自治组织与基层人大的关系,在《城市居民委员会组织法》中没有规定,在《村民委员会组织法》中有一定的体现。

《村民委员会组织法》第三十九条规定:"地方各级人民代表大会和县级以上地方各级人民代表大会常务委员会在本行政区域内保证本法的实施,保障村民依法行使自治权利。"

《村民委员会组织法》第十七条规定:"以暴力、威胁、欺骗、贿赂、伪造选票、虚报选举票数等不正当手段当选村民委员会成员的,当选无效。对以暴力、威胁、欺骗、贿赂、伪造选票、虚报选举票数等不正当手段,妨害村民行使选举权、被选举权,破坏村民委员会选举的行为,村民有权向乡、民族乡、镇的人民代表大会和人民政府或者县级人民代表大会常务委员会和人民政府及其有关主管部门举报,由乡级或者县级人民政府负责调查并依法处理。"

4. 基层群众性自治组织与基层党组织的关系

基层党组织,在法律上不属于基层政权的序列,但在基层群众性自治中发挥着独特的作用。《村民委员会组织法》第四条规定:"中国共产党在农村的基层组织,按照中国共产党章程进行工作,发挥领导核心作用,领导和支持村民委员会行使职权;依照宪法和法律,支持和保障村民开展自治活动、直接行使民主权利。"这里规定基层党组织是基层一切组织和全部工作的领导核心,在政治上对村委会实施领导,这是由党的执政地位所决定的。

案例阅读

通过民主程序解决社会问题

浙江省温州市鹿城区水心村村民怀疑村干部在劳力安置、集体店面出租、村干部报酬、集体资产投资等方面存在问题,于是300多个人涌入村委会,要求村干部做出解释,并组织公开审计村集体的财务状况。双方发生了争执,不欢而散。后来村民多次到有关部门上诉,但都没得到满意答复,于是村民联名提出罢免议案。

经过一年的努力，水心村在 7 名村民代表的主持下召开了罢免大会。半数以上的选民对罢免议案投了赞成票，议案通过后，全场响起了经久不息的掌声。

【思考】案例给了我们哪些方面的启示？

【职业素养】许多地方农民在遇到与政府和官员的矛盾时，仍然想不到用民主的和法定的程序解决问题，过度通过信访、到政府门前抗议，甚至破坏正常的社会治安秩序。农民通过自治组织，通过民主程序化解矛盾，可以解决中国农村绝大多数的社会问题，这也是中国推行基层民主的目标之一。

任务二　指导开展村（居）民自治示范

任务描述

民政部门的一项重要职能是负责城乡基层政权建设和基层群众性自治组织建设的日常工作。居委会作为城市社区的群众性自治组织，自然属于民政部门管理的范围。但两者性质不同，没有行政上的隶属关系，是指导与被指导的关系。

各级政府的民政部门应在如下方面发挥指导居委会建设的作用：①调查研究居委会组织的现状及其存在的问题，给党和政府提出加强居委会建设的意见、建议；②总结、交流居民委员会工作的经验，通过典型经验引路，以点带面，推动居委会工作不断向纵深发展；③组织评比，表彰先进居委会、先进居委会干部的活动；④采取多种形式培训居委会干部，不断提高他们的政治思想水平和业务素质；⑤指导居委会搞好组织建设和制度建设，指导居委会搞好换届选举工作，选配好领导班子，建立健全下属工作委员会，建立健全各项工作制度，还要帮助居委会解决办公用房、办公设施、办公经费以及居委会干部的生活补贴等实际困难；⑥指导居委会做好社区服务等民政福利工作。

任务实施

强化村级民主管理，既是加强农村基层党风廉政建设的客观要求，又是推进社会主义新农村建设的重要举措。近年来，孝感市孝南区注重从解决群众反映最强烈的问题入手，着力在民主决策、民主理财、民主公开三个方面下功夫，实行"五步工作法"，即"五步议事法"和"五步理财法"。

"五步议事法"是指"提""听""理""议""督"五步工作法。"提"，就是会前向全村群众提出议事会议主题，让他们充分酝酿讨论；"听"，就是会前广泛听取群众对村支部村委会工作、议事内容的意见及建议；"理"，就是将群众意见和建议进行整理分类，并形成议事材料;"议",就是两委班子成员初议后,召开村民会议或村民代表会议进行充分讨论,形成正式议案;"督",就是由村级纪检小组全程监督村支部、村委会按照要求执行议事方案。

议事成员主要是村民会议和村民代表会议。村民会议每户派一人参加,每年召开一至两次。村民代表会议由村民推举代表或每组推选一人,并吸纳部分热心村级事务的老党员、知名人士参与。

村干部选举、党员发展、财务收支、资产管理、公益事业建设、项目建设、土地征用、发展规划、规章制度、村招待费、干部工资待遇、村民福利、村民救济等群众关注的热点、难点问题作为议事范围。

议事采取定期例会制和急事召会制。每年年初、年中、年末三次定期召开由村干部、村民代表、纪检小组成员参加的民主议事会议,主要讨论、商议村级日常性工作。如遇突发事情以及临时性重要工作,村两委随时召集村干部、村民代表、纪检小组成员进行商议、讨论,做到特事特议、急事急议、议必有果、议后必行。

"五步理财法"是指"查""核""审""改""示"五步工作方法。"查",就是查看村级台账、收支平衡账、库存账,查清本月或本季度资金运行情况,是否入不敷出、是否有贪污挪用、是否有白条入账等现象;"核",就是核实费用支出是否符合财经制度,是否符合实际;"审",就是审查招待费、会务费、村干部工资补贴等是否超标,工程项目投资是否超出预算等;"改",就是理财小组拒付不合理的开支后,要求村委会进行整改,凡不能入账的白条或发票一律不予入账;"示",就是按月或按季度对财务收支情况进行公示,给群众一个明白,还干部一个清白。

民主理财小组成员一般按照大村七人,小村五人配备。推行民主理财月审制度,每月定期对财务收支情况进行逐一清理审核,每季度进行一次复核,全年进行一次集中审查。

一般事项每季度公开一次,涉及群众利益的重大问题以及重要事项随时公开。集体财务往来较多的村,财务收支应做到每月公布一次。

任务引导

熟悉村民委员会"五步议事法"。

知识链接

1. 农村村委会自治与民政部门的工作指导

村民委员会是村民自我管理、自我教育、自我服务的基层群众性自治组织。在改革开放和现代化建设的进程中,村民委员会肩负着凝聚村民群众,推动农村改革、发展和保持农村社会稳定的重要职责。

各级民政部门是负责村民委员会建设日常工作的部门,要将村民委员会建设工作列入重要议事日程。民政部门的工作人员需要深入基层,调查研究,制定加强村民委员会建设的具体规划,组织实施。要充分利用地方机构改革和各级党政抓基层组织建设的有利时机,及时反映人员不足和经费缺乏等问题,争取党委、政府和有关部门的重视和支持,切实负起抓基层群众性自治组织建设工作的责任,并督促下属民政部门做好这项工作,指导帮助解决工作中的困难,进一步把基层政权和基层群众性自治组织建设工作做好。

2. 民政部门开展村民自治示范活动

村民自治示范活动最初由辽宁省沈阳市提出。1990年中共中央《关于批转全国村级组织工作座谈会纪要》的通知中指出,每个县都要选择几个或十几个村,开展村民自治示范活动,摸索经验,树立典型。根据这一要求,民政部于1990年9月26日专门下发了《关于在全国农村开展村民自治示范活动的通知》,要求各级民政部门要选择有一定工作基础的县(市)、乡(镇)、村作为示范单位,组织示范活动。县级民政部门侧重抓示范村,有条件的也可以抓示范乡(镇);地级民政部门侧重抓示范乡(镇);省级民政部门主要抓示范县。

3. 开展村民自治示范活动的方式

村民自治示范工作要在各级党委和政府的统一领导下进行,主动接受各级人大、党委的检查监督,民政部门具体负责日常工作。其主要工作是:确定村民自治示范单位;帮助示范单位制订方案;依法指导村民委员会建设;总结推广示范单位经验,组织对示范单位进行检查验收;向党委、政府汇报工作开展情况等。具体措施有:

(1)检查验收。对村民自治示范单位分级进行检查验收;省级民政部门负责村民自治示范县(市)的检查验收,地(市)级民政部门负责村民自治示范县(市)的初查和村民自治示范乡(镇)的检查验收,县级民政部门负责村民自治示范乡(镇)的初查和村民自治示范村的检查验收。凡验收合格者,由省、地(市)、县各级分别予以命名表彰。在各地命名表彰的基础上,民政部择先选优,进行全国性的命名表彰。

(2)组织观摩。各地要有计划地组织各种形式的交流、观摩,充分发挥村民自治示范单位的引导、带动和辐射作用,逐步把村民自治向面上推进。民政部可根据情况,组织观摩各省、自治区、直辖市的村民自治示范县(市)。

(3)培训骨干。各地要从实际出发,分期、分批、分层次培训示范(市)、乡(镇)、村的领导干部和村民骨干以及民政系统从事基层政权和群众自治组织建设工作的干部,使全国逐步形成一批推进村民自治工作的骨干力量。

(4)点面结合。在非试点单位,根据村民自治的工作内容提出要求,开展村民自治活动,促进村民自治活动的全面发展。

(5)宣传配合。充分运用报纸、杂志、电台、电视台等新闻媒介,宣传村民自治典型。

任务三　指导监督村（居）民委员会的选举

任务描述

村（居）民委员会的选举工作是广大村（居）民民主政治生活中的一件大事，是巩固基层政权，依法管理农村和城市社区，推进基层民主政治建设的基础工作。各级民政部门要加强领导，建立健全工作机构，做好指导和监督村（居）民委员会选举的相关工作。

任务实施

1. 建立健全组织机构

由党委、人大、政府及有关部门组成的社区居委会换届选举工作指导小组，指导和监督工作的开展。对因特殊原因不能进行直选的，经市（区）指导小组批准后，可采取户代表或社区居民代表选举方式。各有关部门要在当地党委、政府统一领导下，各司其职，密切配合，确保换届选举工作顺利进行。

2. 加强对换届选举工作的监督

必须坚持依法办事，做到法定的程序不变、规定的步骤不少。要严格执行责任追究制度，对干扰破坏选举或阻碍他人正常行使选举权等违法行为，要根据情节轻重分别予以惩处。建立选举观察员制度，聘请人大代表、政协委员、离退休老同志等担任选举观察员，在宣传发动、选民登记、投票选举等重要环节发挥选举观察作用。重视并正确对待群众的来信来访，对居民反应强烈的问题要及时解决，依法维护居民的合法权益。

3. 落实选举工作经费

选举工作经费纳入各级政府财政预算，主要用于召开会议、培训骨干、宣传发动、印发资料、检查指导等。

4. 做好换届选举的各项衔接工作

换届选举前期，要按照省、市有关文件要求，适度调整社区规模。对社区账目要普遍进行审计，审计结果向全体社区居民公布。换届选举期间，要加强换届选举工作的指导和监督，对情况复杂的社区，要帮助其制定好选举工作方案，并选派得力干部进驻社区指导选举工作。选举结束后，要及时做好新老成员的工作交接和新一届班子成员的培训工作。

任务引导

结合具体事例，认识村民委员会制度运行中存在的问题，思考村民自治发展的方向。

> 知识链接

1. 村委会的选举工作

村民委员会由主任、副主任和委员共三至七人组成。在村民委员会成员中，妇女应当有适当的名额，多民族居住的村应当有人数较少的民族的成员。村民委员会成员不脱离生产，根据情况，可以给予适当补贴。

村民委员会每届任期五年，届满应当及时举行换届选举。村民委员会成员可以连选连任。根据工作需要可以设人民调解、治安保卫、公共卫生与计划生育等委员会。村民委员会成员可以兼任下属委员会的成员。人口少的村由村民委员会成员分工负责人民调解、治安保卫、公共卫生等工作。

村民委员会可以按照村民居住状况分设若干村民小组，小组长由村民小组会议推选。

村委会的选举要遵循以下原则：

（1）直接选举原则。村民委员会主任、副主任和委员，由村民直接选举产生。任何组织或者个人不得指定、委派或者撤换村民委员会成员。

（2）普遍选举原则。年满十八周岁的村民，不分民族、种族、性别、职业、家庭出身、宗教信仰、教育程度、财产状况、居住期限，都有选举权和被选举权；但是，依照法律被剥夺政治权利的人除外。

（3）差额选举原则。选举村民委员会，由本村有选举权和被选举权的村民直接提名候选人。候选人的名额应当多于应选名额。

（4）无记名投票原则。选举实行无记名投票。

（5）秘密写票原则。村民委员会选举时，应设立秘密写票处，村民填写选票，不能有其他人看到。

（6）竞争选举原则。一般采取差额选举原则。

（7）平等原则。所有选民在一次选举中只能投一张选票，每张选票效力平等。

（8）公开原则。选举实行公开计票的方法，选票结果应当当场公布。

村委会的选举，一般经过四个步骤：

（1）成立村民选举委员会。由选举委员会主持村委会的换届选举工作。选举委员会由五至九人单数组成，其成员由村民会议、村民代表会议或者各村民小组推选产生。具体由乡镇街道指导各村结合实际进行选择。推选村民选举委员会由村党支部主持，村民委员会协助工作；如遇"两委"班子不健全或其他特殊情况，乡镇街道村级组织换届工作领导小组可以派人主持。村民选举委员会产生后，由内部推选产生主任一名，负责主持选举工作，同时告知全体选民。

（2）选民登记。村民选举委员会确定选民资格时，对一些特殊情况下的村民是否认定为选民，要提交村民会议或村民代表会议讨论决定。凡年满十八周岁，具有选民资格的村民都应进行登记（被法律剥夺政治权利的人除外）。选民登记开始前，村民选举委员会应公告本届村委会选举日和选民登记日，明确告知选民登记的起止时间和登记办法，要求选民互相转告。确定和培训选民登记员，挑选既有文化又熟悉本村情况的人担任登记员，并对有关法律和上级有关文件精神进行宣讲培训。选民登记要做到不错、不重、不漏。在具体操作时，可在上届选民登记的基础上进行补充登记，对死亡、依照法律被剥夺政治权利的选民进行除名。选民登记花名册（区换届办统一印制），要按顺序号登记造册。登记造册的选民名单，经村民选举委员会审核确认后，于选举日二十日以前在本村显著位置进行张贴公告。村民对公布的选民名单有异议的，可以在选民名单公布后的五日内向村民选举委员会提出，超过五日的不再受理。对受理的名单异议，村民选举委员会要在三日内做出解释或者纠正。村民选举委员会根据选民名单填写选民证（区换届办统一印制），并将选民证发到选民手中。

（3）提名候选人。村民选举委员会提出候选人的条件要结合本村的实际情况，提请村民会议或者村民代表会议讨论通过并公布。会前三天，村民选举委员会将提名大会的时间、地点和要求通知全体选民，并做好提名大会的准备工作，包括对选举工作人员进行培训、准备票箱和提名选票、布置选举大会会场等工作。会前应向选民讲清候选人条件、提名表的填写要求和计票方法。而后，每个选民凭选民证领取一张提名表，采取秘密写票、无记名投票的方法进行（提名可以按照村委会主任、副主任、委员职数等额一次性提名；也可以不按具体职务，按照职数的多少，等额一次提名，按得票多少，即简单多数确定候选人）。提名结束，当场公开唱票、计票，当场公布提名结果。在正式选举日七日前，以公告形式，按提名人数的多少顺序张榜公布提名结果。要分职务确定正式候选人人数，村委会主任、副主任的候选人人数应当比应选名额各多1人，委员的候选人人数应当比应选名额多1~2人；不分职务提名时，所确定候选人的人数至少是应选名额的一倍。如果提名的人数相等，正式候选人难以确定的，应当召开村民会议对提名人数相等的初步候选人进行无记名投票，按照得票多少的顺序确定正式候选人。候选人不接受提名的，本人应当在选举日的五日前向村民选举委员会提出书面意见。由此造成候选人名额不足的，在原被提名人中，按得票多少顺序依次递补。村民选举委员会在选举日三日以前按提名人数多少的顺序公布正式候选人名单。在正式候选人公布后到正式选举日，村民选举委员会应当向选民介绍正式候选人的基本情况，可以组织正式候选人进行竞选演讲并接受村民的询问。

（4）正式选举。选举日前三天，村民选举委员会应将投票选举的具体时间、地点和方法，以公告形式通知全体选民。选民在选举期间因外出或者其他特殊原因不能直接投票的，经村民选举委员会确认，可以在选举日以前委托除正式候选人之外的其他选民代为投票。村民选举委员会应将委托办理时间、地点以公告方式提前通知选民，选举日停止办理委托；每一选民接受委托投票不得超过三人，接受委托的选民，在选举日当天，凭委托投票证和本人选民证领取选票，代写代投。选举前，村民选举委员会应组织参与选举的监票、计票、唱票及其他选举工作人员进行相关知识的培训，准备票箱和选票，布置选举会场。选举必须设主会场。选举大会由村民选举委员会主持，大会开始时，要介绍选民登记和候选人产生情况；宣布投票方式和选举大会纪律；讲解选票填写方法；检查并密封票箱；投票选举；集中票箱、开箱清点选票，并当场唱票、计票；宣布当选结果；当选人发表就职演说；大会结束。根据选举办法的规定，所有票箱接受投票多于发出选票的选举无效，等于或少于的选举有效。投票总数超过本村选民半数的，选举有效，少于或等于本村选民半数的选举无效。候选人或另选人获得参加投票的选民的过半数的选票，始得当选。如遇票数相等不能确定当选人时，应当在当日或者次日对得票数相等的候选人、竞选人或者另选人再次投票，以得票多的当选。选举结果经村民选举委员会确认后，于投票选举当日或次日以公告形式张榜公布。

2. 民政部门在村委会选举过程中的指导和监督

（1）加强县乡两级尤其是县级选举指导机构建设。建议从组织、纪检、民政、监察、公安和司法等部门抽调工作人员，组建选举指导机构，加强指导力量。

（2）采取各种措施提高县乡两级指导机构依法指导选举的能力。要加强调查研究，摸清农村情况，全面分析影响村民委员会选举的各种因素，增强工作的预见性、科学性和实效性。特别在各级民政部门从事基层政权建设工作的人员，既要积极宣传有关法律法规，带头拥护村民自治，又要加强学习，善于钻研，注重积累，不断提高思想水平和业务能力，以良好的自身形象和过硬的综合素质取得指导工作的发言权、主动权。

（3）加强党委、人大和政府对选举的监督力度，及时查处和纠正各种违法行为。民政部门作为执法部门，要在各级党委和政府的领导下，理直气壮地纠正不按《村民委员会组织法》规定办事的做法，对不符合法定程序的选举要坚决推倒重来，维护《村民委员会组织法》的尊严。

（4）积极探索将《村民委员会组织法》纳入司法程序的有效途径，发挥司法机关对选举的监督作用。凡以威胁、贿赂、伪造选票等不正当手段，妨碍村民行使选举权、被选举权，破坏村民委员会选举的，村民有权向乡、民族乡、镇的人民代表大会和人民政府或者县级人民代表大会常务委员会和人民政府及其有关主管部门举报，有关机关应当负责调查并依法处理。

（5）进一步探索和创新选举监督形式，进一步做好选举观察员制度、巡视指导组、监督指导小组、选举监督委员会的试点工作，积累经验，及时推广。当村里选举竞争非常激烈，各种矛盾相互交织的时候，有一个相对比较客观、公正的力量介入，对参加选举的各方都是监督和约束，有利于选举的依法顺利进行。村民委员会选举观察员制度，比较好地借用了现有的人力资源，但对观察员队伍的培训一定要严格，要规范其工作方式、程序，让观察员知道应该做什么，不应该做什么，遇到问题怎么处理。

（6）加强群众监督，充分发挥村民、村民代表和村民代表会议的监督作用。人数较多或者居住分散的村，可以推选产生村民代表，由村民委员会召集村民代表开会，讨论决定村民会议授权的事项，以充分发挥群众的监督作用。

3. 城市社区居委会的选举工作

居民委员会由主任、副主任和委员五至九人组成。多民族居住地区，居民委员会中应当有人数较少的民族的成员。居民委员会的组成人员，由选举产生。年满十八周岁的本居住地区居民，没有被剥夺政治权利的，不分民族、种族、性别、职业、家庭出身、宗教信仰、教育程度、财产状况、居住期限，都有选举权和被选举权。

居民委员会的组成人员，由本居住地区全体有选举权的居民或者由每户派代表选举产生；根据居民意见，也可以由每个居民小组选举代表二至三人选举产生。

居民委员会每届任期五年，其成员可以连选连任。

（1）社区居委会选举的原则。

1）差额选举原则。社区居委会主任、副主任及委员正式候选人人数应多于应选人数。选举时，由选民对候选人直接进行差额选举，不得先选委员，再从委员中选举产生主任、副主任。

2）竞争择优原则。在社区选举委员会的统一组织下，可以开展组织介绍和候选（竞选）人自我介绍等竞选活动，社区居委会主任、副主任及委员的参选（竞选）人都要向选举会议进行治居演说，回答居民的提问，以让选民在充分了解的基础上真正做到好中选优，把热心为居民服务的人选进居委会。

3）无记名投票原则。设立秘密写票处，实行无记名投票，投入指定的密封票箱，保证选民按照自己的意愿填写选票。

4）公开、公平、公正原则。选举中要做到推选选举委员会组成人员过程公开，选民资格公开，选民名单公开，候选人条件公开，选举工作人员名单公开，选举时间和地点公开，唱票及计票公开，选举结果公开。任何组织和个人都不得干扰选举工作，不得侵犯选民民主选举权利。

（2）社区居委会选举的基本程序。

1）成立选举组织。选举期间，县（市）、区和街道（镇）应分别建立选举工作指导小组，摸清本辖区内人口（包括居住一年以上的暂住人口）状况、选民数量和分布情况，拟定选举工作方案，使选举工作既符合法律要求，又结合本地区社区建设的实际。各社区要召开居民代表会议或组织居民小组推选产生社区选举委员会，以负责组织本社区的选举工作。选举委员会由5～7人组成，选举委员会成员被确定为居委会成员正式候选人（竞选人）后，不再参加选举委员会工作，由本届居民代表会议或居民小组另行推选人员，补足缺额。

本届社区居民小组会议在选举社区选举委员会的同时，选举新一届社区居民代表和社区居民小组长。居民小组会议由本届社区居民小组长召集和主持，本组18周岁以上的社区居民参加，按照简单多数的原则，采用无记名投票的方法进行选举，并以社区选举委员会的名义分别发布公告。

2）确定选举形式。社区居委会由主任、副主任、委员5～11人组成，其中妇女应当有适当名额。要充分尊重少数民族的政治参与意愿，充分发挥其在社区建设中的作用。主任、副主任及委员的产生可根据社区的民情和社区居委会干部队伍状况，采取居民代表会议选举、户代表会议选举和居民会议选举三种选举形式。上述三种形式均要有过半数以上人员参加，会议才能举行。会议形成的决定，须由会议出席人过半数通过方能生效。

3）选民资格及选民登记。对"户在人不在"或"人在户不在"的社区居民，其选民资格由各地根据居民自治的原则决定，可采取"登记选民"和"选民登记"相结合的方法进行选民登记。

4）候（竞）选人条件及其产生。候选人可由本届社区党组织或选举委员会根据各职位候选人条件提出初步人选。选举委员会要召开居民会议，审查确认正式候选人资格。采取无候选人一次直选的社区，由竞选人根据居委会成员的任职条件自主报名，选举委员会组织资格确认。

5）投票选举。社区选举委员会提名的监票人、唱票人、计票人，应当经过选举大会举手表决通过。正式候选人及其配偶、直系亲属不得担任监票人、唱票人、计票人。投票箱应当当众验箱，加贴封条。投票结束后，应当场公开唱票、计票，公布选举结果并颁发当选证书。

6）总结完善。新一届社区居委会选举产生后，原社区居委会成员应当在规定时间内，将公章、办公场所、办公用具、集体财务账目、固定资产、工作档案、债权债务及其他遗留问题等，移交给新一届社区居委会。移交工作由所在街道办事处（镇政府）主持。结合本社区实际，制定三年任期目标规划，将居委会成员分工及所负责的工作制度等向居民公开，设置居民意见箱，便于居民联系和监督。对新当选的社区居委会成员进行培训，使其尽快适应和开展工作。新一届社区居委会主任应在上任一个月内将居民自治制度执行情况向居民会议报告。

任务四　了解和谐社区建设

任务描述

社区是社会的基本单元，是人们休憩的港湾、安居的乐园。社区和谐是社会和谐的基础。加强社会管理的重心在社区，改善民生的依托在社区，维护稳定的根基在社区。我们应该努力把社区建设成为管理有序、服务完善、环境优美、治安良好、生活便利、人际关系和谐，以及各个社会群体和谐相处的社会生活共同体。

任务实施

和谐社区建设要做到：①把服务居民、造福群众作为和谐社区建设的出发点和落脚点，把居民群众满意不满意、高兴不高兴作为想事情、做工作的标准；②把建设管理有序、服务完善、文明祥和的社会生活共同体作为和谐社区建设的基本目标，建立健全社区组织、完善社区服务体系，优化社区环境，实现居民邻里间的和睦相处；③把统筹推进城乡社区建设作为和谐社区建设的重要方针，推进城乡社区交流与合作，形成以城带乡、以乡促城、优势互补、共同提高的城乡社区和谐发展新格局；④把体制机制创新作为和谐社区建设的根本动力，把创新贯穿于和谐社区建设的各个环节、各个领域，构建党委领导、政府负责、民政部门组织协调、相关部门协同配合、社会力量广泛参与的工作格局；⑤把加强以社区党组织为核心的社区组织体系和社区工作者队伍建设作为和谐社区建设的基础保证，发挥社区党组织在和谐社区建设中的领导核心作用，培养和造就一支政治可靠、业务过硬、作风扎实、结构合理的社区工作者队伍。

任务引导

1. 了解社区建设的基本概念。
2. 我国建设和谐社区的背景。

知识链接

社区建设是对社区工作的总体概括，是指在党和政府的领导下，依靠社区力量，利用社区资源，强化社区功能，解决社区问题，促进社区政治、经济、文化、环境协调健康发展，不断提高社区成员的生活水平和生活质量的过程。

社区建设的基本原则是：①以人为本、服务居民。坚持以不断满足社区居民的社会需求，提高居民生活质量和文明程度为宗旨，把服务社区居民作为社区建设的根本出发点和归宿。②资源共享、共驻共建。充分调动社区内机关、团体、部队、企业事业组织等一切力量广泛参与社区建设，最大限度实现社区资源的共有、共享，营造共驻社区、共建社区的良好氛围。③责权统一、管理有序。改革基层社会管理体制，建立健全社区组织，明确社区组织的职责和权利，改进社区的管理与服务，寓管理于服务之中，增强社区的凝聚力。④扩大民主、居民自治。坚持按地域性、认同感等社区构成要素科学合理地划分社区；在社区内实行民主选举、民主决策、民主管理、民主监督，逐步实现社区居民自我管理、自我教育、自我服务、自我监督。⑤因地制宜、循序渐进。坚持实事求是，一切从实际出发，突出地方特色，从居民群众迫切要求解决和热切关注的问题入手，有计划、有步骤地实现社区建设的发展目标。

社区建设的主要目标是：①适应现代化的要求，加强社区党的组织和社区群众性自治组织建设，建立起以地域性为特征、以认同感为纽带的新型社区，构建新的社区组织体系。②以拓展社区服务为龙头，不断丰富社区建设的内容，增加服务的发展项目，促进社区服务网络化和产业化，努力提高居民生活质量，不断满足人民群众日益增长的物质文化需求。③加强社区管理，理顺社区关系，完善社区功能，改革基层管理体制，建立与社会主义市场经济体制相适应的社区管理体制和运行机制。④坚持政府指导和社会共同参与相结合，充分发挥社区力量，合理配置社区资源，大力发展社区事业，不断提高居民的素质和整个社区的文明程度，努力建设管理有序、服务完善、环境优美、治安良好、生活便利、人际关系和谐的新型现代化社区。

案例阅读

让社区建设插上"智慧翅膀"

"如何推进基层治理创新？加强智慧社区建设至关重要。"这段日子，河北省第十三届人大代表、衡水市桃城区中华大街街道宣传委员刘师伟，早早进入了自己的"两会时间"——她要梳理过去一年来的调研资料，撰写提案。

在刘师伟看来，社区就是一个小社会，小社会做好了，大社会就稳定了。一有时间，她就走街串户，了解居民们的所需所盼。这些年光民情日记就写了60多本，各类问题加起来有1万多个。社区居民把支部当成"主心骨"，把社区当成"避风港"，"有事找社区"成了居民遇事后的第一反应。

近几年，中华大街谋划了一系列党建服务载体，搭建了在职党员"工作在单位、活动在社区、奉献双岗位"服务平台，打造了"百姓秀舞台"文化品牌，累计举办党员志愿服务、"爱心卡"捐赠、"红色故事汇"党史宣讲等200多场特色鲜明的主题活动，真正让党建"活"起来，让居民"乐"起来，切实把居民吸引到了党组织周围。

疫情期间，刘师伟带领社区党员干部逆行在抗疫一线，政策宣传、入户排查、隔离送饭、站岗执勤，筑牢疫情防控的"红色堤坝"，守护居民生命安全。

"新冠肺炎疫情对基层社区治理体系和治理能力提出了严峻挑战，"刘师伟认为，在当前疫情常态化防控形势下，智慧社区建设能够为公共卫生的预防提供质量和效率的"双保险"。但在实地调研中，刘师伟走访一些社区特别是老旧小区发现，社区存在信息化、智能化建设不足等问题，在信息采集、资源调配、数据整合等方面还存在短板，满足不了疫情防控和社区智慧化管理的要求。

智慧社区建设势在必行。这两天，刘师伟仍在不断搜集和梳理来自社区和基层的声音，据此不断修改完善相关建议：加快建设社区新型基础设施，推动物联传感、人脸识别、5G等新型技术在社区层面的应用；整合社区资源，鼓励房产公司、物业公司、社会服务组织等参与智慧社区建设；完善网格化管理体系，将大数据、人工智能等新一代信息技术运用到网格化管理，形成实时、快捷、长效的管理机制，真正在突发公共事件时，做到"底数清，情况明"！

资料来源：新华网，河北，2022年1月。

【思考】我国的城乡社区建设如何适应新时代的变化？

【职业素养】社区建设，要把服务居民、造福群众作为和谐社区建设的出发点和落脚点，把居民群众满意不满意、幸福不幸福作为我们想事情、做决策的工作标准。因此，我们要有责任感、使命感、成就感，本着对人民负责、对未来负责、对历史负责的情怀和担当精神来从事社区建设、社区管理和社区服务工作。

练 习 题

一、填空题

1. 村民（居民）小组，是按村民（居民）_____划分的。

2. _____是中国共产党的基层组织，按照中国共产党章程开展工作，发挥领导核心作用；依照宪法和法律，支持和保障村民（居民）开展自治活动、维护村民依法行使民主权利。

3. 倡导和鼓励驻区单位、企业及居民个人参与社区服务，这对于合理利用社区服务资源、发展第三产业、扩大_____，将产生积极影响。

二、单项选择题

以拓展社区服务为龙头，不断丰富社区建设的内容，增加服务的发展项目，促进社区服务网络化和产业化，努力提高居民生活质量，不断满足人民群众日益增长的（　　）需求。

　　A. 精神　　　　　B. 文化　　　　　C. 物质文化　　　　　D. 物质

三、多项选择题

1. 不设区的市、市辖区的人民政府或者它的派出机关对居民委员会的工作给予（　　）。

　　A. 指导　　　　　B. 支持　　　　　C. 帮助　　　　　D. 协助

2. 社区建设是对社区工作的总体概括，是指在党和政府的领导下，依靠社区力量，利用社区资源，强化社区功能，解决社区问题，促进社区（　　　）协调健康发展，不断提高社区成员的生活水平和生活质量的过程。

  A. 政治   B. 经济   C. 文化   D. 环境

3. 社区建设的基本原则是：（　　　）。

  A. 以人为本、服务居民   B. 资源共享、共驻共建
  C. 责权统一、管理有序   D. 扩大民主、居民自治
  E. 因地制宜、循序渐进

四、判断题

1. 村民（居民）小组不是村民（居民）委员会下属机构或者派出组织，村民（居民）小组的小组长由村民（居民）小组会议推选。（　　　）

2. 乡、民族乡、镇的人民政府对村民委员会的工作给予指导、支持和帮助，但是不得干预依法属于村民自治范围内的事项。村民委员会协助乡、民族乡、镇的人民政府开展工作。（　　　）

3. 由政府出资购买公益岗位，充实城乡社区公共服务机构及社区服务岗位。（　　　）

4. 加强社区管理，理顺社区关系，完善社区功能，改革城市基层管理体制，建立与社会主义政治体制相适应的社区管理体制和运行机制。（　　　）

5. 社会组织是兴办社区服务的主体之一，支持社区成立形式多样的生活服务类社会组织，积极开展活动，并对之进行必要的指导和监督。（　　　）

五、问答题

村委会的选举要遵循哪些原则？

项目五　开展社会救助

项目概述

社会救助最早是由救济转变而来的,从试点到全覆盖,逐渐走向成熟。新时代社会救助是与社会保险、社会福利和慈善事业并列为社会保障制度的重要组成部分。2014年《社会救助暂行办法》以行政法规的形式对社会救助进行全面部署。2019年3月2日,李克强总理签署第709号国务院令,3月18日公布《国务院关于修改部分行政法规的决定》。将《社会救助暂行办法》第三条第一款、第二款中的"民政、卫生计生、教育、住房城乡建设、人力资源社会保障"修改为"民政、应急管理、卫生健康、教育、住房城乡建设、人力资源社会保障、医疗保障"。将第二十五条中的"民政等部门"修改为"应急管理等部门"。将第三十条中的"民政部门"修改为"医疗保障部门"。

本项目包括:认定最低生活保障、救助供养特困人员、临时救助。

背景介绍

近年来,党中央、国务院高度重视社会救助工作。党的十七大明确提出,要以社会保险、社会救助、社会福利为基础,以基本养老、基本医疗、最低生活保障为重点,以慈善事业、商业保险为补充,加快完善社会保障体系;健全社会救助体系;强化防灾减灾工作;健全廉租住房制度,加快解决城市低收入家庭住房困难。党的十七届五中全会提出,要实现城乡社会救助全覆盖。党的十八大再次强调要完善社会救助体系。国务院连续多年在政府工作报告中对健全社会救助制度、推进社会救助工作提出明确要求。但是,由于起步晚、起点低,我国的社会救助仍然存在制度体系不完整、保障机制不健全、日常管理不规范等发展中问题。

党的十八大以来,以习近平同志为核心的党中央提出了"守住底线、突出重点、完善制度、引导舆论"的民生保障工作思路,为我国经济社会发展指明了新方向。当前,我国已转向高质量发展阶段,制度优势明显,治理效能提升,经济长期向好,物质基础雄厚,人力资源丰富,市场空间广阔,发展韧性强劲,社会大局稳定,继续发展具有多方面优势和条件,同时我国发展不平衡不充分问题仍然突出,重点领域关键环节改革任务仍然艰巨,创新能力不适应高质量发展要求,农业基础还不稳固,城乡区域发展和收入分配差距较大,生态环保任重道远,民生保障存在短板,社会治理还有弱项。这些,对社会救助事业发展提出了更高要求。习近平总书记对做好社会救助工作作出了一系列重要指示,强调要统筹城乡社会救助体系,完善最低生活保障制度,集中力量做好普惠性、基础性、兜底性民生建设，更好履行基本民生保障等职能。李克强总理也多次批示，强调要坚持保基本、兜底线、促公平，织密扎牢民生保障安全网，防止冲击社会道德底线的事件发生。

任务一　认定最低生活保障

任务描述

最低生活保障是一项收入补充型救助制度，主要解决收入型贫困问题，凡共同生活家庭成员人均收入低于当地最低生活保障标准，且家庭财产状况符合当地人民政府有关规定条件的，均有申请低保的权利。

任务实施

一、确认最低生活保障对象范围和资格条件

低保对象的认定条件是决定救助范围是否科学合理、救助制度能否持续稳定发展的重要前提。

《社会救助暂行办法》第九条规定："国家对共同生活的家庭成员人均收入低于当地最低生活保障标准，且符合当地最低生活保障家庭财产状况规定的家庭，给予最低生活保障。"其核心要点主要包括三个方面。

1. 强调以家庭为单位给予低保救助

依据《中华人民共和国民法典》（以下简称《民法典》）等民事法律的相关规定，与人们生活保障密切相关的主要有法定赡养人、抚养人和扶养人，即配偶、父母、子女、兄弟姐妹、祖父母、外祖父母、孙子女、外孙子女等近亲属。据此，共同生活的家庭成员一般是指具有法定赡养、抚养、扶养义务关系并长期共同居住的人员。当然，在实际工作中还要考虑到中重度残疾人、重病患者的特殊性。

民政部2021年6月印发的《最低生活保障审核确认办法》做出如下规定：

第七条　共同生活的家庭成员包括：

（一）配偶；

（二）未成年子女；

（三）已成年但不能独立生活的子女，包括在校接受全日制本科及以下学历教育的子女；

（四）其他具有法定赡养、扶养、抚养义务关系并长期共同居住的人员。

下列人员不计入共同生活的家庭成员：

（一）连续三年以上（含三年）脱离家庭独立生活的宗教教职人员；

（二）在监狱内服刑、在戒毒所强制隔离戒毒或者宣告失踪人员；

（三）省级人民政府民政部门根据本条原则和有关程序认定的其他人员。

第八条　符合下列情形之一的人员，可以单独提出申请：

（一）最低生活保障边缘家庭中持有中华人民共和国残疾人证的一级、二级重度残疾人和三级智力残疾人、三级精神残疾人；

（二）最低生活保障边缘家庭中患有当地有关部门认定的重特大疾病的人员；

（三）脱离家庭、在宗教场所居住三年以上（含三年）的生活困难的宗教教职人员；

（四）县级以上人民政府民政部门规定的其他特殊困难人员。

最低生活保障边缘家庭一般指不符合最低生活保障条件，家庭人均收入低于当地最低生活保障标准1.5倍，且财产状况符合相关规定的家庭。

2. 明确家庭人均收入低于当地最低生活保障标准，是给予最低生活保障的必要条件之一

家庭人均收入情况是判断救助申请家庭是否符合当地最低生活保障条件、应该享受到怎样的救助水平的关键因素。这里所说的家庭人均收入，是指共同生活的家庭成员在规定期限内的全部现金及实物收入，主要包括工资性收入、经营净收入、财产净收入、转移净收入。其中，工资性收入是指就业人员通过各种途径得到的全部劳动报酬和各种福利并扣除必要的就业成本，包括因任职或者受雇而取得的工资、薪金、奖金、劳动分红、津贴、补贴以及与任职或者受雇有关的其他所得等。经营净收入是指从事生产经营及有偿服务活动所获得全部经营收入扣除经营费用、生产性固定资产折旧和生产税之后得到的收入，包括从事种植、养殖、采集及加工等农林牧渔业的生产收入，从事工业、建筑业、手工业、交通运输业、批发和零售贸易业、餐饮业、文教卫生事业和社会服务业等经营及有偿服务活动的收入等。财产净收入是指出让动产和不动产，或将动产和不动产交由其他机构、单位或个人使用并扣除相关费用之后得到的收入，包括储蓄存款利息、有价证券红利、储蓄性保险投资以及其他股息和红利等收入，集体财产收入分红和其他动产收入，以及转租承包土地经营权、出租或者出让房产以及其他不动产收入等。转移净收入是指转移性收入扣减转移性支出之后的收入。其中，转移性收入是指国家、机关企事业单位、社会组织对居民的各种经常性转移支付和居民之间的经常性收入转移，包括赡养（抚养、扶养）费、离退休金、失业保险金、遗属补助金、赔偿收入、接受捐赠（赠送）收入等；转移性支出是指居民对国家、企事业单位、社会组织、居民的经常性转移支出，包括缴纳的税款、各项社会保障支出、赡养支出以及其他经常性转移支出等。但是，按国家规定所获得的优待抚恤金、计划生育奖励与扶助金、奖学金、见义勇为等奖励性补助，政府发放的各类社会救助款物，一般不计入家庭收入。同时，根据人力资源和社会保障部、财政部、民政部等国家部委文件精神，"十二五""十三五""十四五"期间，在审核确认或复核低保对象资格时，中央确定的基础养老金暂不计入家庭收入。同时，对于共同生活的家庭成员因残疾、患重病等增加的刚性支出、必要的就业成本等，在核算家庭收入时可按规定适当扣减。

3. 明确低保对象的财产条件

《社会救助暂行办法》做出有关最低生活保障家庭的财产状况的规定，是首次在国家行政法规中予以明确。此前，由于仅明确最低生活保障对象的家庭人均收入标准，一些财产较多、收入较低的家庭也能享受最低生活保障，这显然有违社会公平正义，引起了不少争议。财产条件的提出，弥补了制度漏洞，更能够体现社会救助作为兜底保障的功能特性。家庭财产是指共同生活的家庭成员拥有的全部动产和不动产。动产主要包括银行存款、证券、基金、商业保险、债权、互联网金融资产以及车辆等。不动产主要包括房屋、林木等定着物。对于维持家庭生产生活的必需财产，可以在认定家庭财产状况时予以豁免。

二、制定最低生活保障标准

最低生活保障标准是最低生活保障制度的核心内容，是衡量低保救助水平的重要标尺，直接关系到广大最低生活保障对象的切身利益。《社会救助暂行办法》第十条第一款规定："最低生活保障标准，由省、自治区、直辖市或者设区的市级人民政府按照国家有关规定制定。"这一规定有三个层面的含义：

1. 最低生活保障的制定依据

明确要求按照当地居民生活必需的费用来确定最低生活保障标准。早在2011年，民政部会同国家发改委、财政部、国家统计局下发了《关于进一步规范城乡居民最低生活保障标准制定和调整工作的指导意见》（民发〔2011〕80号），列出基本生活费用支出法、恩格尔系数法和消费支出比例法三种测算方法。其中，对于消费支出比例法的计算，指导意见提出，已按基本生活费用支出法或恩格尔系数法测算出城乡低保标准的地区，可将此数据与当地上年度城乡居民人均消费支出进行比较，得出低保标准占上年度城乡居民人均消费支出的比例。在今后一定时期内再次计算城乡低保标准时，可直接用当地上年度城乡居民人均消费支出乘以此比例。这些规定，主要有三个方面的意义：首先，从低保标准的内涵上讲，消费支出反映的是对困难群众基本生活消费支出需求的满足程度，因此用消费类指标衡量低保标准，最能反映最低生活保障制度的目标。其次，从操作层面讲，消费支出数据由统计部门发布，客观权威，其数据构成相对简单，易于操作，公众也更为理解、接受。最后，将低保标准与消费支出挂钩，以全部人口的全部消费支出为基础，一定程度反映了让包括困难群众在内的全体人民共享经济社会发展成果的制度理念。

2. 最低生活保障标准的调整机制

按照消费支出比例法确定低保标准后，各地低保标准原则上应当参照当地上年度城乡居民人均消费支出，每年调整一次。例如，2014年，湖北省民政厅印发指导意见，指导市州、直管市、神农架林区每年按照不低于当地上年度城乡居民人均消费支出的30%、40%的比例确定所辖县（市、区）的城乡低保标准。《社会救助暂行办法》同时规定，低保标准要根据当地经济社会发展水平和物价变动情况适时调整。针对物价变动情况，早在2011年，国家发展和改革委员会、民政部、财政部、国家统计局曾联合下发《关于建立社会救助和保障标准与物价上涨挂钩的联动机制的通知》（发改价格〔2011〕431号，2021年废止），部署建立低保标准与物价上涨挂钩的联动机制。之后，分别于2014年、2016年、2021年就进一步完善社会救助和保障标准与物价上涨挂钩联动机制提出要求，以保障困难群众生活水平不受物价上涨因素影响。联动机制的具体内容是：当居民基本生活费用价格指数（或居民消费价格指数）月度涨幅达到临界条件时，启动联动机制，发放价格临时补贴；价格指数回落至临界条件以下时，停止发放价格临时补贴。

3. 最低生活保障标准的制定权限

《城市居民最低生活保障条例》将城市低保标准的制定权限赋予县级人民政府和设区的市级人民政府，《国务院关于在全国建立农村最低生活保障制度的通知》（国发〔2007〕19号）将农村低保标准的制定权限赋予县级以上人民政府。《国务院关于进一步加强和改进最低生活保障工作的意见》（国发〔2012〕45号）要求，省级人民政府可根据区域经济社会发展情况，研究制定本行政区域内相对统一的区域标准，逐步缩小城乡差距、区域差距。《社会救助暂行办法》在此基础上进一步规定，由省、自治区、直辖市或者设区的市级人民政府制定或调整最低生活保障标准。

最低生活保障标准制定和调整权限层级的上移，对于解决一些地方在标准制定过程中科学性不足的问题具有积极作用。省级和设区的市级人民政府可以根据当地经济社会发展水平和城镇化发展需要，统筹研究制定、公布和调整城乡低保标准，从而逐步缩小低保标准和实际补助水平的城乡差距，最终实现最低生活保障制度公平可持续发展。

三、认定最低生活保障家庭收入状况、财产状况

低保申请家庭收入状况和财产状况的核实与计算，是最低生活保障管理工作的核心环节。《社会救助暂行办法》第十条第二款规定："最低生活保障家庭收入状况、财产状况的认定办法，由省、自治区、直辖市或者设区的市级人民政府按照国家有关规定制定。"

低保家庭收入状况、财产状况认定办法是低保工作开展的重要政策依据。民政部于2012年、2021年先后发布《最低生活保障审核审批办法（试行）》《最低生活保障审核确认办法》，对低保申请家庭收入、财产的项目进行了规范。

四、确认最低生活保障的审核程序

审核确认程序是最低生活保障工作规范管理的具体体现，直接关系到保障权利的公平性、实施过程的公开性和落实结果的公正性。《社会救助暂行办法》第十一条规定："申请最低生活保障，按照下列程序办理：

（一）由共同生活的家庭成员向户籍所在地的乡镇人民政府、街道办事处提出书面申请；

家庭成员申请有困难的，可以委托村民委员会、居民委员会代为提出申请。

（二）乡镇人民政府、街道办事处应当通过入户调查、邻里访问、信函索证、群众评议、信息核查等方式，对申请人的家庭收入状况、财产状况进行调查核实，提出初审意见，在申请人所在村、社区公示后报县级人民政府民政部门审批。

（三）县级人民政府民政部门经审查，对符合条件的申请予以批准，并在申请人所在村、社区公布；对不符合条件的申请不予批准，并书面向申请人说明理由。"

这一规定，对最低生活保障申请、审核、审批、公示和发放城乡均做出规定。民政部2021年6月印发的《最低生活保障审核确认办法》对审核确认程序进行了进一步规范。

1. 申请程序

早在2012年，《国务院关于进一步加强和改进最低生活保障工作的意见》（国发〔2012〕45号）就将最低生活保障申请由村（居）委员会受理调整为由乡镇人民政府、街道办事处受理，明确了乡镇人民政府、街道办事处的受理主体责任。民政部《最低生活保障审核确认办法》对低保申请人相关权利、乡镇人民政府（街道办事处）以及村（居）委员会的相关责任做出明确规定，具体如下：

第四条　申请最低生活保障以家庭为单位，由申请家庭确定一名共同生活的家庭成员作为申请人，向户籍所在地乡镇人民政府（街道办事处）提出书面申请；实施网上申请受理的地方，可以通过互联网提出申请。

第五条　共同生活的家庭成员户籍所在地不在同一省（自治区、直辖市）的，可以由其中一个户籍所在地与经常居住地一致的家庭成员向其户籍所在地提出申请；共同生活的家庭成员户籍所在地与经常居住地均不一致的，可由任一家庭成员向其户籍所在地提出申请。最低生活保障审核确认、资金发放等工作由申请受理地县级人民政府民政部门和乡镇人民政府（街道办事处）负责，其他有关县级人民政府民政部门和乡镇人民政府（街道办事处）应当配合做好相关工作。

共同生活的家庭成员户籍所在地在同一省（自治区、直辖市）但不在同一县（市、区、旗）的，最低生活保障的申请受理、审核确认等工作按照各省（自治区、直辖市）有关规定执行。

有条件的地区可以有序推进持有居住证人员在居住地申办最低生活保障。

第六条　共同生活的家庭成员申请有困难的，可以委托村（居）民委员会或者其他人代为提出申请。委托申请的，应当办理相应委托手续。

乡镇人民政府（街道办事处）、村（居）民委员会在工作中发现困难家庭可能符合条件，但是未申请最低生活保障的，应当主动告知其共同生活的家庭成员相关政策。

2. 审核程序

《社会救助暂行办法》在入户调查、邻里访问、信函索证、群众评议等审核方式的基础上，将信息核查作为重要内容列入审核程序。乡镇人民政府、街道办事处的社会救助经办机构在核查低保申请家庭收入状况、财产状况时，可以先通过县级以上人民政府民政部门建立的居民家庭经济状况核对平台，核查分散在公安、人力资源和社会保障、住房和城乡建设、国土资源、税务、经融、工商等部门和机构的户籍、机动车、不动产、社会保险、存款、证券、个体经营、住房公积金等收入和财产信息，综合评估救助申请家庭经济状况。符合条件的，由乡镇人民政府、街道办事处逐户调查，实地了解申请人的家庭收入状况、财产状况和吃、穿、住、用等实际生活状况；不符合条件的，不再进行后续程序。

按照深化"放管服"改革要求，进一步优化社会救助审核确认程序，提高低保等社会救助审核确认效率，2020年，中央办公厅、国务院办公厅印发《关于改革完善社会救助制度的意见》（中办发〔2020〕18号）明确，对没有争议的救助申请家庭，可不再进行民主评议。

3. 公示程序

公示是确保低保制度公平、公正实施的重要保证。《社会救助暂行办法》提出，要做好审核公示、审批（确认）公示的"两榜公示"。审核公示由乡镇人民政府、街道办事处负责，审批（确认）公示由县级人民政府民政部门负责。组织公示的地点是申请人所在的村或城镇社区，公示可以依托固定的政务公开栏、村（居）务公开栏或者政务大厅设置的电子屏等场所和地点进行。为便于群众监督，审核公示的内容主要包括公开入户调查、审核结果，审批（确认）公示的内容主要包括低保申请人姓名、家庭成员、拟救助金额等，但不得公开与给予最低生活保障无关的信息。同时，县级人民政府民政部门和乡镇（街道）社会救助经办机构还应当公开监督咨询电话，对于接到实名举报的应当逐一核查，并及时向举报人反馈核查处理意见。

4. 确认程序

《社会救助暂行办法》强调，县级人民政府民政部门是最低生活保障审批责任主体，负责材料审查、最低生活保障对象和最低生活保障金批准等工作。对于符合条件、确认通过的低保申请家庭，要在所在村、社区公示；对不符合条件的低保申请不予确认，并应书面向申请人说明理由。同时，县级人民政府民政部门要落实异议复核制度，调查核实、认真处理群众对于确认结果提出的异议，做出维持或变更确认意见的决定。

五、发放最低生活保障金和重点救助

《社会救助暂行办法》第十二条规定："对批准获得最低生活保障的家庭，县级人民政府民政部门按照共同生活的家庭成员人均收入低于当地最低生活保障标准的差额，按月发给最低生活保障金。对获得最低生活保障后生活仍有困难的老年人、未成年人、重度残疾人和重病患者，县级以上地方人民政府应当采取必要措施给予生活保障。"这一规定，明确了最低生活保障金数额的确定依据、发放以及分类实施重点救助等问题。

1. 最低生活保障金数额的确定依据

《城市居民最低生活保障条例》规定，对城市"三无"人员（当时没有建立特困人员救助供养制度，只有农村五保供养制度）按照当地城市低保标准实施全额救助，对尚有一定收入的城市居民实施差额救助。《国务院关于在全国建立农村最低生活保障制度的通知》要求，最低生活保障金原则上按照申请人家庭年人均收入与保障标准的差额发放，也可以在核查申请人家庭收入的基础上，按照其家庭的困难程度和类别，分档发放。《社会救助暂行办法》明确规定，最低生活保障制度的救助方式是差额救助，也就是按照共同生活的家庭成员人均收入水平与当地最低生活保障标准的差额实施救助。2020年，中共中央办公厅、国务院办公厅印发《关于改革完善社会救助制度的意见》，对该规定进行了再次完善，明确"规范完善最低生活保障制度，分档或根据家庭成员人均收入与低保标准的实际差额发放低保金"。2021年，民政部印发的《最低生活保障审核确认办法》第二十三条规定："最低生活保障金可以按照审核确定的申请家庭人均收入与当地最低生活保障标准的实际差额计算；也可以根据申请家庭困难程度和人员情况，采取分档方式计算。"

2. 发放最低生活保障金

根据《社会救助暂行办法》规定，县级人民政府民政部门应当按月向低保对象发放最低生活保障金。县级财政、民政部门应当按照财政国库管理的相关规定，通过低保对象以家庭为单位在金融机构开设的专门账户，按月将最低生活保障金足额、及时发放到位，由低保对象持银行卡或存折自行到金融机构领取。特殊情况下，或者暂时不具备通过金融机构发放条件的地区，可适当放宽低保金发放周期。在此之前，比如2012年民政部发布的《最低生活保障审核审批办法（试行）》第三十一条规定："低保金应当按月发放，每月10日前发放到户。金融服务不发达的农村地区，低保金可以按季发放，每季度初10日前发放到户。"民政部2021年发布的《最低生活保障审核确认办法》不再强调每月10日前发放到位，其第二十五条规定："最低生活保障金原则上实行社会化发放，通过银行、信用社等代理金融机构，按月支付到最低生活保障家庭的账户。"

3. 重点救助

重点救助又称"重点保障"或者"分类施保"，就是对最低生活保障对象中的特殊困难人员给予更好的救助。《社会救助暂行办法》规定，对于获得低保后生活仍有困难的老年人、未成年人、重度残疾人和重病患者，县级以上地方人民政府应当采取必要措施给予生活保障。这是行政法规层面，在吸收各地普遍做法的基础上，第一次对重点救助进行规范，是对低保制度的进一步健全和完善。

早在2009年，湖北省民政厅印发《湖北省最低生活保障工作规程》（鄂民政规〔2009〕1号）第十五条规定"按照低保对象自救能力、生活状况等不同情况，相应实施分类救助。（一）对保障对象中痴呆傻残、高龄老年人、未成年人及重病患者等特殊困难对象，对其本人可按不低于本地保障标准20%比例增发补助资金或者定额增发临时补助金。"低保制度原有设计强调收入水平，对支出因素考虑相对较少，低保对象在致贫原因、困难程度和实际救助需求等方面存在较大的个体差异，按照低保标准计算，部分特殊困难人员由于自身特殊原因，得到的低保金与实际需求之间可能还存在一定差距。只有针对这些特殊对象的实际困难，提供差异化救助服务，做到突出重点、兼顾一般，才能提高保障的精准度和科学性。

六、动态管理最低生活保障

最低生活保障不是终身制，动态管理是最低生活保障工作的基本原则之一，是低保规范化管理的重要内容。《社会救助暂行办法》第十三条规定："最低生活保障家庭的人口状况、收入状况、财产状况发生变化的，应当及时告知乡镇人民政府、街道办事处。县级人民政府民政部门以及乡镇人民政府、街道办事处应当对获得最低生活保障家庭的人口状况、收入状况、财产状况定期核查。最低生活保障家庭的人口状况、收入状况、财产状况发生变化的，县级人民政府民政部门应当及时决定增发、减发或者停发最低生活保障金；决定停发最低生活保障金的，应当书面说明理由。"这一规定明确了最低生活保障对象的告知义务、定期核查和保障金调整等有关问题。

1. 最低生活保障对象的告知义务

最低生活保障对象在从国家获得帮助的同时，应该履行相应的义务。早在《城市居民最低生活保障条例》中就有规定，家庭人均收入情况发生变化的，应当及时通过居民委员会告知管理审批机关，办理停发、减发或者增发城市居民最低生活保障待遇的手续。《社会救助暂行办法》规定，最低生活保障家庭的人口状况、收入状况、财产状况发生变化的，应当及时告知乡镇人民政府、街道办事处。这一规定既强化了最低生活保障家庭的告知义务，也明确了乡镇人民政府、街道办事处是报告的受理机构。

2. 定期核查

定期核查是加强社会救助经办机构职责、实现动态管理的重要方面。《社会救助暂行办法》规定，县级人民政府民政部门以及乡镇人民政府、街道办事处应当对低保家庭的人口状况、收入状况、财产状况定期核查。在实际工作中，一般采取入户调查、邻里走访、信息核查等方式，对低保对象进行分类核查。长期以来，多数地方分三类进行核查，即对收入来源不固定、成员有劳动能力和劳动条件的低保家庭，城市按月、农村按季进行核查；对无生活来源、无劳动能力又无法定赡养、抚养、扶养义务人的"三无"人员，按年核查；对短期内收入变化不大的家庭，可每半年核查一次。2020年，中共中央办公厅、国务院办公厅《关于改革完善社会救助制度的意见》就加强分类动态管理提出了完善措施，明确对特困人员、短期内经济状况变化不大的低保家庭，每年核查一次；对收入来源不固定、家庭成员有劳动能力的低保家庭，每半年核查一次。

3. 调整低保金额

动态管理主要体现在人员有进有出、低保金额有升有降。低保金的调整包括增发、减发和停发，是动态管理最直接的反映。低保金的调整主要根据定期核查的低保家庭人口、财产和收入等变化情况，重新计算应当享受的最低生活保障金额，及时增发、减发或停发最低生活保障金。中共中央办公厅、国务院办公厅《关于改革完善社会救助制度的意见》进一步明确，复核期内救助对象家庭经济状况没有明显变化的，不再调整救助水平。据此，低保金额的调整一般是定期调整。那么，低保家庭在复核期内遇到一些临时性、突发性、紧迫性的生活困难时，应当通过临时救助等必要措施予以解决。《社会救助暂行办法》还规定，对于停发低保金的要书面说明停发理由，这是保护低保对象知情权的具体措施，也是救助工作科学性规范的重要内容。

任务引导

1. 了解建立最低生活保障的意义。
2. 掌握最低生活保障的认定标准及程序。

知识链接

1. 城市居民最低生活保障制度的探索与建立

我国传统的社会救济制度主要是对无生活来源、无劳动能力、无法定赡养人、扶养人或者抚养人的城镇"三无"孤老、社会困难户、20世纪60年代精简退职职工以及国家规定的一些特殊救济对象给予定期定量救济或临时救济。当前，部分在职、下岗、失业和退休人员及其家庭在领取工资、基本生活费或失业保险金后，家庭人均收入仍然达不到最低生活保障标准，建立使"三无"人员和所有城市家庭人均收入低于当地最低生活保障标准的人都能得到最低生活保障的救助制度成为迫切需要。1993年5月，上海市民政局、劳动局、财政局、人事局、社会保障局、总工会共同发文，首次公布了城镇居民最低生活保障标准，从1993年6月1日起执行。这是全国最早的居民最低生活保障标准。

2. 农村最低生活保障制度的探索与建立

新中国成立后农村贫困人口生活救助以临时性灾民生活救济为主，资金以农民集体互助共济为主，国家适当补助。改革开放后，逐步探索定期定量救助，资金由乡镇政府统筹解决，主要是对农村常年生活困难的特困户，给予固定的救济金或救济粮；对其他贫困人口，则通过临时灾民救济解决。2007年后，农村最低生活保障制度全面启动。

农村最低生活保障制度的探索始于1994年山西省阳泉市的试点。2002年，党的十六大提出了探索建立农村最低生活保障制度的要求。2007年7月11日，国务院印发《国务院关于在全国建立农村最低生活保障制度的通知》，决定在全国建立农村最低生活保障制度。

3. 最低生活保障制度城乡统筹发展

十八大报告中提出"统筹推进城乡社会保障体系建设"。
2012年9月，国务院印发《国务院关于进一步加强和改进最低生活保障工作的意见》，就加强和改进最低生活保障工作进行全面部署,统一了低保对象认定条件、保障标准制定办法、申请审核审批程序、统一按户保障等。首次明确将财产状况作为低保对象认定条件之一,首次提出了建立家庭经济状况核对机制,并对监督管理、工作保障、组织领导作出明确要求,为推进城乡低保统筹发展提出了政策遵循。

2014年,国务院颁布《社会救助暂行办法》,规定了最低生活保障的认定条件和审核审批程序。

任务二 救助供养特困人员

任务描述

特困人员救助供养制度是指对无劳动能力、无生活来源、无法定赡(扶)养人或法定义务人无履行义务能力的老年人、残疾人和未满16周岁未成年人,提供基本生活保障、照料服务、疾病治疗以及办理丧葬事宜,即在吃、穿、住、医、葬和未成年人义务教育等方面给予生活照料和物质帮助。

特困人员救助供养制度的前身是农村五保供养制度和城市"三无"人员生活救助制度。特困人员即农村五保和城市"三无"人员,是我国现阶段最困难、最脆弱的人群,为他们提供救助供养是社会主义制度优越性的根本要求,是以人民为中心发展思想的具体体现。

(1)农村五保供养制度是我国农村社会保障体系中建制最早的一项生活保障制度。

1994年1月,国务院颁布《农村五保供养工作条例》,这是我国第一部关于农村五保供养的行政法规。

1996年1月24日,湖北省第八届人民代表大会常务委员会第18次会议通过《湖北省农村五保供养工作规定》。

2015年9月23日,湖北省第十二届人民代表大会党务委员会第17次会议修订《湖北省农村五保供养条例》。

农村五保对象根据自己的意愿选择分散供养和集中供养,集中供养在农村福利院(敬老院)。

(2)城市"三无"人员基本生活救助,主要是通过城市低保制度保障基本生活。

(3)城乡统筹。随着社会救助制度体系逐步健全,农村五保供养的需求也在发生变化。"三无"人员"住"的问题主要通过住房救助予以解决;"医"的问题主要通过医疗救助解决;同时照料服务问题越来越突出。为此,2014年,国务院颁布《社会救助暂行办法》,将城乡"三无"人员保障制度统一为特困人员供养制度,并于2016年下发《国务院关于进一步健全特困人员救助供养制度的意见》,进一步明确了城乡特困救助供养制度基本原则、主要内容和政策保障措施,城乡特困人员保障工作进入新的发展阶段。民政部也先后下发了

《民政部关于贯彻落实〈国务院关于进一步健全特困人员救助供养制度的意见〉的通知》和《民政部关于印发〈特困人员认定办法〉的通知》两个配套文件,对城乡特困人员救助供养工作做出了明确具体的安排部署。2021年,民政部修订完善了《特困人员认定办法》。

任务实施

一、特困人员的认定条件

《社会救助暂行办法》第十四条规定:"国家对无劳动能力、无生活来源且无法定赡养、抚养、扶养义务人,或者其法定赡养、抚养、扶养义务人无赡养、抚养、扶养能力的老年人、残疾人以及未满16周岁的未成年人,给予特困人员供养。"这一规定主要从特困人员的自身属性、劳动能力、经济状况、社会关系四个方面做出界定。即给予特困人员救助供养的老年人、残疾人以及未满16周岁的未成年人,应当同时具备无劳动能力、无生活来源且无法定赡养、抚养、扶养义务人,或者其法定赡养、抚养、扶养人无赡养、抚养、扶养能力的条件。民政部发布的《特困人员认定办法》第四至九条,对特困人员认定条件做出具体规定如下:

第四条 同时具备以下条件的老年人、残疾人和未成年人,应当依法纳入特困人员救助供养范围:

(一)无劳动能力;

(二)无生活来源;

(三)无法定赡养、抚养、扶养义务人或者其法定义务人无履行义务能力。

第五条 符合下列情形之一的,应当认定为本办法所称的无劳动能力:

(一)60周岁以上的老年人;

(二)未满16周岁的未成年人;

(三)残疾等级为一、二、三级的智力、精神残疾人,残疾等级为一、二级的肢体残疾人,残疾等级为一级的视力残疾人;

(四)省、自治区、直辖市人民政府规定的其他情形。

第六条 收入低于当地最低生活保障标准,且财产符合当地特困人员财产状况规定的,应当认定为本办法所称的无生活来源。

前款所称收入包括工资性收入、经营净收入、财产净收入、转移净收入等各类收入。中央确定的城乡居民基本养老保险基础养老金、基本医疗保险等社会保险和优待抚恤金、高龄津贴不计入在内。

第七条 特困人员财产状况认定标准由设区的市级以上地方人民政府民政部门制定,并报同级地方人民政府同意。

第八条 法定义务人符合下列情形之一的,应当认定为本办法所称的无履行义务能力:

(一)特困人员;

(二)60周岁以上的最低生活保障对象;

（三）70周岁以上的老年人，本人收入低于当地上年人均可支配收入，且其财产符合当地低收入家庭财产状况规定的；

（四）重度残疾人和残疾等级为三级的智力、精神残疾人，本人收入低于当地上年人均可支配收入，且其财产符合当地低收入家庭财产状况规定的；

（五）无民事行为能力、被宣告失踪或者在监狱服刑的人员，且其财产符合当地低收入家庭财产状况规定的；

（六）省、自治区、直辖市人民政府规定的其他情形。

第九条 同时符合特困人员救助供养条件和孤儿、事实无人抚养儿童认定条件的未成年人，选择申请纳入孤儿、事实无人抚养儿童基本生活保障范围的，不再认定为特困人员。

二、救助供养内容

《社会救助暂行办法》将特困人员救助供养内容明确为提供基本生活条件、对生活不能自理的给予照料、提供疾病治疗和办理丧葬事宜四项。《国务院关于进一步健全特困人员救助供养制度的意见》明确特困人员救助供养主要包括以下内容：

（1）提供基本生活条件。提供基本生活条件包括供给粮油、副食品、生活用燃料、服装、被褥等日常生活用品和零用钱。可以通过实物或者现金的方式予以保障。

（2）对生活不能自理的给予照料。对生活不能自理的给予照料包括日常生活、住院期间的必要照料等基本服务。

（3）提供疾病治疗。全额资助参加城乡居民基本医疗保险的个人缴费部分。医疗费用按照基本医疗保险、大病保险和医疗救助等医疗保障制度规定支付后仍有不足的，由救助供养经费予以支持。

（4）办理丧葬事宜。特困人员死亡后的丧葬事宜，集中供养的由供养服务机构办理，分散供养的由乡镇人民政府（街道办事处）委托村（居）民委员会或者其亲属办理。丧葬费用从救助供养经费中支出。

对符合规定标准的住房困难的分散供养特困人员，通过配租公共租赁住房、发放住房租赁补贴、农村危房改造等方式给予住房救助。对在义务教育阶段就学的特困人员，给予教育救助；对在高中教育（含中等职业教育）、普通高等教育阶段就学的特困人员，根据实际情况给予适当教育救助。

三、救助供养标准

救助供养标准对于保障特困人员基本生活起着决定性的作用，应当按照救助供养内容所必需的费用确定。《社会救助暂行办法》明确了特困人员救助供养标准的制定权限。《国务院关于进一步健全特困人员救助供养制度的意见》进一步明确了标准的制定、调整方法和依据。意见中规定：特困人员救助供养标准由省、自治区、直辖市或者设区的市级人民政府综合考虑地区、城乡差异等因素确定、公布，并根据当地经济社会发展水平和物价变化情况适时调整。特困人员救助供养标准包括基本生活标准和照料护理标准。基本生活标准应当满足特困人员基本生活所需。照料护理标准应当根据特困人员生活自理能力和服务需求分类制定，体现差异性。例如，湖北省将特困人员照料护理标准分为全自理、半护理和全护理三档，并明确全护理标准不低于当地上年度在岗职工平均工资标准的33%。

四、救助供养形式

特困人员救助供养形式是指为特困人员提供救助供养服务的具体方式，分为分散供养和集中供养。

1. 分散供养

分散供养是指对散居在家的特困人员实行分户供养，也就是说政府按月发放救助供养金，供对象在家生活。早期，由于历史原因和经济发展的不平衡，一些地方供养机构建设缓慢，机构数量难以满足特困人员集中供养需求。考虑到农村分散供养特困人员的住房一般都比较破旧，居住条件差，从2009年开始，住房和城乡建设部明确要求将分散供养五保户作为农村危房改造补助的重点对象。随着经济社会发展，集中供养机构建设快速发展。国家鼓励具备生活自理能力的在家分散供养；完全或者部分丧失生活自理能力的，优先为其提供集中供养服务。对分散供养的特困人员，经本人同意，乡镇人民政府（街道办事处）可委托其亲友或村（居）民委员会、供养服务机构、社会组织、社会工作服务机构等提供日常看护、生活照料、住院陪护等服务。有条件的地方，可为分散供养的特困人员提供社区日间照料服务。

2. 集中供养

集中供养是指通过建立供养服务机构对特困人员实行集体供养。长期以来，特困人员救助供养服务机构一般由地方人民政府建设管理，在农村一般称敬老院（湖北省称农村福利院），在城市一般称社会福利院。自20世纪50年代各地相继兴办农村五保供养服务机构起，农村敬老院和城市社会福利院的主要任务就是解决部分生活不能自理特困人员的照料问题，并逐步扩大服务对象范围。2013年9月，国务院印发《国务院关于加快发展养老服务业的若干意见》进一步要求，完善农村养老服务托底的措施，将所有农村"三无"老人全部纳入五保供养范围，适时提高五保供养标准，健全农村五保供养机构功能，使农村五保老人老有所养；在满足农村五保对象集中供养需求的前提下，支持乡镇五保供养机构改善设施条件并向社会开放，提高运营效益，增强护理功能，使之成为区域性养老服务中心；各地公办养老机构要充分发挥托底作用，重点为"三无"老人、低收入老人、经济困难的失能半失能老人提供无偿或收费的供养、护理服务。《国务院关于进一步健全特困人员救助供养制度的意见》进一步要求，供养服务机构应当依法办理法人登记，建立健全内部管理、安全管理和服务管理等制度，为特困人员提供日常生活照料、送医治疗等基本救助供养服务；有条件的经卫健部门批准可设立医务室或者护理站；供养服务机构应当根据服务对象人数和照料护理需求，按照一定比例配备工作人员，加强社会工作岗位开发设置，合理配备使用社会工作者。

对需要集中供养的特困人员,由县级人民政府民政部门就近安排到相应的供养服务机构;未满16周岁的特困人员,安置到儿童福利机构。

五、申请及受理

特困人员救助供养是一种依申请审核确认的行政行为,启动特困人员救助供养城乡一般以提出救助供养申请为前提。在实际工作中,有部分特困人员因各种原因未能及时提出或者无法提出救助供养申请,影响了其特困人员救助供养权利的实现。为此,《社会救助暂行办法》在要求依申请办理特困人员救助供养的同时,还规定了乡镇人民政府、街道办事处发现符合特困救助供养条件的人员主动办理供养手续的责任。在实际工作中,社会福利机构发现符合特困人员救助供养条件人员(如弃婴和儿童)的,也可以代为办理特困人员救助供养手续。这是我国社会救助体系从被动救助向主动救助转变的重要体现,是保障困难群众求助有门、受助及时的温暖条款,也是转变政府职能、着力构建服务型政府的重要举措。民政部发布的《特困人员认定办法》对申请及受理做出具体规定:

第十条 申请特困人员救助供养,应当由本人向户籍所在地乡镇人民政府(街道办事处)提出书面申请。本人申请有困难的,可以委托村(居)民委员会或者他人代为提出申请。

申请材料主要包括本人有效身份证明,劳动能力、生活来源、财产状况以及赡养、抚养、扶养情况的书面声明,承诺所提供信息真实、完整的承诺书,残疾人应当提供中华人民共和国残疾人证。

申请人及其法定义务人应当履行授权核查家庭经济状况的相关手续。

第十一条 乡镇人民政府(街道办事处)、村(居)民委员会应当及时了解掌握辖区内居民的生活情况,发现可能符合特困人员救助供养条件的,应当告知其救助供养政策,对因无民事行为能力或者限制民事行为能力等原因无法提出申请的,应当主动帮助其申请。

第十二条 乡镇人民政府(街道办事处)应当对申请人或者其代理人提交的材料进行审查,材料齐备的,予以受理;材料不齐备的,应当一次性告知申请人或者其代理人补齐所有规定材料。

六、审核确认

《社会救助暂行办法》规定特困人员救助供养的审核确认程序适用最低生活保障的审核确认程序。后来,民政部根据特困人员救助供养的特性,在《特困人员认定办法》中做出了具体规定如下:

第十三条 乡镇人民政府(街道办事处)应当自受理申请之日起15个工作日内,通过入户调查、邻里访问、信函索证、信息核对等方式,对申请人的经济状况、实际生活状况以及赡养、抚养、扶养状况等进行调查核实,并提出初审意见。

申请人以及有关单位、组织或者个人应当配合调查,如实提供有关情况。村(居)民委员会应当协助乡镇人民政府(街道办事处)开展调查核实。

第十四条　调查核实过程中,乡镇人民政府(街道办事处)可视情组织民主评议,在村(居)民委员会协助下,对申请人书面声明内容的真实性、完整性及调查核实结果的客观性进行评议。

第十五条　乡镇人民政府(街道办事处)应当将初审意见及时在申请人所在村(社区)公示。公示期为7天。

公示期满无异议的,乡镇人民政府(街道办事处)应当将初审意见连同申请、调查核实等相关材料报送县级人民政府民政部门。对公示有异议的,乡镇人民政府(街道办事处)应当重新组织调查核实,在15个工作日内提出初审意见,并重新公示。

第十六条　县级人民政府民政部门应当全面审核乡镇人民政府(街道办事处)上报的申请材料、调查材料和初审意见,按照不低于30%的比例随机抽查核实,并在15个工作日内提出确认意见。

第十七条　对符合救助供养条件的申请,县级人民政府民政部门应当及时予以确认,建立救助供养档案,从确认之日下月起给予救助供养待遇,并通过乡镇人民政府(街道办事处)在申请人所在村(社区)公布。

第十八条　不符合条件、不予同意的,县级人民政府民政部门应当在作出决定3个工作日内,通过乡镇人民政府(街道办事处)书面告知申请人或者其代理人并说明理由。

第十九条　特困人员救助供养标准城乡不一致的地区,对于拥有承包土地或者参加农村集体经济收益分配的特困人员,一般给予农村特困人员救助供养待遇。实施易地扶贫搬迁至城镇地区的,给予城市特困人员救助供养待遇。

七、评估自理能力

开展自理能力评估是确定特困人员照料护理标准的必要环节。《特困人员认定办法》对自理能力评估的责任主体、具体指标及工作程序分别做出了规定:

第二十条　县级人民政府民政部门应当在乡镇人民政府(街道办事处)、村(居)民委员会协助下,对特困人员生活自理能力进行评估,并根据评估结果,确定特困人员应当享受的照料护理标准档次。有条件的地方,可以委托第三方机构开展特困人员生活自理能力评估。

第二十一条　特困人员生活自理能力,一般依据以下6项指标综合评估:

(一)自主吃饭;

(二)自主穿衣;

(三)自主上下床;

(四)自主如厕;

(五)室内自主行走;

(六)自主洗澡。

第二十二条　根据本办法第二十一条规定内容，特困人员生活自理状况6项指标全部达到的，可以视为具备生活自理能力；有3项以下（含3项）指标不能达到的，可以视为部分丧失生活自理能力；有4项以上（含4项）指标不能达到的，可以视为完全丧失生活自理能力。

第二十三条　特困人员生活自理能力发生变化的，本人、照料服务人、村（居）民委员会或者供养服务机构应当通过乡镇人民政府（街道办事处）及时报告县级人民政府民政部门，县级人民政府民政部门应当自接到报告之日起10个工作日内组织复核评估，并根据评估结果及时调整特困人员生活自理能力认定类别。

八、终止程序

与其他社会救助制度的规定一样，困难群众需要符合特定的条件，才能获得特困人员救助供养。当特困人员不再符合条件时，应及时终止救助供养，即对特困人员实行动态管理，做到对象有进有出，确保救助供养制度公平公正实施。《特困人员认定办法》对终止条件、程序以及终止后救助帮扶措施做了明确规定：

第二十四条　特困人员有下列情形之一的，应当及时终止救助供养：

（一）死亡或者被宣告死亡、被宣告失踪；

（二）具备或者恢复劳动能力；

（三）依法被判处刑罚，且在监狱服刑；

（四）收入和财产状况不再符合本办法第六条规定；

（五）法定义务人具有了履行义务能力或者新增具有履行义务能力的法定义务人；

（六）自愿申请退出救助供养。

特困人员中的未成年人，可继续享有救助供养待遇至18周岁；年满18周岁仍在接受义务教育或者在普通高中、中等职业学校就读的，可继续享有救助供养待遇。

第二十五条　特困人员不再符合救助供养条件的，本人、照料服务人、村（居）民委员会或者供养服务机构应当及时告知乡镇人民政府（街道办事处），由乡镇人民政府（街道办事处）调查核实并报县级人民政府民政部门核准。

县级人民政府民政部门、乡镇人民政府（街道办事处）在工作中发现特困人员不再符合救助供养条件的，应当及时办理终止救助供养手续。

第二十六条　对拟终止救助供养的特困人员，县级人民政府民政部门应当通过乡镇人民政府（街道办事处），在其所在村（社区）或者供养服务机构公示。公示期为7天。

公示期满无异议的，县级人民政府民政部门应当作出终止决定并从下月起终止救助供养。对公示有异议的，县级人民政府民政部门应当组织调查核实，在15个工作日内作出是否终止救助供养决定，并重新公示。对决定终止救助供养的，应当通过乡镇人民政府（街道办事处）将终止理由书面告知当事人、村（居）民委员会。

第二十七条　对终止救助供养的原特困人员，符合最低生活保障、临时救助等其他社会救助条件的，应当按规定及时纳入相应救助范围。

任务引导

1. 了解特困人员的认定条件。
2. 掌握救助供养的相关内容。

知识链接

一、特困人员的自身属性

自身属性是指获得特困人员救助供养的居民在年龄、身体状况、收入能力等方面的自身特征。根据特困人员的认定条件，获得特困人员救助供养的居民必须属于以下特定人群：

1. 老年人

《中华人民共和国老年人权益保障法》第二条规定："本法所称老年人是指六十周岁以上的公民。"第三条第二款规定："老年人有从国家和社会获得物质帮助的权利，有享受社会服务和社会优待的权利，有参与社会发展和共享发展成果的权利。"第五条第一款规定："国家建立多层次的社会保障体系，逐步提高对老年人的保障水平。"将特困老年人纳入救助供养范围，保障他们的基本生活，是弘扬中华民族优良传统、落实相关法律规定的具体措施。

2. 残疾人

《宪法》和《中华人民共和国残疾人保障法》（以下简称《残疾人保障法》）等相关法律规定，既要保障残疾人在政治、经济、文化、社会和家庭生活等方面享有与健全者平等的权利，又要对残疾人实施特殊保护。将残疾人纳入救助供养范围，保障他们的基本生活，是落实相关法律规定的具体体现。

3. 未满 16 周岁的未成年人

《民法典》第十七条规定："十八周岁以上的自然人为成年人。不满十八周岁的自然人为未成年人。"第十八条第二款规定："十六周岁以上的未成年人，以自己的劳动收入为主要生活来源的，视为完全民事行为能力人。"根据这一规定，年满十六周岁的未成年人可以通过参加劳动取得劳动报酬，进而获得生活来源，一般无须纳入救助供养范围。因此，将未满十六周岁的未成年人纳入救助供养范围。

二、特困人员的劳动能力

劳动是公民的权利和义务，受到《宪法》和《中华人民共和国劳动法》等法律的保护。无劳动能力是获得特困人员救助供养的条件之一。但是，严格来说，判断一个人是否具备劳动能力是一项技术性很强的专业工作。目前，我国尚无关于居民劳动能力鉴定的专门法规，只有一些部门规章和规范性文件参照适用。而且，乡镇人民政府、街道办事处和县级民政部门在认定特困人员工作中，还不具备开展专业技术鉴定的条件。因此，在实践中，对于年满十六周岁、不足六十周岁的劳动年龄人员，一般将其中因严重残疾而不适宜劳动的人员视为无劳动能力人，凡是按照《劳动能力鉴定 职工工伤与职业病致残等级》（GB/T 16180—2014）进行鉴定的，以鉴定结论作为依据；不具备鉴定条件的，可以通过村（居）委会组织群众评议确定。

三、特困人员的经济状况

家庭经济状况是认定特困人员的基本条件之一，只有无生活来源的困难居民才能给予救助供养。无生活来源主要是指居民缺乏基本生活所需的稳定经济来源，依靠自身无力解决的基本问题，可从家庭收入和家庭财产两个方面来衡量。在具体实践中，一般用最低生活保障标准和财产条件作为参考尺度。

四、特困人员的社会关系

依据《民法典》等民事法律的相关规定，与人们生活保障密切相关的人员主要有法定赡养人、抚养人和扶养人，即配偶、父母、子女、兄弟姐妹、祖父母、外祖父母、孙子女、外孙子女等近亲属。居民获得特困人员救助供养，在社会关系方面需满足以下两个条件之一：

1. 无法定赡养、抚养、扶养义务人

没有《民法典》等法律有关条款规定的赡养、抚养、扶养义务人的，相关规定如下：

（1）法定赡养人。《民法典》第二十六条第二款规定："成年子女对父母负有赡养、扶助和保护的义务。"第一千零五十四条第一款中规定："当事人所生的子女，适用本法关于父母子女的规定。"第一千一百一十一条第一款中规定："自收养关系成立之日起，养父母与养子女间的权利义务关系，适用本法关于父母子女关系的规定。"第一千零七十二条第二款规定："继父或者继母和受其抚养教育的继子女间的权利义务关系，适用本法关于父母子女关系的规定。"据此，法定赡养义务人主要包括所生子女、养子女和有抚养关系的继子女。同时，《民法典》第一千零七十四条第二款规定："有负担能力的孙子女、外孙子女，对于子女已经死亡或者子女无力赡养的祖父母、外祖父母，有赡养的义务。"这是通常所说的隔代赡养义务。

（2）法定抚养人。《民法典》第二十六条第一款规定："父母对未成年子女负有抚养、教育和保护的义务。"第一千零六十七条第一款规定："父母不履行抚养义务的，未成年子女或者不能独立生活的成年子女，有要求父母给付抚养费的权利。"总的来说，法定抚养人主要为父母，包括生父母、养父母和有抚养关系的继父母。

（3）法定扶养人。《民法典》第一千零五十九条规定："夫妻有相互扶养的义务。需要扶养的一方，在另一方不履行扶养义务时，有要求其给付扶养费的权利。"第一千零七十五条规定："有负担能力的兄、姐，对于父母已经死亡或者父母无力抚养的未成年弟、妹，有扶养的义务。由兄、姐扶养长大的有负担能力的弟、妹，对于缺乏劳动能力又缺乏生活来源的兄、姐，有扶养的义务。"一般情况下，兄弟姐妹应由其父母抚养，他们相互之间不发生扶养与被扶养的权利义务关系。但是，在特定条件下和特定情况下，兄、姐和弟、妹之间会产生有条件的扶养关系。

2. 法定赡养、抚养、扶养义务人无赡养、抚养、扶养能力

法定赡养、抚养、扶养义务人由于能力的欠缺，无法履行赡养、抚养、扶养义务，对被赡养、抚养、扶养人而言，实际上无法得到赡养、抚养、扶养。法定义务人的义务主要包括对权利人经济上供养、生活上照料和精神上慰藉。有些义务人虽然没有经济供养能力，但有生活照料、精神慰藉的能力。在实际工作中，如何判断是否有履行义务的能力是一个难题。因此，民政部发布的《特困人员认定办法》第八条专门就无履行义务能力做出具体规定，以维护制度的公平公正实施。

五、特困人员的发现渠道

特困人员遭遇生活困境，除本人反映并提出救助申请外，还可以通过以下渠道主动发现：①村（居）委会及时报告困难居民生活情况；②乡镇人民政府、街道办事处驻村（居）干部定期走访；③听取困难群众亲友邻里的情况反映；④社会福利机构主动收留查找不到父母或者其他亲属的未成年人；⑤听取公益社会服务机构、社会工作者、社区志愿者或个人反映的特困人员情况介绍。

任务三　临　时　救　助

任务描述

临时救助制度是国家对遭遇突发事件、意外伤害、重大疾病或其他特殊原因导致基本生活陷入困境，其他社会救助制度暂时无法覆盖或救助之后基本生活暂时仍存在严重困难的家庭或个人给予应急性、过渡性救助，这是社会救助体系的最后一道防线，具有托底线、救急难的功能。

一、对象范围

临时救助与解决基本生活的最低生活保障制度以及解决专门问题的医疗救助、教育救助、住房救助、就业救助等制度有着清晰的制度边界,即临时救助制度救助的主要是遭遇"急难"问题或因必需支出突然增加造成基本生活暂时发生严重困难的家庭。《社会救助暂行办法》第四十七条规定:"国家对因火灾、交通事故等意外事件,家庭成员突发重大疾病等原因,导致基本生活暂时出现严重困难的家庭,或者因生活必需支出突然增加超出家庭承受能力,导致基本生活暂时出现严重困难的最低生活保障家庭,以及遭遇其他特殊困难的家庭,给予临时救助。"《国务院关于全面建立临时救助制度的通知》(国发〔2014〕47号)进一步将救助对象分为家庭对象和个人对象。

1. 家庭对象

按照相关规定,家庭对象划分为三类:

(1)因火灾、交通事故等意外事件,家庭成员突发重大疾病等原因,导致基本生活暂时出现严重困难的家庭。火灾、交通事故等意外事件和家庭成员突发重大疾病,都属于典型的急难事项。任何一个家庭遭遇这样的急难事项,并由此导致基本生活出现严重困难时,都需要外界的帮助,否则生活难以为继。临时救助的制度功能之一就是为遭遇突发事件、意外伤害或重大疾病的家庭提供基本生活保障。意外事件主要包括:①人为事故灾难,如火灾、溺水、矿难、人员踩踏等重大事故;②突发重特大疾病危及生命健康安全;③依法拘押、突然失踪、精神疾病发作等原因致使人身受限,造成家庭临时性困难的;④交通事故、刑事案件等造成人身伤亡,且因各种原因无法获得赔付;⑤其他造成基本生活暂时出现严重困难的突发事件。

这类对象首先是遭遇了意外事件或是家庭成员突发重大疾病,并由此导致基本生活暂时出现严重困难,两者具有一定的因果关系。但是,如果遭遇不足以导致家庭基本生活困难的,不应纳入临时救助范围。不属于突发性、紧迫性、临时性基本生活困难的,可由最低生活保障、特困人员救助供养、医疗、教育、住房、就业等其他救助制度解决;因自然灾害、重大事故、公共卫生、社会安全等突发公共事件,需要开展紧急转移安置和基本生活救助的,应按国家有关规定执行。

需要注意的是,突发事故、意外事件时,可能产生责任赔付问题。如遭遇交通事故、火灾、溺水等意外事件,导致家庭财产受损或者家庭突然失去经济来源,生活陷入困境,原则上交通肇事方、事故责任方或保险公司等责任方应当给予赔付或按规定先行帮助(如保险公司可提前介入)。但是,当急难事项发生后,责任方因种种原因不能及时赔付,致使困难群众得不到及时救助,当下基本生活无法维系时,应当及时启动临时救助程序。

（2）因生活必需支出突然增加超出家庭承受能力，导致基本生活暂时出现严重困难的最低生活保障家庭。最低生活保障家庭生活水平本就处在最低生活保障线上，当生活必需支出突然增加时，一般都会超出家庭承受能力，导致基本生活暂时出现严重困难。例如，长期病残人员的营养保障和护理支出，因子女就学造成的交通、生活费用支出，等等。

（3）遭遇其他特殊困难的家庭。这是一个开放性的兜底条款，是指前两类之外的"急难"情形，给予政策执行者一定的自由裁量权。在实际生活中，特殊困难的情况千差万别，类型多种多样，不可能穷尽列举。提出兜底性要求，是为了防止挂一漏万。在实际工作中，主要把握救助对象出现特殊困难并且导致家庭基本生活暂时出现严重困难这个基本条件，进行具体问题具体分析。

2. 个人对象

《国务院关于全面建立临时救助制度的通知》明确，个人对象是因遭遇火灾、交通事故、突发重大疾病或其他特殊困难，暂时无法得到家庭支持，导致基本生活陷入困境的个人。其中，符合生活无着的流浪、乞讨人员救助条件的，由县级人民政府按有关规定提供临时食宿、急病救助、协助返回等救助。

与其他社会救助制度相比，临时救助的对象范围更为宽泛，主要体现在两个方面：一方面，任何一个家庭遭遇"急难"情形，致使家庭基本生活暂时出现严重困难时，都可以按程序申请临时救助，不局限于低保家庭、特困人员等低收入人口。另一方面，困难群众申请临时救助，不再严格强调"户籍所在地"，对象不仅包括具有本地户籍地家庭，也包括部分人户分离的流动人口。

在实践中，应高度关注那些未被现行社会救助制度覆盖的居民家庭，主要包括家庭人均收入超过当地低保标准，但家庭必需支出过大导致入不敷出，基本生活出现严重困难的家庭，以及符合最低生活保障、特困人员救助供养条件，但由于申请、审核、确认时间的原因，其他救助制度尚未生效，而家庭当前已陷入困境，如不立即给予临时救助则无法维持基本生活的居民家庭。对这些家庭，应当及时给予临时救助，并提供转介服务，帮助受助人按程序申请相应的救助制度，或由公益慈善组织、社会工作服务机构等给予帮扶。

二、申请审核确认

"救急解难"是临时救助制度的重要特点。《社会救助暂行办法》第四十八条规定："申请临时救助的，应当向乡镇人民政府、街道办事处提出，经审核、公示后，由县级人民政府民政部门审批；救助金额较小的，县级人民政府民政部门可以委托乡镇人民政府、街道办事处审批。情况紧急的，可以按照规定简化审批手续。"《国务院关于全面建立临时救助制度的通知》对临时救助申请受理及审核确认程序进行了细化。

1. 申请受理

为及时解决困难家庭的"急难"问题，有效防止冲击社会道德和心理底线的事件发生，临时救助在坚持依申请受理的基础上，要求积极开展主动受理。

（1）依申请受理。根据受理主体分，主要有三种情形：①在户籍所在地申请。与最低生活保障等其他社会救助制度相同，凡是认为符合救助条件的本地户籍居民均可以家庭为单位向户籍所在地乡镇人民政府、街道办事处提出临时救助申请。②居住地申请。持有当地居住证的困难居民，可以向居住地乡镇人民政府、街道办事处提出临时救助申请。③在"急难"发生地申请。对于不持有当地居住证的非本地户籍居民家庭或个人，遭遇急难情形时可以向急难发生地县级人民政府设立的生活无着人员救助管理机构提出申请；当地县级人民政府没有设立生活无着人员救助管理机构的，可以直接向县级人民政府民政部门提出申请。同时，"急难"发生的当地人民政府、街道办事处有责任向其救助管理机构或县级人民政府民政部门提出救助申请。

此外，从临时救助"救急解难"特点出发，结合地方实践，临时救助在坚持书面申请的基础上，允许适当简化相关程序。当情况紧急（如火灾），困难群众无法在申请时提供相关证明材料时，乡镇人民政府、街道办事处可先行受理。一般来说，申请临时救助需要携带居民身份证、户口簿（居住证）以及本人收入、财产等相关证明材料。无正当理由，乡镇人民政府、街道办事处不得拒绝受理。由于临时救助解决的是突发性、临时性、紧迫性基本生活困难，为避免申请人由于时间紧迫、文化程度不高、申请资料不齐全等原因无法提出书面申请，而使得急难生活问题不能得到及时有效解决，规定了临时救助的多种申请形式。对于不便提交面申请的申请人，可由村（居）民委员会工作人员或其他人员代为填写；对于无法及时填写书面申请或是无法提供完整资料的申请人，可在履行口头申请程序之后，再补充提交相关材料。中共中央办公厅、国务院办公厅《关于改革完善社会救助制度的意见》还规定，实施急难型临时救助，可实行"小金额先行救助"，事后补充说明情况。

（2）主动发现受理。所谓主动发现受理，是相对于申请受理而言的。一些临时救助对象或因时间紧迫，或因身处险境，或因行为能力不足，无法及时或自主提出申请，而他们的困难又迫切需要得到解决，这就需要社会救助经办机构或审核批准机关主动发现困难对象并启动受理程序。《国务院关于全面建立临时救助制度的通知》规定，乡镇人民政府（街道办事处）、村（居）民委员会要及时核实辖区居民遭遇突发事件、意外事故、罹患重病等特殊情况，帮助有困难的家庭或个人提出救助申请；公安、城管等部门在执法中发现身处困境的未成年人、精神病人等无民事行为能力人或限制民事行为能力人，以及失去主动求助能力的危重病人等，应主动采取必要措施，帮助其脱离困境；乡镇人民政府（街道办事处）或县级人民政府民政部门、救助管理机构在发现或接到有关部门、社会组织、公民个人报告救助线索后，应主动核查情况，对于其中符合临时救助条件的，应协助其申请救助并受理。

2. 审核确认

临时救助特别强调时效性，《国务院关于全面建立临时救助制度的通知》根据《社会救助暂行办法》有关规定，将临时救助审核确认程序分为一般程序和紧急程序。

（1）一般程序。对具有本地户籍或持有本地居住证家庭或个人的临时救助审核确认程序，主要参照最低生活保障审核确认程序。只是针对临时救助的特性，《社会救助暂行办法》特别规定"救助金额较小的，县级人民政府民政部门可以委托乡镇人民政府、街道办事处审批。"其中"救助金额较小"的标准由各地根据本地实际做出规定。对于不持有当地居住证的非本地户籍居民家庭的临时救助，其审核确认主体为县级民政部门设立的救助管理机构或县级人民政府民政部门，审核内容和方式等应按生活无着、流浪乞讨人员救助管理有关规定执行。

（2）紧急程序。紧急程序是相对一般程序而言的。《社会救助暂行办法》规定"情况紧急的，可以按照规定简化审批手续。"其中"情况紧急"，可以理解为需立即采取救助措施，先行救助，以防止造成无法挽回的损失或无法改变的严重后果。

三、临时救助的具体事项和标准

临时救助不同于最低生活保障制度，其对象范围广、救助情形复杂，无法完全做出规定。《社会救助暂行办法》第四十九条规定："临时救助的具体事项、标准，由县级以上地方人民政府确定、公布。"具体事项涉及对象认定、资金管理、救助方式、制度衔接、能力建设等多方面内容。在此主要介绍救助方式和救助标准。

1. 救助方式

临时救助应针对不同原因造成的临时救助家庭或个人，采取不同的方式因情施救。《国务院关于全面建立临时救助的通知》规定了三种救助方式：

（1）发放临时救助金。按照财政国库管理制度将临时救助金直接支付到救助对象个人账户，确保救助金足额、及时发放到位。必要时，可直接发放现金。

（2）发放实物。根据临时救助标准和救助对象基本生活需要，可采取发放衣物、食品、饮用水，提供临时住所等方式予以救助。

（3）提供转介服务。对给予临时救助金、实物救助后，仍不能解决临时救助对象困难的，可分情况提供转介服务。对符合最低生活保障或医疗、教育、住房、就业等专项救助条件的，要协助其申请；对需要公益慈善组织、社会工作服务机构等通过慈善项目、发动社会募捐、提供专业服务、志愿服务等形式给予帮扶的，要及时转介。

2. 救助标准

（1）制定原则。临时救助一般是在其他社会救助制度难以覆盖到的情况下实施，因此，临时救助标准的设定必须遵循"托底线"的基本原则，既尽力而为，又量力而行，确保临时救助标准与当地经济社会发展水平相适应。

（2）制定层级。《社会救助暂行办法》规定，县级以上地方人民政府是临时救助标准的制定主体。《国务院关于全面建立临时救助制度的通知》规定，省级人民政府要加强对本行政区域内临时救助标准制定的统筹，推动形成相对统一的区域临时救助标准。

（3）制定依据。《国务院关于全面建立临时救助制度的通知》规定，县级以上地方人民政府要根据救助对象困难类型、困难程度，统筹考虑其他社会救助制度保障水平，合理确定临时救助标准,并适时调整。在实践中,主要是以当地最低生活保障标准为参照,综合家庭人口、困难程度、困难持续时间等科学测算救助标准。

任务引导

1. 了解临时救助对象范围。
2. 明白应如何申请临时救助。

知识链接

临时救助的建立与完善

作为一项临时性短期救助措施,临时救助在我国已经有比较长的实践,发展历程分为:临时救济、探索建制、完善建制三个阶段。

1. 临时救济阶段

早在新中国成立初期,为解决战后大量贫民的生存问题,中央人民政府于1950年专门召开会议,决定为困难群众提供临时性救济。当时的临时救济主要针对遭遇临时性、突发性变故致使生活出现暂时性困难的居民家庭以及灾民、流离失所人员等,是一种非定期、非定量的生活救济。

2. 探索建制阶段

20世纪90年代以后,我国逐步探索建立了城乡最低生活保障、农村五保供养、受灾人员救助以及医疗、教育、住房、就业等方面的救助制度,传统的临时救济逐渐被这些制度所取代,也有少部分地区保留了临时救济形式。但是,仍有一些遭遇突发性、紧迫性、临时性生活困难的群众得不到及时救助。2007年,民政部下发《关于进一步建立健全临时救助制度的通知》,部署各地探索建立临时救助制度。经过几年探索,临时救助的对象范围仍相对局限在城乡低保家庭、低保边缘家庭等。

3. 完善建制阶段

2014年《社会救助暂行办法》对临时救助制度框架进行规定,明确将临时救助功能定位为填补现在社会救助制度体系空白的一项重要制度。随后,2014年,国务院印发《国务院关于全面建立临时救助制度的通知》,中央财政开始预算安排临时救助补助资金,标志着正式建制。救助的对象范围也发生了变化,不论户籍、不分城乡,覆盖辖区内所有社会群体,分急难型救助和支出型救助两种类型。

> **案例阅读**
>
> **满足困难群众对美好生活的向往是我们的奋斗目标**
>
> 党中央、国务院高度重视社会救助工作。党的十八大以来，习近平总书记对社会救助工作作出一系列重要指示批示。党的十九届五中全会就增进民生福祉、加强民生兜底保障提出一系列重大举措。近年来，在民政部及各省省委、省政府坚强领导下，各省社会救助工作认真贯彻习近平新时代中国特色社会主义思想，坚持聚焦脱贫攻坚、聚焦特殊群体、聚焦群众关切，在保障基本民生、打赢脱贫攻坚战、全面建成小康社会等方面发挥了积极作用。但是，与新时代困难群众对美好生活的向往相比，与困难群众多样化的救助需求相比，社会救助工作还存在发展不平衡、不充分的问题，亟须对有关制度进行改革。
>
> 2020年，中共中央办公厅、国务院办公厅印发《关于改革完善社会救助制度的意见》（中办发〔2020〕18号），对统筹发展社会救助体系，推进构建社会救助新格局做出工作部署。
>
> 【思考】民政部门在改革完善社会救助制度中应当发挥怎样的作用？
>
> 【职业素养】聚焦人民关切，谋民生福祉，是民政部门及其工作人员的工作宗旨和各项社会救助工作的出发点和落脚点。民政工作做得好不好，需要人民群众来评价；民政工作做得是否有成效，需要人民生活面貌的改善和人民幸福生活指数的提升来验证。

练 习 题

一、填空题

1. 新时代社会救助与_____、社会福利和慈善事业并列为社会保障制度的重要组成部分。

2. 国家对共同生活的家庭成员人均收入_____当地最低生活保障标准，且符合当地最低生活保障家庭财产状况规定的家庭，给予最低生活保障。

3. 特困人员可以在当地的供养服务机构集中供养，也可以在家_____供养。

4. 对于情况紧急、需立即采取措施以防止造成无法挽回的损失或无法改变的严重后果的，乡镇人民政府（街道办事处）、县级人民政府民政部门应_____。

二、多项选择题

1. 社会救助应当遵守（　　）的原则。
　　A. 公开　　　　B. 公平　　　　C. 公正　　　　D. 及时

2. 最低生活保障对象需认定基本条件包括（　　）。

  A. 家里有残疾人 B. 家里有病人 C. 户籍状况 D. 收入状况

  E. 财产状况

3. 同时具备（ ）条件的老年人、残疾人和未成年人，应当依法纳入特困人员救助供养范围。

  A. 无劳动能力

  B. 无生活来源

  C. 无法定赡养、抚养、扶养义务人或者其法定义务人无履行义务能力

  D. 无儿无女

三、判断题

既没有本地户籍，又未持有本地居住证明，有关经办机构不得受理其临时救助申请。

（ ）

四、问答题

1. 最低生活保障标准制定的层级和依据是什么？
2. 临时救助是社会救助体系的最后一道防线，主要有什么功能？

项目六　救助流浪乞讨人员

> **项目概述**
>
> 救助流浪乞讨人员是新中国成立以来民政部门的一项传统工作，既有社会保障性，也有行政管理性。
>
> 本项目包括：了解流浪乞讨人员救助管理变革、救助与跟进管理流浪乞讨人员。

背景介绍

公民在特殊困难的情况下，有从国家和社会获得物质帮助的权利。救助流浪乞讨人员，是国家和社会为公民设计安排的在遇到背井离乡、举目无亲、身无分文、面临绝境的情况下，保障公民生存权利的一种制度安排。

任务一　了解流浪乞讨人员救助管理变革

任务描述

流浪乞讨救助是对传统收容遣送工作的改革，收容遣送重管理轻救助，重国家公权力的实施与公共利益的维护，轻公民私权利的维护与公民合法利益的保护，即收容遣送忽视了对公民人格尊严的尊重和对公民人身自由权利的维护，以及公民在生活困难条件下获得物质救助权利的选择自由。"孙志刚事件"成为流浪乞讨救助改革的启动键和历史转折点。

任务实施

1. **流浪乞讨救助工作的工作理念**

国务院颁布《城市生活无着的流浪乞讨人员救助管理办法》，是我国社会救助制度的一项重大改革。城市生活无着的流浪乞讨人员是特殊的弱势群体，也是最需要帮助的人群。对城市流浪乞讨人员实施救助，是为了维护公民的合法权益，履行政府的责任和法定义务，转变政府职能,构建社会公共服务体系的需要。

2. 流浪乞讨救助工作的管理体制及部门分工

加强领导,搞好协调,明确分工。加强领导,应由市政府分管领导任组长,民政局、各区政府分管副区长、公安局、财政局、卫生局、建委和城管局相关人员组成领导小组。领导小组下设办公室,办公室设在市救助管理站,办公室主任由市救助管理站站长担任,负责日常工作。

民政局负责流浪乞讨人员救助政策法规的具体落实,指导本级所属救助管理站制定救助措施和规章制度,负责联系辖区内外民政部门,做好受助人员的返回与护送工作,负责协调定点医院救治流浪乞讨人员中的危重病人和精神病患者。负责因年老、年幼、残疾等原因无法提供个人真实情况及无家可归的受助人员的临时安置。

市公安局在执行公务过程中发现流浪乞讨病人(主要指危重病人、精神病人等)或接到市民的报告,应及时赶赴现场将病人送往指定医院进行救治,发现流浪乞讨人员,应当告知其向救助管理站求助,履行告知、引导、护送职责。对其中符合救助条件的未成年人、残疾人、老年人和行动不便的其他人员,应当引导护送到救助管理站求助。依法查处流浪乞讨人员的违法行为,依法打击混迹在流浪乞讨人员中的犯罪分子。特别是加大对组织、教唆、胁迫、控制未成年人、残疾人乞讨盈利或进行违法犯罪活动的查处力度。打击强讨强要、跪地骗要、抱小孩讨要和幕后操纵儿童乞讨活动的人员。协助市救助管理站做好安全保卫工作,指导有关人员做好安全防范工作。

市财政局合理安排年度救助经费预算,监督、指导年度预算救助经费的落实执行,保证救助经费及时拨付到位。

市卫生局负责选好救治流浪乞讨病人的定点医院,指导定点医院做好对流浪乞讨病人的病情诊断和救治,指导市救助管理站相关人员做好疾病预防、救治、康复等知识的指导培训。

各市辖区负责指导社区流浪乞讨人员救助点开展宣传和救助引导,发动社区救助员及志愿者,对在社区游动的流浪乞讨人员进行引导,对流浪乞讨的未成年人、残疾人、老年人、智障患者送救助管理站实施救助。对流浪乞讨人员中危重病人和精神病人应及时拨打120和110进行救助。

市建委、城管局负责做好城区内流浪乞讨人员的劝导、告知、护送工作,对流浪乞讨危重病人、精神病人等,要护送至定点医疗机构,并协助相关部门办理病人移交手续及有关情况的告知。对违反城市管理有关法规的流浪乞讨人员进行教育、制止、纠正,并依法进行相关处置。做好城区特定时段、特定路段、特定区域流浪乞讨人员的劝离工作。

3. 依法确定流浪乞讨救助对象

根据国务院《城市生活无着的流浪乞讨人员救助管理办法》和民政部《城市生活无着的流浪乞讨人员救助管理办法实施细则》的有关规定进行确认。

4. 规范救助程序，做好流浪乞讨病人的救治工作

（1）入院。民政、公安、城管等部门的工作人员或广大市民发现有病卧街头的流浪乞讨人员，可以直接拨打 110 或 120 急救中心电话，接报者应及时赶赴现场将流浪乞讨病人送定点医院进行抢救和治疗（对病情特别严重、危及生命安全的危重病人，在距离定点医院较远时，附近的非定点医院也有协助抢救的义务）。对有暴力倾向并危及他人生命安全或严重影响社会秩序和形象的精神病人，送市精神康复医院治疗。在病人病情基本稳定且能讲清本人基本情况时，收治医院通过初步判断是流浪乞讨人员的，应立即通知市救助管理站工作人员前往甄别、鉴定。

（2）甄别、鉴定。市救助管理站工作人员接到通知后，在 24 小时内对病人开展询问、查证、核实等工作。对符合救助救治条件的，由工作人员出具《受助人员救治询问登记表》，签署意见交医院。对不符合救助救治条件的，由病人本人自行解决。

（3）查寻、查证。对病人在做好救治工作的同时，市救助管理站工作人员再进一步对其查询、核实，并及时通知当地政府或亲属来救助站或医院接人。

（4）出院、费用结算。在病人病情稳定且符合出院条件时，医院及时办理出院手续。同时，救助站工作人员对出院手续、费用情况进行复核。对有家属来医院接回且有支付能力的，医疗费用由个人承担。如家庭确有困难，由本人提出书面减免申请，由救助站协调财政部门据实核拨。

（5）返家、安置。经治疗后，对姓名地址清楚且无能力自行返家者，由市救助管理站统一安排护送；对因年老、年幼或智障无法认知自己行为、无表达能力而无法查清其亲属或者所在单位、户口所在地和居住地，且在站内留居超过 10 天的，由市救助站报上级民政机关批准，送社会福利院安置。经抢救无效死亡的流浪乞讨病人，由事发地公安部门按有关程序审查核实后，民政部门要按照有关规定负责及时火化尸体。

任务引导

1. 救助城市流浪乞讨者，是保障公民基本生存权利的体现。当公民面临生存危机时，政府通过紧急救济手段，既要管吃，又要管住；城市流浪乞讨者有突发危及生命安全的疾病，还要管医；没有路费的，通过帮助让其回家；对没有行为能力的人，还要妥善安置。

2. 救助城市流浪乞讨者，涉及城市的综合管理，要有部门分工。作为城市管理中需要多项救助手段和措施并用的工作，既涉及钱，又涉及物，还涉及人力资源的投入，需要责任明确、分工合理、相互合作、相互监督，只有这样，才能做好这项工作。

知识链接

汕头市卫生健康局　汕头市民政局　汕头市公安局　汕头市财政局　汕头市城市管理

和综合执法局五部门《关于进一步做好生活无着的流浪乞讨人员、病人医疗救治工作的管理办法（试行）》

第一条　为切实做好生活无着的流浪乞讨人员病人的医疗救治工作，确保流浪病人应医尽医、及时救治，依据《城市流浪乞讨人员救助管理办法》（国务院令第381号）以及汕头市社会救助工作联席会议纪要，结合我市实际，制定本办法。

第二条　医疗救治对象是指生活无着的流浪、乞讨人员病人（以下简称流浪乞讨病人）。

第三条　对流浪乞讨病人实施先救治后救助、先救治后结算的医疗救治原则。

第四条　市中心医院、市第二人民医院、汕大医学院第一附属医院、汕大医学院第二附属医院为市级综合救治定点医院，按照病人就近接诊原则救助。

第五条　市中心医院、汕大医学院第一附属医院为艾滋病专科救治医院；市第四人民医院为市中心城区精神病患者定点医院；市第三人民医院为结核病患者定点医院。

第六条　各区县人民医院为各区县综合救治定点医院，潮阳区、潮南区、澄海区、南澳县在辖区内指定一家定点医院负责辖区精神病患者救治。

第七条　定点医院要制订收治流浪乞讨病人救治工作制度和流程，强化内部管理，严格遵守用药规范和医疗服务收费标准等。根据病情确需超范围用药或需高额费用检查的，需由定点医院负责人签字方可实施（抢救危重病人时除外）。

第八条　各定点医院对收治的流浪乞讨病人应建立相关医疗记录，一人一档，用于审核备查。

第九条　各定点医院应指定相关职能科室管理并制定申请陪护照料流程，落实监督工作。具有以下条件之一，可以设置陪护照料：

（一）生活完全不能自理；

（二）术后患者；

（三）意识障碍患者；

（四）精神病患者；

（五）自杀倾向患者；

（六）未成年人。

第十条　公安等部门在执行公务时发现有需要救治的流浪乞讨人员，应联系120急救指挥中心或直接护送至定点医院救治，并履行书面交接手续。民政部门救助管理机构（市、区县救助站）在站内开展照料服务时发现流浪乞讨病人，应将其及时送往定点医院救治。110指挥中心接到报警后，要及时联系120急救指挥中心或当地派出所将流浪乞讨病人（疑似精神病人）送往定点医院救治。

第十一条　定点医院在接诊流浪乞讨病人后，应当记录流浪乞讨病人来源，完善交接手续。定点医院于接诊流浪乞讨病人24小时内通知属地救助管理机构（市、区县救助站），由救助管理机构（市、区县救助站）派人（公安部门协助）甄别身份，出具证明。

第十二条　接诊流浪乞讨病人后，经诊治医师判断病情相对稳定、可口服药物治疗无需收住治疗或经诊疗无需继续住院治疗的，诊治医师需出具诊断意见或出院小结，由定点医院联系属地救助管理机构（市、区县救助站）接出医院并提供相应救助。流浪乞讨精神病人合并其他疾病急需治疗的，由卫生健康部门负责协调综合救治定点医院协助诊治。流浪乞讨病人在院期间治疗无效死亡的，由救助管理机构（市、区县救助站）负责协调处理后续事项，公安部门协助。

第十三条　各定点医院应做好流浪乞讨病人医疗救治的医疗费用记录，实行单独记账、单独核算，每年两次的结算制度。结算费用包括医疗、陪护及餐饮等费用，医疗费用按照实际发生费用、陪护及餐饮按照定额结算。每年度 5 月 31 日前完成上一年度 11 月 1 日至当年 4 月 30 日发生的医疗费用支付，11 月底前完成当年 5 月 1 日至 10 月 31 日发生的医疗费用支付。

第十四条　定点医院申请流浪乞讨病人医疗费用结算时，应当报送以下材料：

（一）流浪乞讨病人身份证明复印件或身份确认证明表。

（二）医疗费用申请表和医疗费用汇总清单。

（三）门诊流浪乞讨病人提供病历复印件；住院流浪乞讨病人提供长短医嘱以及出院记录或阶段小结复印件。

以上材料须经定点医院部门负责人复核签名。

第十五条　医疗费用按照各级财政拨付原则申报，各级定点医院将申请资料报送同级卫生健康部门后，由卫生健康部门审核流浪乞讨病人发生医疗费用、陪护费及餐饮费，向同级财政部门申请下达定点医院救治费用。

第十六条　卫生健康部门负责对定点医院救治工作加强监督指导，确保救助对象得到及时、有效、安全的救治。对拒绝、推诿或拖延救治的，要依法依规严肃处理。负责审核发生的医疗救治费用并向财政部门申请和拨付各定点医院医疗救治费用。

第十七条　财政部门负责流浪乞讨病人医疗救治费用的保障，将流浪乞讨人员的医疗救治费用列入每年度市级部门预算。

第十八条　2021 年 1 月 1 日起施行，有效期 3 年。

附件：

1. 汕头市流浪乞讨病人医疗救治申请表
2. 汕头市流浪乞讨病人医疗救治申请支付情况个案统计表
3. 汕头市流浪乞讨病人职能部门转送医疗机构移交表
4. 汕头市流浪乞讨病人医疗机构转送接收机构移交表
5. 汕头市流浪乞讨病人身份确认表
6. 汕头市流浪乞讨病人医疗资金使用情况汇总表

资料来源：政府门户网站，http://www.shantou.gov.cn。

问题：案例列举的流浪乞讨救助举措涵盖哪些方面？体现了怎样的执政理念？

任务二　救助与跟进管理流浪乞讨人员

任务描述

救助流浪乞讨人员是一种制度安排，是国家在公民遇到非本人所能克服的危难时刻，以慈爱之心对其进行庇护，让其平安渡过难关，从容回家的一种关怀。本任务要求了解救助流浪乞讨工作对象、救助流浪乞讨工作内容、救助流浪乞讨人员的管理。

任务实施

1. 打造社会救助管理站一体化救助网络体系

城市流浪乞讨救助应该统一救助标准，统一救助行为指导，统一行动规划，统一调配人力资源和志愿者队伍。这样做一方面有利于保障城市流浪乞讨人员合法权利落到实处，做到应收尽收，应保尽保，真正做到让城市流浪乞讨者的基本生存需要能够得到满足；另一方面，可以避免少数不法人员，利用城市间社会救助站不协调的漏洞，游走于不同城区救助站重复救助，非法牟利，形成反复救助反复流浪的无效救助。

湖北省武汉、黄石、鄂州、孝感、黄冈、咸宁、仙桃、潜江、天门九个城市结成统一体，打造武汉 1+8 城市圈，共有救助站 22 个，从 2008 年 8 月 1 日开始，统一救助标识、统一救助着装、统一救助电话，以往各救助站之间相互推诿的情况将不再发生。不断完善日常救助、恶劣天气救助、重大活动救助、节假日救助等主动救助和自愿求助相结合的城市圈救助保障体系。实现救助人员救助、查找、安置等无缝对接，有利于创建统一高效的救助体系，构建互动长效的救助机制，为城市圈的和谐稳定发挥积极作用。

各救助站相互约定：积极参与城市管理，加强对城市流浪乞讨现象的早期干预和管理；对流浪乞讨人员和遇到临时生活困难的人员实施 24 小时服务，重点加强节假日的值班，实行站与站之间工作的无缝对接，不得拒收城市圈内其他站送来的各类受助人员；对查不清家庭地址的智障人员、精神病人等，城市圈内各救助管理站要按规定积极申报安置，不得恶意遗弃受助人员；进一步加强城市圈内救助管理站的协作和配合。对流入地救助管理站一时查不清家庭地址，但可以通过口音和一些基本信息判断出流出地的受助人员，流出地救助管理站应先接收后查询，在 1 个月内仍查不清受助人员家庭地址的，可移送回流入地救助管理站；城市圈内各救助管理站在接待、中转、护送等工作中，相互支持和提供便利，尽最大可能帮助解决实际困难和问题；对需要跨省护送到同一目的地的受助人员，城市圈内救助管理站相互协作配合，必要时可委托对口跨省中转站护送。

2. 探索流浪乞讨救助从治标到治标与治本相结合的善治之策

从 2006 年年初开始，深圳宝安区救助站尝试为有工作能力的流浪者找工作，所有进入宝安区救助站的求助者，如果是劳动力，都会被工作人员问到"你需要救助站为你介绍工作吗？"为流浪救助人员找工作，将流浪者纳入城市劳动就业保障体系，作为城市根治流浪乞讨现象的有效举措，深圳宝安区救助站为我们提供了示范。

过去单纯的流浪乞讨救助只能帮助解决暂时的生活困难，而最终出路是要让流浪乞讨者回到生产劳动体系中去，有了工作就有了劳动致富的机会，有了工作就有了安身立命的根本。深圳宝安区救助站从 2006 年 4 月开始尝试为流浪者免费介绍工作，救助站与深圳市人才市场建立联系，组织具有劳动能力、年龄适当的求助者前往人才市场。在找工作之前，救助站会对求助者进行简单培训，在推荐工作的时候，也会与企业联系，优先安排面试。刚开始时，救助站帮流浪人员找工作步履艰辛，但逐渐赢得了深圳众多企业的响应，纷纷打来电话或直接找到救助站，表示愿为这些流浪人员提供就业岗位，这些企业意识到"帮助流浪者也是企业和每一位公民应尽的社会责任"。

民政部官员表示，各地救助站可以在不影响正常开展救助业务的前提下，结合本地实际和受助人员自身特点，学习、借鉴宝安区救助管理站的做法。

3. 救助站采用"类家庭"和"家庭寄养"方式救助流浪儿童

在救助保护流浪少年儿童的工作中，救助站最头痛的一个问题是：怎样妥善安排那些无家可归或有家难归，因而屡送屡返、有多次流浪经历的少年儿童。传统的救助办法是将他们送回家乡，由当地村镇或社区负责安置，但实践已经证明了这种办法的低效性。郑州市救助保护流浪少年儿童中心通过多年的调查、探索、实践等努力，成功地建立和形成了一个适合我国国情的救助模式，被联合国儿童基金会项目官员与民政部专家命名为"郑州模式"，并称之为"伟大的创举和革命性的重要进步"。"郑州模式"的精髓是将流浪儿童与成年人救助区分开来，建立中国特色的儿童福利政策框架体系。具体来说，"郑州模式"就是采取全天候开放式救助点、固定救助亭、流动救助站、类家庭、家庭寄养、技能培训、网站服务、跟踪回访、高校社工合作、定期评估等多种形式，构建综合性、多功能的流浪少年儿童救助保护体系。

"郑州模式"中最具有特色和国际示范意义的服务就是"类家庭"和"家庭寄养"，根本目的都是杜绝屡送屡返的流浪少年儿童再流浪。"类家庭"是一种集寄养、看护、疏导、教育于一体、融入社区的、富于"亲情化"的救助方式，它是有家难回的流浪少年儿童自己的"家"，也是中心工作向社区的延伸。一些"类家庭"的"爸爸妈妈"本就是夫妻，因为他们教育孩子的经验比较丰富，配合又比较默契，所以就被聘来做孩子们的"家长"。买菜、打扫卫生、洗衣服、为孩子们准备一日三餐、辅导功课等，就是"爸爸妈妈"每天要做的事情。"家庭寄养"也是对流浪少年儿童照顾模式的一种探索，它是指经过一定的程序，在尊重儿童意愿的基础上，通过双向选择的方式将中心救助的流浪少年儿童委托在社区正常家庭中养育的照料模式。

"类家庭"已经被证明是一个很好的模式，在现代社会，家庭小型化、家庭功能弱化的情形下，"类家庭"这种互助形式，不光能针对流浪儿童应用，针对留守儿童、留守老人和残疾人家庭，都可以推广应用"类家庭"的模式来进行救助和保护，一个家庭能力有限，几个家庭结合起来，就可以发挥更大的作用。

4. 让被救助者有尊严地获得救助，是现代化社会救助改革发展的必然趋势

助人自助是社会救助重要的价值观之一。公民在生活困难的条件下有获得国家和社会帮助的权力，公民有劳动的权利和义务，两者结合，让我们看到了助人自助光辉的前景。在新型救助管理制度改革创新的过程中，大连市探索"救助劝导""一元钱银行存折服务""免费为求助人员介绍职业"等12项创新项目，充分体现了其人性化的救助文化，是对《城市生活无着的流浪乞讨人员救助管理办法》和《城市生活无着的流浪乞讨人员救助管理办法实施细则》的完善和补充。

对外出旅游、出差被偷被抢者，大连采用"一元钱存折"做法，即救助站在各大银行和邮政储蓄，花1元钱给受助人员办理个人储蓄账户，让联系到的受助人员家庭或单位在第一时间把钱汇到该账户，以解燃眉之急。

大连市根据市民规避风险的需要建立了紧急避险中心，主要为本市市民遭遇火灾或其他自然与人为灾害提供临时性紧急救助。考虑到家庭暴力在社会生活中不同程度地存在，并不同程度地威胁与危害着妇女儿童的身心健康发展，大连市建立了反暴力中心，为遭受家庭暴力的妇女儿童提供了比较好的临时归宿。建立紧急避险中心和反暴力中心，大连市救助管理站树立起了维护人权、维护民众利益的形象，有利于妇女儿童通过正常的途径得到及时救助和保护，同时无形地为政府和社会承担了一部分责任，提高了救助站的业务能力并扩展了救助业务范围。

考虑到救助对象中有相当数量的人流浪的原因在于遭受就业困境，包括接近成年的未成年人，为此大连市救助管理站建立了职业介绍服务与法律支援服务。同时为了扩展救助范围和层次，组织了社工街头劝导队，还设立了街头流动救助车，在火车站设立了全天候救助服务点，通过这些网络式的救助设施与部门的建立和充实，大大充实了大连的救助队伍并扩展了救助范围。更为值得一提的是，大连市救助管理站还通过与学校合作，由学校免费为流浪未成年的孩子提供就学机会，救助站负责就近入学的流浪未成年人的日常生活进行管理。在法律尚未明确救助业务范围和救助责任的情况下，大连市救助管理站能够大胆地迈出这样一步，说明大连市救助管理站确实在践行"以人为本"的救助理念和人文关怀的精神。通过这种亲情式的从思想到行动、从生活到教育、从培训到就业的持续救助和全方位、多功能、多形式的救助，实现了救助人、教育人、保护人、塑造人的新型救助功能。

任务引导

1. 救助流浪乞讨群众必须依法依规。流浪乞讨救助站的工作人员要加强学习,加强实践,不断精进业务能力。

2. 流浪乞讨救助是一项社会工作,要在社会互动、社会互助和当事人不断再社会化过程中不断进步,不断完善自己,力求使流浪乞讨救助工作做得更加完美。

知识链接

1. 救助流浪乞讨人员对象

救助流浪乞讨人员是指对在城市中生活无着的流浪乞讨人员实施救济和帮助,保障其基本生活权利而提供的一项社会救助制度。这项制度设立的根据是基于《宪法》第四十五条公民在面临生存绝境有从国家和社会获得物质帮助权利的落实。长期以来,民政部门设计的收容遣送制度主要针对三种人:①家居农村流入城市乞讨的;②城市居民中流浪街头乞讨的;③其他露宿街头生活无着的。

现行《城市生活无着的流浪乞讨人员救助管理办法》明确规定:城市生活无着的流浪乞讨人员是指因自身无力解决食宿,无亲友投靠,又不享受城市最低生活保障或者农村五保供养,正在城市流浪乞讨度日的人员。虽有流浪乞讨行为,但本人有足够资金解决食宿,或在本地有亲友投靠,或正在从事临时性工作有一定收入的,不属于救助对象。

流浪乞讨人员申请救助时,应当如实提供本人的基本情况:如本人的姓名、年龄、性别、居民身份证或者其他能够证明自己身份的证件,如本人的户口本、工作证、汽车驾驶证、社会保障卡、结婚证等,如实说明本人的户口所在地和住所地,有行为能力的其他家庭成员姓名、住址、联系电话等。如实登记随身携带物品的情况。正在享受最低生活保障或者农村五保供养待遇的,不在救助之列。

救助站应当向求助的流浪乞讨人员告知救助对象的范围和实施救助的内容,询问与求助需求有关的情况,并对其个人情况予以登记。对符合救助条件的,应当及时安排救助;不属于救助对象的,不予救助并告知其理由。对拒不如实提供个人情况的,不予救助。对因年老、年幼、残疾等原因无法提供个人情况的,救助站应当先提供救助,再查明情况。

2. 救助流浪乞讨人员的内容

救助站为受助人员提供的食物和住处,应当能够满足受助人员的基本健康和安全需要。受助人员在站内突发急病的,应当及时送医疗机构治疗。救助站发现受助人员在站内患传染病或者为疑似传染病病人的,应当送当地具有传染病收治条件的医疗机构治疗,并向当地疾病预防控制机构报告,采取必要的消毒隔离措施。

救助站应当根据受助人员提供的有关情况,及时与受助人员的家属以及受助人员常住户口所在地或者住所地的乡（镇）人民政府，城市街道办事处，该地的公安、民政部门取得联系，核实情况。救助站发现受助人员故意提供虚假个人情况的，应当终止救助。

受助人员返回常住户口所在地、住所地或者所在单位时没有交通费的，由救助站发给乘车（船）凭证，铁道、公路、水运等运输单位验证后准予搭乘相应的公共交通工具。救助站应当将有关情况通知受助人员的亲属及前往地的有关组织、所在单位。

对受助人员中的残疾人、未成年人或者其他行动不便的人，救助站应当通知其亲属或者所在单位接回；亲属或者所在单位拒不接回的，省内的由流入地人民政府民政部门通知流出地人民政府民政部门接回，送其亲属或者所在单位；跨省的由流入地省级人民政府民政部门通知流出地省级人民政府民政部门接回，送其亲属或者所在单位。对无法查明其亲属或者所在单位，但可以查明其户口所在地、住所地的受助残疾人、未成年人及其他行动不便的人，省内的由流入地人民政府民政部门通知流出地人民政府民政部门接回，送户口所在地、住所地安置；跨省的由流入地省级人民政府民政部门通知流出地省级人民政府民政部门接回，送户口所在地、住所地安置。受助人员自愿放弃救助离开救助站的，应当事先告知，救助站不得限制。未成年人及其他无民事行为能力人和限制民事行为能力人离开救助站，须经救助站同意。

受助人员擅自离开救助站的，视同本人放弃救助，救助站应当终止救助。

3. 救助流浪乞讨人员的管理

（1）对遭遇意外事件，如偶遇失窃、务工不着或遭受家庭暴力而无处食宿等临时性困难到救助站申请救助的人员，救助管理站可查明情况，履行必要的手续，给予适当帮助。因被盗、被抢、被骗而生活无着、流落街头者，应向救助管理站提供公安部门出具的报案证明。

求助人员体表有明显伤痕并拒绝说明情况的（因年老、年幼、智障等原因无法提供的除外），救助管理站可不予救助。

（2）流浪乞讨人员的救治。公安派出所、110指挥中心、综合执法部门以及市民发现生活无着的流浪乞讨的危重急病人、传染病人、精神病人和智障人员，应通知120急救中心或帮助其前往定点医院救治，并向医院出具情况说明。定点医院应及时与救助管理站取得联系。自杀、醉酒、交通肇事以及因治安案件致伤等人员，不属于流浪乞讨救治对象。

救治流浪乞讨危重急病人、传染病人、精神病人和智障人员所发生的医疗费用，家庭住址清楚并具备偿付能力的，由定点医院负责收取；对无能力偿付或者身份不明无法收取的，由定点医院出具费用明细，经救助管理站审核后支付。

（3）受助人员死亡的处理。受助人员在救助管理站受助期间正常死亡的，由救助管理站填写《死亡人员登记表》，拍照建档，经卫生防疫站、驻地公安派出所或定点医院出具殡葬手续后，通知受助人员的亲属、所在单位或者流出地政府；非正常死亡的，要经公安、司法部门鉴定，依法处理。

身份不明的危重急病人、传染病人、精神病人和智障人员在定点医院救治中死亡后，由救助管理站在新闻媒体上发布认尸启事，公告期为 7 天。7 天后仍无人认领的，按无名尸体处理，由定点医院、发现地公安派出所出具死亡证明，救助管理站负责送殡仪馆火化，并拍照存档，其骨灰保存 1 年。处理尸体所需费用由流入地的财政部门承担。

（4）身份不明人员的安置。身份不明的受助人员，由流入地民政部门指定福利机构负责收养和代养。收养和代养的费用由同级财政部门承担。

（5）流浪儿童的安置。对 6 周岁以下无人监护的流浪儿童，或 6 至 12 周岁家庭地址不清的流浪儿童，由发现人或单位直接送发现地儿童福利院或民政部门安置。

（6）受助人员不得携带危险物品进入救助站。受助人员随身携带的物品，除生活必需品外，由救助站保管，待该受助人员离站时归还。省、自治区、直辖市人民政府民政部门应当制定救助站受助人员的作息、卫生、学习等制度。受助人员应当遵守救助站的规章制度，救助期限一般不超过 10 天。

练 习 题

一、填空题

1. 救助城市流浪乞讨者，是保障公民基本_____权利的体现。

2. 发现有病卧街头的流浪乞讨人员，110 或 120 接报者应及时赶赴现场将流浪乞讨病人送至定点医院，立即进行抢救和治疗，医院应及时通知市救助管理站前往甄别、鉴定，对有暴力倾向并危及他人生命安全的，送_____治疗。

3. 救助管理站对流浪乞讨病人进行救助后，根据查询、核实结果，应及时通知当地政府或_____来救助站或医院接人。

二、单项选择题

流浪乞讨救助保障的是公民的（   ）。

A. 人身自由权利　　　　　　　　　B. 劳动就业权利
C. 生活困难条件下获得物质救助的权利　　D. 自由迁移的权利

三、多项选择题

获得流浪乞讨救助的前提条件是（   ）。

A. 家里没有主要劳动力　　　　　　B. 背井离乡
C. 举目无亲、身无分文　　　　　　D. 没有工作

四、判断题

1. 求助人员体表有明显伤痕并拒绝说明情况的（因年老、年幼、智障等原因无法提供的除外），救助管理站可不予救助。　　　　　　　　　　　　　　　　　　　（   ）

2. 本市市民，因遭受家庭暴力而无处食宿等临时性困难到救助站申请救助的，救助管理站不予救助。（   ）

3. 自杀、醉酒、交通肇事以及因治安案件致伤等人员，不属于流浪乞讨救治对象。（   ）

五、问答题

1. 流浪乞讨救助是重要的民生托底工程，是主要针对公民哪些特定情形的民生救助？

2. 流浪乞讨救助系列举措保障了宪法赋予公民的哪些合法权利？怎样做才能更有工作效率？

项目七　登记婚姻事务

项目概述

婚姻登记是婚姻登记机关依照法定条件和程序对当事人婚姻法律关系状况进行行政确认的具体行政行为。本项目要求学生通过学习，领会婚姻登记的基本法律精神，掌握婚姻登记事务的法定条件，熟悉婚姻登记的工作流程，并能在婚姻登记服务工作过程中做好婚姻法律政策宣传和婚姻家庭辅导服务。

本项目包括：认知婚姻登记事务、办理结婚登记、办理离婚登记、办理补领婚姻登记证。

背景介绍

婚姻是人类社会发展到一定阶段的产物。婚姻法律关系的成立，不仅引起夫妻间权利义务的产生和亲属关系的变化，还承载着人口再生产、维系家庭关系良性健康发展等社会功能。因此，各国政府都通过法律手段对婚姻这种特殊的社会关系予以规范。婚姻登记制度正是我国依法对婚姻关系进行审查、监督和管理的有效手段。我国1950年、1980年两部《婚姻法》均规定了婚姻登记的相关内容，同时在司法实践界有条件地承认事实婚姻。但自1994年2月1日民政部发布实施《婚姻登记管理条例》起，我国不再承认"事实婚姻"，婚姻登记是合法婚姻关系成立的必备条件，这是我国婚姻制度文明进步的重要标志之一。2001年修订实施的《婚姻法》也明确了登记为婚姻关系成立的必备程序要件，强化了婚姻缔结形式的法定性。2003年发布实施的《婚姻登记条例》、2016年修订实施的《婚姻登记工作规范》，进一步推进了我国婚姻登记工作的制度化与规范化。2021年起实施的《民法典》也明确了婚姻登记为确立或解除婚姻关系的法定方式。我国婚姻登记应遵循哪些基本法律原则？满足哪些基本法律要件？遵循怎样的法律程序？在婚姻登记工作中如何做好国家婚姻法律政策宣传、开展婚姻家庭辅导服务和倡导健康文明婚俗？对上述问题，婚姻登记工作者均应予以深入理解和系统掌握。

任务一　认知婚姻登记事务

任务描述

婚姻登记是民政部门社会事务管理业务之一，也是我国依法对婚姻关系进行审查、监督和管理的有效手段。通过对婚姻登记机关的走访或民政部门相关业务网站的资料查询，认识婚姻登记事务的意义，熟悉婚姻登记机关与婚姻登记员的职责，深入领会婚姻登记工作应予遵循的基本原则，清楚婚姻登记中的违法行为及其法律责任。

任务实施

走访婚姻登记机关，查阅民政部门相关业务网站，撰写和交流婚姻登记事务认知体会。婚姻登记事务认知体会的撰写与交流主要围绕以下几个方面展开：

（1）婚姻登记工作的意义。
（2）婚姻登记机关的设置及其基本职责。
（3）婚姻登记员的职业资格条件及其基本职责。
（4）婚姻登记工作应遵循的基本法律原则精神。
（5）对婚姻登记事务的认识与思考。

任务引导

1. 查阅地方民政部门相关业务网站，了解当地婚姻登记机关的设置，认识婚姻登记机关与婚姻登记员的基本职责，熟悉婚姻登记业务范围及相关政策法规。

2. 实地走访婚姻登记机关，感受婚姻登记业务办理流程，与婚姻登记机关工作人员交流探讨婚姻登记事务办理过程中所涉及的难点与重点事项。

3. 撰写交流婚姻登记事务认知体会的目的在于强化对婚姻登记事务的感性认识并做好办理婚姻登记事务的必要背景知识储备。因此，认知体会的撰写应注意将相关业务知识的了解与自己的主观认知相结合。

知识链接

1. 婚姻与婚姻登记

婚姻是人类社会发展到一定阶段的产物，是被当时社会所认可的男女两性互为配偶的结合以及由此而产生的社会关系。从法律意义上来讲，婚姻是指男女双方以永久共同生活为目的、以夫妻间权利义务为内容的自愿合法结合。婚姻法律关系的成立，不仅引起夫妻间权利义务的产生和亲属关系的变化，还承载着人口再生产、维系家庭关系良性健康发展等社会功能。因此，各国政府都通过法律手段对婚姻这种特殊的社会关系予以规范。

婚姻登记一方面通过对婚姻关系的审查确认，为婚姻当事人合法权益提供了保障；另一方面通过婚姻登记过程中的婚姻指导以及婚姻法规政策宣传，提升了公众婚姻法制观念，预防和制止了违法婚姻的发生，并为家庭关系中妇女、儿童等弱势群体合法权益提供了有效保障。认真执行婚姻登记制度，对于巩固和发展社会主义婚姻制度、维护社会稳定具有重要的意义。

2. 婚姻登记机关与婚姻登记员

（1）婚姻登记机关。婚姻登记机关是具有依法履行婚姻登记行政职能的机关。国务院民政部门主管全国的婚姻登记管理工作，县级以上地方各级人民政府的民政部门主管本行政区域内的婚姻登记管理工作。内地居民办理婚姻登记的机关是县级人民政府民政部门或者乡（镇）人民政府，省、自治区、直辖市人民政府可以按照便民原则确定农村居民办理婚姻登记的具体机关。中国公民同外国人，内地居民同香港特别行政区居民、澳门特别行政区居民、台湾地区居民、华侨办理婚姻登记的机关是省、自治区、直辖市人民政府民政部门或者省、自治区、直辖市人民政府民政部门确定的机关。

具有办理婚姻登记职能的县级以上人民政府民政部门和乡（镇）人民政府应当按照规范要求设置婚姻登记处。婚姻登记处可以设立婚姻家庭辅导室，通过政府购买服务或公开招募志愿者等方式聘用婚姻家庭辅导员，并在坚持群众自愿的前提下，开展婚姻家庭辅导服务。

婚姻登记机关的主要职责包括：办理婚姻登记；补发婚姻登记证件；建立和管理婚姻登记档案；宣传婚姻法律法规，倡导文明婚俗。

（2）婚姻登记员。婚姻登记是一项十分严肃的行政执法工作，婚姻登记机关应当配备专职婚姻登记员。婚姻登记员由设区的市级以上人民政府民政部门进行业务培训，经考核合格，取得婚姻登记员培训考核合格证明，方可从事婚姻登记工作。婚姻登记员应当至少每2年参加一次设区的市级以上人民政府民政部门举办的业务培训，取得业务培训考核合格证明。婚姻登记员应当熟练掌握相关法律法规，熟练使用婚姻登记信息系统，文明执法，热情服务。

婚姻登记员的主要职责包括：负责对当事人有关婚姻状况声明的监誓；审查当事人是否具备结婚、离婚、补发婚姻证的条件；办理婚姻登记手续，签发婚姻证；建立婚姻登记档案。

3. 婚姻登记的基本原则

婚姻登记工作人员应深入领会我国婚姻法的立法原则与精神，依法为婚姻当事人缔结或解除婚姻关系予以审核确认，并为婚姻当事人合法权益的保护提供有效帮助。根据《民法典》以及《婚姻登记条例》的有关规定，婚姻登记工作应遵循以下基本原则：

（1）婚姻自由原则。婚姻自由原则是我国婚姻家庭法律制度的基石，也是婚姻登记工作应予考虑的首要原则。所谓婚姻自由是指婚姻当事人有权按照自己的意志，依法缔结婚姻或者解除婚姻关系，不受任何单位或个人的强迫与干涉。就内容而言，婚姻自由包括结婚自由与离婚自由两个方面。所谓结婚自由，即婚姻的缔结必须男女双方完全自愿而且意思表示真实，禁止任何一方对另一方加以强迫，禁止任何组织或者个人加以干涉。离婚自由则强调感情确已破裂的夫妻双方，有权依法自主处理自己的婚姻关系，有权依法解除无法维持的婚姻关系。在婚姻登记过程中要求当事人以声明书的方式明确表达自己缔结或解除婚姻关系的真实意愿。

（2）一夫一妻原则。一夫一妻制是人类婚姻文明高度发展的产物，也是我国社会主义婚姻家庭制度的重要内容。所谓一夫一妻，即一男一女互为配偶的单偶制婚姻形式。任何人不能同时与两个或者两个以上的异性缔结婚姻关系，任何公开的、隐蔽的一夫多妻或一妻多夫的两性关系都是非法的。婚姻登记中必须严格审查登记当事人双方的婚姻状况，凡是违反一夫一妻制的结合，婚姻登记机关不得予以登记。

（3）男女平等原则。男女平等是我国社会主义婚姻家庭制度的本质特征。男女两性在婚姻关系和家庭生活中享有平等的权利并承担平等的义务。男女双方在结婚和离婚上的权利和义务同样平等，婚姻登记工作者应为男女双方提供同等的权利保障，并依据该原则在坚持群众自愿的前提下为当事人提供婚姻家庭辅导服务。

（4）保护妇女、未成年人合法权益原则。妇女、未成年人是家庭中的相对弱者，其合法权益极易受到侵害，因此，《民法典》对他们的合法权益给予特别保护。在婚姻登记过程中，婚姻登记工作人员在坚持群众自愿的前提下，可以通过婚姻家庭辅导服务为妇女、未成年人合法权益的维护提供支持。

4. 婚姻登记违法行为及其法律责任

婚姻登记作为行政行为必须严格依法进行，否则婚姻登记机关以及婚姻登记员都将承担相应的法律责任。

根据《婚姻登记条例》和《婚姻登记工作规范》的规定，婚姻登记违法行为主要表现为以下几种类型：①为不符合婚姻登记条件的当事人办理婚姻登记的；②违反法定程序办理婚姻登记、发放婚姻登记证的；③要求当事人提交超出法律规范所要求的证件材料的；④擅自提高收费标准或者增加收费项目的；⑤玩忽职守造成婚姻登记档案损毁的；⑥购买使用伪造婚姻证书的；⑦违反规定应用婚姻登记信息系统的。

婚姻登记员违反规定办理婚姻登记，给当事人造成严重后果的，应当由婚姻登记机关承担对当事人的赔偿责任，并对承办人员进行追偿。

案例阅读

使用虚假身份证进行婚姻登记的婚姻效力

2005年3月30日,徐某与一化名为"吴凤英"的女子向浙江省永嘉县原潘坑乡人民政府申请办理结婚登记手续。在办理登记时,"吴凤英"提供了虚假的身份证、虚假的户口簿等申请材料,两份证明文件形式上无明显瑕疵,婚姻登记员审查未发现"吴凤英"提交的申请材料系虚假证件,认定徐某和"吴凤英"符合结婚登记条件,遂为两个人办理了婚姻登记手续,并颁发了结婚证。婚后,徐某与"吴凤英"生育一女。"吴凤英"于2006年离家出走,后下落不明。2016年,徐某到本地公安机关及"吴凤英"提供的户籍地公安机关查询,两地公安机关均出具证明,在辖区内无"吴凤英"此人,并确认"吴凤英"提供的身份证为虚假证件。后该行政行为的做出机关原潘坑乡人民政府已经撤并到永嘉县岩坦镇人民政府,婚姻登记的职权已经统一由永嘉县民政局行使,故徐某以永嘉县民政局为被告提起行政诉讼,请求依法确认原潘坑乡人民政府做出的婚姻登记行政行为无效。

资料来源:人民法院报,2017-08-30,作者:胡朝俊、郑璐梆,有改。

【**思考**】试结合本案分析婚姻登记人员严肃认真履行职责的重要意义。

【**职业素养**】婚姻登记机关受理结婚登记申请,既要审查申请人提交的申请材料是否齐全、真实,还要审查申请结婚登记的男女是否符合《中华人民共和国婚姻法》第五条、第六条、第七条规定的结婚自愿、法定婚龄、无禁止结婚情形等结婚条件,以确保结婚登记结果与基础民事法律关系相一致。

拓展知识

婚姻登记"跨省通办"试点推行

新华社北京2021年5月19日电:经国务院批准,民政部将在辽宁省、山东省、广东省、重庆市、四川省实施内地居民结婚登记和离婚登记"跨省通办"试点,在江苏省、河南省、湖北省武汉市、陕西省西安市实施内地居民结婚登记"跨省通办"试点。试点期限为2年,自2021年6月1日起至2023年5月31日止。

根据现行规定,内地居民自愿结婚、离婚,男女双方应当共同到一方当事人常住户口所在地的婚姻登记机关办理婚姻登记。这一规则的制定固然有着当时的考虑,但在如今看来,将给不少群众带来负担。婚姻登记"跨省通办"试点工作启动后,在试点地区,将内地居民结(离)婚登记由一方当事人常住户口所在地的婚姻登记机关办理,扩大到一方当事人常住户口所在地或者经常居住地婚姻登记机关办理。

资料来源:http://www.xinhuanet.com/politics/2021-05/19/c_1127464589.htm,记者:高蕾,有改。

任务二　办理结婚登记

任务描述

结婚登记是我国婚姻成立的法定程序。结婚登记通过对当事人结婚条件的必要审查和适当婚姻指导，对提高婚姻质量、预防违法婚姻，以及减少婚姻纠纷等具有重要意义。婚姻登记工作者应深入领会结婚登记的基本法律精神，掌握结婚登记的法定条件与法律效力，熟悉结婚登记的相关工作流程，并在办理结婚登记过程中适时为当事人提供婚姻家庭辅导服务。

任务实施

根据《婚姻登记工作规范》的规定，结婚登记由以下程序阶段构成：提出申请—初审受理—审查登记—颁发证件。

1. 提出申请

办理结婚登记的男女双方应当亲自、共同到享有管辖权的婚姻登记机关提出结婚登记申请，并根据法定结婚条件及程序要求提供相应的证件和证明材料。

（1）办理结婚登记的内地居民应当出具的证件和证明材料：①本人有效的居民身份证和户口簿。居民身份证与户口簿上的姓名、性别、出生日期、公民身份号码应当一致；不一致的，当事人应当先到有关部门更正。因故不能提交身份证的可以出具有效的临时身份证。②本人无配偶以及与对方当事人没有直系血亲和三代以内旁系血亲关系的签字声明。户口簿上的婚姻状况应当与当事人声明一致；不一致的，当事人应当向登记机关提供能够证明其声明真实性的法院生效司法文书、配偶居民死亡医学证明（推断）书等材料；不一致且无法提供相关材料的，当事人应当先到有关部门更正。当事人声明的婚姻状况与婚姻登记档案记载不一致的，当事人应当向登记机关提供能够证明其声明真实性的法院生效司法文书、配偶居民死亡医学证明（推断）书等材料。

（2）现役军人办理结婚登记应当出具的证件和证明材料：①本人的居民身份证、军人证件。②部队出具的军人婚姻登记证明。居民身份证、军人证件和军人婚姻登记证明上的姓名、性别、出生日期、公民身份号码应当一致；不一致的，当事人应当先到有关部门更正。

（3）办理结婚登记的香港居民、澳门居民、台湾居民应当出具的证件和证明材料：①本人的有效通行证、身份证。②经居住地公证机构公证的本人无配偶以及与对方当事人没有直系血亲和三代以内旁系血亲关系的声明。

（4）办理结婚登记的华侨应当出具的证件和证明材料：①本人的有效护照。②居住国公证机构或者有权机关出具的、经中华人民共和国驻该国使（领）馆认证的本人无配偶以及与对方当事人没有直系血亲和三代以内旁系血亲关系的证明，或者中华人民共和国驻该国使（领）馆出具的本人无配偶以及与对方当事人没有直系血亲和三代以内旁系血亲关系的证明。

（5）办理结婚登记的外国人应当出具的证件和证明材料：①本人的有效护照或者其他有效的国际旅行证件。②所在国公证机构或者有权机关出具的、经中华人民共和国驻该国使（领）馆认证或者该国驻华使（领）馆认证的本人无配偶的证明，或者所在国驻华使（领）馆出具的本人无配偶的证明。

在华侨与外国人出具的证明材料中，涉及与中国无外交关系的国家出具的有关证明，应当经与该国及中国均有外交关系的第三国驻该国使（领）馆和中国驻第三国使（领）馆认证，或者经第三国驻华使（领）馆认证。

此外，根据《民政部关于贯彻执行〈婚姻登记条例〉若干问题的意见》，出国人员办理结婚登记应根据其出具的证件分情况处理：当事人出具身份证、户口簿作为身份证件的，按内地居民婚姻登记规定办理；当事人出具中国护照作为身份证件的，按华侨婚姻登记规定办理。

2. 初审受理

婚姻登记员对双方当事人提交的证件和证明材料予以初审，确定是否符合受理条件并做出相应处理。

（1）经初审确定本机关没有管辖权的，告知当事人向有管辖权的婚姻登记机关提出申请。初审不符合结婚登记条件的，不予受理。当事人要求出具《不予办理结婚登记告知书》的，应当出具。

（2）初审材料齐全且符合受理条件的，婚姻登记机关应予受理，并按以下程序办理：①询问当事人的结婚意愿；②查验规范规定的相应证件和材料；③自愿结婚的双方各填写一份《申请结婚登记声明书》；《申请结婚登记声明书》中"声明人"一栏的签名必须由声明人在监誓人面前完成并按指纹；④当事人现场复述声明书内容，婚姻登记员作为监誓人并在监誓人一栏签名。

3. 审查登记

婚姻登记员对当事人提交的证件、证明、声明进行审查，并询问相关情况。经审查不符合结婚条件的，不予登记并当场告知当事人理由；符合结婚条件的，准予登记，并填写《结婚登记审查处理表》和结婚证。婚姻登记员在完成结婚证填写后，应当进行认真核对、检查。对填写错误、证件被污染或者损坏的，应当将证件报废处理，重新填写。

4. 颁发证件

颁发结婚证，应当在当事人双方均在场时按照下列步骤进行：①向当事人双方询问核对姓名、结婚意愿。②告知当事人双方领取结婚证后的法律关系以及夫妻权利、义务。③见证当事人本人亲自在《结婚登记审查处理表》上的"当事人领证签名并按指纹"一栏中签名并按指纹。④将结婚证分别颁发给结婚登记当事人双方，向双方当事人宣布：取得结婚证，确立夫妻关系。⑤祝贺新人。

任务引导

1. 把握好结婚登记工作流程基本程序及各阶段的工作职责。
2. 准确把握我国婚姻关系成立的法定条件，并在办理结婚登记过程中准确理解运用。
3. 熟悉相关婚姻登记表格的内容及其填写要求。
4. 办理结婚登记过程中在坚持群众自愿的前提下开展婚姻家庭辅导服务。

知识链接

1. 结婚登记管辖机关

根据《婚姻登记工作规范》的规定，婚姻登记管辖按照行政区域划分。县、不设区的市、市辖区人民政府民政部门办理双方或者一方常住户口在本行政区域内的内地居民之间的婚姻登记。省级人民政府可以根据实际情况，规定乡（镇）人民政府办理双方或者一方常住户口在本乡（镇）的内地居民之间的婚姻登记。省级人民政府民政部门或者其确定的民政部门，办理一方常住户口在辖区内的涉外和涉香港、澳门、台湾居民以及华侨的婚姻登记。办理经济技术开发区、高新技术开发区等特别区域内居民婚姻登记的机关由省级人民政府民政部门提出意见报同级人民政府确定。现役军人由部队驻地、入伍前常住户口所在地或另一方当事人常住户口所在地婚姻登记机关办理婚姻登记。

2. 结婚登记一般法定条件

结婚是一种法律行为，婚姻的成立将产生一系列法律后果，在任何社会都有与其生活方式相适应的结婚要件，它是国家对婚姻行为进行干预、监督的手段。根据《民法典》和《婚姻登记条例》的规定，结婚登记通常应满足婚姻成立的必备要件和禁止要件两个方面的要求。

（1）结婚登记的必备要件。结婚的必备要件是指当事人结婚时必须具备的法定条件。根据《民法典》的规定，结婚必须同时满足以下四项基本条件：

1）当事人双方必须为异性男女。婚姻是两性结合，这是婚姻的自然属性所决定的。目前，伴随着同性恋者增多，荷兰、比利时、西班牙、加拿大、丹麦、挪威、瑞典、法国、巴西等多个国家及地区承认了同性婚姻的合法性。基于国情和历史文化传统，我国现行法律并不承认同性婚姻，同性之间是不能登记结婚形成合法婚姻关系的。

2）当事人双方必须自愿达成结婚合意。所谓结婚合意，是指结婚当事人双方对婚姻成立的意思表示完全一致。婚姻自由是我国婚姻法律制度的首要原则，婚姻的成立应以双方自愿结合为基础，不许任何一方对他方加以强迫或任何第三者加以干涉。

3）当事人双方必须达到法定婚龄。法定婚龄是法律所规定的准予结婚的最低年龄界限。法定婚龄的确定涉及文化背景、人口政策、优生优育、伦理道德等多个方面，既要考虑自然因素，如人的身体发育与智力成熟状况，亦要考虑社会因素，如政治、经济及人口发展情况。我国《民法典》以婚姻自然属性为基础，同时结合我国社会发展状况，规定结婚年龄，男不得早于22周岁，女不得早于20周岁。

4）必须符合一夫一妻制。一夫一妻制是现代文明婚姻的基本原则，婚姻是一男一女的合法结合，任何人不得同时有两个或两个以上的配偶。婚姻登记当事人双方须均无配偶（未婚、离婚或丧偶），重婚为婚姻无效的法定原因，情节严重构成重婚罪的还将被依法追究刑事责任。

（2）结婚登记的禁止要件。结婚的禁止要件又称结婚障碍，是指当事人在结婚时不得具有法律规定禁止结婚的情形。我国《民法典》规定，直系血亲或者三代以内的旁系血亲禁止结婚。

血亲主要是指出于同一祖先，具有血缘关系的亲属。我国早在春秋战国时期就有"男女同姓，其生不蕃"之说，人类两性关系的发展也证明，血缘过近的亲属间通婚，有碍人口素质与民族健康。禁止一定范围内的亲属结婚正是基于优生学、遗传学以及传统伦理道德和亲属秩序维护的考虑，也是世界各国结婚立法的通例。所谓直系血亲，是指己身所从出和从己身所出的具有直接血缘联系的血亲。例如，父母与子女、祖父母（外祖父母）与孙子女（外孙子女）等。所谓旁系血亲，是指除直系血亲以外的、与自己同出一源的血亲。三代以内的旁系血亲是指同源于祖父母（外祖父母）的旁系血亲，包括兄弟姐妹、堂兄弟姐妹、表兄弟姐妹、叔、伯、姑、舅、姨与侄子女、甥子女等。

出于保护当事人婚姻自主权、尊重当事人自由意志的考量，《民法典》不再将"患有医学上认为不应当结婚的疾病"作为结婚的禁止要件。但《民法典》规定，一方患有重大疾病的，应当在结婚登记前如实告知另一方；未如实履行告知义务的，另一方可以向人民法院请求撤销婚姻。

办理结婚登记的当事人有下列情形之一的，婚姻登记机关不予登记：①未到法定结婚年龄的；②非双方自愿的；③一方或者双方已有配偶的；④属于直系血亲或者三代以内旁系血亲的。

3. 补办结婚登记

根据《民法典》的规定，完成结婚登记，即确立婚姻关系；未办理结婚登记的，应当补办结婚登记。未办理结婚登记的，补办结婚登记之后，男女双方的"同居关系"方可转化为合法有效的婚姻关系。申请补办结婚登记的，当事人填写《申请补办结婚登记声明书》，婚姻登记机关按照结婚登记程序办理。

4. 复婚登记

《民法典》规定，离婚后，男女双方自愿恢复婚姻关系的，应当到婚姻登记机关重新进行结婚登记。申请复婚登记的，当事人填写《申请结婚登记声明书》，婚姻登记机关按照结婚登记程序办理。

5. 合法婚姻关系的法律效力

自结婚登记当事人取得结婚证时起，夫妻关系即行确立，并由此在夫妻双方之间产生相应的法律上的权利义务关系。根据《民法典》的规定，夫妻间权利、义务关系的内容主要体现在以下几个方面：

（1）夫妻在婚姻家庭中地位平等。夫妻双方都有各自使用自己姓名的权利。双方都有参加生产、工作、学习和社会活动的自由，一方不得对另一方加以限制或者干涉。

（2）夫妻有平等抚养、教育、保护未成年子女的权利和义务。夫妻双方平等享有对未成年子女抚养、教育和保护的权利，共同承担对未成年子女抚养、教育和保护的义务。

（3）夫妻有相互扶养的义务。需要扶养的一方，在另一方不履行扶养义务时，有要求其给付扶养费的权利。

（4）夫妻对因家庭生活需要产生的民事法律关系有相互代理权。夫妻一方因家庭日常生活需要而实施的民事法律行为，对夫妻双方发生效力，但是夫妻一方与相对人另有约定的除外。夫妻之间对一方可以实施的民事法律行为范围的限制，不得对抗善意相对人。

（5）夫妻有相互继承遗产的权利。夫妻对共同财产，有平等的处理权。婚姻存续期间，特殊情况下夫妻一方可以向人民法院请求分割共同财产。

6. 无效婚姻与可撤销婚姻

（1）无效婚姻。根据《民法典》的规定，有下列情形之一的，婚姻无效：①重婚；②有禁止结婚的亲属关系；③未到法定婚龄。

（2）可撤销婚姻。根据《民法典》、最高人民法院关于适用《中华人民共和国民法典》婚姻家庭编的解释（一）的相关规定，可撤销婚姻及其处理主要存在以下三种情形：①因胁迫结婚的，受胁迫的一方可以向人民法院请求撤销婚姻；②一方患有重大疾病的，在结婚登记前不如实告知另一方的，另一方可以向人民法院请求撤销婚姻；③当事人以结婚登记程序存在瑕疵为由提起民事诉讼，主张撤销结婚登记的，告知其可以依法申请行政复议或者提起行政诉讼。

无效的或者被撤销的婚姻自始没有法律约束力，当事人不具有夫妻的权利和义务。

拓展知识

"民法典第一案"：冒用身份证登记结婚，撤销！

案情：2020年5月20日这天，女士潘某与未婚夫潭某兴冲冲地前往当地民政局登记结婚，却被工作人员告知：2015年间女士潘某已在另一县区与男士陈某办理了结婚登记。"不可能！我从不认识这个陈某！"潘某十分讶异。疑惑几日后，潘某前往该结婚登记地民政局，查询相关结婚登记档案。不查不知道，一查吓一跳！原来其多年前丢失的身份证，竟被他人盗用，并被冒用身份与陈某办理了结婚登记。无奈之下，原告潘某于2020年8月以结婚登记程序存在瑕疵为由，向涵江法院提起行政诉讼，请求撤销该民政局颁发的结婚证。然而，被告即结婚登记地民政局坚称，登记双方依法提供了结婚登记申请材料，其已履行谨慎审查义务，颁证行为合法，且潘某主张其身份证丢失依据不足，应当驳回诉讼请求。

裁判结果：因原、被告双方对案件事实争议较大，涵江法院行政合议庭经评议认为：结婚申请材料是否为潘某本人办理，系本案的关键所在。随即启动司法鉴定程序，经鉴定，该申请材料上潘某签名处的指纹确实不属于潘某本人。经质证，原、被告双方对《鉴定意见书》均无异议。涵江法院公开开庭审理并当庭宣判该案。鉴于本案事实清楚，证据确实充分，合议庭根据《民法典》以及《行政诉讼法》相关规定，当庭判决：撤销某民政局颁发的涉案结婚证。

资料来源：https://mp.weixin.qq.com/s/dChp_V1XO0XOW1y2N91d0g，2021-04-20，有改。

任务三 办理离婚登记

任务描述

离婚亦即婚姻关系的解除。离婚登记即通过行政程序解除婚姻关系，是我国婚姻法所认可的解除婚姻关系的法定途径之一。婚姻登记工作者应深入领会我国离婚法律制度的指导思想，掌握离婚登记的法定条件及离婚法律后果，熟悉离婚登记的相关工作流程，并在办理离婚登记过程中适时为当事人提供婚姻家庭辅导服务。

任务实施

离婚登记程序由提出申请—初审受理—冷静期—审查登记—颁发证件五个阶段构成。

1. 提出申请

夫妻双方自愿离婚的，应共同到婚姻登记机关提出离婚申请，并根据法定条件及程序要求提供以下证件与材料：①内地婚姻登记机关或者中国驻外使（领）馆颁发的结婚证。②本人的户口簿、身份证等有效身份证件。③双方当事人共同签署的离婚协议书。离婚协议书应当载明双方当事人自愿离婚的意思表示以及对子女抚养、财产及债务处理等事项协商一致的意见。④在婚姻登记机关现场填写的《离婚登记申请书》。

2. 初审受理

婚姻登记员对双方当事人提交的证件、材料等予以初审，确定是否符合受理条件，并做出相应处理。

申请办理离婚登记的当事人有一本结婚证丢失的，当事人应当书面声明遗失，婚姻登记机关可以根据另一本结婚证受理离婚登记申请；申请办理离婚登记的当事人两本结婚证都丢失的，当事人应当书面声明结婚证遗失并提供加盖查档专用章的结婚登记档案复印件，婚姻登记机关可根据当事人提供的上述材料受理离婚登记申请。

婚姻登记机关对当事人提交的证件和证明材料初审无误后，发给《离婚登记申请受理回执单》。不符合离婚登记申请条件的，不予受理。当事人要求出具《不予受理离婚登记申请告知书》的，应当出具。

3. 冷静期

自婚姻登记机关收到离婚登记申请并向当事人发放《离婚登记申请受理回执单》之日起三十日内（自婚姻登记机关收到离婚登记申请之日的次日开始计算期间，期间的最后一日是法定休假日的，以法定休假日结束的次日为期间的最后一日），任何一方不愿意离婚的，可以持本人有效身份证件和《离婚登记申请受理回执单》（遗失的可不提供，但需书面说明情况），向受理离婚登记申请的婚姻登记机关撤回离婚登记申请，并亲自填写《撤回离婚登记申请书》。经婚姻登记机关核实无误后，发给《撤回离婚登记申请确认单》，并将《离婚登记申请书》《撤回离婚登记申请书》与《撤回离婚登记申请确认单（存根联）》一并存档。

自离婚冷静期届满后三十日内（自冷静期届满日的次日开始计算期间，期间的最后一日是法定休假日的，以法定休假日结束的次日为期间的最后一日），双方未共同到婚姻登记机关申请发给离婚证的，视为撤回离婚登记申请。

4. 审查登记

婚姻登记员对当事人提交的证件、申请离婚登记声明书、离婚协议书进行审查，符合离婚条件的，填写《离婚登记审查处理表》和离婚证。对不符合离婚登记条件的，不予办理。当事人要求出具《不予办理离婚登记告知书》的，应当出具。

5. 颁发证件

婚姻登记员颁发离婚证，应当在当事人双方均在场时按照下列步骤进行：①向当事人双方核实姓名、出生日期、离婚意愿。②见证当事人本人亲自在《离婚登记审查处理表》"当事人领证签名或按指纹"一栏中签名。"当事人领证签名并按指纹"一栏不得空白，不得由他人代为填写、代按指纹。③在当事人的结婚证上加盖条型印章，其中注明"双方离婚，证件失效。××婚姻登记处"。注销后的结婚证复印存档，原件退还当事人。④将离婚证颁发给离婚当事人。离婚协议书一式三份，男女双方各执一份并自行保存，婚姻登记机关存档一份。

任务引导

1. 熟悉离婚登记工作流程及各阶段的工作职责。
2. 准确把握我国离婚登记的法定条件，在办理离婚登记过程中准确理解运用。
3. 熟悉相关登记表格的内容及其运用。
4. 深入领会我国离婚法律制度的基本精神以及相关权利保护制度，在办理离婚登记过程中在坚持当事人自愿的前提下开展婚姻家庭辅导服务。

知识链接

1. 离婚登记管辖机关

内地居民自愿离婚的，男女双方应当共同到一方当事人常住户口所在地的婚姻登记机关办理离婚登记。

中国公民同外国人在中国内地自愿离婚的，内地居民同香港居民、澳门居民、台湾居民、华侨在中国内地自愿离婚的，男女双方应当共同到内地居民常住户口所在地的婚姻登记机关办理离婚登记。

2. 离婚登记的法定条件

我国《民法典》所确认的离婚方式有两种，即协议离婚和诉讼离婚。所谓协议离婚，是指夫妻双方自愿达成离婚合意并通过婚姻登记这一行政程序解除婚姻关系的法律制度。协议离婚必须满足法定条件，当婚姻当事人无法达成解除婚姻关系的合意时，则只能通过诉讼途径以司法裁判方式解除婚姻关系，此即诉讼离婚。

一般而言，以协议方式通过婚姻登记机关离婚必须符合以下法律要件：

（1）当事人双方有合法夫妻身份。离婚当事人需持有内地婚姻登记机关或者中国驻外使（领）馆颁发的结婚证。未办理过结婚登记的男女发生的有关身份关系的纠纷，以及涉及子女、财产等问题的争议，可以诉请人民法院处理。

（2）当事人双方均有完全民事行为能力。只有完全民事行为能力人，才能独立自主处理自己的婚姻问题。一方或双方当事人为限制民事行为能力或无民事行为能力人的，婚姻登记机关不予办理离婚登记，而应由其代理人通过诉讼程序处理，以便维护不具备完全民事行为能力一方当事人的合法权益。

（3）当事人双方达成了离婚的合意，对离婚后子女及财产问题已有适当处理。离婚双方必须有真实、一致的离婚意愿。这一意愿不得是在对方或第三方欺诈、胁迫或因重大误解情况之下形成的，且不得存在任何分歧。因此，离婚登记要求当事人持有离婚协议书，协议书中载明双方自愿离婚的意思表示以及对子女抚养、财产及债务处理等事项协商一致的意见。若男女双方未能达成离婚协议，一方要求离婚的，婚姻登记机关不予受理，可由有关部门进行调解或直接向人民法院提出离婚诉讼。

办理离婚登记的当事人有下列情形之一的，婚姻登记机关不予受理：①未达成离婚协议的；②属于无民事行为能力人或者限制民事行为能力人的；③其结婚登记不是在中国内地办理的。

3. 离婚对夫妻身份关系及父母子女关系的法律效力

离婚作为一种法律行为，必然会在夫妻人身关系、夫妻财产关系、父母子女关系等方面产生相应的法律后果。

（1）离婚对夫妻关系所产生的法律后果。夫妻身份关系因结婚而产生，因离婚而消灭。离婚使夫妻身份关系归于消灭，基于夫妻身份关系所产生的一切权利和义务关系，也随之终止。主要表现为：①结婚自由权恢复。婚姻关系解除后，男女双方都享有再婚的自由，彼此无权干涉。②共同生活及扶养义务终止。随着夫妻身份关系的解除，夫妻双方互相扶养的义务也同时终止。任何一方不再有要求对方扶养的权利，也不再承担扶养对方的义务。③法定继承人资格丧失。离婚后，夫妻双方彼此无权再以配偶身份继承对方的遗产。

（2）离婚对父母子女关系所产生的法律后果。父母与子女间的关系，不因父母离婚而消除，子女仍是父母双方的子女，但其间权利义务关系会产生一定的变更。①子女由父或母一方直接抚养，但父母双方均有抚养、教育、保护子女的权利和义务。离婚后，不满两周岁的子女，以由母亲直接抚养为原则。已满两周岁的子女，父母双方对抚养问题协议不成的，由人民法院根据双方的具体情况，按照最有利于未成年子女的原则判决。子女已满八周岁的，应当尊重其真实意愿。离婚后，子女由一方直接抚养的，另一方应当负担部分或者全部抚养费。负担费用的多少和期限的长短，由双方协议；协议不成的，由人民法院判决。子女在必要时有权向父母任何一方提出超过协议或者判决原定数额的合理要求。②不直接抚养子女的父或母，有探望子女的权利，另一方有协助的义务。行使探望权利的方式、时间由当事人协议；协议不成时，由人民法院判决。探望权的行使，应当有利于子女的身体、精神、心理的健康成长。

4. 离婚中的权利保护

婚姻关系解除所导致的夫妻人身财产关系的变更，必然对离婚当事人及其子女今后的生活产生影响，基于公平正义原则以及社会公德的考量，法律对离婚法律关系中的相对弱势方与无过错方提供特别保护。婚姻家庭辅导员应在群众自愿的前提下，为其提供婚姻家庭辅导服务。

（1）离婚请求权的限制——对妇女、胎儿或婴儿合法权益的保护。出于对妇女、胎儿或婴儿合法权益的特别保护，《民法典》规定，女方在怀孕期间、分娩后一年内或中止妊娠后六个月内，男方不得提出离婚。但女方提出离婚或者人民法院认为确有必要受理男方离婚请求的，不受此限制。

（2）夫妻共同财产分割——对子女、女方和无过错方权益的保护。根据《民法典》的规定，夫妻对共同财产享有平等的权利，离婚时夫妻的共同财产应当由双方协议处理。离婚时无论双方对共同财产贡献的大小，任何一方都享有要求平等分割财产的权利。若当事人双方无法就共同财产的分割达成协议，由人民法院根据财产的具体情况，本着照顾子女、女方和无过错方权益的原则判决。

（3）离婚损害赔偿——对无过错方权益的保护。损害赔偿作为侵权者承担民事责任的方式之一，具有惩罚和预防违法行为的功能。婚姻制度中确立过错赔偿制度有利于制裁实施家庭暴力、虐待、重婚等行为的有过错当事人，并保护无过错方的合法权益。我国《民法典》规定，有下列情形之一导致离婚的，无过错方有权请求损害赔偿：重婚的；与他人同居的；实施家庭暴力的；虐待、遗弃家庭成员的；有其他重大过错的。

（4）离婚经济补偿——对自身利益牺牲者的权益保护。在离婚财产分割时，基于公平正义原则，应对婚姻关系存续期间自身利益牺牲者提供财产方面的权益保护。对此，《民法典》规定，夫妻一方因抚育子女、照料老年人、协助另一方工作等负担较多义务的，离婚时有权向另一方请求补偿，另一方应当给予补偿。具体办法由双方协议；协议不成的，由人民法院判决。

（5）离婚经济帮助——对生活困难方的权益保护。如前所述，夫妻间的相互扶养义务随着婚姻关系的解除而终止，但离婚双方可能在经济能力方面存在较大的差距，基于公平原则和社会道义的考虑，我国《民法典》确立了离婚经济帮助制度，以为离婚后生活困难方提供权益保护。《民法典》规定，离婚时，如果一方生活困难，有负担能力的另一方应当给予适当帮助。具体办法由双方协议；协议不成的，由人民法院判决。

拓展知识

离婚冷静期30天怎么算？有家暴怎么办？民政部做出回应

2021年1月1日开始，随着《民法典》正式实施，引发社会热议的"离婚冷静期"也开始落地施行。离婚冷静期30天怎么计算？其中一方有家暴行为，离婚还需要冷静期吗？针对这些广受社会关注的话题，民政部在新闻发布会上做出回应。

> **离婚冷静期 30 天怎么算?**
>
> 民政部社会事务司司长王金华在回答中新社记者提问时介绍:就是从你提出申请,民政部门婚姻登记机关受理,受理以后从申请开始算 30 天。30 天如果赶上节假日,从节假日结束的第一个工作日开始算起。在之后的 30 天之内,如果双方当事人没有再到婚姻登记机关去申请办理登记手续,视同撤回离婚申请。
>
> **离婚冷静期,一方不同意离婚怎么办?**
>
> 王金华表示,这期间任何一方只要说不同意离婚,等于双方没有达成共识,要么通过到法院去诉讼离婚,要么两个人在一块生活,说明你们还要再冷静反思。
>
> **家暴不适用离婚冷静期制度!**
>
> 不少网友担心,离婚冷静期会对家暴受害者不利,对此,民政部也做了解释。杨宗涛表示,《民法典》关于离婚冷静期制度的规定只适用于协议离婚。对于有家暴情形的,当事人可向法院起诉离婚,起诉离婚不适用离婚冷静期制度。因此,冷静期的规定不存在不利于保护遭受家暴当事人的问题。
>
> 资料来源:https://mp.weixin.qq.com/s/YcjLyn-tb_S485ZpU1xmDg,2020-12-04,有改。

任务四　办理补领婚姻登记证

任务描述

已经办理过结婚登记或离婚登记手续的当事人婚姻证件遗失、损毁的,婚姻登记机关应当按照法定条件与程序为当事人补发婚姻登记证件。婚姻登记工作者应准确把握补办婚姻登记证的条件,熟悉相关登记工作流程。

任务实施

婚姻登记机关为当事人补发结婚证、离婚证,应当按照提出申请—初审受理—审查发证的程序进行。

1. 提出申请

要求补领婚姻登记证的当事人应到婚姻登记机关提出申请并提交相关证件与证明材料。当事人因故不能到婚姻登记处申请补领婚姻登记证的,有档案可查且档案信息与身份信息一致的,可以委托他人办理。当事人申请补领婚姻登记证应提交以下证件与证明材料:①符合规定的本人有效身份证件。②婚姻登记档案保管部门出具的婚姻登记档案记录证明。当事人结婚登记档案查找不到的,当事人应当提供充分证据证明婚姻关系。③当事人因故不能到婚姻登记处申请补领婚姻登记证而委托他人办理的,应当提交当事人的户口簿、身份证和经公证机关公证的授权委托书。委托书应当写明当事人姓名、身份证件号码、办理婚姻登记的时间及承办机关、目前的婚姻状况、委托事由、受委托人的姓名和身份证件号码。受委托人应当同时提交本人的身份证件。

2. 初审受理

婚姻登记员受理补领婚姻登记证申请，应当按照下列程序进行：①查验证件和证明材料；②当事人填写《申请补领婚姻登记证声明书》，《申请补领婚姻登记证声明书》中"声明人"一栏的签名必须由声明人在监誓人面前完成并按指纹；③婚姻登记员作监誓人并在监誓人一栏签名；④申请补领结婚证的，双方当事人提交3张2寸双方近期半身免冠合影照片；申请补领离婚证的当事人提交2张2寸单人近期半身免冠照片。

3. 审查发证

婚姻登记员对当事人提交的证件、证明进行审查，符合补发条件的，填写《补发婚姻登记证审查处理表》和婚姻登记证。补发婚姻登记证时，应当向当事人询问核对姓名、出生日期，见证当事人本人亲自在《补发婚姻登记证审查处理表》"当事人领证签名并按指纹"一栏中签名并按指纹，将婚姻登记证发给当事人。

婚姻登记机关对不具备补发结婚证、离婚证受理条件的，不予受理。

任务引导

1. 把握好补办婚姻登记证工作流程及各阶段的工作职责。
2. 准确把握补办婚姻登记证的基本法定要件，在登记过程中准确理解运用。
3. 熟悉相关婚姻登记表格的内容及其填写。

知识链接

当事人遗失、损毁婚姻登记证，可以向婚姻登记机关申请补领。婚姻登记机关补办婚姻登记证应符合以下基本要件：

（1）当事人婚姻登记证件遗失或损毁。

（2）当事人婚姻状况明确。即当事人依法登记结婚或离婚，现今仍然维持该状况。当事人办理过结婚登记，申请补领时的婚姻状况因离婚或丧偶发生改变的，不予补发结婚证；当事人办理过离婚登记的，申请补领时的婚姻状况因复婚发生改变的，不予补发离婚证。当事人办理结婚登记时未达到法定婚龄，通过非法手段骗取婚姻登记，其在申请补领时仍未达法定婚龄的，婚姻登记机关不得补发结婚证；其在申请补领时已达法定婚龄的，当事人应对结婚登记情况做出书面说明，婚姻登记机关补发的结婚证登记日期为当事人达到法定婚龄之日。

（3）婚姻登记机关享有管辖权。当事人应向原办理该婚姻登记的机关或者一方常住户口所在地的婚姻登记机关申请补领婚姻登记证。有条件的省份，可以允许本省居民向本辖区内负责内地居民婚姻登记的机关申请补领婚姻登记证。

> **拓展知识**
>
> **补办结婚登记的效力从何算起？**
>
> 根据2020年《最高人民法院关于适用〈中华人民共和国民法典〉婚姻家庭编的解释（一）》第六条："男女双方依据民法典第一千零四十九条规定补办结婚登记的，婚姻关系的效力从双方均符合民法典所规定的结婚的实质要件时起算。"
>
> 资料来源：民政部门户网站，2020-11-18。

练 习 题

一、填空题

1. 自_____年2月1日民政部发布实施《婚姻登记管理条例》起，我国不再承认"事实婚姻"。

2. 我国《民法典》以婚姻自然属性为基础，同时结合我国社会发展状况，规定结婚年龄，男不得早于_____周岁，女不得早于20周岁。

3. 我国《民法典》规定，_____血亲禁止结婚。

二、单项选择题

1. 无效的或者被撤销的婚姻（　　）没有法律约束力，当事人不具有夫妻的权利和义务。

   A. 自发现之日起　　　　　　　　B. 自撤销之日起
   C. 自登记之日起　　　　　　　　D. 自始至终

2. "离婚冷静期"又称"离婚熟虑期"，是指在离婚自由原则下，婚姻双方当事人申请自愿离婚，在婚姻登记机关收到该申请之日起（　　）日内，任何一方都可撤回离婚申请、终结登记离婚程序的冷静思考期间。

   A. 10　　　　　　　　　　　　　B. 20
   C. 30　　　　　　　　　　　　　D. 40

3. 我国现代成婚方式主要有（　　）。

   A. 宗教方式　　　　　　　　　　B. 习惯方式
   C. 登记方式　　　　　　　　　　D. 自由方式

三、多项选择题

婚姻登记机关的主要职责包括（　　　　）。

A. 办理婚姻登记　　　　　　　　　B. 补发婚姻登记证件

C. 建立和管理婚姻登记档案　　　　D. 宣传婚姻法律法规，倡导文明婚俗

四、判断题

1. 婚姻登记是民政部门社会事务管理业务之一，也是我国依法对婚姻关系进行审查、监督和管理的有效手段。（　　）

2. 婚姻法律关系的成立，不仅引起夫妻间权利义务的产生和亲属关系的变化，还承载着人口再生产、维系家庭关系良性健康发展等社会功能。（　　）

3. 根据我国《民法典》的规定，当事人结婚、自愿离婚、自愿恢复婚姻关系的，必须经婚姻登记机关登记以后，才能产生法律效力。（　　）

4. 办理结婚登记的男女双方可以不用亲自到享有管辖权的婚姻登记机关提出结婚登记申请，只需根据法定结婚条件及程序要求提供相应的证件和证明材料即可。（　　）

五、问答题

试述婚姻登记的基本原则有哪些？

项目八　登记收养事务

> **项目概述**
>
> 收养登记是收养登记机关依照法定条件和程序对收养关系的成立、解除等进行行政确认的具体行政行为。本项目要求学生通过学习领会我国收养法律原则精神，掌握收养登记的法定条件，熟悉收养登记的工作流程，并能在收养登记工作中做好收养法律政策宣传和收养事务指导与咨询。
>
> 本项目包括：认知收养登记事务，办理收养登记，办理解除收养关系登记，办理撤销收养登记与补领收养登记证、解除收养关系证明。

背景介绍

　　收养是公民依法领养他人子女，并与被领养人形成拟制亲子关系的民事法律行为。收养作为家庭关系产生的方式之一，是一种设定和变更民事权利义务的重要法律行为，其不仅关涉当事人自身的切身利益，还涉及社会公共利益。因此，各国法律都对收养行为以及收养关系加以规范和调整。我国实行收养登记制度，依法对收养关系进行审查、监督和管理，这对于预防和制止违法收养行为的发生，保护收养关系当事人的合法权益以及促进家庭和睦与社会和谐稳定具有重要意义。关于收养关系成立的立法，我国大致经历了三个阶段：1992年旧的《中华人民共和国收养法》（以下简称《收养法》）实施以前，民间的事实收养关系也得到法律的认可；1992年旧的《收养法》实施以后，除收养查找不到生父母的弃婴和儿童以及社会福利机构抚养的孤儿应当向民政部门登记外，收养关系的成立应以订立书面的收养协议为准；1999年新修订的《收养法》实施以后，无论是否签订了书面收养协议，收养关系的成立都以向民政部门办理登记为准。此后，中华人民共和国民政部颁布实施的《中国公民收养子女登记办法》《外国人在中华人民共和国收养子女登记办法》《收养登记工作规范》等法律文件，进一步推进了我国收养登记工作的制度化与规范化。2021年起实施的《民法典》也明确了收养登记为确立或解除收养关系的法定方式。我国收养登记应遵循哪些基本法律原则？满足哪些基本法律要件？遵循怎样的法律程序？在收养登记工作中如何做好国家收养法律政策宣传，如何开展收养事务咨询服务，如何保障收养关系当事人的合法权益？对上述问题，收养登记工作者均应予以深入领会和系统掌握。

任务一　认知收养登记事务

任务描述

收养作为家庭关系产生的方式之一,是一种设定和变更民事权利、义务的重要法律行为,各国法律都对收养行为以及收养关系进行规范和调整,收养登记制度正是我国依法对收养关系进行审查、监督和管理的有效手段。本任务要求学生通过对收养登记机关的走访或民政部门相关业务网站的资料查询,认识收养登记事务的意义、熟悉收养登记机关与收养登记员的基本职责、深入领会收养登记工作应予遵循的基本法律原则、了解收养登记中的违法行为及其法律后果,做好办理收养登记事务相关背景知识储备。

任务实施

走访收养登记机关,查阅民政部门相关业务网站,撰写和交流收养登记事务认知体会。收养登记事务认知体会的撰写与交流主要围绕以下几个方面展开:
(1)收养登记工作的意义。
(2)收养登记机关与收养登记员的基本职责。
(3)收养登记工作应遵循的基本法律原则精神。
(4)对收养登记事务的认识与思考。

任务引导

1. 查阅地方民政部门相关业务网站,了解收养登记机关的设置,认识收养登记机关与收养登记员的基本职责,熟悉收养登记业务范围及相关政策法规。

2. 实地走访收养登记机关,感受收养登记业务办理流程,与收养登记机关工作人员交流探讨收养登记事务办理过程中存在的难点、重点事项。

3. 撰写交流收养登记事务认知体会的目的在于强化对收养登记事务的感性认识并做好办理收养登记事务的必要背景知识储备。因此,认知体会的撰写应注意将相关业务知识的了解与自己的主观认知相结合。

知识链接

1. 收养与收养登记

收养是指公民依照法定条件与程序领养他人子女,并与被领养人形成拟制亲子关系的民事法律行为。在收养法律关系中，领养他人子女的为收养人；被领养的对象为被收养人；将子女或儿童送与他人收养的父母、其他监护人或社会福利机构为送养人。

收养作为家庭关系产生的方式之一，是一种设定和变更民事权利、义务的重要法律行为，其不仅关涉当事人的切身利益，还涉及社会公共利益。一方面，收养关系的成立将直接导致收养人、送养人与被收养人之间父母子女关系及相应权利义务的产生与消灭；另一方面，收养关系的成立还将涉及对未成年人的抚养教育、对老年人的赡养扶助以及财产继承等一系列民事法律关系的相应调整。因此，各国法律都对收养行为以及收养关系进行规范和调整。收养登记制度正是我国依法对收养关系进行审查、监督和管理的有效手段。我国1998年修正并于1999年开始实施的《收养法》明确了收养登记是合法收养关系成立的必备条件。此后，中华人民共和国民政部所颁布的《中国公民收养子女登记办法》《外国人在中华人民共和国收养子女登记办法》《收养登记工作规范》等法律文件，进一步推进了我国收养登记工作的制度化与规范化。2021年起实施的《民法典》也明确了收养登记为确立或解除收养关系的法定方式。

2. 收养登记机关与收养登记员

收养登记机关是依法履行收养登记行政职能的各级人民政府民政部门。中国公民在中国境内办理收养登记的机关是县级人民政府民政部门。外国人在中华人民共和国收养子女，应当向省级人民政府民政部门登记。华侨以及居住在我国港、澳、台地区的中国公民在内地收养子女的，由直辖市、设区的市、自治州人民政府民政部门或者地区（盟）行政公署民政部门办理收养登记。

收养登记机关应当依法认真履行职责，做好收养登记工作。收养登记机关的职责主要包括：办理收养登记、办理解除收养登记、撤销收养登记，补发收养登记证和解除收养关系证明，出具收养关系证明；办理寻找弃婴（弃儿）生父母公告，建立和保管收养登记档案，宣传收养法律法规。

《收养登记工作规范》规定，收养登记机关应当配备收养登记员。收养登记员由本级民政部门考核、任免。收养登记员的主要职责包括：解答咨询，审查当事人是否具备收养登记、解除收养登记、补发收养登记证、撤销收养登记的条件，颁发收养登记证，出具收养登记证明，及时将办理完毕的收养登记材料收集、整理、归档。收养登记员应当熟练掌握相关法律法规，严格依法行政，在收养登记过程中应当尊重当事人的意愿，保守收养秘密。

3. 收养登记应把握的基本原则

我国《民法典》明确了收养法律的基本原则，它是收养关系成立的基本准则，也是收养登记机关从事收养登记工作应把握的基本原则。

（1）最有利于被收养人的原则。收养法律关系中的被收养人为未成年人，身心尚未发育成熟，需要一个有利于其健康成长的良好环境。因此，各国收养制度均将"儿童最大利益原则"作为指导思想，我国《民法典》亦将有利于被收养未成年人的抚养和成长作为收养的首要原则。《民法典》中的许多规定充分体现了该项原则，例如收养 8 周岁以上未成年人的，应当征得被收养人的同意；收养人不履行抚养义务，有虐待、遗弃等侵害未成年子女合法权益行为的，送养人有权要求解除收养关系等。

（2）保障被收养人和收养人合法权益原则。收养关系的成立关涉收养人与被收养人双方利益，因此，必须平等保障双方合法权益。兼顾收养人与被收养人利益原则，被认为是当今世界上大多数国家收养制度的价值取向。例如，我国《民法典》规定，收养人不履行抚养义务而虐待或遗弃未成年养子女时，送养人有权要求解除收养关系，正是基于对被收养人合法权益保障的考虑。同时，《民法典》也明确了对收养人合法权益的保障，如收养关系解除后，经养父母抚养的成年养子女，对缺乏劳动能力又缺乏生活来源的养父母，应当给付生活费；因养子女成年后虐待、遗弃养父母而解除收养关系的，养父母可以要求养子女补偿收养期间支出的抚养费。

（3）禁止借收养名义买卖未成年人的原则。一方面，收养人与送养人企图借收养名义这一合法形式来掩盖其串通买卖未成年人的目的时，收养行为无效；另一方面，收养人与送养人借收养名义买卖未成年人时，很有可能违反《中华人民共和国刑法》，构成拐卖儿童罪。从刑事的视角关注在收养中侵犯儿童权益的问题，将有助于进一步强化收养行为的规范性与合法性。

4. 收养登记违法行为及其法律责任

根据《收养登记工作规范》，以下行为为违法收养登记行为：①为不符合收养登记条件的当事人办理收养登记；②依法应当予以登记而不予登记；③违反程序规定办理收养登记、解除收养关系登记、撤销收养登记及其他证明；④要求当事人提交法定范围之外的证件和证明材料；⑤擅自提高收费标准、增加收费项目或者不使用规定收费票据（根据《财政部　发展改革委关于清理规范一批行政事业性收费有关政策的通知》（财税[2017]20 号，已停征）；⑥玩忽职守造成收养登记档案损毁；⑦泄露当事人收养秘密并造成严重后果；⑧购买使用伪造收养证书。

收养登记机关及其收养登记员有上述违法行为之一的，对直接负责的主管人员和其他直接责任人员依法给予行政处分。给当事人造成严重后果的，应当由收养登记机关承担对当事人的赔偿责任，并对承办人员进行追偿。

任务二　办理收养登记

收养登记是收养关系成立的必经程序。收养登记通过对收养关系当事人法定条件的必

要审查,监督收养关系的建立,预防和制止违法收养行为的发生,这对于保护收养当事人的合法权益以及促进家庭和睦与社会和谐稳定具有重要意义。收养登记工作者应在深入领会我国收养制度基本原则的基础上,掌握收养登记的法定条件,熟悉收养登记的相关工作流程,并在办理收养登记过程中适时为收养法律关系当事人提供相关法律指导与咨询服务。

任务实施

1. 内地居民、华侨及我国香港、澳门、台湾居民办理收养登记流程

根据相关法律规范,内地居民、华侨及我国香港、澳门、台湾居民办理收养登记主要有以下程序:提出申请—初审受理—审查评估—登记颁证。

(1) 提出申请。收养关系当事人应当亲自到收养登记机关办理成立收养关系的登记手续。夫妻共同收养子女的,应当共同到收养登记机关办理登记手续,一方因故不能亲自前往的,应当书面委托另一方办理登记手续,委托书应当经过村民委员会或者居民委员会证明或者经过公证。收养关系当事人所提供的证明材料是收养登记机关判断其收养行为合法性的基本依据,因此相关法律文件对收养人与送养人应当提交的证件与证明材料做出了明确规范,收养登记机关必须据此严格审查。

1) 内地居民收养子女所需出具的证件与证明材料。

① 收养人应当提交的证件与证明材料。

收养人应当向收养登记机关提交收养申请书和下列证件、证明材料:收养人的居民户口簿和居民身份证;由收养人所在单位或者村民委员会、居民委员会出具的本人婚姻状况和抚养教育被收养人的能力等情况的证明,以及收养人出具的子女情况声明;县级以上医疗机构出具的未患有在医学上认为不应当收养子女的疾病的身体健康检查证明;公安机关出具的捡拾弃婴、儿童报案的证明。

收养继子女时,可以只提交居民户口簿、居民身份证和收养人与被收养人生父或者生母结婚的证明。

② 送养人应当提交的证件与证明材料。

送养人所需提供的证件与证明材料也因自身身份的不同而有所区别。

第一,一般情况下,送养人应当向收养登记机关提交下列基本证件和证明材料:送养人的居民户口簿和居民身份证(组织作为监护人的,提交其负责人的身份证件);《民法典》规定送养时应当征得其他有抚养义务的人同意的,应提交其他有抚养义务的人同意送养的书面意见。

第二,社会福利机构为送养人的,还应当提交弃婴、儿童进入社会福利机构的原始记录,公安机关出具的捡拾弃婴、儿童报案的证明,或者孤儿的生父母死亡或者宣告死亡的证明。

第三,监护人为送养人的,还应当提交实际承担监护责任的证明,孤儿的父母死亡或者宣告死亡的证明,或者被收养人生父母无完全民事行为能力并对被收养人有严重危害的证明。

第四，生父母为送养人的，还应当提交与当地计划生育部门签订的不违反计划生育规定的协议；有特殊困难无力抚养子女的，还应当提交送养人有特殊困难的声明。其中，因丧偶或者一方下落不明由单方送养的，还应当提交配偶死亡或者下落不明的证明；子女由三代以内同辈旁系血亲收养的，还应当提交公安机关出具的或者经过公证的与收养人有亲属关系的证明。

第五，被收养人是残疾儿童的，还应当提交县级以上医疗机构出具的该儿童的残疾证明。

2）华侨及居住在香港、澳门、台湾地区的中国公民在内地收养子女所需出具的证件与证明材料。

民政部于1999年发布实施的《华侨以及居住在香港、澳门、台湾地区的中国公民办理收养登记的管辖以及所需要出具的证件和证明材料的规定》做出了明确规定。

① 华侨在内地收养子女所需出具的证件与证明材料。

首先，居住在已与中国建立外交关系国家的华侨申请办理成立收养关系的登记时，应当提交收养申请书和下列证件、证明材料：护照；收养人居住国有权机构出具的收养人的年龄、婚姻、有无子女、职业、财产、健康、有无受过刑事处罚等状况的证明材料，该证明材料应当经其居住国外交机关或外交机关授权的机构认证，并经中国驻该国使领馆认证。

其次，居住在未与中国建立外交关系国家的华侨申请办理成立收养关系的登记时，应当提交收养申请书和下列证件、证明材料：护照；收养人居住国有权机构出具的收养人的年龄、婚姻、有无子女、职业、财产、健康、有无受过刑事处罚等状况的证明材料，该证明材料应当经其居住国外交机关或者外交机关授权的机构认证，并经已与中国建立外交关系的国家驻该国使领馆认证。

② 香港居民中的中国公民在内地收养子女所需出具的证件与证明材料。

香港居民中的中国公民申请办理成立收养关系的登记时，应当提交收养申请书和下列证件、证明材料：香港居民身份证、香港居民来往内地通行证或者香港同胞回乡证；经国家主管机关委托的香港委托公证人证明的收养人的年龄、婚姻、有无子女、职业、财产、健康、有无受过刑事处罚等状况的证明材料。

③ 澳门居民中的中国公民在内地收养子女所需出具的证件与证明材料。

澳门居民中的中国公民申请办理成立收养关系的登记时，应当提交收养申请书和下列证件、证明材料：澳门居民身份证、澳门居民来往内地通行证或者澳门同胞回乡证；澳门地区有权机构出具的收养人的年龄、婚姻、有无子女、职业、财产、健康、有无受过刑事处罚等状况的证明材料。

④ 台湾居民在内地收养子女所需出具的证件与证明材料。

台湾居民申请办理成立收养关系的登记时，应当提交收养申请书和下列证件、证明材料：在台湾地区居住的有效证明；中华人民共和国主管机关签发或签注的在有效期内的旅行证件；经台湾地区公证机构公证的收养人的年龄、婚姻、有无子女、职业、财产、健康、有无受过刑事处罚等状况的证明材料。

（2）初审受理。收养登记员应区分收养登记类型，查验当事人提交的证件、证明材料及照片，并告知当事人收养登记的条件和弄虚作假的后果。初审证件材料不齐全的，一次告知补全；初审符合条件的，予以受理，同时见证当事人填写《收养登记申请书》并签名或按指纹；初审不符合条件的，不予受理，出具《不予办理收养登记通知书》，并退回有关证件和没收虚假证明材料。

（3）审查评估。收养登记机关收到收养登记申请书及有关材料后，应当自次日起30日内进行审查。审查内容与方式主要包括两个方面：①审查当事人所提交的证件、证明材料是否齐全、规范、有效。②询问或调查当事人的收养意愿、目的和条件，告知收养登记的条件和弄虚作假的后果。收养登记员应根据情况需要分别询问或调查收养人、送养人、年满8周岁以上的被收养人及其他应当询问或者调查的人。询问或者调查的重点是被询问人或者被调查人的姓名、年龄、健康状况、经济和教育能力，收养人、送养人和被收养人之间的关系，收养的意愿和目的。特别是对年满8周岁以上的被收养人应当询问是否同意被收养和有关协议内容。

经初步审查收养登记申请有关材料符合《民法典》《中国公民收养子女登记办法》要求的，书面告知收养申请人将对其进行收养评估，并在收养申请人确认同意进行收养评估之日起60日内完成对收养申请人抚养、教育和保护被收养人的能力的评估（收养评估期间不计入收养登记办理期限）。

收养查找不到生父母的弃婴、儿童的，收养登记机关应当在登记前公告查找其生父母；自公告之日起满60日，弃婴、儿童的生父母或者其他监护人未认领的，视为查找不到生父母的弃婴、儿童。公告期间不计算在登记办理期限内。

（4）登记颁证。经审查，对符合收养法规定条件的，为当事人办理收养登记，填写《收养登记审查处理表》，并填发收养登记证，收养关系自登记之日起成立；对不符合收养法规定条件的，不予登记，并对当事人说明理由。

颁发收养登记证，应当在当事人在场时按照下列步骤进行：①核实当事人姓名和收养意愿。②告知当事人领取收养登记证后的法律关系以及父母和子女的权利、义务。③见证当事人本人亲自在《收养登记审查处理表》上签名或按指纹。④将收养登记证颁发给收养人，并向当事人宣布：取得收养登记证，确立收养关系。

2. 外国人来华收养子女基本程序

涉外收养关系的建立较国内收养关系的建立更为复杂，只有与我国建立了收养合作关系的国家的法定公民才能在我国收养子女，目前与中国建立收养合作关系的国家包括美国、加拿大、英国、法国、西班牙、意大利、荷兰、比利时、丹麦、挪威、瑞典、芬兰、冰岛、爱尔兰、澳大利亚、新西兰、新加坡等国。涉外收养手续由各国收养组织联络和协调服务，在省级民政部门办理登记。基本程序如下：

（1）递交申请。外国收养人来华收养子女，首先要通过其所在国政府或政府委托的收养组织向中国儿童福利和收养中心转交收养申请并提交收养人的家庭情况报告和证明。具体包括由其所在国有权机构出具，经其所在国外交机关或者外交机关授权的机构认证，并经中华人民共和国驻该国使馆或者领馆认证的下列文件：跨国收养申请书，出生证明，婚姻状况证明，职业、经济收入和财产状况证明，身体健康检查证明，有无受过刑事处罚的证明，收养人所在国主管机关同意其跨国收养子女的证明，家庭情况报告（包括收养人的身份、收养的合格性和适当性、家庭状况和病史、收养动机以及适合于照顾儿童的特点）等。在华工作或者学习连续居住一年以上的外国人，在华收养子女，应当提交前款规定的除身体健康检查证明以外的文件，并应当提交在华所在单位或者有关部门出具的婚姻状况证明、职业、经济收入或者财产状况证明，有无受过刑事处罚证明以及县级以上医疗机构出具的身体健康检查证明。

送养人应当向省、自治区、直辖市人民政府民政部门提交本人的居民户口簿和居民身份证（社会福利机构作为送养人的，应当提交其负责人的身份证件）、被收养人的户籍证明等情况证明，并根据不同情况提交下列有关证明材料：被收养人的生父母（包括已经离婚的）为送养人的，应当提交生父母有特殊困难无力抚养的证明和生父母双方同意送养的书面意见；其中，被收养人的生父或者生母因丧偶或者一方下落不明，由单方送养的，并应当提交配偶死亡或者下落不明的证明以及死亡的或者下落不明的配偶的父母不行使优先抚养权的书面声明；被收养人的父母均不具备完全民事行为能力，由被收养人的其他监护人作为送养人的，应当提交被收养人的父母不具备完全民事行为能力且对被收养人有严重危害的证明以及监护人有监护权的证明；被收养人的父母均已死亡，由被收养人的监护人作为送养人的，应当提交其生父母的死亡证明、监护人实际承担责任的证明，以及其他有抚养义务的人同意送养的书面意见；由社会福利机构作为送养人的，应当提交弃婴、儿童被遗弃和发现的情况证明以及查找其父母或者其他监护人的情况证明；被收养人是孤儿的，应当提交孤儿父母的死亡或者宣告死亡证明，以及有抚养孤儿义务的其他人同意送养的书面意见。送养残疾儿童的，还应当提交县级以上医疗机构出具的该儿童的残疾证明。

此外，《民政部关于社会福利机构涉外送养工作的若干规定》中对社会福利机构送养儿童应当向省级人民政府民政部门报送的证明材料做出了明确列举，包括：社会福利机构负责人的身份证复制件；被送养儿童的户籍证明复制件；被送养儿童成长情况报告；《被送养儿童体格检查表》及化验检查报告单；被送养儿童2寸免冠彩色照片、近期全身生活照片；被送养儿童是孤儿的，应当提交《社会福利机构接收孤儿入院登记表》、孤儿父母死亡或者宣告死亡的证明、其他有抚养义务的人同意送养的书面意见；被送养儿童是弃婴的，应当提交公安机关出具的捡拾弃婴报案的证明、《捡拾弃婴登记表》《社会福利机构接收弃婴入院登记表》；被送养儿童年满7周岁以上的，应提交儿童有关情况的报告；被送养儿童年满8周岁以上的，应提交该儿童同意被送养的书面意见。

（2）受理登记。中国儿童福利和收养中心在收到外国收养人通过其所在国政府或收养组织递交的收养文件后，对齐全、有效的收养文件予以受理登记，并将受理登记情况告知递交收养文件的外国政府或外国收养组织。

（3）审核选配。经中国儿童福利和收养中心审核，对符合中国有关法律规定条件的外国收养人，中国儿童福利和收养中心参照外国收养人的意愿在省、自治区、直辖市人民政府民政部门报送的符合《民法典》规定条件的被收养人中为其选择适当的被收养人，并将被收养人、送养人的有关情况通过外国政府或者外国收养组织送交外国收养人征求意见。

（4）签发通知。外国政府和收养人同意接受推荐的被收养人后，中国收养中心为收养人签发《来华收养子女通知书》，并通过外国政府或外国收养组织将通知书转交给外国收养人。同时，中国收养中心向被收养人所在地的省级民政部门收养登记机关发出《涉外送养通知》。

（5）办理登记。外国人来华收养子女，应当亲自来华办理登记手续。夫妻共同收养的，应当共同来华办理收养手续；一方因故不能来华的，应当书面委托另一方。委托书应当经所在国公证和认证。外国人来华收养子女，应当与送养人订立书面收养协议。书面协议订立后，收养关系当事人应当共同到被收养人常住户口所在地的省、自治区、直辖市人民政府民政部门办理收养登记。

收养关系当事人办理收养登记时，应当填写外国人《来华收养子女登记申请书》并提交收养协议，同时分别提供有关材料。收养人应当提供下列材料：中国收养中心签发的《来华收养子女通知书》；收养人身份证件和照片。送养人应当提供下列材料：省、自治区、直辖市人民政府民政部门发出的被收养人已被同意收养的通知；送养人的居民户口簿和居民身份证（社会福利机构作为送养人的，为其负责人的身份证件）、被收养人的照片。

收养登记机关收到外国人《来华收养子女登记申请书》和收养人、被收养人及其送养人的有关材料后，应当自次日起7日内进行审查。对符合收养条件的，为当事人办理收养登记，填写《收养登记审查处理表》，报民政厅（局）主要领导或者分管领导批准，并填发《收养登记证》，收养关系自登记之日起成立。收养登记机关应当将登记结果通知中国收养中心。

任务引导

1. 明确收养登记工作流程及各阶段的工作职责。
2. 准确把握收养关系成立要件并在收养登记过程中准确理解运用。
3. 熟悉各种相关登记表格的内容及其填写要求。
4. 在办理收养登记过程中，适时为当事人提供收养指导与相关咨询服务。

> 知识链接

1. 收养登记管辖机关

中国公民在中国境内办理收养登记的,管辖机关根据被收养人情况确定。收养社会福利机构抚养的查找不到生父母的弃婴、儿童和孤儿的,在社会福利机构所在地的收养登记机关办理登记;收养非社会福利机构抚养的查找不到生父母的弃婴和儿童的,在弃婴和儿童发现地的收养登记机关办理登记;收养生父母有特殊困难无力抚养的子女或者由监护人监护的孤儿的,在被收养人生父母或者监护人常住户口所在地(组织作为监护人的,在该组织所在地)的收养登记机关办理登记;收养三代以内同辈旁系血亲的子女,以及继父或者继母收养继子女的,在被收养人生父或者生母常住户口所在地的收养登记机关办理登记。

外国人在中华人民共和国境内收养子女的,到被收养人常住户口所在地的省、自治区、直辖市人民政府民政部门办理收养登记。

华侨以及居住在香港、澳门、台湾地区的中国公民在内地收养子女的,应当到被收养人常住户口所在地的直辖市、设区的市、自治州人民政府民政部门或者地区(盟)行政公署民政部门申请办理收养登记。

2. 收养关系的成立条件

收养登记必须严格把握收养关系的成立要件酌情办理。对于收养关系成立的法定条件可从普通收养关系的成立要件与特定情形下收养关系成立的特殊要件两个方面予以把握。

(1) 普通收养关系的成立要件。收养是涉及收养人、送养人和被收养人三方利益的民事法律行为,普通收养关系的成立,三方主体在主客观方面都应满足一定的基本要件。

1) 被收养人的条件。根据《民法典》的规定,下列未成年人可以被收养:一是丧失父母的孤儿;二是查找不到生父母的未成年人;三是生父母有特殊困难无力抚养的子女。《民法典》取消了过去《收养法》规定的被收养人不满14周岁的限制,把14周岁以上的未成年人也纳入了被收养人的范围,这有利于加大对未成年人利益的保护范围和力度。

2) 送养人的条件。送养人应当是法律所认可的特定公民或组织。具体而言,我国《民法典》所认可的送养人包括下列公民、组织:一是孤儿的监护人;二是社会福利机构;三是有特殊困难无力抚养子女的生父母。

对于上述三类送养人,《民法典》还对其送养权的行使设定了以下限制要件:①未成年人的父母均不具备完全民事行为能力的,该未成年人的监护人不得将其送养,除非父母对该未成年人有严重危害的可能。②监护人送养未成年孤儿,其他有抚养义务的人不同意送养的,监护人不得送养,若监护人不愿意继续履行监护职责,应当依法另行确定监护人。③生父母送养子女的,应当双方共同送养。生父母一方不明或者查找不到的,方可单方送养。④配偶一方死亡后,死亡方的父母要求行使对未成年孙子女(外孙子女)优先抚养权的,生存方不能将该未成年人送养。

3）收养人的条件。为了保障被收养人的健康成长及其合法权益，收养人需要具备一定的条件才可以收养被收养人。根据我国《民法典》的规定，收养人应当同时具备下列条件：①无子女或者只有一名子女；②有抚养、教育和保护被收养人的能力；③未患有在医学上认为不应当收养子女的疾病；④无不利于被收养人健康成长的违法犯罪记录；⑤年满三十周岁。收养人在收养子女时，无子女的收养人可以收养两名子女；有子女的收养人只能收养一名子女。

4）具有成立收养关系的合意。基于平等自愿原则，收养人收养与送养人送养，须双方自愿。此外，为了更好地建立起和睦的养父母子女关系，我国《民法典》还规定，收养年满八周岁以上未成年人的，应当征得被收养人的同意；有配偶者收养子女，须夫妻双方共同收养。

（2）收养关系成立的特殊要件。基于收养关系主体身份的多样性，从有利于收养关系和家庭关系的正常发展的需要出发，《民法典》对一些特殊情况下的收养条件，也相应做了一些放宽性或限定性的特殊规定。

1）收养三代以内同辈旁系血亲的子女。收养三代以内同辈旁系血亲的子女，可以不受下列条件的限制：被收养人的生父母有特殊困难无力抚养子女；无配偶者收养异性子女的，收养人与被收养人的年龄应当相差四十周岁以上。之所以做出上述规定，是因为收养人与被收养人之间原本存在一定的血亲关系，适当放宽收养条件通常不会影响对被收养人合法权益的保障。

2）无配偶者收养子女。我国《民法典》规定，无配偶者收养异性子女的，收养人与被收养人的年龄应当相差四十周岁以上。这有利于保护异性被收养人的权益，也能在一定程度上降低异性收养性侵犯的发生概率。

3）收养孤儿、残疾儿童或者儿童福利机构抚养的查找不到生父母的未成年人。为了鼓励收养孤儿、残疾儿童或者儿童福利机构抚养的查找不到生父母的未成年人的人道主义行为，《民法典》做出如下规定，收养孤儿、残疾未成年人或者儿童福利机构抚养的查找不到生父母的未成年人，可以不受收养人无子女或者只有一名子女的限制。

4）继父母收养继子女。《民法典》规定，继父或者继母经继子女的生父母同意，可以收养继子女，并可以不受下列条件的限制：被收养人的生父母有特殊困难无力抚养；收养人应当具备的五项法定条件；无子女的收养人可以收养两名子女，有子女的收养人只能收养一名子女。

3. 合法收养关系的法律效力

收养关系成立以后，被收养人（养子女）与养父母、生父母之间将在法律身份和权利义务关系方面产生相应的法律后果。具体表现在两个方面，即收养的拟制效力与收养的解消效力。

（1）收养的拟制效力。收养关系成立之后，被收养人与收养人之间产生父母子女间的权利义务关系，与收养人的近亲属之间产生亲属关系。自收养关系成立之日起，养父母与养子女间的权利义务关系，适用法律关于父母子女关系的规定；养子女与养父母的近亲属间的权利义务关系，适用法律关于子女与父母的近亲属关系的规定。

（2）收养的解消效力。收养关系的成立在产生拟制血亲关系的同时，养子女与生父母以及其他近亲属间的权利义务关系，亦因收养关系的成立而消除。但养子女与原有自然血亲间的自然意义的血缘关系依然存在，他们仍然不得与自己的直系血亲或者三代以内的旁系血亲结婚。养子女可以随养父或者养母的姓氏，经当事人协商一致，也可以保留原姓氏。

4. 收养协议与收养公证

（1）收养协议。收养关系当事人在自愿的基础上，可以签订收养协议。收养协议的主要条款应当包括收养人、送养人和被收养人的基本情况，收养的目的，收养人不虐待、不遗弃被收养人和抚育被收养人健康成长的保证，以及双方要求订立的其他内容。一般而言，订立收养协议并不是收养成立的必经程序，但外国人在中华人民共和国收养子女的，该收养人应当与送养人签订书面收养协议。

（2）收养公证。收养公证是指公证机关依法对收养人领养他人子女行为的真实性、合法性给予证明。其目的是确保收养关系的有效性，使各方当事人正确地享有权利和履行义务，有利于家庭和睦与社会安定，从而预防纠纷和减少诉讼。收养关系当事人各方或者一方要求办理收养公证的，应当办理收养公证。但公证程序不是收养成立的必经程序，收养公证的办理与否，取决于当事人一方或双方是否提出要求。涉外收养关系当事人各方或者一方要求办理收养公证的，应当到国务院司法行政部门认定的具有办理涉外公证资格的公证机构办理收养公证。

案例阅读

寄养婴儿被收养，收养登记被撤销

2016年4月，安安的生父周某、生母王某经法院调解达成离婚协议，安安随父亲周某生活。因需要外出打工，2016年8月，周某将安安委托给朋友金某代为照顾。但一段时间里，周某无暇顾及与金某沟通孩子的情况，金某遂对其产生不满。2017年2月，金某故意报警，称她母亲捡到一名男婴，后派出所出具了捡拾弃婴报案的证明。6月30日，鲍某、郑某夫妇向民政局申请收养该男婴，民政局为其办理了收养登记。半年后，安安的亲生父亲周某从外地回来，方才知道自己的儿子已被鲍某夫妇收养了。2018年2月，周某、王某将海安市民政局告上法院。后二审法院南通中院经调查后发现，在鲍某夫妇提出收养申请当天，民政局便制作并发放了收养登记证。南通中院经审理认为，本案中，民政局办理收养登记时不仅违反法定程序，而且错误地将周某拜托朋友抚养的婴儿认定为是查找不到生父母的弃婴并确认了收养关系，被诉收养登记行为依法应当予以撤销。

资料来源：https://www.chinacourt.org/article/detail/2020/11/id/5579911.shtml，2020/11/16/，作者：高鸿，顾建兵，蒋春燕，有改。

【思考】本案鲍某夫妇收养寄养婴儿的收养行为是否合法有效？收养登记为何被撤销？你认为民政局的工作人员在办理收养登记的过程中存在哪些问题？

【职业素养】收养登记应依法合规，非法的收养关系不受法律保护。民政局在办理收养过程中，应依法履行审查义务，在审查时如发现领养人申请材料存在疑点应尽职尽责进行核实。

拓展知识

收养＝以家人之名的爱护＋以法律之名的守护——解读民法典

"幼有所育，老有所养"，收养制度是亲属制度不可缺少的组成部分，也是婚姻家庭法律里基础性的制度之一，具有完善家庭关系、促进道德风尚、维护社会稳定等方面的积极作用。我国《民法典》在修订时充分注意到收养制度的重要性，将"收养"吸纳为婚姻家庭编中的一章，并结合时代和社会的变化对收养制度中很多关键点进行了修改。

一、关于被收养人主体的变化

一是将被收养人的年龄范围从"不满十四周岁"扩大至"不满十八周岁"。

二是将查找不到生父母的"弃婴和儿童"修改为"未成年人"，且查找不到生父母的原因不再仅限于生父母的主动遗弃。因此，被拐卖导致脱离生父母监护的未成年人也符合收养的条件。

二、关于收养人要求的变化

《民法典》对收养人的要求做了较大修改，主要有以下三点：

一是调整了《收养法》中要求收养人无子女的限制，与国家推行的"二孩政策"保持一致。无子女的收养人可以收养两名子女，而有一名子女的收养人还可以再收养一名。

二是强化了对被收养人的保护。《民法典》在《收养法》规定的收养应具备条件中增加了"有保护被收养人的能力"以及"无不利于被收养人健康成长的违法犯罪记录"的限制，对收养人自身条件、人格品行、遵纪守法等方面提出了更高要求。

三是关于异性收养，《民法典》增加了对无配偶者收养异性子女的年龄限制，收养人与被收养人的年龄应当相差四十周岁以上。这里请注意，收养三代以内旁系同辈血亲的子女，可以不受该条款的限制。

三、关于收养意愿的变化

《民法典》第一千一百零四条规定了收养八周岁以上未成年人的，应当征得被收养人的同意，该规定将《收养法》中"十周岁以上"调整为"八周岁以上"。因为，《民法典》总则编规定了八周岁以上的未成年人为限制民事行为能力人，已经具备了一定的意思能力和识别能力，可以进行与其年龄、智力相适应的民事法律行为；同时，收养行为是对亲子关系的变动，与被收养人的终身利益密切相关，所以应当征得他们的同意。

四、关于收养程序的变化

原《收养法》规定的收养程序主要包括收养登记程序、收养查找不到生父母的未成年人的公告程序、签订收养协议、办理收养公证等。

《民法典》除了继续适用前述程序外,特别规定了民政部门应当进行收养评估的程序。民政部门不仅需要对收养关系进行程序上的审查,还需要对收养人的具体情况,包括婚姻状况、家庭生活以及是否符合收养子女的具体情形进行实质性的评估,最终形成评估报告,作为是否准许收养登记的重要参考。这一规定表明国家公权力对收养行为的监督,也是最大化保障被收养人利益的重要体现。

资料来源:https://mp.weixin.qq.com/s/gUczGDA7QBegZDIrMjZByA/2020-11-16,作者:顾名锦,有改。

任务三 办理解除收养关系登记

任务描述

作为一种法律拟制的民事法律关系,收养关系可以因一定的法律行为依法设立,也可以因一定的法律行为予以解除。

任务实施

解除收养登记程序由提出申请—初审受理—审查询问—登记颁证四个阶段构成。

1. 提出申请

办理解除收养关系登记的收养人、送养人和被收养人应共同到被收养人常住户口所在地的收养登记机关提出申请,并提交照片、证件与证明材料。证件及证明材料包括:收养人、送养人和被收养人身份证件、户口簿;收养登记证和解除收养关系的书面协议;收养人、送养人和被收养人各2张2寸单人近期半身免冠照片,社会福利机构送养的除外;经公证机构公证确立收养关系的,应当提交公证书;送养人是社会福利机构的,提交社会福利机构法定代表人居民身份证复印件。

2. 初审受理

收养登记员查验当事人提交的照片、证件和证明材料,告知《民法典》关于解除收养关系的条件,询问当事人的解除收养关系意愿以及对解除收养关系协议内容的意愿。经初审证件材料不齐全的,一次性告知补全;初审符合条件的,予以受理,并指导当事人填写《解除收养登记申请书》并签名或按指纹;初审不符合条件的,不予受理,向当事人出具《不予办理解除收养登记通知书》,退还当事人提交的证件和证明材料并对虚假证明材料予以没收。

3. 审查询问

收养登记员收到当事人提交的证件、证明材料及《解除收养登记申请书》后，应当自次日起 30 日内对相关材料进行审查，并根据情况需要询问收养人、送养人、年满 8 周岁以上的被收养人和其他应当询问的人。询问的重点是被询问人的姓名、年龄、健康状况、民事行为能力，收养人、送养人和被收养人之间的关系、解除收养登记的意愿。对年满 8 周岁以上的被收养人应当询问是否同意解除收养登记和有关协议内容。对未成年的被收养人，要询问送养人同意解除收养登记后接纳被收养人和有关协议内容。询问应制作询问笔录并交被询问人签名或按指纹。

4. 登记颁证

经审查符合解除收养条件的，填写《解除收养登记审查处理表》，报领导批准后填发《解除收养关系证明》。

颁发解除收养关系证明，应当在当事人均在场时按照下列步骤进行：①核实当事人姓名和解除收养关系意愿。②告知当事人领取解除收养关系证明后的法律关系。③见证当事人本人亲自在《解除收养登记审查处理表》"领证人签名或者按指纹"一栏中签名或按指纹。④收回收养登记证，收养登记证遗失应当提交查档证明。⑤将解除收养关系证明一式两份分别颁发给解除收养关系的收养人和被收养人，并宣布：取得解除收养关系证明，收养关系解除。

任务引导

1. 掌握解除收养关系登记工作流程及各阶段的工作职责。
2. 准确把握我国解除收养关系登记的法定条件并在登记过程中准确理解运用。
3. 熟悉各种登记表格的内容及其填写要求。
4. 在办理解除收养关系登记过程中，适时为当事人提供家庭法律关系指导与相关法律咨询服务。

知识链接

1. 收养关系解除的方式及条件

作为一种法律拟制的民事法律关系，收养关系可以因一定的法律行为依法设立，也可以因一定的法律行为予以解除。但考虑到民事法律关系的稳定以及各方当事人合法权益的维护需要，收养关系的解除必须符合法定的方式与条件。根据我国《民法典》的规定，解除收养关系的方式有两种，即行政程序解除与诉讼程序解除。

（1）行政程序解除。行政程序解除亦即协议解除收养关系，是指由收养人与送养人自愿达成解除收养关系的协议，并到民政部门办理解除收养关系的登记而解除收养关系。

通过民政行政部门办理登记解除收养关系必须符合以下法律要件：收养法律关系当事

人自愿达成解除收养关系的协议，对财产生活问题已有适当处理，别无争议。养子女为未成年人的，由收养人、送养人双方协议解除；对于已有一定识别判断能力的8周岁以上的未成年被收养人，应当征得其本人同意。养子女已经成年的，则由养父母与成年养子女双方协议解除，无须送养人的参与。当事人协议解除收养关系，应当到被收养人常住户口所在地的收养登记机关办理解除收养关系的登记。

（2）诉讼程序解除。收养法律关系当事人无法就收养关系的解除及相关财产与生活问题达成协议的，可以通过诉讼的方式提请人民法院判决解除收养关系，但必须符合以下条件：

1）收养人不履行抚养义务，侵害被收养子女合法权益，送养人要求解除收养关系的。收养关系成立后，养父母须依法承担抚养、教育和保护养子女的义务，如果收养人不履行抚养义务，有虐待、遗弃等侵害未成年养子女合法权益行为的，送养人有权要求解除养父母与养子女间的收养关系，以保护被收养人的合法权益。送养人、收养人不能就解除收养关系达成协议的，可以向人民法院起诉。

2）养父母与成年养子女关系恶化，无法共同生活的。养父母与成年养子女关系恶化、无法共同生活，则收养关系已失去其存在的意义，任何一方均有权要求解除收养关系。不能达成解除协议时，可以向人民法院起诉。

2. 收养关系解除的法律效力

收养关系的解除，会引起收养关系当事人的人身及财产权利义务关系产生相应的变更。

（1）有关身份关系的法律效力。

1）拟制血亲及其权利义务关系消除。随着收养关系的解除，养子女与养父母及其近亲属之间所形成的拟制血亲关系即行消除，养子女与养父母及其他近亲属间的权利义务关系也随之消除。

2）自然血亲及其权利义务关系恢复。收养关系解除以后，未成年养子女与生父母及其近亲属之间的权利义务关系自行恢复；成年养子女与生父母及其近亲属之间的权利义务关系是否恢复，则由成年养子女与生父母协商确定。

（2）有关财产关系的法律效力。

1）收养关系解除之后，经养父母抚养的成年养子女，对缺乏劳动能力且缺乏生活来源的养父母，应当给付生活费。因为养父母承担各种义务将养子女抚养成人，基于权利义务对等的法律原则，养子女成年以后，对养父母应当履行赡养扶助的义务。

2）因养子女成年后虐待、遗弃养父母而导致收养关系解除的，养父母可以要求养子女补偿收养期间所支出的抚养费。养父母这一权利的行使，不受其是否存在"缺乏劳动能力又缺乏生活来源"这一条件的限制。

3）生父母要求解除收养关系的，养父母可以要求生父母适当补偿收养期间支出的抚养费；但是，因养父母虐待、遗弃养子女而解除收养关系的除外。

> **案例阅读**

王某与张某系夫妻关系，因结婚多年一直未生育子女，于1997年收养了王小某，双方在民政部门签订了收养协议。此后，王某夫妇抚养王小某长大并供其上学。毕业后，王小某没有正式工作，吃住依靠王某夫妇。2022年王小某结婚，王某夫妇出资为王小某操办了婚事。结婚后，王小某不履行赡养扶助义务，还经常向王某夫妇索要零花钱，如果未索取成功，则对其养父母不理不睬，并且纵容、伙同妻子打骂、虐待两位老人。王某夫妇对王小某的所作所为感到非常心寒，到收养登记机关要求办理解除收养关系登记手续。

【思考】本案收养登记机关能否办理解除收养关系登记手续？收养登记员应如何为王某夫妇提供法律指导？

【职业素养】赡养老人是我国的传统美德，也是成年子女应尽的法定义务。同时，我国《民法典》第一千一百一十一条规定："自收养关系成立之日起，养父母与养子女间的权利义务关系，适用本法关于父母子女关系的规定；养子女与养父母的近亲属间的权利义务关系，适用本法关于子女与父母的近亲属关系的规定。"

任务四　办理撤销收养登记与补领收养登记证、解除收养关系证明

> **任务描述**

收养关系的成立必须满足法定条件，欠缺法定条件的收养行为不能产生收养法律效力。对于收养关系当事人弄虚作假骗取收养登记的，利害关系人、有关单位或者组织有权向原收养登记机关申请撤销登记。已经办理过收养登记或解除收养登记手续的当事人，因收养证件遗失、损毁的，可以向原收养登记机关申请补领收养登记证或办理解除收养关系证明。在这两项收养登记工作中，收养登记工作者应准确把握撤销收养登记与补办收养登记证、解除收养证明的条件，熟悉相关登记工作流程，并能在办理登记事务过程中适时为当事人提供相关收养问题法律咨询服务。

> **任务实施**

1. 撤销收养登记工作流程

撤销收养登记关系到收养各方当事人的切身利益，必须严格遵循法定程序。民政部制定实施的《收养登记工作规范》明确了撤销收养登记的基本工作流程包括以下阶段：提出申

请—初审受理—审查报批—送达公告。

（1）提出申请。收养关系当事人弄虚作假骗取收养登记的，由利害关系人、有关单位或者组织向原收养登记机关提出申请。申请人应当出具下列证件与证明材料：当事人身份证明，收养登记证，收养关系当事人弄虚作假材料及证明。收养行为被人民法院确认无效的，提交人民法院判决收养行为无效的判决书；被收养人是被拐卖儿童的，提交公安机关出具的证明。

（2）初审受理。收养登记机关查验申请人提交的证件和证明材料，符合撤销收养条件的予以受理，指导当事人填写《撤销收养登记申请书》并签名。申请人没有书写能力的，可由当事人口述，第三人代为填写，当事人在"申请人"一栏按指纹。收养登记机关工作人员不得作为第三人代申请人填写。申请人宣读本人的申请书，收养登记员作为见证人并在见证人一栏签名。收养登记机关对不符合撤销收养条件的，应当告知当事人不予撤销的原因，并告知当事人可以向人民法院起诉。

（3）审查报批。收养登记机关对当事人所提交的证件、证明材料与申请书进行审查、核实。经审查情况属实、符合撤销条件的，拟写《关于撤销×××与×××收养登记决定书》，报领导批准并印发撤销决定。

（4）送达公告。收养登记机关应当将《关于撤销×××与×××收养登记决定书》送达每位当事人，收缴收养登记证，并在收养登记机关的公告栏公告30日。30日公告期满无异议的，宣告撤销当事人的收养登记。

2. 补领收养登记证、解除收养关系证明工作流程

收养登记机关为当事人补发收养登记证、办理解除收养关系证明应当按照以下基本程序进行：提出申请—初审受理—审查报批—登记颁证。

（1）提出申请。当事人遗失、损毁收养证件，可以向原收养登记机关申请补领。收养人或者被收养人应亲自到收养登记机关提出申请。因故不能到原收养登记机关申请补领收养登记证的，可以委托他人办理。夫妻双方共同收养子女的，应当共同到收养登记机关提出申请，一方不能亲自到场的，应当书面委托另一方办理。被收养人未成年的，可由监护人提出申请。

当事人申请补领收养登记证、解除收养关系证明应提交以下证件与证明材料：①申请人身份证件、户口簿。②收养登记档案保管部门出具的收养登记档案记录证明。收养登记档案遗失的，申请人应当提交能够证明其收养状况的证明。户口本上父母子女关系的记载，单位、村（居）民委员会或者近亲属出具的写明当事人收养状况的证明可以作为当事人收养状况证明使用。③委托授权书及相关证明材料。当事人因故委托他人办理的，应当提交经公证机关公证的当事人的身份证件复印件和委托书以及受委托人本人的身份证件。夫妻一方委托另一方办理的，应提交经村（居）民委员会证明或者经过公证的委托书；夫妻双方一方死亡，另一方应当出具配偶死亡的证明；离婚的出具离婚证件。监护人应提交监护证明。④当事人及相关人员照片。收养人和被收养人应提交2张2寸合影或者单人近期半身免冠照片。监护人提出申请的，提交监护人1张2寸合影或者单人近期半身免冠照片；监护人为单位的，提交单位法定代表人身份证件复印件和经办人1张2寸单人近期半身免冠照片。

（2）初审受理。收养登记机关查验当事人提交的照片、证件和证明材料。向申请人讲明补领收养登记证、解除收养关系证明的条件。询问申请人当时办理登记的情况和现在的收养状况。对于无档案可查的收养登记员要对申请人进行询问并制作询问笔录。

初审符合条件的，予以受理。指导当事人填写、宣读《补领收养登记证申请书》《出具收养登记证明申请书》并签名或按指纹，收养登记员见证并签名。初审不符合补办条件的不予受理，并告知原因和依据。

（3）审查报批。收养登记员自收到申请人提交的证件、证明材料及申请书后，应当自次日起30日内进行审查。经审查符合补发条件的，填写《补发收养登记证审查处理表》《出具收养登记证明审查处理表》，报民政厅（局）主要领导或者分管领导批准。

（4）登记颁证。报批符合条件的，填发收养登记证、解除收养关系证明。

任务引导

1. 掌握撤销收养登记，以及补办收养登记证、解除收养关系证明工作流程及各阶段的工作职责。

2. 准确理解撤销收养登记，以及补办收养登记证的法定要件，在登记过程中准确理解运用。

3. 熟悉相关登记表格的内容及其填写要求。

4. 在办理撤销收养登记，以及补办收养登记证与解除收养关系证明过程中，适时为当事人提供相关法律咨询服务。

知识链接

1. 撤销收养登记

（1）收养无效的原因及其处理。收养无效是指因欠缺收养关系成立的法定有效条件而不能产生收养法律效力的收养行为。收养关系的成立必须满足法定条件，任何法定要件的欠缺必然导致收养无效。基于维护收养法律关系的稳定以及对当事人合法权益保障的需要，收养登记工作者必须清楚把握收养无效的法定原因，在收养登记工作过程中及时发现无效收养行为，并在自己合法权限范围内做出恰当的处理。

1）收养无效的法定原因。根据我国《民法典》的有关规定，导致收养行为无效的原因主要来自以下几个方面：收养人、送养人不具有完全民事行为能力；收养人与送养人恶意串通或通谋虚假的收养行为；收养人送养人、被收养人不符合《民法典》所规定的收养关系成立的法定条件；收养行为违反法律、行政法规的强制性规定，违背公序良俗等。

2）无效收养行为的处理。无效收养行为根据具体情况有两条法定处理途径：以行政程序撤销收养登记或以诉讼程序确认收养无效。一方面，对于不符合法定条件的收养行为，当事人可以请求人民法院确认其无效；人民法院在审理收养纠纷案件时，如果发现该收养不符合法定条件的，也应当以判决的形式确认其无效。法院做出确认收养无效的判决后，由当事人持法院生效判决到收养登记机关请求撤销收养登记。另一方面，对于在成立收养关系时，收养当事人通过弄虚作假骗取收养登记的，由利害关系人、有关单位或者组织向原收养登记机关提出，收养登记机关有权撤销登记并收缴收养登记证。收养登记机关撤销收养登记必须严格依法进行。

（2）撤销收养登记的法律效力。依据《民法典》关于收养行为无效的有关规定，收养行为被人民法院确认为无效的，从行为开始时就没有法律效力；收养登记被收养登记机关依法撤销的，其无效的后果同样也是追溯到收养关系成立之时。收养行为当事人之间未形成拟制亲子关系，也不发生父母子女间的权利义务关系。

对以收养为名买卖儿童的犯罪人，由人民法院追究其相应的刑事责任。对以欺骗手段骗取收养证的行为人，可由收养登记机关予以必要的行政处罚。

2. 补领收养登记证与解除收养关系证明

已经办理过收养登记或解除收养登记手续的当事人，因收养证件遗失、损毁，可以向原收养登记的机关申请补领收养登记证或办理解除收养关系证明。

收养登记机关补办收养登记证件应符合以下基本要件：①当事人遗失或损毁收养证件。②当事人收养关系状况明确，即依法登记收养或者解除收养关系，目前仍然维持该状况。当事人办理过收养或者解除收养关系登记，申请补领时的收养状况因解除收养关系或者收养关系当事人死亡发生改变的，不予补发收养登记证，可由收养登记机关出具收养登记证明。收养登记证明不作为收养人和被收养人现在收养状况的证明。③收养人或者被收养人亲自到收养登记机关提出申请。收养人或者被收养人因故不能到原收养登记机关申请补领收养登记证的，可以委托他人办理，委托办理应当提交经公证机关公证的当事人的身份证件复印件和委托书。夫妻双方共同收养子女的，应当共同到收养登记机关提出申请，一方不能亲自到场的，应当书面委托另一方，委托书应当经过村（居）民委员会证明或者经过公证。夫妻双方一方死亡的，另一方应当出具配偶死亡的证明；离婚的出具离婚证件，可以一方提出申请。被收养人为未成年人的，可由监护人提出申请，监护人要提交监护证明。

> **拓展知识**
>
> 国务院发文全面解决"黑户"登记户口问题，八类人员将受益
> 2015年12月31日，国务院办公厅发布《关于解决无户口人员登记户口问题的意见》（简称《意见》），提出要全面解决无户口人员登记户口问题，切实保障每个公民依法

登记一个常住户口，禁止设立不符合户口登记规定的任何前置条件。《意见》明确了不符合计划生育政策的无户口人员，未办理《出生医学证明》的无户口人员，未办理收养手续的事实收养无户口人员等八类无户口人员依法登记户口的具体政策。

未办理收养登记的事实收养无户口人员，当事人可以向民政部门申请按照规定办理收养登记，凭申领的《收养登记证》、收养人的居民户口簿，申请办理常住户口登记。1999年4月1日《全国人民代表大会常务委员会关于修改〈中华人民共和国收养法〉的决定》施行前，国内公民私自收养子女未办理收养登记的，当事人可以按照规定向公证机构申请办理事实收养公证，经公安机关调查核实尚未办理户口登记的，可以凭事实收养公证书、收养人的居民户口簿，申请办理常住户口登记。

练 习 题

一、填空题

1. _____年旧的《收养法》实施以前，民间的事实收养关系也得到法律的认可。
2. 涉外收养手续由各国收养组织联络和协调服务，在_____民政部门办理登记。
3. 根据我国《民法典》的规定，解除收养关系的方式有两种，即_____解除与诉讼程序解除。

二、单项选择题

1. 收养登记机关收到收养登记申请书及有关材料后，应当自次日起（　　）日内进行审查。
   A. 10　　　　　B. 30　　　　　C. 60　　　　　D. 90
2. 收养查找不到生父母的弃婴、儿童的，收养登记机关应当在登记前公告查找其生父母；自公告之日起满（　　）日，弃婴、儿童的生父母或者其他监护人未认领的，视为查找不到生父母的弃婴、儿童。
   A. 30　　　　　B. 60　　　　　C. 90　　　　　D. 120
3. 《民法典》规定，收养年满（　　）周岁以上未成年人的，应当征得被收养人的同意。
   A. 6　　　　　B. 7　　　　　C. 8　　　　　D. 9

三、多项选择题

1. 收养登记机关从事收养登记工作应把握的基本原则有（　　）。
   A. 有利于被收养人的原则
   B. 保障被收养人和收养人合法权益原则
   C. 禁止借收养名义买卖未成年人的原则
   D. 有利于收养人的原则

2. 根据《民法典》的规定，下列未成年人可以被收养的有（　　　）。
   A. 丧失父母的孤儿
   B. 查找不到生父母的未成年人
   C. 生父母有特殊困难无力抚养的未成年子女
   D. 三代以内旁系血亲中年满 18 周岁的子女

四、判断题

1. 收养作为家庭关系产生的方式之一，是一种设定和变更民事权利、义务的重要法律行为。　　　　　　　　　　　　　　　　　　　　　　　　　　　　（　　）

2. 1999 年新修订的《收养法》实施以后，无论是否签订了书面收养协议，收养关系的成立都以向民政部门办理登记为准。　　　　　　　　　　　　　　　（　　）

3. 无配偶者收养异性子女的，收养人与被收养人的年龄应当相差四十周岁以上。（　　）

4. 收养关系解除以后，成年养子女与生父母及其近亲属之间的权利义务关系自行恢复。
　　　　　　　　　　　　　　　　　　　　　　　　　　　　　　　　（　　）

五、问答题

根据我国《民法典》的规定，收养人应当同时具备哪些条件？

项目九　登记管理社会组织

> **项目概述**
>
> 本项目要求学生通过学习，准确把握社会组织管理相关法律法规精神，熟悉各类社会组织登记管理的工作流程，清楚掌握各类社会组织登记管理中的注意事项，并能在社会组织登记管理工作过程中做好社会组织相关法律法规及政策的宣传工作与咨询工作，正确贯彻落实党和国家关于社会组织的法律法规和政策，坚持依法行政、依法管理。
>
> 本项目包括：认知社会组织、熟悉社会团体登记管理、熟悉基金会管理、熟悉民办非企业单位登记管理、熟悉社会组织执法监督。

背景介绍

社会组织代表着社会公众的利益和宪法赋予公民的结社自由，其自下而上式的组织运作机制，可以有效掌握社会成员的民生需求，针对不同对象提供多样化的服务。同时，社会组织还可以动员社会和行业资源为政府提供必要的辅助性支持。目前，社会组织参与社会治理已成为一种世界性趋势，按照国家治理体系与治理能力现代化的要求重构政府、市场与社会的关系，社会组织与政府部门一道构成了一个全面的民生改善机制。

登记管理社会组织是社会组织管理部门依照法定条件和程序对各类社会组织的登记变更事项进行行政确认的具体行政行为。目前，我国社会组织管理主要采取由登记管理机关与业务主管单位分工协作、共同管理的"双重负责、分级管理"体制，确保社会组织在国家法律法规和其发展宗旨范围内开展健康有益的活动。

此外，为激发社会组织活力，加快形成政社分开、权责明确、依法自治的现代社会组织体制，按照《国务院机构改革和职能转变方案》，各地试点行业协会商会类、科技类、公益慈善类和城乡社区服务类四类社会组织，可以依法直接向民政部门申请登记，不再经由业务主管单位审查和管理。在社会组织的登记管理上取消不必要的审批，下放权限，取消社会团体筹备成立的审批，取消社会团体和基金会设立分支机构的审批，同时将异地商会和基金会登记成立的审批权从省级民政部门下延到县级以上民政部门。限期实现行业协会商会类社会组织与行政机关真正脱钩。

在改革社会组织登记管理制度中，同时加强和改善监督管理工作。既发挥好民政部门在登记、备案、年检、监督、评估等方面的监管责任，也要由民政部门会同有关部门做好对社会组织在人事、外事、党的建设等方面的指导工作，还要发挥行业主管部门对社会组织在行业上的监督管理职责和作用。

优化社会组织健康有序发展和积极发挥作用的社会环境，主要是通过政府转移职能把能够适合和能够由社会组织承担的管理和服务事务通过竞争性选择方式交由社会组织承担，还要通过政府购买服务来支持社会组织提供公共服务和社会服务，以及完善对社会组织的税收减免优惠政策，支持社会组织更好地发挥积极作用。

任务一　认知社会组织

任务描述

社会组织登记管理主要的岗位或岗位群包括：各级民政部门的社会组织管理岗位、社会组织服务中心登记服务岗位、街道办事处社区社会组织管理岗位、社区居委会主任助理和委员岗位、社区服务中心主任助理、各类社会组织中的管理服务岗位等。

社会组织登记人员应认真学习理解国家社会组织相关法律法规，掌握我国社会组织的基本内涵，掌握社会组织管理体制的特点，明确各层级社会组织管理部门职责，能够正确引导社会组织的发展。

任务实施

社会组织管理工作要处理好三个方面的关系：一是组织领导和政治领导的关系，党组织要切实把握政治方向，监督社会组织遵守法律和社会道德规范，保证社会组织的正确发展方向；二是控制和引导的关系，既要保证社会组织沿着正确的方向发展，又要充分发挥社会组织的功能作用；三是管理和服务的关系，社会组织管理部门应积极引导社会组织开展自我教育、自我管理、自我约束、自我服务，加强社会组织的日常管理和执法监督，做到既提高办事效率，又严格把关。保证社会组织沿着中国特色社会主义现代化的正确方向前进，为和谐社会建设添砖加瓦，促进社会组织高质量发展。

任务引导

1. 结合社会组织参与脱贫攻坚和乡村振兴的实践，了解社会组织的公益责任。
2. 思考社会组织登记管理工作与国家治理体系和治理能力现代化建设之间关系的理解。

知识链接

1. 社会组织界定

目前对"社会组织"的概念有很多种界定。由于该类组织本身具有的多元性、人们认识上的差异性等,全球范围内对该类组织的称谓不一而论,如非政府组织(NGO)、非营利组织(NPO)、公民社会组织(CSO)、志愿组织(VO)、慈善组织、免税组织等。

广义的社会组织是指除党政机关、企事业单位以外的社会中介性组织。狭义上,从我国社会组织登记管理的角度来看,凡是由各级民政部门作为登记管理机关并纳入登记管理范围的社会团体和民办非企业单位(或称社会服务机构)及基金会等三类组织都是社会组织。

社会组织主要有三个特点:

(1)非营利性。非营利性主要是指社会组织为公益目的或者其他非营利目而成立,不向出资人、设立人或者会员分配所取得利润。非营利性包括公益性,也包括互益性或共益性。

(2)民间性。尽管我国目前有一些社会组织具有官方背景(如政府推动成立等),但社会组织并不是国家投资举办或组建的,并不具备政府组织所拥有的行政权力,没有行政级别,没有行政编制,没有财政拨款,对其服务对象也不具有强制性,完全是出于自愿、兴趣和奉献。

(3)自治性。自治性是指社会组织具有明确的法律地位,在规定的范围内依照章程独立开展业务活动,不受任何个人和单位的不正当干涉。2021年1月起实施的《民法典》中分别确定了社会团体法人资格、基金会和社会服务机构(民办非企业单位)的捐助法人资格。

2. 社会组织的类型

(1)社会团体。根据《社会团体登记管理条例》的相关规定,社会团体是指中国公民自愿组成,为实现会员共同意愿,按照其章程开展活动的非营利性社会组织。国家机关以外的组织可以作为单位会员加入社会团体。

(2)基金会。基金会主要是指利用自然人、法人或者其他组织捐赠的财产,以提供扶贫、济困、扶老、救孤、恤病、助残、救灾、助医、助学、优抚服务,促进教育、科学、文化、卫生、体育事业发展,防治污染等公害和保护、改善生态环境,推动社会公共设施建设等公益慈善事业为目的,按照国家相关规定成立的非营利性法人。基金会分为面向公众募捐的基金会(简称公募基金会)和不得面向公众募捐的基金会(简称非公募基金会)。公募基金会按照募捐的地域范围,分为全国性公募基金会和地方性公募基金会。

(3)民办非企业单位(社会服务机构)。民办非企业单位是指企事业单位、社会团体和其他社会力量以及公民个人利用非国有资产举办的,从事非营利性社会服务活动的社会组织。2016年9月1日起施行的《中华人民共和国慈善法》将民办非企业单位改为社会服务机构,鉴于《民办非企业单位登记管理暂行条例》尚未调整,目前工作中仍使用民办非企业单位这一称谓。

3. 我国社会组织的管理体制

我国社会组织管理体制是按照法律规定,运用行政手段对社会组织进行管理的国家行政机关机构设置、隶属关系及权限划分等方面的体系和制度的总称。

我国社会组织管理体制具有鲜明的时代性,是为社会组织服务的,具有以下特点:

(1)双重性。国务院民政部门和县级以上各级人民政府民政部门负责本级人民政府范围内社会组织的登记管理工作,主要负责社会组织的登记注册、日常性管理。

社会组织的业务主管部门由国务院有关部门,我国县级以上地方各级人民政府的有关部门、国务院或县级以上地方各级人民政府授权的机构构成。

(2)层次性。民政部门对社会组织管理的层次性主要体现在管辖范围上。由于我国幅员广阔，不同层次、不同类型、数量众多的社会组织要求我们必须根据社会组织本身的成员分布、活动区域、业务范围等实际情况，使用不同级别的登记管理机关管理不同层次的社会组织。

4. 社会组织登记管理部门的管理职能

（1）国家级管理部门。中华人民共和国民政部是国家级的社会组织登记管理机关，内设民政部社会组织管理局（社会组织执法监督局）是具体的业务部门，对外可称国家社会组织管理局。其主要职能包括负责拟订社会团体、基金会、社会服务机构等社会组织登记和监督管理办法，按照管理权限对社会组织进行登记管理和执法监督，指导地方对社会组织的登记管理和执法监督工作。

（2）地方社会组织管理机关。

1）省级民政部门。各省、自治区民政厅、直辖市民政局是社会组织的登记管理机关，其所属的社会组织管理局（处）为具体的业务部门。其职能主要包括：贯彻执行有关社会组织（社会团体、民办非企业单位和基金会）工作的法律、法规、规章和方针、政策；结合本地实际，组织和参与起草本地社会组织建设与管理的地方性法规、规章草案和政策措施；负责社会组织的筹备审批；社会组织的成立、变更和注销登记审批；负责社会组织的年度检查和各类专项检查；研究拟订行业协会的改革发展方案、布局规划和有关政策，承担行业协会的协会业务主管单位的职责，负责对行业协会负责人的教育培训；指导社会组织建立健全各项管理制度，开展社会组织规范化建设；组织指导社会组织培训工作；协助开展社会组织中党组织的建设；指导开展社区社会组织备案工作；指导社会组织对外交流与合作；监督管理社会组织的活动，查处违法行为，实施行政处罚；依法对非法社会组织实施查处和取缔；协调有关部门整合和利用各方资源，建立信息共享机制，为社会组织提供政策咨询、信息发布、人才开发、合作交流等服务；负责有关行政复议受理和行政诉讼应诉工作。

2）地市级地方社会组织管理机关。各地市级民政部门为地方社会组织管理机关，内设社会组织科（处、局）为具体业务部门，其职能主要包括拟定本地、市社会组织登记管理的政策并监督实施；承办全地、市性社会组织、跨区（市）社会组织的登记管理；开展社团、基金会、民办非企业单位负责人培训；监督社团、基金会和民办非企业单位的活动，查处其违法行为，查处未经登记擅自以社会组织名义开展活动的非法组织；协调、指导、监督各区（市）社会组织的登记管理工作。

3）基层社会组织管理部门。基层社会组织登记管理机关是指县、市级民政部门，其社会组织管理内设机构主要为各社会组织管理股（科）。其主要职能包括：负责本级管理部门管辖范围内的社会组织的审批登记、管理、年度审查和变更、注销登记；依法实施对本地区社会组织的监督管理工作；会同有关职能部门对未经核准登记擅自以社会组织名义活动的组织的处罚。组织指导创先进的社会组织工作，建立良好循环的竞争和管理机制；培养和树立优秀的行业性社会团体，促进行业管理，推进经济有序发展；监督、查处本地区社会组织违法违纪案件，取缔非法社会组织。

5. 社会组织登记管理的信息化

各级民政部门正紧紧围绕国家大数据战略，充分利用互联网平台及信息化技术，进一步增强互联网意识，推动社会组织工作向数字化、网络化、智能化方向迈进。社会组织工作已经从线下走到了线上，社会组织登记管理机关必须顺应互联网的潮流砥砺前行，带头拥抱互联网、运用互联网、开拓互联网，不断夯实基层基础，让社会组织工作插上互联网的翅膀。

进入新时代，在社会组织领域运用互联网技术和信息化手段，主要愿景、使命和目标是按照建设法治政府、创新政府、廉洁政府和服务型政府的要求，优化服务流程，创新服务方式，推进数据共享，打通信息孤岛，推行公开透明服务，方便社会资源对接和社会监督，让社会组织和广大群众少跑腿、好办事、不添堵，共享互联网发展的成果。

对于社会组织登记管理机关来说，引入互联网技术和信息化手段，关键在于解放思想，打破传统工作模式、思维方式，构建开放、互联、共享、集约、透明的综合监管与服务体系。一是要以公开思维破除封闭思想，通过"制度＋技术"的双轮驱动，找准"放"与"管"的平衡点，建设全国联网、上下协同、层级分明的社会组织法人库，实时动态公开社会组织行政许可、行政处罚信息，为公众提供"一站式"服务，并推动政府职能转变、权力规范运行。二是要以在线办事改造线下流程，建设国家及地方登记管理机关共同使用的网上办事平台，推进网上办公和信息查验，实现互联网与社会组织业务办理的深度融合，让社会组织办事方便、快捷、高效，尽量只跑一次腿，甚至"不见面审批"。三是要以信用建设支撑传统监管，建设全国联网的信用监管体系，依托互联网建设统一社会组织信用管理平台，留痕管理社会组织异常行为、黑名单等信用信息，把社会组织的"家底"公开于众，让社会公众来评判和监督社会组织。四是要以跨界合作推进网络慈善募捐，依托慈善信息公开平台、慈善组织互联网募捐信息平台、慈善组织自有信息发布平台三位一体建设，促进互联网时代的公益慈善事业健康有序发展。五是要以计算机辅助人脑，通过大平台、大数据辅助人工，通过自动化、智能化节省人工，有效弥补基层工作力量不足的问题，助推民政工作跨越式发展。

目前，社会组织登记管理信息系统形成了全国性的中国社会组织政务服务平台和各省社会组织管理系统（有的接入各省政务服务平台）相衔接，社会组织法人库等大数据共享，社会组织实现线上办事和线下提交资料相结合的格局。

6. 社会组织登记管理的不足与挑战

"十三五"期间，社会组织登记管理工作取得长足进步，但也存在一些问题和不足，如"重登记、轻监管""重规模、轻质量"的现象在基层一些地区依然存在；适应社会组织特点的党建工作模式有待进一步探索，党组织作用发挥机制有待进一步完善；社会组织执法力量薄弱，综合监管合力有待增强，信息化、大数据治理有待落地；各级社会组织登记管理机关规范化、标准化、制度化建设有待进一步加强；社会组织行为失范、违法违规现象时有发生，非法社会组织活动隐蔽性增强，维护国家安全、清朗发展空间任重道远。

进入"十四五"，国内外环境变化既为社会组织健康有序发展提供有利条件，也带来一系列新挑战。各级社会组织登记管理机关必须坚持党的基本理论、基本路线、基本方略，立足新发展阶段，完整、准确、全面贯彻新发展理念，服务构建新发展格局，进一步担当作为、不懈努力，进一步增强忧患意识、始终居安思危，统筹发展和安全，把提质增效、防范风险放到更加突出位置，做严做实做细做好社会组织登记管理、执法监督等各项工作，推动社会组织高质量发展。

拓展知识

近年来，社会组织数量整体上保持平稳较快增长，党的十八大前夕，全国社会组织约46.2万个，截至2021年10月底，全国社会组织数量已达90.98万个，总数量比十八大以前多了近一倍，全国性社会组织和地方性社会组织已遍布所有行业和各个领域。截至2020年年底，全国社会组织固定资产4785.5亿元，吸纳就业1061.8万人。与此同时，我国社会组织发展正进入从"数量增长"向"质量提升"迈进阶段。党中央、国务院就促进社会组织高质量发展做出一系列部署，对加强社会组织登记审查提出明确要求。

2016年8月，中共中央办公厅、国务院办公厅印发《关于改革社会组织管理制度促进社会组织健康有序发展的意见》，就社会组织登记涉及的部门职责、登记审查的内容和程序等做出明确规定，各级社会组织登记管理机关会同业务主管单位、行业管理部门和党建工作机构，认真做好登记工作，从源头上加强工作规范、提升入口质量，总体保持社会组织有序准入、健康发展。

《"十四五"民政事业发展规划》对推动社会组织健康有序发展有专门章节进行部署，强调完善党领导社会组织制度，深化社会组织领域改革，提升社会组织服务能力，健全社会组织综合监管体系。关于社会组织登记工作，正在以加强社会组织法治建设为重点，完善社会组织登记制度，以社会组织高质量登记助推社会组织高质量发展。健全登记制度体系，进一步落实党建工作与登记、年检（年报）、评估"三同步"制度，推动社会组织行政负责人与党组织负责人"双向进入、交叉任职"，推进社会组织党建工作从"有形覆盖"向"有效覆盖"转化。完善登记审查，加强发起人和负责人资格审查、名称审核、业务范围审定，强化成立必要性论证，提高社会组织准入质量。完善清算注销制度，开展清理僵尸型社会组织专项行动，加快社会组织退出，不断优化社会组织结构。

2021年9月30日，民政部印发《"十四五"社会组织发展规划》。该规划明确了社会组织发展的指导思想、基本原则和主要目标及相关发展预期指标，强调要坚持党建引领，保证发展方向；坚持政治属性，履行法定职责；坚持人民至上，加强能力建设；坚持居安思危，统筹发展安全。提出到2025年，党建引领、统一登记、各司其职、协调配合、分级负责、依法监管的中国特色社会主义组织管理体制更加健全，政社分开、权责明确、依法自治的社会组织制度更加完善，结构合理、功能完善、竞争有序、诚信自律、充满活力的社会组织发展格局更加定型；社会组织专职工作人员数量达到1250万人，社会组织固定资产达到5900亿元，获得3A（含）以上评估等级的全国性、省本级登记的社会组织占其登记社会组织比例达到25%，法人治理结构健全、无不良信用信息记录的社会组织占全部社会组织比例超过80%，实现社会组织发展从"多不多""快不快"向"稳不稳""好不好"转变，从注重数量增长、规模扩张向能力提升、作用发挥转型。

任务二 熟悉社会团体登记管理

任务描述

本任务包括：熟知社会团体登记管理的法律依据，按照法定规范程序进行社会团体的登记管理。指导登记者正确填写相关表格，严格依据法律相关政策规定解答申请者提出的疑问，准确判断申请登记管理的社会团体的性质，并做出准予或不准予登记成立决定等。本任务主要训练学生依法执行社会团体登记管理程序的能力。

任务实施

（1）做好前期咨询服务工作。尽管法定的社会团体登记程序中并没有规定必须开展前期咨询，但在实际工作中，前期咨询是社会团体登记必不可少的环节，一般会进行社会团体名称预核准。所谓磨刀不误砍柴工，在申请者填写、提交各类申请文件和表格之前就明确告知相关规定和要求，可以将社会团体登记的关口前移，通过筛选，优化社会团体结构和布局，通过咨询，可了解社会团体成立的真实意图，有利于管理者进行有针对性的宣传，防止社会团体先天不足。此外，前期咨询还使社会团体的登记管理机关与业务主管机关有更多交流和沟通的机会，彼此更加认同，有利于合作。

（2）进行社会团体登记管理工作必须熟悉和准确把握《社会团体登记管理条例》《外国商会管理暂行规定》等相关法规的规定和各地社会团体登记管理办法的精神。

（3）登记管理中明确掌握那些不属于社会团体登记范围的社会团体。

（4）掌握审核成立登记、变更登记、注销登记材料的规范。在前期咨询、名称预核准阶段一次性告知申请者相关规范。所有提交的材料都必须是原件（实现在线办理的，扫描原件后上传登记管理系统），所有文件都不得使用铅笔或圆珠笔填写。

1）筹备成立之前向申请人介绍清楚需要提交的资料种类及清单，此外还应专门强调以下事项：

业务主管单位职能必须与社会团体业务范围相符，如果遇到一些行业性社会团体业务范围涉及两个或两个以上政府部门职能，则可以由登记管理机关推荐；所有上交表格中需要业务主管单位签署意见的栏目，业务主管单位都应该签字、盖公章确认。业务主管单位出具的发起人、拟任负责人的介绍材料，证明该人在本行业/领域中的权威性，加盖所在单位人事部门公章（如无人事部门，则盖该单位公章）；持外地身份证的发起人、拟任负责人还要提交本地区居住两年以上的证明；港澳台人士原则上不得参加内地社会团体组织。现役军人、部队离退休军人不得加入地方社会团体组织。情况特殊的，必须报大军区审批通过才可加入。

严格遵循登记管理机关必须与登记社会团体活动区域相一致的原则，即保证社会团体是在哪个区域登记的，其活动区域就限定在该区域，不能跨区域开展活动。

拟成立的社会团体名称一般为由行政区域名称＋业务范围＋社会团体类别构成，应能准确反映社会团体特征，并与社会团体的业务范围、成员分布、活动地域等相一致。

2）成立登记阶段，着重审核申请方提交的《社会团体会员大会或会员代表大会会议纪要》，纪要应包括会议召开时间、地点、主持人、应到会人数、实到会人数、选举方式（需要无记名投票选举的事项必须无记名投票）、选举结果（特别是被选举人的得票情况）等内容。

3）变更登记中，如变更社会团体名称、法定代表人的，必须提交由具有法定资格的会计师事务所出具的财务审计报告。一般地，换届审计的会计师事务所由登记管理机关采取政府购买服务的方式选派。变更社会团体名称的，需要先行进行名称预核准，并审核其在变更申请书上是否有这样的语句：变更名字前社会团体的债权债务由变更名字后的社会团体承担。

如果属于社会团体印章、《社会团体法人登记证书》正副本遗失需要补办的，应该登报公告，经审核后重新发给相关证照。

4）注销登记中，注意进行文件资料的审查，如有必要，还可以到社会团体所在地现场查看。

社会团体注销登记时，要注意审核注销申请方有没有提交经过会员大会（或会员代表大会）审议通过的书面决定、业务主管部门出具的规范合格的同意文件、业务主管单位的初审意见及填写完备的注销申请表。

社会团体注销，还要审核是否有规范的清算报告书。一般来说，社会团体注销时，由业务主管单位、社会审计机构、社会团体财务人员组成一个清算小组，出具清算报告书。报告书中应根据国家相关规定，提出对社会团体注销后的资金处理意见。还应该及时收缴申请注销社会团体的各类财务凭证、财务章、社会团体公章、《社会团体法人登记证》（正副本均收缴）等。

任务引导

1. 熟读《社会团体登记管理条例》、本省份《社会团体登记管理办法》、社会团体登记指引等社会团体登记管理的法规政策依据；熟悉本省份行业协会章程示范文本的内容。

2. 掌握社会团体成立（变更/注销）登记管理一般程序：成立登记前进行名称预核准，社会团体成立（变更/注销）登记时按照行政许可程序一般可分为受理、审核、审批、办结、送达等五个环节。

3. 研读现有档案中社会团体登记管理表格——《社会团体章程核准表》《社会团体法人登记表》《社会团体办事机构备案表》《社会团体法定代表人登记表》《社会团体负责人备案表》《社会团体变更登记表》《社会团体注销登记申请表》等，分析并明确填写规范。也可通过亲自填写相关表格和文件，咨询相关部门人员，对照登记要求，准确掌握社会团体登记管理中成立大会决议、章程等相关文件表格的写作格式规范和内容要点。

4. 接待社会团体登记申请者，解答其疑问，指导其完成登记。

5. 根据受理情况，协助判断申请登记管理的社会团体的性质，并做出准予或不予登记成立（变更/注销）行政许可，并形成《行政许可决定书》，制作《登记证书》并送达。

6. 与所辖范围内的社会团体业务主管单位进行联系和沟通，宣讲社会团体登记管理知识。

7. 实地走访所辖范围内典型社会团体，了解其需求和困难点。

知识链接

1. 社会团体成立登记

（1）社会团体成立登记对象。社会团体成立登记的对象为：中华人民共和国公民和依法登记的企事业单位、个体工商户、其他经济组织和单位自愿组成，为实现会员共同意愿，按照其章程开展活动的非营利性社会团体。

（2）社会团体成立登记应当具备的条件。

1）有50个以上的个人会员或者30个以上的单位会员；个人会员、单位会员混合组成的，会员总数不得少于50个。其中，成立行业性协会商会的，其单位会员不得少于本行业企业的30%。

2）有规范的名称和相应的组织机构。社会团体的名称应当符合法律、法规的规定，不得违背社会道德风尚。社会团体的名称应当与其业务范围、成员分布、活动地域相一致，准确反映其特征。全国性的社会团体的名称冠以"中国""全国""中华"等字样的，应当按照国家有关规定经过批准，地方性的社会团体的名称不得冠以"中国""全国""中华"等字样。

3）有固定的住所。

4）有与其业务活动相适应的专职工作人员。

5）有合法的资产和经费来源。

6）不低于3万元注册资金。

7）有独立承担民事责任的能力。

8）经业务主管单位审查同意（直接登记的除外，直接登记的社会团体是指行业协会商会类、科技类、公益慈善类、城乡社区服务类社会团体，以下同）。

9）社会团体会员地域分布具有广泛的代表性。

10）符合有关政策法规规定的其他条件。

（3）社会团体成立登记流程。

1）发起人咨询社会团体成立相关政策问题。

2）登记管理机关审核社会团体登记申请材料，对于符合社会团体成立条件并与业务主管单位达成初步意向的（直接登记的除外），登记管理机关发出《社会团体名称预先核准通知书》。

3）发起人向业务主管单位提交材料进行前置审查并获得审查同意成立文件（直接登记的除外）。

4）登记管理机关对社会团体登记有关事项进行实地考察。

5）发起人在《社会团体名称预先核准通知书》下达之日起6个月内经业务主管单位（直接登记的除外）和登记管理机关审核同意并下达《关于准予召开第一届一次会员（代表）大会告知书》后，召开第一届一次会员（代表）大会。

6）发起人在规定时间内向登记管理机关提交成立登记材料。

7）登记管理机关审查，做出准予成立登记的决定，下发《社会团体准予成立登记行政许可决定书》并颁发赋有统一信用代码的社会团体法人登记证书正、副本。

8）社会团体将法人登记证书复印件、开设的银行账户、刻制的印章、党建情况、通过会费标准的会议纪要及会费标准，报登记管理机关备案，办理会费收据购领手续。

（4）社会团体名称预先核准时需提交的材料。

1）三个以上发起单位或五个以上发起人签字（或盖章）的成立登记社会团体申请书。内容包括：

① 拟成立社会团体名称。

② 社会团体性质及宗旨。

③ 成立的必要性与可行性。

④ 拟成立社会团体的业务范围、活动方式与活动区域。

⑤ 会员分布情况。

⑥ 业务主管单位（直接登记的除外）。

⑦ 注册资金及经费来源。

⑧ 组织机构。

⑨ 拟任负责人。

⑩ 党组织情况。

⑪ 办公地点。

2）发起人和拟任社会团体秘书长以上的负责人基本情况，包括本人工作简历、职务职称、在本行业（学科、领域）是否具有代表性说明、在其他社会组织兼职情况、奖惩情况、未受过剥夺政治权利的刑事处罚的证明材料以及身份证复印件。上述材料应由本人所在单位人事部门或所在社区居委会等相关单位（组织）盖章予以确认。

3）单位发起的，应提供发起单位基本情况，包括单位名称、登记证书、性质、注册资金、从业人数、业务范围、办公地点、法定代表人、联系人、联系电话等。

4）筹备机构组成人员名单，包括姓名、性别、工作单位、职务职称、联系电话等内容。

5）依照《社会团体章程示范文本》拟定的章程草案。

6）拟发展的会员名单。单位会员须具有法人资格。单位会员名单包括单位名称、法定代表人姓名、办公地址、联系电话等;个人会员名单包括姓名、性别、职务职称、工作单位、联系电话等。

7)少数社会团体有名誉会长、顾问的,须提交名誉会长或顾问名单及其个人简况。

(5)社会团体成立登记须提交材料。

1)由发起人或发起单位签字或盖章的成立登记申请书。

2)业务主管单位同意成立的文件(直接登记的除外)。

3)由发起人(或发起单位)签字或盖章的会员大会或会员代表大会会议纪要,纪要中应载明会员大会或会员代表大会无记名投票表决通过的会费标准。

4)由发起人或发起单位签字或盖章确认的会员大会或会员代表大会通过的章程。

5)《会员名册》,理事会应明确标注,有常务理事会的也应明确标注。

6)党政机关在职及退离休干部兼任社会团体领导职务、名誉职务、常务理事、理事审批表。

7)《社会团体法人登记表》。

8)《社会团体法定代表人登记表》,附本人身份证复印件。

9)《社会团体负责人备案表》,附本人身份证复印件。少数社会团体有名誉会长、顾问的,须提交名誉会长或顾问名单及其个人简况。

10)《社会团体章程核准表》。

11)《社会团体用房证明表》附房屋租赁合同复印件或房屋产权证明。

12)由发起人或发起单位签字或盖章的注册资金认缴承诺书。

2. 社会团体变更登记

(1)社会团体变更登记的范围。社会团体登记证书上的登记事项发生变更时,须依法向登记管理机关申请变更登记。变更登记范围包括:名称、业务范围、住所、法定代表人、业务主管单位等事项的变更。

(2)社会团体变更登记的流程。

1)社会团体将相关变更内容报登记管理机关初审。

2)社会团体按章程规定的程序,召开理事会、常务理事会或会员(代表)大会审议通过相关变更事项。

3)社会团体将相关变更事项报经业务主管单位审核(直接登记的除外)。

4)社会团体向登记管理机关提交相关变更材料。

5)登记管理机关审查,依法予以变更登记并更换登记证书。

(3)社会团体变更登记须提交的材料。

1)社会团体名称变更须提交的材料。

①盖有会章及法定代表人签字的变更名称申请书。

②盖有会章的会员(代表)大会、理事会审议通过变更社会团体名称事项的会议纪要。

③ 会员（代表）大会审议通过的新修改的章程及由业务主管单位出具审核意见的《社会团体章程核准表》（直接登记的除外）。

④ 经业务主管单位出具审核意见并加盖公章的《社会团体变更登记表》（直接登记的除外）。

⑤《社会团体法人登记证书》正副本和印章。

2）社会团体变更业务范围须提交的材料。

① 经登记管理机关审核的社会团体章程初审稿。

② 按章程初审稿修改打印的章程三份。

③ 经业务主管单位出具审核意见的《社会团体章程核准表》（直接登记的除外）。

④ 会员（代表）大会审议通过章程的会议纪要。

3）社会团体变更住所须提交的材料。

① 盖有会章的理事会或常务理事会审议通过变更住所的会议纪要。

②《社会团体用房证明表》及新住所的产权或使用权证明。

③ 经业务主管单位出具审核意见并加盖公章的《社会团体变更登记表》（直接登记的除外）。

④《社会团体法人登记证书》正、副本。

（4）社会团体变更法定代表人须提交的材料。

① 盖有会章的会员（代表）大会或理事会审议通过变更法定代表人的会议纪要。

② 社会审计机构出具的对原法定代表人的离任财务审计报告。

③ 经业务主管单位出具审核意见并加盖公章的《社会团体变更登记表》（直接登记的除外）。

④ 经拟任法定代表人所在单位人事部门审查盖章的《社会团体法定代表人登记表》并附本人身份证复印件。

⑤ 如有党政机关干部兼任社会团体领导职务的须提交审批表。

⑥ 新任法定代表人未受过剥夺政治权利的刑事处罚的证明材料。

⑦《社会团体法人登记证书》正、副本。

（5）社会团体变更业务主管单位须提交的材料。

① 盖有会章的会员（代表）大会、理事会审议通过变更业务主管单位的会议纪要。

② 经原业务主管单位出具审核意见并加盖公章的《社会团体变更登记表》。

③ 原业务主管单位出具不再担任业务主管单位的文件和新业务主管单位出具愿意担任业务主管单位的文件（直接登记的除外）。

④《社会团体法人登记证书》正、副本。

3. 社会团体注销登记

（1）社会团体申请注销的情形。

社会团体有下列情形之一的，应向登记管理机关申请注销登记：

1）完成社会团体章程规定的宗旨的。

2）自行解散的。

3）分立、合并的。

4）由于其他原因终止的。

（2）社会团体注销登记的流程。

1）社会团体召开会员（代表）大会审议通过注销登记事项。

2）在业务主管单位指导下成立清算组织进行资产清算（直接登记的除外）。

3）报业务主管单位审查同意（直接登记的除外）。

4）按规定向登记管理机关提交注销登记的申请材料。

5）登记管理机关审查，做出准予注销登记的决定，并下达《社会团体准予注销登记决定书》。

6）登记管理机关收回证书、印章、财务凭证并公告。

（3）社会团体注销登记须提交的材料。

1）盖有会章的会员（代表）大会审议通过注销登记事项的会议纪要。

2）业务主管单位出具的审查同意注销登记文件（直接登记的除外）。

3）由社会审计机构出具的社会团体清算报告书。

4）清算后对剩余财产的处理决定，附财产移交和接收的证明文件。

5）《社会团体法人注销登记申请表》。

6）《社会团体法人登记证书》正、副本，社会团体印章及财务凭证。

4. 社会团体的年检

社会团体应当于每年 3 月 31 日前向业务主管单位报送上一年度的年检报告书等材料，经业务主管单位初审后，于 5 月 31 日前报送登记管理机关，接受年度检查。

（1）社会团体年检的内容。

1）执行法律法规和有关政策情况。

2）开展业务活动情况。

3）经费收支和财务管理情况。

4）办事机构和分支机构设置情况。

5）负责人变化情况。

6）专职及聘用工作人员情况。

7）其他有关情况。

（2）社会团体年检的程序。

1）登记管理机关发出年检公告或通知。

2）社会团体按要求准备年检材料并经业务主管单位审查后，报送登记管理机关。

3）登记管理机关进行检查和审核。

4）登记管理机关做出年检结论。

（3）社会团体年检须提交的材料。

1）上一年度工作总结和本年度工作计划。

2）上一年度财务决算并附财务会计报告。

3）《社会团体年检报告书》。

4）《社会团体法人登记证书》副本。

5）登记管理机关要求报送的其他材料。

案例阅读

2022年10月，某省社会组织管理局社会团体登记岗小刘接待了一位男士，他要求成立"××省赵氏文化研究会"，由于中央文件严令禁止以封建宗亲、姓氏为纽带的结社行为，小刘明确表示不予受理。

过了一个星期，这位男士又来要求申请成立"××省××文化研究协会"，小刘对其提交的资料进行审核，发现该协会拟请统战部门任业务主管单位，协会的发起人及拟发展的会员也多是赵姓，业务范围拟定为查考研究××省内赵氏文化的起源，赵氏文化源流资料的研究、编纂与出版，××省赵氏文化名人的宣传纪念活动，参与海内外相关的学术交流活动，招商引资活动等。

【思考】如果你是小刘，你会受理该社会团体的登记申请吗？

【职业素养】社会组织登记管理工作中，工作人员须熟悉掌握社会组织登记管理的各项政策法规并严格执行，防止政策执行的偏差，对严令禁止成立的坚决不予受理。

拓展知识

不属于社会团体的登记范围的社会团体

（1）参加中国人民政治协商会议的人民团体：中华全国总工会、中国共产主义青年团、中华全国妇女联合会、中国科学技术协会、中华全国归国华侨联合会、中华全国台湾同胞联谊会、中华全国青年联合会、中华全国工商业联合会等。

（2）由国务院机构编制管理机关核准，并经过国务院批准免予登记的团体：中国文学艺术界联合会、中国作家协会、中华全国新闻工作者协会、中国人民对外友好协会、中国人民外交学会、中国国际贸易促进委员会、中国残疾人联合会、中国宋庆龄基金会、中国法学会、中国红十字总会、中国职工思想政治工作研究会、欧美同学会、黄埔军校同学会、中华职业教育社等。

（3）机关、团体、企事业单位内部经本单位同意批准成立、在本单位内部活动的团体。

任务三　熟悉基金会管理

任务描述

准确掌握国家对基金会管理方面的法律法规的精神，能够指导登记者填写相关表格，解答登记者提出的相关疑问并根据法律政策规定给予准确及时的答复，能够准确判断申请登记管理的基金会的状况，做出准予登记成立或不予登记成立的决定。本任务主要训练学生依法执行基金会登记管理程序的能力。

任务实施

1. 做好前期咨询服务工作

在前期咨询阶段一次性告知申请者相关规范。所有提交的材料都必须是原件（实行在线办理的，扫描原件后上传登记管理系统），所有文件都不得使用铅笔或圆珠笔填写。

2. 成立登记阶段的审核要点

基金会的名称、组织机构、负责人人选和原始基金金额的合法性、真实性。

（1）名称。基金会的名称应当依次包括字号、公益活动的业务范围，并以"基金会"字样结束，公募基金会的名称可以不使用字号；全国性公募基金会可以在名称中使用"中国""中华""全国""国家"等字样，非公募基金会不得使用上述字样；地方性公募基金会和省、自治区、直辖市人民政府民政部门登记的非公募基金会应当冠以所在地的县级或县级以上行政区划名称；冠以省级以下行政区划名称的，可以同时冠以所在省、自治区、直辖市的名称；冠以市辖区名称的，应当同时冠以市的名称；非公募基金会的字号可以使用自然人姓名、法人或其他组织的名称或者字号，公募基金会的字号不得使用自然人姓名、法人或者其他组织的名称或字号。

（2）基金会的组织机构。理事会是基金会的决策机构，理事会人数为 5～25 名；用私人财产设立的非公募基金会，相互间有近亲属关系的基金会理事，总数不得超过理事总人数的 1/3；其他基金会，具有近亲属关系的人员不得同时在理事会任职；基金会设监事，监事任期与理事任期相同，基金会理事、理事的近亲属和财会人员不得兼任监事；在基金会领取报酬的理事不得超过理事总人数的 1/3；监事和未在基金会担任专职工作的理事不得从基金会获取报酬；基金会理事遇有个人利益与基金会利益关联时，不得参与相关事宜的决策；基金会理事、监事及其近亲属不得与基金会有任何交易行为。

（3）基金会负责人人选要求。现职国家工作人员不得兼任基金会理事长、副理事长和秘书长；基金会的理事长为法定代表人；基金会的法定代表人不得同时担任其他组织的法定代表人；公募基金会和原始基金来自中国内地的非公募基金会的法定代表人，应当由内地居民担任；因犯罪被判处管制、拘役或者有期徒刑，刑期执行完毕之日起未逾 5 年的，因犯罪被判处剥夺政治权利正在执行期间或者曾经被判处剥夺政治权利的，以及曾在因违法被撤销登记的基金会担任理事长、副理事长或者秘书长，且对该基金会的违法行为负有个人责任，自该基金会被撤销之日起未逾 5 年的，不得担任基金会的理事长、副理事长或者秘书长；担任基金会理事长、副理事长或者秘书长的香港居民、澳门居民、台湾居民、外国人，每年在中国内地居留时间不得少于 3 个月。

（4）基金会原始资金来源。基金会原始资金必须来源合法、金额真实可靠。

3. 变更登记审核要点

基金会的名称、类型、宗旨、公益活动的业务范围、原始基金数额、法定代表人变更审核要点同设立登记。住所需要变更的，必须认真审核住所的房产证、房屋租赁合同的原件，将原件与复印件核对无误后，原件退还申请者，复印件上注明"与原件核对无误"后存档备查。同时还应该到场所实地查看，确保管理到位。

4. 注销登记审核要点

（1）审核注销登记申请书是否说明了申请注销的原因及其他需要说明的重要事项，是否为法定代表人本人签字，基金会盖章的真实性。

（2）业务主管单位关于同意注销登记的批复。

（3）会计师事务所出具的基金会清算审计报告是否合格、真实。

任务引导

1. 查找资料，掌握我国基金会的构成，并明确各类基金会的特点。
2. 研读现有档案中基金会登记管理相关表格——《基金会法定代表人登记表》《基金会法人登记证书》《基金会变更登记申请表》《基金会章程核准表》等，分析并明确填写规范。也可通过亲自填写相关表格和文件，咨询相关部门人员，对照登记要求，准确掌握相关文件表格的写作格式规范和内容要点。
3. 与所辖范围内的社会团体业务主管单位进行联系和沟通，宣讲社会团体登记管理知识。
4. 实地走访所辖范围内具备资质的验资、审计机构，了解其基本信息，加强沟通与联系。

知识链接

1. 基金会概述

我国所称基金会是指利用自然人、法人或者其他组织捐赠的财产，以从事公益事业为目的，按照 2004 年颁布的《基金会管理条例》的规定成立的非营利性法人。

基金会分为面向公众募捐的基金会（简称公募基金会）和不得面向公众募捐的基金会（简称非公募基金会）。公募基金会按照募捐的地域范围，分为全国性公募基金会和地方性公募基金会。

2. 基金会的管理部门和业务主管单位

我国对基金会的管理同样实施双重管理，省级以上民政部门——国务院民政部门和省、自治区、直辖市人民政府民政部门是基金会的登记管理机关。境外基金会在中国内地设立代表机构和拟由非内地居民担任法定代表人的基金会，到国家民政部登记。

国务院有关部门或国务院授权的组织，是国务院民政部门登记的基金会境外基金会代表机构的业务主管单位，省、自治区、直辖市人民政府有关部门或省、自治区、直辖市人民政府授权的组织，是省、自治区、直辖市人民政府民政部门登记的基金会的业务主管单位（业务主管单位可以不与登记管理部门级别对等）。

3. 基金会设立登记

（1）成立条件。

1）为特定的公益目的而设立。

2）全国性公募基金会的原始基金不低于800万元人民币，地方性公募基金会的原始基金不低于400万元人民币，非公募基金会的原始基金不低于200万元人民币；原始基金必须为到账货币资金。

3）有规范的名称、章程、组织机构以及与其开展活动相适应的专职工作人员。

4）有固定的住所。

5）能够独立承担民事责任。

6）经业务主管单位审查同意（直接登记的除外）。

7）符合法律法规规定的其他条件。

（2）基金会申请成立须提交的材料。

1）《基金会设立申请书》。

2）《基金会登记事项表》。

3）章程草案（参照民政部《基金会章程示范文本》拟定）。

4）验资证明和住所证明。

5）《基金会章程核准申请书》。

6）拟任理事长、副理事长、秘书长、理事、监事人员名单、身份证明及简历（每人填写一份，其中理事长、副理事长、秘书长须经本人所在单位人事部门意见）。

7）业务主管单位审查同意设立的书面文件（直接登记的除外）。

（3）设立基金会的流程。

1）申请人咨询基金会成立相关政策。

2）申请人提交申请资料，登记管理机关进行审核，经与业务主管单位初步沟通（直接登记的除外），对于符合相关要求的，出具《基金会名称预先核准通知书》。

3）申请人到相应的业务主管单位办理前置审查手续，获得业务主管单位同意成立的正式文件（直接登记的除外）。

4）申请人凭《基金会名称预先核准通知书》开设验资账户，将原始基金打入账户，请有资质的会计师事务所出具验资报告。

5）申请人在规定的时间内提交成立登记材料。

6）登记管理机关对基金会登记有关事项进行实地考察。

7）登记管理机关审查，在10个工作日内作出是否准予登记的决定。准予登记的，发给赋有统一信用代码的《基金会法人登记证书》；不予登记的，应当书面说明理由。

8）基金会领取《基金会法人登记证书》的30日内，召开成立大会，选举负责人，通过章程。

9）登记管理机关对准予登记的基金会予以公告。

10）办理有关证照事宜：基金会凭《基金会法人登记证书》办理印章刻制；到银行申请将验资账户转为基本账户，办理《银行开户许可证》；购买相关票据。

11）备案：基金会将会议纪要、基金会理事、监事备案表、办事机构备案表、机构印章备案表、账户备案表、章程核准表、章程等报登记管理机关进行备案。

4. 基金会变更登记

（1）基金会变更登记的范围。

基金会的名称、住所、类型、宗旨、公益活动的业务范围、原始基金数额、法定代表人发生变化的，都应进行变更登记。

（2）基金会变更登记的流程。

1）基金会按章程规定的程序，召开理事会审议通过相关变更事项。

2）基金会将相关变更事项报经业务主管单位审核（直接登记的除外）。

3）基金会向登记管理机关提交相关变更材料。

4）登记管理机关审查，依法予以变更登记并更换登记证书。不符合条件的，书面说明理由。

5）基金会将需要变更的章程报登记管理机关核准。

6）登记管理机关对准予变更登记的基金会予以公告。

（3）基金会变更登记须提交的材料。

1）法定代表人变更登记。

①《基金会变更登记申请表》。

②理事会会议纪要（理事签字）。

③《基金会法定代表人登记表》。

④由会计师事务所出具的离任法定代表人任职期间的财务审计报告。

⑤ 变更后的章程。

⑥ 原《基金会法人登记证书》正、副本。

2）名称变更登记。

① 《基金会变更登记申请表》（变更理由要载明原单位债权债务由更名后的单位承担）。

② 理事会会议纪要（理事签字）。

③ 变更后的章程。

④ 原《基金会法人登记证书》正、副本。

3）业务主管单位变更登记。

① 《基金会业务主管单位变更登记申请表》。

② 理事会会议纪要（理事签字）。

③ 变更后的章程。

④ 原《基金会法人登记证书》正、副本。

4）业务范围的变更登记。

① 《基金会变更登记申请表》。

② 理事会会议纪要（理事签字）。

③ 变更后的章程。

④ 原《基金会法人登记证书》正、副本。

5）住所变更登记。

① 《基金会变更登记申请表》。

② 理事会会议纪要（理事签字）。

③ 填写《基金会服务场所用房证明》。租赁的须提交使用期限一年以上的租赁合同和产权证复印件；自有产权的须提交产权证复印件；借用的须提交使用期限一年以上的借用证明并附借方的产权证明或使用权证明。

④ 变更后的章程。

⑤ 原《基金会法人登记证书》正、副本。

6）原始基金变更登记。

① 《基金会变更登记申请表》。

② 理事会会议纪要（理事签字）。

③ 由会计师事务所出具的验资报告。

④ 变更后的章程。

⑤ 原《基金会法人登记证书》正、副本。

5. 基金会注销程序

（1）基金会申请注销登记的情形。基金会有下列情形之一的，应向登记管理机关申请注销登记：

1）完成章程规定的宗旨的。

2）无法按照章程规定的宗旨继续从事公益活动的。

3）基金会发生分立、合并的。

（2）基金会注销登记的流程。

1）基金会召开理事会审议通过注销登记事项。

2）在登记管理机关、业务主管单位（直接登记的除外）指导下成立清算组织进行资产清算。

3）报业务主管单位审核同意（直接登记的除外）。

4）按规定向登记管理机关提交注销登记的申请材料。

5）登记管理机关审查，做出准予注销登记的决定，并下达《基金会准予注销登记决定书》。

6）登记管理机关收回证书、印章、财务凭证并公告。

（3）基金会注销登记需提交的材料。

1）法定代表人签署并加盖单位公章的注销登记申请书。法定代表人因故不能签署的，基金会应提交不能签署的理由的文件。

2）理事会会议纪要。

3）业务主管单位审核同意注销的文件（直接登记的除外）。

4）清算小组人员签字的清算报告（基金会债权债务情况说明，清算小组人员名单，剩余财产处理意见，会计师事务所出具的审计报告）。

5）基金会法人登记证书（正、副本）。

6）基金会公章、财务章、财务账册、内设机构和分支（代表）机构印章和财务凭证。

7）填写《基金会法人注销申请表》。

6. 基金会年检年报

基金会应当于每年3月31日前向登记管理机关报送上一年度工作报告，接受年度检查。年度工作报告在报送登记管理机关前应当经业务主管单位审查同意。年度工作报告应当包括：财务会计报告、注册会计师审计报告，开展募捐、接受捐赠、提供资助等活动的情况，以及人员和机构的变动情况等。

《基金会管理条例》规定公募基金会每年用于从事章程规定的公益事业支出，不得低于上一年总收入的70%；非公募基金会每年用于从事章程规定的公益事业支出，不得低于上一年基金余额的8%。基金会工作人员工资福利和行政办公支出不得超过当年总支出的10%。

《中华人民共和国慈善法》（以下简称《慈善法》）2016年9月1日施行后，规定慈善组织应当每年向其登记的民政部门报送并向社会公开其年度工作报告和财务会计报告，报告应当包括年度开展募捐和接受捐赠情况、慈善财产的管理使用情况、慈善项目实施情况，以及慈善组织工作人员的工资福利情况。即慈善组织年检改为"年报"制度。

7. 慈善组织及认定

（1）慈善组织及形式。慈善组织是指依法成立、符合《慈善法》规定，以面向社会开展慈善活动为宗旨的非营利性组织。《慈善法》第八条第二款规定："慈善组织可以采取基金会、社会团体、社会服务机构等组织形式。"这一规定表明，慈善组织主要有三种组织形式，即基金会、社会团体和社会服务机构。这就厘清了慈善组织与社会组织现有的三种形式的关系，也表明慈善组织不是一种新类型的社会组织。

（2）慈善组织应当符合的条件。

1）以开展慈善活动为宗旨。

2）不以营利为目的。

3）有自己的名称和住所。

4）有组织章程。

5）有必要的财产。

6）有符合条件的组织机构和负责人。

7）法律、行政法规规定的其他条件。

（3）慈善组织认定条件。

为了规范慈善组织认定工作，根据《慈善法》的规定，制定了《慈善组织认定办法》，其中规定，基金会、社会团体、社会服务机构申请认定为慈善组织，应当符合下列条件：

1）申请时具备相应的社会组织法人登记条件。

2）以开展慈善活动为宗旨，业务范围符合《慈善法》第三条的规定；申请时的上一年度慈善活动的年度支出和管理费用符合国务院民政部门关于慈善组织的规定。

3）不以营利为目的，收益和营运结余全部用于章程规定的慈善目的；财产及其孳息没有在发起人、捐赠人或者本组织成员中分配；章程中有关于剩余财产转给目的相同或者相近的其他慈善组织的规定。

4）有健全的财务制度和合理的薪酬制度。

5）法律、行政法规规定的其他条件。

有下列情形之一的，不予认定为慈善组织：

1）有法律法规和国家政策规定的不得担任慈善组织负责人的情形的。

2）申请前2年内受过行政处罚的。

3）申请时被民政部门列入异常名录的。

4）有其他违反法律、法规、国家政策行为的。

（4）认定慈善组织材料。

1）申请认定慈善组织的基金会应当向民政部门提交下列材料：

① 申请书。

② 符合《慈善组织认定办法》第四条规定，以及不存在第五条所列情形的书面承诺。

③ 按照《慈善组织认定办法》第六条规定召开会议形成的会议纪要。

2）申请认定为慈善组织的社会团体、社会服务机构，除前述规定的材料外，还应当向民政部门提交下列材料：

① 关于申请理由、慈善宗旨、开展慈善活动等情况的说明。

② 注册会计师出具的上一年度财务审计报告，含慈善活动年度支出和管理费用的专项审计。

③ 有业务主管单位的，还应当提交业务主管单位同意的证明材料。

任务四　熟悉民办非企业单位登记管理

任务描述

本任务包括：熟知民办非企业单位（也称社会服务机构）管理的法规政策依据，按照法定规范程序指导登记者填写相关表格，解答登记者提出的相关疑问并严格根据法规政策给予准确及时的答复，能够准确判断申请登记管理的民办非企业的性质，做出准予登记成立或不予登记成立的决定，根据法律规定进行民办非企业的变更登记，对民办非企业单位进行年检，做出合格或不合格的判断并正确撰写年检报告书。本任务主要训练学生依法执行民办非企业单位登记管理程序的能力。

任务实施

（1）与社会团体登记管理一样，民办非企业单位的登记管理也必须做好前期咨询服务工作。在前期咨询阶段一次性告知申请者相关规范。所有提交的材料都必须是原件（实现在线办理的，扫描原件后上传登记管理系统），所有文件都不得使用铅笔或圆珠笔填写。

（2）登记管理中审核民办非企业单位的章程时除了审核章程的格式之外，还应该注意章程中必须承诺"本机构不以营利为目的，终止时剩余财产不由举办者分配，而是用于相同性质的公益事业"。

（3）成立登记阶段的审核要点。

1）民办非企业单位的举办者除了企事业单位、社会团体和公民之外，其他社会力量的认定必须仔细。具有法人资格的其他社会组织（如基金会）、不具有法人资格的其他组织（如个体工商户）等都可以作为其他社会力量看待，但如果申请举办者是某单位内设的组织，由于其不具备独立的主体资格，因此绝不能看作其他社会力量。

2）要审核民办非企业定位问题。一要注意组织类型，二要注意其分类。特别是对于民办教育（培训）机构，根据《中华人民共和国民办教育促进法》（以下简称《民办教育促进法》）第十条"举办民办学校的社会组织，应当具有法人资格"的规定，在登记的时候一律登记为法人组织形式。

3）审核法人类的民办非企业单位的组织机构时，要确保其具有理事会／董事会、监事／监事会及执行机构。

4）业务主管单位的审批文件也需要认真审核，教育、劳动、卫生等系统的审批文件形式是颁发许可证，对许可证需要掌握分辨许可证真假的方法，对于其他业务主管单位下发的许可文件，则必须认真审核其格式是否规范、用词是否准确、内容是否完整，具体来说在业务单位给出的许可文件中必须清楚准确地写明拟成立的民办非企业单位的全称、举办者名字、业务范围、业务性质（非营利性）等要素，鉴别时还需要注意用章的规范性。

5）民办非企业单位的名称一般的构成是：行政区划名称＋字号（由两个及两个以上的汉字组成）＋行（事）业或业务领域＋组织形式。例如，湖北金苹果幼儿园。

如果是使用个人姓名作为字号，存在以下情况之一的都不能批准：①举办者未提交合格的姓名拥有者本人同意使用名字的正式授权文件及公证机关出具的公证文书，姓名拥有者如果不在世的，举办者未提供其法定继承人同意使用该姓名的正式授权文件及公证机关出具的公证文书的；②使用老一辈革命家、党和国家领导人的名字的；③所用名字容易引起歧义或造成公众误解的。例如，一个人的名字是朱世慧，但又不是湖北著名京剧演员朱世慧本人，如果他申办一个京剧培训学校，就不能批准"湖北朱世慧京剧学校"这个名号。因为这个名字容易让公众误解为是湖北著名京剧演员朱世慧本人举办的。

6）民办非企业单位的开办资金可以包括资金和拥有物权的实物，其中非国有资产（民办教育机构为非财政性经费）所占份额不得低于总财产的2/3，开办资金必须达到本行业规定的最低限额。对于开办资金的审核应以正规的审计事务所出具的验资报告为准，如果开办资金中还包括实物，则还需要审核是否具有法定机构对实物出具的资产评估报告。一般的物品必须有购物发票。土地、房屋、汽车等财产必须是民办非企业名下的。如果遇到因民政部门没有正式批准登记而无法过户的情况，为防止民办非企业举办者投资不到位、骗取登记，可借鉴湖北省民政厅的做法，暂不要求举办者马上过户，而要其写出在登记半年内将所评估的实物过户到拟成立的民办非企业名下的保证书，发给有效期半年的登记证书。半年后未完成过户的证书作废。过户完成的则换发登记证书。

严格审查民办非企业单位的办公场地，必须认真审核民办非企业场所的房产证、房屋租赁合同的原件，将原件与复印件核对无误后，原件退还举办申请者，复印件上注明"与原件核对无误"后存档备查。同时还应该到场所实地查看，确保管理到位。

（4）变更登记的审核要点。

1）变更登记中的民办非企业单位名称、场所、法人代表、业务主管单位的变更与成立登记中的要求类似。

2）在审核开办资金变更的时候有四看：一看出具验资报告和评估报告的机构及人员是否有专业执业资格证书；二看其专业执业资格证书是否年检合格；三看验资报告、评估报告结果是否表述清楚明确；四看对实物的估价是否合理，对那些购置半年以上的设备／设施／用品等的价值是否进行了折旧计算。

（5）使用格式和内容规范的《民办非企业单位年检报告书》。

任务引导

1. 准确理解民办非企业单位的概念。
2. 掌握民办非企业单位登记（变更/注销）管理一般程序。
3. 研读现有档案中民办非企业登记管理表格——《民办非企业章程草案》、《民办非企业单位章程核准表》《民办非企业单位成立登记申请表》《法定代表登记表》或《负责人备案表》《内设机构备案表》等，分析并明确填写规范。也可通过亲自填写相关表格，咨询相关部门人员，对照登记要求，准确掌握拟任负责的基本情况、身份证明、业务主管单位的批准文件、场所使用权证明、从业人员资质证明、验资报告等相关文件的格式、查验要点。
4. 接待民办非企业登记申请者，解答其疑问，指导其完成登记。
5. 根据情况，判断申请登记管理的民办非企业的性质，并做出准予或不准予登记成立（变更/注销）决定，并形成文字材料。
6. 实地走访所辖范围内典型民办非企业，了解其基本信息。

知识链接

民办非企业单位为企业事业单位、社会团体和其他社会力量以及公民个人利用非国有资产举办的，从事非营利性社会服务活动的社会组织。民办非企业单位主要分布在教育、卫生、文化、科技、体育、劳动、民政、社会中介服务、法律服务、其他等行（事）业中。

按民办非企业单位承担民事责任的方式不同，可以分为：民办非企业单位（个体）、民办非企业单位（合伙）、民办非企业单位（法人）。根据民办非企业单位从事的非营利性社会服务活动所属行业可以划分为：教育类、卫生类、文化类、科技类、体育类、劳动类、民政类、社会中介服务类、法律服务类等不同类别。

1. 申请设立民办非企业单位的条件

（1）有规范的名称、必要的组织机构，民办非企业单位的名称必须符合国务院民政部制订的《民办非企业单位名称管理暂行规定》。

（2）经业务主管单位审查同意（直接登记的除外）。

（3）有与其业务活动相适应的从业人员。

（4）有与其业务活动相适应的合法财产，民办非企业单位必须拥有与其业务活动相适应的合法财产，且其合法财产中的非国有资产份额不得低于总财产的2/3。开办资金必须达到本行（事）业所规定的最低限额。

（5）有必要的场所。

（6）符合法律法规规定的其他条件。直接面向基层、社区开展服务的民办非企业单位，原则上在市州、县级民政部门登记。

2. 民办非企业单位登记须提交的材料

（1）民办非企业单位名称预核准时须提交的材料。

1）设立申请书。申请书内容包括：名称、性质及宗旨、成立的必要性与可行性、业务范围、业务主管单位（直接登记的除外）、开办资金、举办者简介、住所。单位举办的要注明单位名称、法定代表人签字并加盖公章，提交单位法人登记证书，个人举办的要写明个人姓名并签字，同时提交身份证复印件。

2）章程草案（根据网上下载《民办非企业单位章程示范文本（法人）》拟定）。

3）负责人、理事（董事）名册。拟任法定代表人或单位负责人、理事（董事）的基本情况应当包括姓名、性别、民族、年龄、目前人事关系所在单位、有否受到过剥夺政治权利的刑事处罚、个人简历等。拟任法定代表人或单位负责人的身份证复印件。

4）执业人员名册，包括姓名、性别、目前人事关系所在单位、职称等。

（2）民办非企业单位成立登记时须提交的材料。

除名称预先核准时须提交的材料以外，还须提交：

1）《民办非企业单位成立登记表》。

2）《民办非企业单位法定代表人登记表》。

3）业务主管单位的批准文件（直接登记的除外），需要业务主管部门颁发行业资格行政许可证件的，还应提供行业资格行政许可证的复印件。

4）场所使用权证明。填写《民办非企业单位服务场所用房证明》。租赁的须提交使用期限一年以上的租赁合同和产权证复印件；自有产权的须提交产权证复印件；借用的须提交使用期限一年以上的借用证明并附借方的产权证明或使用权证明。

5）验资报告。验资报告应由会计师事务所出具。

6）从业人员的名册及执业人员的身份证复印件和资格证明（或职称证书的复印件）。

7）党建情况说明。

（3）设立民办非企业单位的流程。

1）申请人咨询民办非企业单位成立相关政策。

2）申请人提交申请资料，登记管理机关进行审核，对于符合相关要求的，出具《民办非企业单位名称预先核准通知书》。

3）申请人到相应的业务主管单位办理前置审查手续，获得业务主管单位同意成立的正式文件（直接登记的除外）。

4）申请人凭《民办非企业单位名称预先核准通知书》开设验资账户，将开办资金打入账户，请有资质的会计师事务所出具验资报告。

5）申请人在规定的时间内提交成立登记材料。

6）登记管理机关对民办非企业单位登记有关事项进行实地考察。

7）经登记管理机关审查，提交材料完备的，在 10 个工作日内做出是否准予登记的决定。准予登记的，发给赋有统一信用代码的《民办非企业单位法人登记证书》；不予登记的，应当书面说明理由。

8）民办非企业单位领取《民办非企业单位法人登记证书》后 30 日内，召开成立大会，选举负责人，通过章程。

9）登记管理机关对准予登记的民办非企业单位予以公告。

10）办理有关证照事宜：民办非企业单位凭《民办非企业单位法人登记证书》办理印章刻制；到银行申请将验资账户转为基本账户，办理《银行开户许可证》；购买相关票据。

11）备案。民办非企业单位将会议纪要、民办非企业单位负责人备案表、民办非企业单位办事机构备案表、民办非企业单位银行账号备案表、民办非企业单位印章备案表、民办非企业单位章程核准表、章程等报登记管理机关进行备案。

3. 民办非企业单位变更登记

（1）民办非企业单位变更登记的范围。民办非企业单位登记证书上的登记事项发生变更时，须依法向登记管理机关申请变更登记。变更登记范围包括：名称、业务范围、住所、法定代表人、业务主管单位、开办资金等事项的变更。

（2）民办非企业单位变更登记的流程。

1）民办非企业单位按章程规定的程序，召开理事会审议通过相关变更事项。

2）民办非企业单位将相关变更事项报经业务主管单位审核（直接登记的除外）。

3）民办非企业单位向登记管理机关提交相关变更材料。

4）登记管理机关审查，依法予以变更登记并更换登记证书。不符合条件的，书面说明理由。

5）民办非企业单位将需要变更的章程报登记管理机关核准。

6）登记管理机关对准予变更登记的民办非企业单位予以公告。

（3）民办非企业单位变更登记须提交的材料。

1）法定代表人变更登记。

①《民办非企业单位变更登记表》。

②理事会或董事会会议纪要（理事或董事签字）。

③《民办非企业单位法定代表人登记表》。

④有前置许可的，提供变更后的业务主管单位行业资格许可证正、副本复印件。

⑤由会计师事务所出具的离任法定代表人任职期间的财务审计报告。

⑥变更后的章程。

⑦原《民办非企业单位法人登记证书》正、副本。

2）名称变更登记。

①《民办非企业单位变更登记表》（变更理由要载明原单位债权债务由新更名的单位承担）。

② 理事会或董事会会议纪要（理事或董事签字）。
③ 有前置许可的，提供变更后的业务主管单位行业资格许可证正、副本复印件。
④ 变更后的章程。
⑤ 原《民办非企业单位法人登记证书》正、副本。

3）业务主管单位变更登记。
① 《民办非企业单位业务主管单位变更登记表》。
② 理事会或董事会会议纪要（理事或董事签字）。
③ 有前置许可的，提供变更后的业务主管单位行业资格许可证正、副本复印件。
④ 变更后的章程。
⑤ 原《民办非企业单位法人登记证书》正、副本。

4）业务范围变更登记。
① 《民办非企业单位变更登记表》。
② 理事会或董事会会议纪要（理事或董事签字）。
③ 有前置许可的，提供变更后的业务主管单位行业资格许可证正、副本复印件。
④ 变更后的章程。
⑤ 原《民办非企业单位法人登记证书》正、副本。

5）住所变更登记。
① 《民办非企业单位变更登记表》。
② 理事会或董事会会议纪要（理事或董事签字）。
③ 填写《民办非企业单位服务场所用房证明》。提交新住所使用权证明（租赁的须提交使用期限一年以上的租赁合同和产权证复印件；自有产权的须提交产权证复印件；借用的须提交使用期限一年以上的借用证明并附借方的产权证明或使用权证明）。
④ 有前置许可的，提供变更后的业务主管单位行业资格许可证正、副本复印件。
⑤ 变更后的章程。
⑥ 原《民办非企业单位法人登记证书》正、副本。

6）开办资金变更登记。
① 《民办非企业单位变更登记表》。
② 理事会或董事会会议纪要（理事或董事签字）。
③ 验资报告。验资报告应由会计师事务所出具，如以实物增资还须评估报告。
④ 变更后的章程。
⑤ 原《民办非企业单位法人登记证书》正、副本。

4. 民办非企业单位注销登记

（1）申请注销登记的情形。
民办非企业单位有下列情况之一的，必须申请注销登记：
1）章程规定的解散事由出现。
2）不再具备《民办非企业单位登记管理暂行条例》第八条规定条件的（第八条 申请登

记民办非企业单位，应当具备下列条件：经业务主管单位审查同意；有规范的名称、必要的组织机构；有与其业务活动相适应的从业人员；有与其业务活动相适应的合法财产；有必要的场所）。

3）宗旨发生根本变化的。

4）由于其他变更原因，出现与原登记管理机关管辖范围不一致的。

5）作为分立母体的民办非企业单位因分立而解散的。

6）作为合并源的民办非企业单位因合并而解散的。

7）民办非企业单位原业务主管单位不再担当其业务主管单位，且在 90 日内找不到新的业务主管单位的。

8）有关行政管理机关根据法律、行政法规规定认为需要注销的。

9）其他原因需要解散的。

属于第 7 项规定的情形，民办非企业单位的原业务主管单位须继续履行职责，至民办非企业单位完成注销登记。

（2）民办非企业单位注销登记的流程。

1）民办非企业单位召开理事会审议通过注销登记事项。

2）在登记管理机关、业务主管单位（直接登记的除外）指导下成立清算组织进行资产清算。

3）报业务主管单位审查同意（直接登记的除外）。

4）按规定向登记管理机关提交注销登记的申请材料。

5）登记管理机关审查，做出准予注销登记的决定，并下达《民办非企业单位准予注销登记决定书》。

6）登记管理机关收回证书、印章、财务凭证并公告。

（3）民办非企业单位注销登记须提交的材料。

1）法定代表人签署并加盖单位公章的注销登记申请书。法定代表人因故不能签署的，民办非企业单位应提交不能签署的理由的文件。

2）理事会或董事会会议纪要。

3）业务主管单位审核同意注销的文件（直接登记的除外）。

4）清算小组人员签字的清算报告（民办非企业单位债权债务情况说明，清算小组人员名单，剩余财产处理意见，会计师事务所出具的审计报告）。

5）民办非企业单位法人登记证书（正、副本）。

6）民办非企业单位公章、财务章、财务账册和财务凭证、内设机构印章。

7）填写《民办非企业单位注销登记表》。

5. 民办非企业单位的年度检查应提交的材料

民办非企业单位应当于每年 3 月 31 日前向业务主管单位报送上一年度的工作报告，经业务主管单位初审同意后，于 5 月 31 日前报送登记管理机关，接受年度检查。工作报告内容包括：本民办非企业单位遵守法律法规和国家政策的情况、履行登记手续的情况、按照章程开展活动的情况、人员和机构变动的情况以及财务管理的情况。登记管理机关在收到全部年检材料30日内对民办非企业单位做出年检结论。

案例阅读

某社会捐助服务中心（民办非企业单位）与地方医疗机构合作，虚构扶贫救助项目，支出50万元，并将该笔款项用于理事分红。

【思考】该行为违法了哪些规定？

【职业素养】社会组织登记管理工作人员，在日常登记、年检、随机抽查和执法监督检查中，需重点关注民办非企业单位的非营利性审查。

拓展知识

教育部办公厅等三部门印发通知部署将面向义务教育阶段学生的学科类校外培训机构统一登记为非营利性机构工作

为贯彻落实中共中央办公厅、国务院办公厅印发的《关于进一步减轻义务教育阶段学生作业负担和校外培训负担的意见》（以下简称"双减"文件），教育部会同民政部、市场监管总局印发通知，就将面向义务教育阶段学生的学科类校外培训机构统一登记为非营利性机构工作进行部署。

通知强调，以习近平新时代中国特色社会主义思想为指导，全面贯彻党的教育方针，坚决落实"双减"文件精神，全面规范校外培训行为。坚持社会主义办学方向和教育公益属性，发展素质教育，保障教育公平，坚决防止侵害群众利益行为。坚持登记路径科学合理、高效便捷，明确部门职责分工，简化工作程序，加强统筹协调、部门联动。坚持依法依规、平稳有序，确保存量课程稳步消化、人员安置妥善合理、财物处置合理合法。

通知明确，对于现有面向义务教育阶段学生的学科类校外培训机构，按照线下非营利性学科类培训机构、线下营利性学科类培训机构、线上学科类培训机构以及终止培训机构等不同情况，采取相应办法予以办理。2021年年底前完成面向义务教育阶段学生的学科类校外培训机构统一登记为非营利性机构的行政审批及法人登记工作，培训机构在完成非营利性机构登记前，应暂停招生及收费行为。

通知要求，各地要建立联合工作组，明确时间表、路线图，制定专项工作方案和工作流程，统筹协调推进面向义务教育阶段学生的学科类校外培训机构登记工作。要建立问责机制，对责任不落实、措施不到位的相关单位及责任人严肃问责，确保工作按期完成。

资料来源：中华人民共和国教育部政府门户网站，
http://www.moe.gov.cn/jyb_xwfb/gzdt_gzdt/s5987/202109/t20210907_560329.html。

任务五　熟悉社会组织执法监督

任务描述

熟悉社会组织管理执法监督依据，掌握行政执法的基本要求，正确判断社会组织违法行为性质并严格执法。本任务主要训练学生依法执行社会组织执法监督的能力。

任务实施

（1）做好事先预防工作，防止社会组织出现违法现象。在前期咨询、登记、日常监督等工作中，加强对社会组织的沟通和教育，防患于未然。

（2）各级社会组织管理机关在年检、评估和日常登记管理工作中，应注意通过各种渠道发现并收集社会组织违法情况的证据，如社会组织拒绝接受登记管理机关的监督检查的文字记录，业务主管单位吊销执业资格证的文件、年检不合格的文字记录等。发现社会组织有涉嫌违法行为，造成不良社会影响的，或社会各界及群众反映社会组织违法、违规、违章行为，造成不良社会影响的情况时，应当确定承办人员去核实违法事实。

（3）根据国家相关法律法规对掌握的社会组织违法情况进行认定。

1）具有下列情形之一的属于非法社会组织：筹备期间开展筹备以外活动的；未经登记，擅自以社会团体或者民办非企业单位名义进行活动的；被撤销登记后继续以社会团体、民办非企业单位、基金会、基金会分支机构、基金会代表机构或者境外基金会代表机构名义进行活动的。

2）取得业务主管单位批准文件或执业许可证后没有按规定办理社会团体或民办非企业单位登记，擅自开展活动的；未经业务主管单位批准，擅自开展涉外活动或接受涉外捐赠的；业务活动违反其他法律、法规的。

（4）各级登记管理机关要联合有关部门取缔非法社会组织，没收其非法财产；其负责人构成犯罪的，要依法移交公安部门追究刑事责任。

（5）对那些不需要许可的事项（如内部组织变动）、不属于本机关许可权限的事项，民政部门应不予受理。行政许可应严格按照《中华人民共和国行政许可法》（以下简称《行政许可法》）规范操作。

（6）行政处罚中，如果无法找到被撤销的社会团体负责人，无法直接送达行政处罚决定书的，可以邮寄送达，需将经收件人签字的邮寄回执归档留存，无法收缴证书、印章、财务凭证的，在刊登撤销登记公告的同时，一并公告作废。

（7）行政强制中，取缔非法社会组织的时候不能对非法社会组织/非法社会组织的主要发起单位行文，取缔文书不能采用行政处罚决定书的格式，而应使用《非法社会组织取缔决定书》，决定书上应说明非法社会组织活动事实，取缔的法律依据和明确的取缔决定。文件中出现的非法社会组织名称必须加双引号,也不能赋予非法社会组织行政复议权和行政诉讼权。

任务引导

1. 掌握与社会组织相关的法律法规,并能正确运用。
2. 明白执法监督的必要性。

知识链接

行政执法是行政机关及其个体的执法人员为实现一定的行政管理目标或维护一定的行政管理秩序,按照法律或规章的规定,以特定行政机关的名义,针对具体的事实或事件,对特定的公民、法人或其他组织采取的能够直接产生法律效果的执法行为。社会组织行政执法工作包括对社会组织违法行为的查处和对非法社会组织的取缔及劝散。对社会组织违法行为的查处包括对社会组织违法行为的查处和行政处罚,其中行政处罚主要有警告、限期停止活动、撤销登记、没收罚款等。

目前,我国对社会组织的行政处罚主要依据可以分为三类:第一类是全国人大制定的法律,包括《行政许可法》《中华人民共和国行政处罚法》等法律;第二类是国务院制定的行政法规,包括《社会团体登记管理条例》《民办非企业单位登记管理暂行条例》《基金会登记管理条例》;第三类是民政部门根据国家法律法规制定的行政规章,包括民政部制定的《取缔非法民间组织暂行办法》《社会团体分支机构、代表机构登记办法》《社会团体年度检查暂行办法》《民办非企业单位登记管理暂行办法》《民办非企业单位名称管理暂行规定》《民办非企业单位年度检查办法》《基金会信息公布办法》《基金会名称管理规定》和各省级民政部门根据国家法律法规制定的行政规章。

县级及以上社会组织管理机关负责本层级所登记管理的社会组织的执法监督工作。

社会组织登记管理行政执法的种类如下:

(1)行政许可。社会组织行政许可属于2004年7月1日施行的《行政许可法》第十二条第五项:企业或者其他组织的设立等,需要确定主体资格的事项。社会组织行政许可必须严格按照《行政许可法》规定的条件和程序规范操作,社会组织管理部门不得随意增加或减少社会组织行政许可事项。社会组织行政许可包括各类社会组织成立、变更、注销登记等事项。

(2)行政监督。社会组织行政监督是民政部门根据国家法律法规对社会组织进行监督检查的行为,主要包括年检、财务监督管理、基金会信息披露、监督行业协会整改及社会团体换届等工作。

(3)行政处罚。行政处罚是行政机关对违反行政法律法规的行政相对人依法实施的一种制裁性的具体行政行为。实施社会组织行政处罚必须严格遵守法定程序。具体程序为确定管辖、审查立案、调查取证、事先告知、听取陈述和申辩(较重处罚的:听证程序)、做出处罚决定、制作行政处罚书、送达行政处罚决定书、执行、公告、结案归档。

（4）行政强制。行政机关为了实现一定的行政目的、依法采取强制措施对相对人主体资格或财产予以处置的行为，包括取缔非法社会组织，没收非法财产，收缴印章、证书、财务凭证，封存印章、证书、财务凭证等。具体程序为：立案、调查取证、做出行政强制措施决定、执行、公告（取缔非法社会组织的）、结案归档。

2021年3月，民政部等22部门联合发布《关于铲除非法社会组织滋生土壤 净化社会组织生态空间的通知》。通知要求，企事业单位和社会组织不得与非法社会组织有关联，党员干部不得参与非法社会组织活动，新闻媒体不得宣传报道非法社会组织活动，各种公共服务设施和场所不得为非法社会组织提供便利，各互联网企业不得为非法社会组织线上活动提供便利，各金融机构不得为非法社会组织活动提供便利，进一步提高非法社会组织的违法成本。

拓展知识

民政部曝光10起非法社会组织典型案例

非法社会组织扰乱社会组织登记管理秩序，污染社会组织发展环境，侵蚀相关企事业单位和人民群众财产，危害社会稳定和经济发展。2021年3月20日以来，根据党中央、国务院决策部署，民政部等18部委联合行动，各地民政部门重拳出击，集中打击整治各类非法社会组织，有效净化了社会组织发展环境，维护了有关企事业单位和人民群众的合法权益。

一、取缔"北京相对论研究联谊会"案

"北京相对论研究联谊会"未经登记，擅自以社会团体名义进行活动，设立15个内设机构和"学术委员会""青年科学家联盟"等38个分支机构，在全国各地举办论坛，开展"北相十五大领域首席科学家"等评奖评选活动，并组织制造所谓"永动机""虫洞输通机""意念照相机""心灵感应机"等设备。该非法社会组织与境外组织共同出版多份刊物，围绕反相对论等伪科学研究，发表违背科学常识的"研究成果"，其中"熟鸡蛋返生"事件引发网络热议。2021年6月，北京市民政局依法对"北京相对论研究联谊会"及其分支机构予以取缔。

二、取缔"中国保健营养理事会"案

"中国保健营养理事会"未经登记，对外宣称为医疗卫生、营养保健领域的生产经营和科研单位，以及健康领域企业家、专家学者自愿组成的服务性、学术性行业团体。该非法社会组织内设理事长、副理事长、理事等，下设"母婴专业委员会""中医全息医学专业委员会""健康工程展示中心"等多个分支机构，通过参与主办"产业博览会""产业大会"等活动，向部分参会人员颁发培训证书并收取费用。2021年4月，北京市民政局依法对"中国保健营养理事会"及其分支机构予以取缔。

三、取缔"全国职业院校融媒体联盟"案

"全国职业院校融媒体联盟"未经登记，对外宣称为助力国家融媒体发展战略、推动职业教育融媒体发展而成立。该非法社会组织内设理事长、秘书长、常务理事等，下设地域性分支机构"齐鲁职业院校融媒体联盟",并在全国范围内吸纳100多家职业教育院校"入盟",向部分职业教育院校颁发"常务理事单位"牌匾。2019年以来,先后在天津、内蒙古、山东等地多次召开全国性会议并收取会务费。2021年7月,天津市民政局依法对"全国职业院校融媒体联盟"予以取缔。

四、取缔"中国美术高考教育联盟"案

"中国美术高考教育联盟"未经登记,自称是全国各地美术培训学校、美术工作者、美术教育者以及美术爱好者组成的专业公益性社会团体组织。该非法社会组织制定所谓"章程",内设会长、副会长、秘书长、副秘书长等,在全国22个省份发展理事单位47家,并相继在河北、浙江、安徽、福建等地召开6次"联盟峰会"。2021年5月,河北省石家庄市民政局依法对"中国美术高考教育联盟"予以取缔。

五、取缔"中国大宗商品发展研究中心"案

"中国大宗商品发展研究中心"未经登记,对外宣称为国内知名大宗商品交易机构、国有银行和财经类高校联合发起成立,致力于研究、服务大宗商品行业的第三方平台。该非法社会组织内设理事会、秘书处、秘书长等,在微信公众号及有关媒体上发表宣传文章,在北京、上海等地多次召开会议、举办论坛,并以"中国大宗商品发展研究中心"名义到企业开展调研,吸纳多家大宗商品交易机构成为"会员单位"。2021年6月,上海市民政局依法对"中国大宗商品发展研究中心"予以取缔。

六、取缔"上海老房子俱乐部"案

"上海老房子俱乐部"未经登记,自称是非营利性的民间俱乐部,打着所谓"欣赏、探索和研究海派风格老建筑及相关作品,扩大海派风格老建筑影响力"的幌子,为某文化传媒公司开展经营活动宣传造势。该非法社会组织制定所谓"章程",内设理事长、副理事长、理事等,通过发展"会员"收取"会员费"和"注册费",还组织"会员"参加讲课、讲座等活动并收取费用。2021年6月,上海市民政局依法对"上海老房子俱乐部"予以取缔。

七、取缔"大国徽商企业家联合会"案

"大国徽商企业家联合会"未经登记,擅自以社会团体名义进行活动,租借安徽省合肥市某网红打卡地,公开发布"大国徽商企业家联合会启动仪式隆重举行"消息,诱导不明真相的企业负责人入会,并收取不同等级的"会费",增加企业负担,造成不良社会影响。2021年5月,安徽省民政厅联合省公安厅、合肥市公安局蜀山分局依法对"大国徽商企业家联合会"予以取缔。

八、取缔"中国膜结构行业协会"案

"中国膜结构行业协会"未经登记,对外宣称为全国各地膜结构建筑企业和附属单位以及行业相关专业人士组成的行业组织。该非法社会组织下设"膜结构工程设计中心""项目融资中心""工程法律顾问中心"等多个分支机构,违规刻制公章、开设网站,发展70余家"会员单位"并收取"会费",还向部分"会员单位"发放膜结构企业等级会员证书。2021年4月,湖南省民政厅联合长沙市民政局、长沙市公安局天心区分局、天心区黑石铺街道依法对"中国膜结构行业协会"予以取缔。

九、取缔"智慧中国联合会"案

"智慧中国联合会"未经登记,对外宣称是智能安防、物联网、云计算等高科技企业的企业家自发创办的非营利民间社会团体组织。该非法社会组织内设主席、副主席、执行主席、秘书长等,在全国多个省份发展"会员",先后在江苏、广东等地召开理事会、举办论坛,并多次举办面向安防领域企业的评奖评选活动。2021年5月,深圳市民政局依法对"智慧中国联合会"予以取缔。

十、取缔"中国红色书画院"案

"中国红色书画院"未经登记,打着"弘扬革命传统、传承红色基因、激发爱国情怀"的幌子,借中国共产党成立100周年之机,组织汇展全国各地红色书画爱好者的作品1000多幅,并开展相关培训活动,造成不良社会影响。此外,该非法社会组织还设立了"中国红色书画创作中心""中国红色教育培训中心""中国红色书画院江西分院""中国红色书画院井冈山工作站"等多个分支机构。2021年7月,江西省民政厅联合南昌市民政局依法对"中国红色书画院"及其分支机构予以取缔。

资料来源:中华人民共和国民政部官方网站,
http://www.mca.gov.cn/article/xw/mzyw/202109/20210900036605.shtml。

练 习 题

一、填空题

1. 社会组织具有_____、民间性、自治性特点。
2. 社会组织的类型有_____、基金会、民办非企业单位(社会服务机构)三种。

二、单项选择题

1. 根据《"十四五"社会组织发展规划》,获得3A(含)以上评估等级的全国性、省本级登记的社会组织占其登记社会组织比例应达到( )。
   A. 15%   B. 25%   C. 35%   D. 45%

2. 成立登记社会团体应当具有( )个以上的个人会员或者( )个以上的单位会员;个人会员、单位会员混合组成的,会员总数不得少于( )个。
   A. 50、30、50
   B. 30、40、50
   C. 50、50、50
   D. 50、40、50

3. 公募基金会每年用于从事章程规定的公益事业支出,不得低于上一年总收入的( )。
   A. 50%   B. 60%   C. 70%   D. 80%

三、多项选择题

1. ( )社会组织可以依法直接向民政部门申请登记,不再经由业务主管单位审查和管理。

  A. 行业协会商会类   B. 科技类

  C. 公益慈善类   D. 城乡社区服务类

 2. 社会组织在履行公益责任中，发挥（　　）功能。

  A. 服务国家   B. 服务社会   C. 服务群众   D. 服务行业

四、判断题

1. 异地商会和基金会登记成立的审批权从省级民政部门下延到县级以上民政部门。（　　）
2. 国家机关可以作为单位会员加入社会团体。（　　）
3. 现职国家工作人员不得兼任基金会理事长、副理事长和秘书长。（　　）
4. 基金会的法定代表人可以同时担任其他组织的法定代表人。（　　）
5. 2021年年底前面向义务教育阶段学生的学科类校外培训机构必须统一登记为非营利性机构。（　　）

五、问答题

在打击整治非法社会组织行动中，各部门如何按照"六不得一提高"的要求形成联动合力？

项目十　管理行政区划和地名事务

> **项目概述**
>
> 行政区划是国家为了便于行政管理方便，对其领土疆域所进行的行政区域划分。古今中外每个国家都把自己国家的领土疆域划分为若干不同层次的大小不等的行政区域，并在这些行政区域里设置与之对应的国家政权机关，以实现对其有效的管理与国土资源利用。
>
> 本项目要求学生通过学习相应的行政区划法律法规，结合具体案例，理解行政区划的功效与在社会变革中的作用，掌握民政部门在行政区划中的职责和使命担当。
>
> 本项目包括：认知行政区划、做好行政区划变更、熟悉边界争议处理、熟悉行政区域界线管理、熟悉地名命名与更名。

背景介绍

行政区划是国家行政建制及其变革的外在表现，国家治理、各项社会事业繁荣和民族振兴是行政区划的使命担当。国家根据社会治理、经济发展、社会事业繁荣的需要，按照人民的利益意志，根据一定的法律、法规、政策，将国家领土划分为若干层次不同、规模各异的区域，并在各个相应的政区设置相应的国家政权机关，赋予相应的职责权力，以充分有效率地治理地方、处置地方各类突发事件，以充分实现国家政权的管理目标。

任务一　认知行政区划

任务描述

行政区划是国家对行政区域的划分，一般具有历史继承性和相对稳定性。特别是一些较大的行政区域，建制以后往往相对不变。行政区划的划分，不仅要考虑政治需要，还要综合权衡经济联系、生产力要素流向、文化构成、民族分布、人口状况、军事防御的需要和交通通信条件，具体设计行政区域层级，进行地方行政等级和隶属结构网络的划分设计，实现国家治理与事业繁荣的目标。

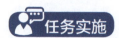 任务实施

1. 承办行政区划调整事项

民政部门承办行政区划变更事项：代本级行政机关拟定行政区划变更方案，起草行政区划调整报告（报告内容主要包括变更的理由、范围、隶属关系、政治经济情况、人口数和面积，以及拟变更的行政区域界线地图）；代本级行政机关审核下级行政机关上报的行政区划变更报告，提出审核意见，以请示报告的形式报本级行政机关；代本级行政机关草拟批复稿，或经本级行政机关授权，直接批复下级行政机关；组织、参与行政区划调整事宜的实地调查工作，广泛听取各方面的意见，应分别征求本级民族、人事、财政、外事、城乡建设、农业、林业、发改、统计等有关部门的意见。

2. 负责行政区划理论研究

民政部门组织开展行政区划基础理论研究，负责本级行政区划研究会筹建和日常工作，召开行政区划研讨会，参加与行政区划有关理论会议，编辑出版行政区划论文集；承担行政区划战略研究，构思本级行政区行政区划宏观设想，组织制定行政区划宏观设想实施方案，负责行政区划改革的试点推广工作；探索具有中国特色的城镇化道路，制定本行政区市镇发展战略和近期目标。

3. 负责行政区划法制建设

《地名管理条例》颁布实施以来，我国经济社会快速发展。2018 年 12 月，民政部、公安部、自然资源部、住房和城乡建设部、交通运输部、国家市场监督管理总局联合印发《关于进一步清理整治不规范地名的通知》（民发 [2018]146 号），将不规范地名分为四类，即刻意夸大的"大地名"、崇洋媚外的"洋地名"、怪异难懂或带有浓重封建色彩的"怪地名"、重名同音的"重地名"。

地名管理上的不作为基本得不到追责，一些城市存在多条重名路名，却多年不更名，让市民傻傻分不清楚，走了很多冤枉路，降低社会运行效率；一条道路建成好几年，却长期是"无名氏"。现行条例没有建立追责机制，也就难以杜绝地名管理上的不作为。此次修订《地名管理条例》，对于推进国家治理体系和地名管理规范化、标准化、法治化、现代化水平，意义重大。

民政部门草拟、修订、解释行政区划法律和法规，参与起草或修订与行政区划有关的法律和法规，监督行政区划法规的贯彻，实地调查行政区划法规实施情况，在法规的草拟、修订过程中，组织有关专家共同论证，征求有关部门和下级民政部门的意见，向上级民政部门反映行政区划法规在实际工作中遇到的问题。

4. 收集整理行政区划资料、档案

收集整理行政区划资料、档案的原则：尊重历史，观点正确，行政区划所涉条目要如实反映历史真实，做到资料翔实可靠，史实准确无误；中心明确，越界不书；大事突出，要事不漏，凡涉及历史影响深远的区划事件，要文脉清晰，该详则详，无足轻重的要一笔带过；

要素齐备，简明扼要，区划地名大事记包括背景、时间、地点、人物、数据、原因、经过、结果、影响等，做到文字精练，文简事丰；理尽一言，语无重出。

建立完整的行政区划档案，收集整理古今中外的行政区划资料和与行政区划有关的人口、面积、人员编制等基础资料，编辑本行政区行政区划简册。

5. 其他职责

办理本级人大、政协有关行政区划提案、议案；承担有关行政区划的信访接待工作；指导下级民政部门的行政区划工作；承办本级行政机关和上级民政部门交办的其他有关行政区划事项。

任务引导

掌握行政区划的内容。

知识链接

1. 行政区划的特点

（1）综合性特点。行政区划是一个由政治、经济、民族、国防、宗教、社区等多种社会要素和土地保护、资源开发与保护、生态环境变迁等多种自然要素组合而成的综合有机体，它的存在和变革，除受经济发展规律、社会发展规律影响外，还受自然发展规律制约。因此，做好行政区划工作，首先要做好行政区划规划，要未雨绸缪、高瞻远瞩，顺应现实与历史的变革要求和人文特点。

（2）地方性特点。所有的行政区划都是指代特定地域空间的范畴，世界上没有两个完全一样的行政区划，所有的行政区划都具有不能忽视和不能被完全取代的区域个性。做好行政区划工作，除了有共性工作规律要遵守以外，一定要尊重个性。要善于发现和利用好行政区划的个性潜力和个性优势，做好地方性行政区划工作。

（3）预见性特点。人类未来发展具有人口城镇化、生产工业化效率化、产品集约化现代化、生活服务网络化便利化等特点，行政区划发展要顺应人类经济社会发展规律，行政区划规划要把握人类发展的大趋势。

（4）相对稳定性特点。古今中外各国的行政区划既有各自的特性，又有共性，可以相互借鉴。对于同一个国家来说，今天的行政区划，是在过去的基础上逐步演变而来的，或多或少地继承了前代的行政区划，完全脱离原有的基础开创全新的行政区划是不可能的。事实上，后一代行政区划的很多创新正是萌发于前代的行政区划渐变之中，而且位于地表一定位置的特定区域的行政区划，必然受到当地地理条件、风俗习惯、传统因素的影响，而这些因素都有很强的稳定性，受其影响，行政区划也肯定具有相对的稳定性。行政区划属于上层建筑范畴，受经济基础的制约，而经济基础的发展变化是长期缓慢渐进的过程，这也决定了行政区划具有相对稳定性特点。

2. 行政区划的基本结构

行政区划结构是行政组织结构的外在表现。一个国家怎样进行行政架构？怎样完善、系统和有效率地构建政府层次和管理幅度，从而实现低成本、有弹性、有韧劲、有效率、能持久治理好一个国家，繁荣国民的各项社会事业和民生福祉？这就需要审慎而恰当地选择和安排好适应本国国情和当前国际大环境的行政区划基本结构。

案例阅读

1987年8月24日，国务院向第六届全国人民代表大会常务委员会提出议案，建议撤销海南行政区，把海南行政区从广东省划出来，成立海南省。1987年9月2日，出席第六届全国人大常委会第二十二次会议的委员一致赞成国务院关于设立海南省的提议，提请全国人民代表大会审议决定，并同意授权国务院成立海南建省筹备组。

1988年4月13日，第七届全国人民代表大会第一次会议审议通过《关于设立海南省的决定》。决定将海南行政区从广东省分出，设立海南省，简称"琼"，省会设在海口市。撤销海南行政区人民政府，海南省直隶国务院。海南省实行省直接领导市（县）的地方行政体制。同年4月26日北京时间11时40分，海南省人民政府在海口市海府大道59号正式挂牌。

30多年来，在党中央坚强领导和全国大力支持下，海南经济特区坚持锐意改革，勇于突破传统经济体制束缚，经济社会发展取得了令人瞩目的成绩。1987年，海南地区生产总值仅有57.28亿元，地方财政收入不到3亿元。到2017年，海南地区生产总值达到4462.5亿元，按年平均常住人口计算，海南省人均地区生产总值48430元，比上年增长6.1%，地方一般公共预算收入674亿元，地区生产总值、人均生产总值、地方财政收入分别增长21.8倍、14.3倍、226.8倍，现代服务业、热带农业、新型工业迅速成长，交通、电力、水利、通信等基础设施日趋完备。改革开放取得重要突破，在农垦体制改革、"多规合一"改革、省直管市县的行政管理体制改革、航权开放等方面走在全国前列。国际交流合作空前扩大，成功举办了18届博鳌亚洲论坛年会。在全国率先建设生态省，大气和水体质量保持领先水平。人民生活明显改善，教育、卫生、文化等社会事业加快发展，城乡面貌发生深刻变化。经过30多年不懈努力，海南已从一个边陲海岛发展成为我国改革开放的重要窗口。

【思考】海南行政区划体制改革的意义是什么？

【职业素养】行政区划工作者胸怀国家富强民族振兴的中国梦，对所从事的各项工作要有历史担当和人民担当，所有关于行政区划重要决策要坚持四有原则，即：一是有理，既符合客观实际，又符合科学理性原则，工作在启动之初，要有民意听证、专家论证、部门调研，所有记述及论证过程要真实可靠；二是有标准，行文要规范，所有释文及论证要有质量标准；三是有据，论证记述要有凭据，重要决策要有法律依据；四是有效，有效果，预期目标要清晰，工作要有效率。

任务二 做好行政区划变更

任务描述

行政区划变更即对行政区域所做的调整和变动,包括行政区域单位的设立、撤销、更名,行政区行政机关驻地迁移、隶属关系变更和行政区域界线的变更等。行政区划变更涉及面广,必须持十分慎重的态度,并尽可能地保持行政区划的相对稳定。不合理的变动,将造成人力、物力的浪费,阻碍经济的发展。行政区划的变更,必须方案完整,科学合理,并且依法逐级完成上报审批手续。

任务实施

2018年10月发布的《行政区划管理条例》,对行政区划变更的报批程序和审批权限做了具体规定。

(1)设立、撤销及变更行政区划的隶属关系或者行政区域界线时,应当考虑经济发展、资源环境、人文历史、地形地貌、治理能力等情况;变更人民政府驻地时,应当优化资源配置、便于提供公共服务;变更行政区划名称时,应当体现当地历史、文化和地理特征。

(2)省、自治区、直辖市的设立、撤销、更名,报全国人民代表大会批准。

国务院审批的行政区划变更包括:省、自治区、直辖市的行政区域界线的变更,人民政府驻地的迁移,简称、排列顺序的变更;自治州、县、自治县、市、市辖区的设立、撤销、更名和隶属关系的变更以及自治州、自治县、设区的市人民政府驻地的迁移;自治州、自治县的行政区域界线的变更,县、市、市辖区的行政区域界线的重大变更;凡涉及海岸线、海岛、边疆要地、湖泊、重要资源地区及特殊情况地区的隶属关系或者行政区域界线的变更。

(3)国务院授权,省级人民政府审批的行政区划变更包括:县、市、市辖区的部分行政区域界线的变更,县、不设区的市、市辖区人民政府驻地的迁移,省级人民政府批准变更时,同时报送国务院备案;乡、民族乡、镇的设立、撤销、更名,行政区域界线的变更,人民政府驻地的迁移。

依照法律、国家有关规定设立的地方人民政府的派出机关的撤销、更名、驻地迁移、管辖范围的确定和变更,由批准设立该派出机关的人民政府审批。

市、市辖区的设立标准,由国务院民政部门会同国务院其他有关部门拟订,报国务院批准。

镇、街道的设立标准,由省、自治区、直辖市人民政府民政部门会同本级人民政府其他有关部门拟订,报省、自治区、直辖市人民政府批准;批准设立标准时,同时报送国务院备案。

(4)申请变更行政区划需要向上级人民政府提交的材料包括:申请书;与行政区划变更有关的历史、地理、民族、经济、人口、资源环境、行政区域面积和隶属关系的基本情况;

风险评估报告；专家论证报告；征求社会公众等意见的情况；变更前的行政区划图和变更方案示意图；国务院民政部门规定应当提交的其他材料。

（5）民政部门在承办行政区划变更工作时，应当根据情况分别征求有关机构编制部门和本级人民政府的外事、发展改革、民族、财政、自然资源、住房城乡建设、城乡规划等有关部门的意见。在承办民族自治地方的行政区划变更的工作时，应当同民族自治地方的自治机关和有关民族的代表充分协商。

（6）关于行政区划变更办理时效和民政部门职责的规定。有关地方人民政府应当自审批机关批准行政区划变更之日起12个月内完成变更；情况复杂，12个月内不能完成变更的，经审批机关批准，可以延长6个月；完成变更时，同时向审批机关报告。

行政区划变更后，应当依照法律、行政法规和国家有关规定勘定行政区域界线，并更新行政区划图。

行政区划变更后，需要变更行政区划代码的，由民政部门于1个月内确定、公布其行政区划代码。

行政区划变更后，有关地方人民政府应当向社会公告。

民政部应当建立行政区划管理的信息系统，省级人民政府应当报送本行政区域行政区划变更的信息。

县级以上人民政府民政部门，应当加强对行政区划档案的管理。行政区划管理中形成的请示、报告、图表、批准文件以及与行政区划管理工作有关的材料，应当依法整理归档，妥善保管。

（7）关于办理行政区划变更责任追究机制的规定。上级人民政府应当加强对下级人民政府行政区划管理工作的监督、指导，违反相关规定，未及时完成行政区划变更、备案、信息报送的，由上一级人民政府责令限期完成；违反相关规定，擅自变更行政区划的，由上一级人民政府责令改正，对直接负责的主管人员和其他直接责任人员，依法给予处分；违反相关规定，在行政区划变更过程中弄虚作假的，对直接负责的主管人员和其他直接责任人员，依法给予处分，构成犯罪的，依法追究刑事责任；国家工作人员在行政区划的管理工作中，滥用职权、玩忽职守、徇私舞弊的，依法给予处分，构成犯罪的，依法追究刑事责任。

任务引导

掌握行政区划变更的报批程序和审批权限。

知识链接

1. 导致行政区划变更的主要因素

行政区划具有政治性、历史性、社会性、民族性，其变更兼具地理因素、经济因素驱动，必须遵循客观规律，是需要进行标准化、规范化操作的一项技术性工作。古往今来，从历史经验来看，导致行政区划变更主要有下列因素：

（1）政治因素。行政区划的变更，体现了统治阶级施政一方的战略思想、政治理念和对实现执政目标的追求。历史上重大的社会变革、朝代更替，往往带来较大的行政区划变更，这是行政区划政治性因素决定的。

（2）历史因素。每个国家的行政区划状况和更替都是该地活生生的一部历史剧，我们常常把一地的历史比喻成历史长河。水能载舟亦能覆舟，一地的行政区划能生生不息，经得起历史长期的检验，背后必然有符合客观规律的东西，我们开展行政区划工作不能割断历史。我国历史上主要采用单一制中央集权的政治体制，行政区划多为二级制和三级制，少数采用四级制。

（3）地理因素。行政区划说到底是划地而治，划分行政区划，必然要考虑自然界的天然分界线。这就是说，我国行政区划多数是以山脉、河流、海湾、海峡、湖泊等自然地理条件为自然分界线的，同时要考虑经济区划、民族区划、文化区划、国防军事区划，更主要的是要考虑人与人之间的经济联系、情感联系、社会交流交往的主观需求的满足。

（4）社会因素。社会因素的内容很广泛，与行政区划密切相关的首推人口数量，人口结构，经济社会发展状况，公共设施、公益事业的布局和人们日常生产生活上的互补关系。人口高度集中、经济社会发展状况良好，往往形成市镇。当今世界，大多数国家把人口密集程度和数量多少以及经济规模和经济总量作为划分城乡和城市等级的标准。目前，我国也采取这种方法。

（5）民族因素。民族是人类历史上形成的具有共同语言文字、共同思想信仰和共同生产生活方式的人类生活共同体，是在历史长河中具有稳定的血缘、地缘联系，且具有共同的语言、文化、信仰、价值观念、生产生活方式的共同体。中华民族历史悠久，56个民族是一家。团结就是力量，独立、富强、民族团结才能长盛不衰，才是中国人的幸福源泉。

（6）经济因素。行政区划与经济区划常常交织在一起，大千世界是物质世界，人类只有先创造物质文明，才能发展自身的精神文明。行政区划属于上层建筑，要为经济基础服务，这在任何历史时期都没有例外。而且随着经济的发展，农村诞生了城镇，小城市变成了大城市，大城市变成特大城市。随着交通通信条件的极大改善，为了提高管理效率，减少行政成本，让民众得到更多的福祉和便捷高效的政府服务，行政区划的扁平化、矩阵结构，成为执政者的一种改革选择。

2. 关于乡镇行政区划调整的规定

乡镇行政区划调整所在地，要根据经济和社会发展的需要，适时、合理地调整乡镇规模和布局，要有利于精简机构，减少乡镇行政人员和财政开支，减轻农民负担；要有利于优化区域资源配置，促进乡镇经济和社会事业的发展，要有利于优化小城镇体系结构，促进小城镇建设。

乡镇行政区划调整要立足长远,科学规划。在深入调查研究的基础上,着眼于乡镇经济和小城镇的长远发展,在充分考虑自然地理条件、经济社会发展水平、城镇建设、行政管理以及历史沿革和群众生产生活习惯、意愿等方面的因素并广泛征求各方面意见的基础上,制定科学合理的乡镇行政区划调整撤并方案,并严格按有关规定和程序报批,使乡镇行政区划调整能适应当地经济社会发展的需要并在较长时期内保持相对稳定。

乡镇行政区划调整的准备工作要充分,实施要迅速,尽可能减少人员思想波动,要有针对性地加强对干部群众的宣传教育,做好耐心细致的思想政治工作,要严格各项纪律,特别是组织人事纪律、财经纪律和廉政纪律,切实加强审计和监督,防止出现违纪违规行为。

乡镇行政区划调整要妥善处理乡镇集体资产。涉及集体财产管理的重要事项要经民主讨论通过,对合并乡镇的集体财产要实行统一审计、统一并账、统一管理,对有关乡镇的财务审计和封账必须在乡镇调整撤并方案实施前进行,被撤并乡镇政府的债权债务关系应明确转移到新设立的乡镇政府,并向群众和有关方面做出承诺,要明确农村土地承包合同不变等政策,切实保护农民的合法权益。

已经完成调整撤并乡镇工作的地方,根据经济社会发展的需要,在保持建设用地总规模不扩大,耕地和基本农田保护面积不减少的前提下,可以按照法定程序,修订县(市)域土地利用总体规划和城镇体系规划以及乡镇的经济社会发展规划、土地利用总体规划和建设规划,加快乡镇发展。

调整撤并村委会一般应以村委会为单位整建制撤并,必要时也可以自然村为单位进行调整。调整撤并的村委会或自然村要在地理上毗邻,以方便群众办事,有利于村民自治。调整撤并方案应由乡镇政府提出,经村民会议讨论同意后,报县级人民政府批准。村民会议没有同意的调整撤并方案,不能强行实施。要实行财务公开和民主理财,对并村后的村级集体资产和村民福利待遇,要防止简单平调和拉平。在调整过程中,不得以任何名义向农民进行集资和收费。调整撤并后的村委会应按《中华人民共和国村民委员会组织法》的规定设置,并按法定程序选举产生,对村干部职数要进行必要的压缩,对分流离岗的村干部,可从实际情况出发给予妥善安置或适当补偿。

> **拓展知识**
>
> 2010年7月,国务院批复北京市政府关于调整首都功能核心区行政区划的请示,同意撤销北京市东城区、崇文区,设立新的北京市东城区,以原东城区、崇文区的行政区域为东城区的行政区域;撤销北京市西城区、宣武区,设立新的北京市西城区,以原西城区、宣武区的行政区域为西城区的行政区域。批复要求北京市要尽快明确新设区政府驻地位置,并按程序报批。
>
> 根据北京市区县功能定位,首都功能核心区包括原东城、西城、崇文、宣武四个中

心城区。行政区划调整涉及的各类机构要按照"精简、统一、效能"的原则设置，涉及的行政区域界线要按规定及时勘定，所需人员编制和经费由北京市自行解决。要严格执行中央关于厉行节约的规定和国家土地管理法规政策，加大区域资源整合力度，优化总体布局，促进区域经济社会协调健康发展。

1. 区划调整

（1）新东城区。合并后新设立的东城区，辖区范围为原东城区和崇文区辖区范围，面积41.84平方千米，常住人口86.5万人。

（2）新西城区。合并后新设立的西城区，辖区范围为原西城和宣武区辖区范围，面积50.70平方千米，常住人口124.6万人。

2. 调整意义

此次调整行政区划，一是利于推进区域均衡发展。由于行政区划划分过细，四个区的发展受到空间因素的制约，特别是崇文和宣武发展受空间因素制约更为明显，经济社会发展滞后于核心区北部。通过行政区划的合并调整，有利于对现有的空间资源进行有效整合，推进核心区南北均衡发展。二是有利于提高核心区的承载能力和服务水平。通过核心区区划的合并调整，可大幅度提高合并后的两个区的综合实力，拓展发展空间，有利于提高核心区的承载能力和服务水平，也有利于解决四个区接合部管理薄弱的状况。三是有利于加强历史文化名城的整体保护。根据《北京城市总体规划（2004年—2020年）》，核心区与旧城保护区基本重合。旧城保护任务由四个区承担，不利于统一建设、管理和整体保护。区划调整后可以集中力量加快老城区改造，加大历史文化名城保护力度。四是有利于降低行政成本，提高行政效率。行政区划调整后，核心区减少两个行政区，有利于精简机构，合理配置地区经济、社会资源，提高行政效能，降低行政成本，提升核心区规划建设和整体管理水平，把首都功能核心区打造成为建设中国特色世界城市的示范区。

3. 中共中央、国务院决定设立国家级新区——雄安新区，以转移承接北京非首都功能

雄安新区重点承接北京非首都功能疏解，包括：①在京高等学校及其分校、分院、研究生院、事业单位；②国家级科研院所、国家实验室、国家重点实验室、工程研究中心等创新平台、创新中心；③高端医疗机构及其分院、研究中心；④软件和信息服务、设计、创意、咨询等领域的优势企业，以及现代物流、电子商务等企业总部；⑤银行、保险、证券等金融机构总部及其分支机构；⑥新一代信息技术、生物医药和生命健康、节能环保、高端新材料等领域的中央管理企业，以及创新型民营企业、高成长性科技企业；⑦符合雄安新区产业发展方向的其他大型国有企业总部及其分支机构；⑧国家确定的其他疏解事项。

雄安新区，为河北省管辖的国家级新区，位于河北省中部，地处北京、天津、保定腹地。雄安新区包括雄县、容城县、安新县三县及周边部分区域，起步区面积约100平方千米，中期发展区面积约200平方千米，远期控制区面积约2000平方千米。

任务三 熟悉边界争议处理

任务描述

行政区域边界争议又称行政区域边界纠纷，是指两个以上行政权力机关对其管辖的相毗邻的行政区域之间的界线走向存有异议进而发生争执的过程。具体来说，就是两个以上行政权力机关争夺相毗邻的特定区域的管辖权、受益权、土地和矿藏开发权等。在我国，土地主要有国有和集体所有两种所有制形式。因此，边界争议往往是毗邻的两个政府或乡村集体争夺主权划界，很少发生在两个个体或私营主体之间。从这个意义上说，边界争议是公有主体之间利益分配的矛盾问题，而此类矛盾显然属于人民内部矛盾。

边界争议的实质是资源权属争议。在边界争议背后，常常是公有主体之间争土地、草场、森林、矿藏、水源、滩涂等，单纯的行政区划之争是很少见的。

目前，调解处理行政区域边界争议的主要依据是国务院颁布制定的《行政区域边界争议处理条例》和《行政区域界线管理条例》。

任务实施

发生行政区域边界争议，民政部门工作人员要闻风而动，要有对人民群众生命财产安全高度负责的精神，迅速赶赴争议地区，在同级政府相关领导人的领导下，召集争议地区政府相关负责人会议，明确争议相关责任方责任，迅速建立调处工作责任机制，对争议双方约法三章，稳定事态，控制局面。

依据国务院颁布的《行政区域边界争议处理条例》，处理边界争议时的主要程序如下：

（1）边界争议发生后，争议双方人民政府必须立即派人到现场调查处理，如果争议现场人数多、事态较为严重，必须要有基层公安民警和社区工作人员现场值班维持秩序，首先遣散劝返聚集群众，同时要求任何一方都不得往争议地区迁移居民，任何一方政府不得在争议地区设置政权组织，不准破坏自然资源。

（2）省、自治区、直辖市之间的边界争议，由有关省、自治区、直辖市人民政府协商解决；经协商未达成协议的，双方应当将各自的解决方案并附边界线地形图，报国务院处理。国务院受理的省、自治区、直辖市之间的边界争议，由民政部会同国务院有关部门调解；经调解未达成协议的，由民政部会同国务院有关部门提出解决方案，报国务院决定。

（3）省、自治区、直辖市境内的边界争议，由争议双方人民政府协商解决，经协商未达成协议的，双方应当将各自的解决方案并附边界线地形图，报双方的共同上一级人民政府处理。争议双方的上一级人民政府受理的边界争议，由其民政部门会同有关部门调解，经调解未达成协议的，由民政部门会同有关部门提出解决方案，报本级人民政府决定。

（4）经双方人民政府协商解决的边界争议，由双方人民政府的代表在边界协议和所附边界线地形图上签字。

（5）争议双方人民政府达成的边界协议，凡不涉及自然村隶属关系变更的，自边界协议签字之日起生效。凡涉及自然村隶属关系变更的，必须按照《国务院关于行政区管理的规定》中有关行政区域界线变更的审批权限和程序办理。

（6）争议双方人民政府达成的边界协议生效后，由争议双方人民政府联合实地勘测边界线，标绘大比例尺的边界线地形图，并加盖双方人民政府印章后，即成为双方边界线地形图依据。

（7）地方人民政府处理的边界争议，必须履行备案手续，共同上报双方的上级人民政府备案，上报备案时，应当附实地勘测的边界线地形图。

任务引导

掌握处理边界争议时的主要程序。

知识链接

1. 边界争议的处理原则

处理因行政区域界线不明而发生的边界争议，应当本着有利于各族人民的团结，有利于国家的统一管理，有利于保护、开发和利用自然资源的原则，由争议双方人民政府从实际情况出发，兼顾当地双方群众的生产、生活，实事求是、互谅互让地协商解决。经争议双方协商未达成协议的，由争议双方的上级人民政府决定。必要时，可以按照行政区划的管理权限通过变更行政区域的方法解决。解决边界争议必须明确划定争议地区的行政区域界线。

2. 边界争议的处理依据

1996 年，国务院决定用 5 年时间全面勘定陆地，省、县两级行政区域界线，到 2001 年年底全面勘界任务已圆满完成，勘定省级行政区域界线 68 条、62000 多千米，县级行政区域界线 6300 多条、42 万千米（不含港澳台地区）。已经勘定的这些行政区域界线在中国历史上首次成为法定的界线。根据以上勘界结果，国务院制定颁布了《行政区域界线管理条例》，它是依法治界、减少边界纠纷的法律依据。

国务院及其省级人民政府批准的行政区划文件或者边界线地图，争议双方人民政府解决边界争议的协议和所附边界线地图，争议双方的上级人民政府解决边界争议的文件和所附边界线地图，发生边界争议之前，经双方人民政府核定一致的边界线文件或者盖章的边界线地图，都是作为处理边界争议的依据。

此外，可作为处理边界争议的参考依据还包括：根据有关法律的规定，确定自然资源权属时核发的证书；有关人民政府在争议地区行使行政管辖的文件和材料；争议双方的上级人民政府及其所属部门，或者争议双方人民政府及其所属部门，开发争议地区自然资源的决定或者协议；根据有关政策的规定，确定土地权属的材料等。

3. 边界争议的处理权限

边界争议的处理权限与边界争议的处理责任是不可分割的统一体。在我国各级政府行政管理过程中，权力和责任是统一而不可分的。宪法和法律在赋予一级地方政府法定职责的同时，意味着一级地方政府在履职尽责的过程中，享有相应的职权。

我国法律规定了行政区划管理和边界争议处理的追责机制，即一级政府对在其管辖的范围内发生的行政区划调整和边界争议处理结果负责，如有懈怠、渎职、越权侵害、漠视公民合法权益被侵害而不作为，甚至酿成可以避免的重大治安刑事案件，当地一级政府须承担责任。

处理边界争议属于人民内部矛盾的解决，一方面，强调尊重事实、尊重历史、依法依规办事；另一方面，强调思想教育、政策宣传、民主协商、互谅互让、求同存异、加强团结、榜样示范。维持边界争议地区的长期和谐稳定局面，营造边界地区良好的长期发展环境，是各级政府工作追求的理想目标。边界地区有了争议，提倡争议双方地方政府协商解决，协商达成协议，即可制作协议书并绘制相应的边界线，双方签字留存执行，报上级政府备案；协商达不成协议，报共同的上级人民政府出面解决。

任务四　熟悉行政区域界线管理

任务描述

1996—2001 年勘定的行政区域界线在中国历史上首次成为法定的界线。勘界的目的在于依法治界，明确各个行政区域管理的具体范围，减少边界纠纷，维护边界地区的稳定。国务院制定颁布的《行政区域界线管理条例》，是行政区域界线管理的主体法规。此外，《行政区域界线界桩管理办法》和《省级行政区域界线联合检查实施办法》《民政部关于调整变更行政区划时审核行政区域界线问题的通知》，亦应得到遵守。

任务实施

1. 行政区域界线管理

行政区域界线是指国务院和地方各级人民政府依法批准设立的毗邻行政区域分界线。

行政区域界线一旦形成具有严肃性、稳定性，任何组织或者个人不得擅自变更行政区域界线。

凡经主管人民政府批准变更行政区域界线的，毗邻的各有关人民政府应当按照勘界测绘技术规范进行测绘，埋设界桩，签订协议书，并将协议书报批准变更该行政区域界线的机关备案。

行政区域界线毗邻的县级以上地方各级人民政府应当建立行政区域界线联合检查制度，每5年联合检查一次。遇有影响行政区域界线实地走向的自然灾害、河流改道、道路变化等特殊情况，由行政区域界线毗邻的各有关人民政府共同对行政区域界线的特定地段随时安排联合检查。联合检查的结果，由参加检查的各地方人民政府共同报送该行政区域界线的批准机关备案。

勘定行政区域界线以及行政区域界线管理中形成的协议书、工作图、界线标志记录、备案材料、批准文件以及其他与勘界记录有关的材料，应当按照有关档案管理的法律、行政法规的规定立卷归档，妥善保管。

行政区域界线详图是反映县级以上行政区域界线标准画法的国家专门地图。任何涉及行政区域界线的地图，其行政区域界线画法一律以行政区域界线详图为准绘制。国务院民政部门负责编制省、自治区、直辖市行政区域界线详图；省、自治区、直辖市人民政府民政部门负责编制本行政区域内的行政区域界线详图。

因对行政区域界线实地位置认定不一致引发的争议，由该行政区域界线的批准机关依照该行政区域界线协议书的有关规定处理。

单方设立的指示行政区域界线实地位置的标志物应当清除，确须设立的，经毗邻的有关人民政府协商一致后共同设立或者增设界桩。

2. 行政区域界线管理罚则

有关国家机关工作人员在行政区域界线管理中有下列行为之一的，根据不同情节，依法给予记大过、降级或者撤职的行政处分：致使公共财产、国家和人民利益遭受重大损失的，依照刑法关于滥用职权罪、玩忽职守罪的规定，依法追究刑事责任；不履行行政区域界线批准文件和行政区域界线协议书规定的义务，或者不执行行政区域界线的批准机关的决定的；不依法公布批准的行政区域界线的；擅自移动、改变行政区域界线标志，或者命令、指使他人擅自移动、改变行政区域界线标志，或者发现他人擅自移动、改变行政区域界线标志不予制止的；毗邻方未在场时，擅自维修行政区域界线标志的。

故意损毁或者擅自移动界桩或者其他行政区域界线标志物的，应当支付修复标志物的费用，并由所在地负责管理该行政区域界线标志的政府民政部门处1000元以下的罚款；构成违反治安管理行为的，并依法给予治安管理处罚。

擅自编制行政区域界线详图，或者绘制的地图的行政区域界线的画法与行政区域界线详图的画法不一致的，由有关人民政府民政部门责令停止违法行为，没收违法编制的行政区域界线详图和违法所得，并处1万元以下的罚款。

3. 行政区域界线界桩管理

县级民政部门负责界线界桩的管理工作。

（1）界桩管理的依据。毗邻双方人民政府签订的行政区域界线勘界协议书及其附图、界桩成果表；毗邻双方人民政府民政部门签订的行政区域界线、界桩管理协议或者签发的行政区域界线、界桩管理文件；毗邻各方人民政府或者民政部门签订的行政区域界线交会点协议书及其附件；行政区域界线联合检查工作报告；有关界桩变动的协议书或者文件；界桩登记表。

界桩埋设后，因建设、开发项目确需移动界桩的，建设、开发单位应当提出申请，由行政区域界线毗邻的任何一方人民政府民政部门报经各有关人民政府协商一致。界桩移动、埋设和测绘的费用由建设、开发单位承担。

需要增设界桩时，毗邻双方人民政府民政部门应当协商一致，确定增设界桩的数量和埋设位置，明确界桩管理责任方，共同提出方案报该行政区域界线批准机关的民政部门批准后实施。

（2）界桩的修缮。对主体完整、边角轻微损坏的界桩应当修复；对基座松动但主体完整的界桩应当在原地加固扶正；对丢失或者严重损坏、修复困难的界桩，应当重新制作，按照界桩成果表和登记表的记载在原地予以恢复；无法在原地恢复的，由双方就近选定适当位置移位埋设；不在行政区域界线上的单立界桩，由双方就近选定适当位置埋设或者改设为双立界桩埋设；行政区域界线交会点单立界桩无法在原地恢复的，可以改设为双立或者多立界桩埋设；重新制作、埋设的界桩，其标注年份为重新埋设时的年份；移动、增设、修复或者恢复界桩，应当在毗邻行政区域各方政府民政部门人员在场的情况下，由负责管理该界桩的一方组织实施。

（3）界桩维护员。负责管理界桩的县级民政部门可以聘请当地居民为界桩维护员。界桩维护员应当适时检查所维护的界桩，清除界桩周围杂草、淤泥和遮挡物，刷新界桩注记，保持界桩整洁、明显易见，做好检查记录，制止损坏界桩的行为。界桩维护员发现界桩松动、移动、丢失、损坏时，应当及时报告负责管理该界桩的县级民政部门。界桩管理经费由界桩管理责任方按照国家有关规定从同级行政区域界线管理经费中列支。

4. 调整变更行政区划所涉及区域界线的处理

行政区划进行建制调整时，上报国务院的行政区划调整请示的附图必须依照勘定的行政区域界线标绘，由省级民政部门提出审核意见。

行政区划调整涉及行政区域界线变更时，省级以下各级人民政府上报的行政区划调整请示中，应明确叙述拟变更的行政区域界线走向，请示附件中应包括有关地方人民政府的意见和原行政区域界线图及拟变更行政区域界线图，并由省级民政部门提出审核意见。

涉及跨省界线变更时，调整请示应附拟变更的行政区域界线地形图。

调整经国务院批复同意后，有关政府应按照勘界对变更后的行政区域界线进行勘定。

任务引导

1. 知晓进行行政区域界线管理的原因。
2. 了解行政区域界线管理检查的原则。

知识链接

1. 建制度、优设置，深化改革促发展

党的十八大以来，基于对未来中国改革开放和发展稳定大势的深入思考和系统谋划，民政部稳慎有序优化行政区划设置，行政区划设置的科学性、规范性、有效性显著提升。龙港是"中国第一座农民城"。2019年8月，经国务院批准，撤销苍南县龙港镇，设县级龙港市，成为全国第一个"镇改市"，也是目前全国唯一实行"大部制、扁平化"行政管理体制改革的县级市，培育发展了新的经济增长点，为农业转移人口就地、就近城镇化提供载体支撑，促进了区域均衡协调发展。撤镇设市3年来，实现了以40%的行政资源高效承接100%的行政管理职能。2021年4月，杭州市部分行政区划调整，在不扩大城市规模的前提下，优化城市内部空间结构，有利于解决城区之间"大的过大、小的过小"问题，防范化解"大城市病"等治理风险隐患，提高城市治理现代化水平，促进区域协调发展，增强城市综合承载能力和辐射功能。

2. 夯基础、抓服务，文化自信大提升

新修订的《地名管理条例》自2022年5月1日起施行，明确"民政部统一监督管理，各地、各有关部门分级分类负责"的地名管理体制，将地名命名、更名、使用、文化保护及其相关管理活动所发挥的作用提升到了新的高度，为推进新时代地名工作高质量发展提供了有力的法治保障。第二次全国地名普查圆满完成，各地积极推进地名普查成果转化应用，有效发挥了标准地名在保护传承文化、服务群众生活、助力经济社会发展方面发挥积极作用。中央宣传部和民政部会同中央广播电视总台制播《中国地名大会》节目，弘扬普及地名文化，增加社会正能量。

3. 防风险、促稳定，法治惠民边界安

党的十八大以来依法组织完成第三轮省界联检，持续推进第四轮省界联检，共计完成68条省界、总长度6.2万公里的省界联检任务，累计检查界桩近5000颗，修复、更换界桩近1000颗。同时，同步指导县界联检，开展了共两轮完成包括6200余条、总长度40余万公里的县界联检工作。强化地方党政负责同志对行政区域界线管理"领导多握手""基层常拉手"，不断将平安边界建设向深度和广度拓展。

任务五　熟悉地名命名与更名

任务描述

在联合国地名标准化所用技术词汇中,地名被定义为地理名称或地方名称。世界上没有两个完全相同的自然地理实体,人们在社会交往过程中,为了指代特定方位地理实体,就有了地名命名法。地名命名法能够让成千上万的自然地理实体在同中有不同,彼此能够互相区别开来,便于人们甄别使用。

地名命名是一门科学,人类在地球上识别个体地理实体之间的共同性和差异性,有了地理实体分类和个体差异命名,从而解决了识别地理实体之间的相同和区别问题。地理实体有山、河、湖、海、塘堰、溪流、石、泥、水、土等,人类居住区有村、屯、街、镇、城市等,行政区域有首都、省、县、乡镇等,于是专名加通名,就有了大道至简的地名命名法则。如黄山、武当山、喻家山、关山街、关东小区、关西小区。

地名一旦形成,便具有名称的稳定性。如宋朝时的景德镇,现在还叫景德镇。地名更名主要是由于人类开发和经济活动造成自然地理环境功能变化的结果,如原来的荒郊变成了新的居民住宅区,武汉的关西小区就是这样;原来的渔村变成了大城市,如深圳最初就是个渔港。地名更名要赋予治理理想和期望,要"改得有理,留得有利,群众接受,使用方便"。

任务实施

对地名命名、更名的审批权,国务院颁布的《行政区划管理条例》和《地名管理条例》做了规定,分为全国人民代表大会审批、国务院审批、省级人民政府审批、县级人民政府审批、专业主管部门审批和地名机构主管等内容。

(1) 全国人民代表大会审批的。省、自治区、直辖市的命名、更名,特别行政区的设立、命名、更名。

(2) 国务院审批的。自治州、县、自治县、市、市辖区的命名、更名;行政公署的设立、命名、更名;国内外著名的或涉及两个省(自治区、直辖市)以上的山脉、河流、湖泊等自然地理实体名称,由省、自治区、直辖市人民政府提出意见,报国务院审批;边境地区涉及国界线走向和海上涉及岛屿归属界线以及载入边界条约和议定书中的自然地理实体名称和居民地名称,由省、自治区、直辖市人民政府提出意见,报国务院审批;在科学考察中,对国际公有领域新的地理实体命名,由主管部门提出意见,报国务院审批。

(3) 省级人民政府审批的。乡、民族乡、镇的命名、更名;直辖市市区的居民地名称的命名、更名,由市辖区地名机构提出方案,市辖区人民政府提出报告,报直辖市人民政府审批;直辖市街道的命名、更名,由直辖市人民政府审批。

（4）县级人民政府审批的。城镇街道名称；县（市）内居民地名称的命名、更名，由乡、镇地名机构提出方案，报县（市）人民政府审批；村（居）民委员会调整、命名、更名，经村（居）民会议讨论通过，由乡、镇提出方案，报（市）县人民政府审批。

（5）专业主管部门审批的。各专业部门使用的具有地名意义的台、站、港、场等名称，在征得当地人民政府同意后，由专业主管部门审批。

（6）地名机构主管的。地名的命名、更名工作，可以交地名机构或管理地名工作的单位承办，也可以交其他部门承办；其他部门承办的，应征求地名机构或管理地名工作单位的意见。

任务引导

1. 掌握地名命名的一般规律。
2. 掌握地名更名的原则。
3. 明白地名管理的意义。
4. 思考如何对地名进行标准化管理和规范化管理。

知识链接

地名管理是国家通过各级地名机构，按照法律规定，以行政手段实施的专业管理，包括对个体地理实体的命名、更名和对地名进行标准化处理等方面。

1. 地名命名原则

（1）有利于人民团结和社会主义现代化建设，尊重当地群众的愿望，与有关各方协商一致。

（2）有利于国家统一以及主权和领土完整。地名是领土主权的重要标志，名从主人原则是一条国际惯例。地名由谁命名，含义如何，历史上行政隶属关系怎样，是确认领土归属的重要依据。

（3）一般不以人名作为地名。禁止用国家领导人的名字作为地名。

（4）全国范围内的人民政府不驻在同一城镇的县级以上行政区域名称，其专名不应相同。

（5）避免使用生僻字。不因生僻字给群众使用带来困难。

（6）反映当地人文或自然地理特征。使地名名副其实，推物及名，便于群众联想记忆，方便群众传颂使用。

（7）使用规范的汉字或少数民族文字，尽可能缩小方言用字范围。以体现汉语作为官方语言的地位和我国各民族大团结。

（8）不以外国人名、地名命名我国地名。这体现了我国的主权尊严。

（9）不以著名的山脉、河流等自然地理实体名称作为行政区域专名；自然地理实体的范围超出本行政区域的，亦不以其名称作为本行政区域专名。

（10）县、市、市辖区不以本辖区人民政府非驻地村镇专名命名。要求县、市、市辖区专名与本辖区的村镇专名应不相同。在我国北方地区，许多县的专名与其驻地镇专名相同。据1996年资料，河北省大多数县就如此，如正定县驻正定镇、大名县驻大名镇等。上述现象是长期历史作用的结果，已被人们普遍接受与认可。更多的县、市、市辖区专名与本辖区的村镇专名都不相同，而被赋予专有名称。

（11）乡、镇、街道办事处一般应以乡、镇人民政府驻地居民点和街道办事处所在街巷名命名。我国基层行政区划单位即乡（镇）大多历史悠久，由乡名派生出村名，由村名而命名乡（镇）名，如今在乡、镇、街道办事处驻地一般沉积了不少居民点或街巷，为乡、镇、街道办事处命名提供了有利条件。其中要注意处理好相邻行政单位重名问题。例如，有的两个相邻的乡（镇）驻地为同名村，有的一条街道贯通几个街道办事处，此时要避免重名。

2. 地名命名的方法

根据地名命名的原则，地名的命名应该与当地建设总体规划同步。地名的命名要有超前意识，要提前规划，而且地名规划应列入当地整体建设与发展总体规划之中，作为建设总体规划的组成部分。地名的命名应该有体系地规划，个体地名命名时，点状地名的命名要呼应面状和线状地名的系列，呈现出彼此相互联系的分布特点，使人们可以根据点状地名判断其大致方位，起到"顺藤摸瓜，便于寻找"的作用，如关西小区在关山西边，关东小区在关山东边。

（1）移借命名法。运用移花接木的手段，命名自然地理实体名称或行政区域名称，如武汉市有香港路、台北路，汉阳有月湖（形似天上的半月）。

（2）象征性组合式命名法。用歌颂、祈福、人们的美好愿望命名地名，如如意巷、幸福里。

（3）派生地名命名法。这一方法适用于旧城区的改造和新建的住宅小区的命名，指向性较强，易于与原有地名相联系，如北京的宣武门西大街、宣武门东大街。

（4）方位性地名命名法。这是一种传统的命名方法，多适用于人工地物和居民地名称，如湖东街、湖滨路。

3. 行政区划名称的更名原则

地名的更名要尊重当地群众的意愿与有关部门协商一致，对不明显属于更名范围内的可改可不改的地名不要更改，以保持地名的稳定性。

（1）凡有损我国领土主权和民族尊严的，带有民族歧视性质和妨碍民族团结的，带有侮辱劳动人民性质和极端庸俗的，以及其他违背国家方针、政策的地名，必须更名。

（2）全国范围内的人民政府不驻在同一城镇的县级以上行政区域名称，其专名相同的；一个县（市、区）内的乡、镇、街道办事处名称相同的；一个乡、镇内的村（居）民委员会名称相同的；上述不应重名范围内的地名有同音字的，均应更名。

（3）有以外国人名、地名命名我国地名的应予更名。

（4）县、市、市辖区以本辖区内人民政府非驻地村镇专名命名的应予更名。

（5）乡、镇、街道办事处不以乡、镇人民政府驻地居民点和街道办事处所在街巷名命名的，一般也应更名。

（6）使用生僻字的地名，在征得有关方面和当地群众同意后，予以更名。

（7）一地多名、一名多写的，应当确定一个统一的名称和用字。

（8）不明显属于上述范围的、可改可不改的和当地群众不同意改的地名，不要更改。

（9）需要更改的地名，应随着城乡发展的需要，逐步进行变更，不要一哄而起，随意更改。

4. 地名更名的方法

（1）更换新名。对于违反国家方针、政策的和含义不妥的地名，必须重新命名。

（2）恢复原名。这里原名包括历代各个时期的曾用名、另名、简称等。在调整"城关镇"名称时，恢复历史上的名称，如襄樊市恢复历史地名襄阳市。

（3）借用专名。例如，台、站、港、场名称可借用当地乡、镇名称或当地名称。

（4）同类地名通名更替法。地名通名具有一义多字性，如农村小聚落地名通名就有村、屯、寨、埠等，山的通名有山、岳、峰、岭等。例如，在有两个高家庄重名时，其中一个可以改为高家屯；两个马鞍山重名时，一个可改马鞍岭。

（5）调整地名。对原有地名进行适当调整，是地名更名时应用最广泛的一种方法，更名是解决重名问题最有效和最主要的方法。地名的调整一般不轻易摒弃原来的地名，而是通过对原有地名的音、形方面的部分更改变动，达到更改地名的目的。调整地名，解决重名，各地群众都有适合当地情况的方法，主要总结为：①冠加法。根据当地地名命名特点及所在地理环境的方位、形状、性质，冠加方位词或相应的形容词。②借音改形（谐音雅化）法。用同音字或近音字代替，改字不改音。这种方法既更换了名称，又相对地保留了原来的读音。这一方法不适用于重名地名的处理，一般借以更改含义不健康的地名。③借义改名法。汉字长于表义，保留原地名的含义，用同义的字、词取代，是有效的更名方法之一。④反义更名法。这是用于解决不健康的地名更名的方法之一。⑤改变地名词结构法。可以采取颠倒地名词顺序，加字、减字或改动其中一个字等办法。⑥舍同存异，删繁就简法。简化地名是地名在使用过程中常出现的现象，因简化地名而出现重名的现象也时有发生。

（6）只改通名。行政区域建制变动而所辖区域未做调整时，一般只改通名，不改专名。

5. 地名的标准化管理

地名标准管理即推行标准地名。经过标准化处理，书写统一，读音正确，没有不健康的含义，在一定的范围内不与同类、同级的地名同名，并且按规定履行了一定手续，经过政府行文公布的地名即标准地名。

地名标准化包括国家地名标准化和国际地名标准化。国家地名标准化是用本国官方语言或其他语言统一地名的书写形式并固定下来。地名国际标准化是为了适应国际社会的交往，在全世界范围内实行统一的标准化地名。为了达到这一目的，联合国决定在国际采用罗马字母拼写地名。地名书写尽可能做到单一罗马化，使用统一符号并能进行系统的对译。

1977年，我国政府派代表团出席了在雅典召开的联合国第三届地名标准化大会。大会通过并批准了中国政府提交的用汉语拼音方案作为中国地名单一罗马化的国际标准。据此，国家有关部门联合发文要求：全国地名标志上的地名，其专名和通名一律采用汉语拼音方案拼写，不得使用英文及其他外文译写。用汉语拼音方案拼写中国地名是我国的唯一的法定的国际标准。之后，在全国开展了有史以来对我国大陆及沿海岛礁第一次大规模的地名普查，共普查地名550万条，其中地名标准化处理13万条，对外公布了南海群岛等一大批标准地名。

6. 地名的规范化管理

地名标志是地名明码化的一种形式。通过设立地名标志，既能使人们了解地名的标准书写形式，也可以使人们根据地名标志上的汉语拼音了解地名的标准读音。因此，地名标志是推广标准地名的重要手段。各级人民政府应根据《地名管理条例》的规定，在城镇、街巷、交通要道等重要的自然地理实体显著的地名设立地名标志。1995年12月，民政部、交通部（现交通运输部）、公安部、建设部（现住房和城乡建设部）联合发文，部署在全国国道线两侧村镇设置符合国家要求的标准地名标志。

7. 地名标志上的书写内容及要求

（1）书写内容一般应包括标准名称的汉字书写和罗马字母拼写形式。在有文字的少数民族自治地区还可以有民族语文字书写形式。标准名称是指经政府批准使用的标准地名。汉字书写要用黑体字或楷书，不用草书和篆书，坚决禁止用繁体字。罗马字母拼写要符合国家规定的地名拼写法的要求，不得使用注音形式或英文拼写通名。少数民族文字要符合本民族语言文字规范，一地只能有一种标准书写形式。

（2）大型或村镇地名标志可增加承制单位和监制单位、指向标和立标时间等内容。承制、监制一般注单位名称，不注个人姓名。

（3）有条件的街、路、居民小区、村镇地名标志背面，可撰写标准名称的来历、演变、含义等文字说明，或绘制与名称实体相关的示意图。文字说明要言之有据，简明扼要，不能任意篡改地名的来历与含义，不要写可变性的数值和涉及保密内容的人口、生产总值等内容。

8. 地名标志的造型要求

地名标志造型总的要求归纳为醒目、美观、大方、耐用，应当使标志的造型与内容尽量达到完善统一，即地名标志造型与标志内容——字体、色彩、规格要和谐匹配。地名标志与其指代的地物相协调，与周围景致相融，达到指示方位和美化环境的完美统一。但对不同类别和不同等级的地名标志的造型又不强求一样，应从地名标志的造型上，分出地名指代实体的层次、类别和地方特色。

城市地名标志的造型应突出系列化，强调严肃性，同一地区地名标志造型要统一设计、统一规格标准、统一质料。城市的主要干道、街、路、巷要以设计不同的造型来区别它们的层次，体现系列。楼牌、单位门牌和居民户牌也应在造型上分出等级系列。城市居民住宅小区地名标志的造型可采用与建筑风格相吻合的景点式标志。农村聚落地名标志造型可不强求统一，质料也可因地制宜，就地取材，但在标志的书写内容和色彩、规格上同一地区应有统一的要求和标准。

9. 地名标志的设置要求

（1）地名标志设置位置的要求。地名标志设置位置，应达到视觉效果和视野范围的完美统一。街、路、巷地名标志一般应设置在交叉路口或道路的起止点位置，对于较长的街道可以在适当的位置增加地名标志设置密度。村镇地名标志一般设在交通要道村镇一侧和村镇较繁华的地段。对于经济不太发达的村镇，地名标志可直接设在村庄土墙上，也可以刻在醒目的、裸露的岩石之上。

（2）地名标志的设置。地名标志的设置要在当地政府的统一领导下，由地名机构会同有关部门在城镇街、路、巷、楼户门、村庄、交叉路口和其他人文地理实体和重要自然地理实体等必要的地方进行。要制订近期和远期工作计划，分期、分批地做好地名标志的设置、更新和维护工作。地名标志的设置计划要做到"三先三后"，即先集镇和公路两旁村庄，后其他村庄；先经济发达地区，后落后地区；先城镇，后城镇附近郊区、边远地区。一般最好先行试点而后展开。

（3）楼、门、户牌号的编制。门牌编码是城乡街、路、巷线性地名的延伸，是群体地名中的点状地名。门牌亦是地名标志物，是城镇分布最广、最密，有着多种用途和较高使用频率的城镇地名中的最低层次单位。门牌一般可分为临街、巷的楼、院、户牌和不临街的居民小区（或部分临街）和院内楼群牌两大类。门牌的编制各地因城镇建筑风格的不同，因地制宜地制定出编制的规范要求，编制过程中要注意以下几个方面。

1）制定本地区的门牌编制规范，要以城镇建设发展总体规划为依据。依照规划设计街、巷的长度和功能，确定编号间隔，如商业街每4米留1个号，楼群住宅区每10米1个号设计所需门牌总量，在建设施工同时就及时提供门牌号数，力争做到建筑工程与门牌同时验收。

2）门牌编号实施统一编号，以街、巷、居民区为单位，不受城镇行政区县和居民委员会管界限制。

3）对旧城改造区，尽量利用已有编号，不另行编号。对拆建实体应根据新的规划设计图，确定改造后门牌编号，对未拆建物保留旧号，不编新号，避免重号。对未建空地，临街平房改造和市区、郊区接合部等地应留有空号。

4）做到有门有号，不重不漏。

5）城镇门牌编制要有层次性。一般以临街、路、巷的楼、院、户、门为主号，其主号所指实体的后门或旁门为副号；临街、巷新开门、铺面等设支号。高大楼房分楼幢号与其单元门号、户号为子母号；机关大院内多门多幢楼门也可分子母号。

6）注意选好门牌编号起点。一般选择不再延伸的一端为首号起点，实施封闭式编法；

或以城镇向中心一方为所有街、巷、门牌编制的起点，实施中心放射式编法。

7）实施单、双号分排编法。一般以偏北、偏西一侧为单号，偏东偏南一侧为双号排列。

8）居民住宅区，可以打破住宅区界限与所临街、巷统一排号；较大范围住宅区又可分几个小区，分别编号；也可以向主要街、路一面向内进行平行排列编号等多种方法，因地制宜实施。

10. 地名信息化建设

（1）地名信息化建设的必要性。

1）地名信息化是社会经济发展的客观要求。地名主管部门通过建立以计算机等现代高新技术为基础的地名信息系统，以科学的方式收集、整理、标准化处理、储存、管理、输出地名信息，实现地名的快速查询、动态管理、图表联动和地名信息的可视化、数字化及地名信息传输的高速、保密、快速、及时地为政府管理部门和社会各界提供统一、齐全、准确标准的国内外地名信息，是社会经济发展的客观要求，也是我们义不容辞的历史使命。

2）地名信息化是实现地名管理手段现代化的迫切要求。长期以来，我国建立了比较系统、齐全的地名管理机构，国家投入了大量的人力、物力用于地名的标准化工作，各级地名管理部门和广大地名工作者为促进我国地名管理的科学化和规范化不断进行探索。但是，由于没有建立地名信息系统，无法进行科学管理和有效使用地名资源，甚至在县级以上行政区命名、更名过程中，省级人民政府正式上报国务院的报告拟定的方案还经常出现重名问题，同音的现象更是司空见惯了。因此，知识经济要求地名管理跟上时代的步伐，呼唤早日建立地名信息系统，将信息化、数字化技术引入地名管理领域，也只有这样才能促进我国地名管理决策水平的提高。

3）地名理论研究离不开地名信息化。由于没有地名信息系统，我们的研究方法基本上仍停留在考证、描述、推理、个案分析、局部归纳的传统水平上，地名普查和实际工作中积累的大量宝贵的地名资料，因没有建立有效的数据库而无法利用，地名管理无法走上科学化的轨道，无法满足社会各界对地名信息时效性的要求。

4）相关部门的信息化建设迫切需要地名信息化。国内测绘、城市建设和规划、国土、国防等部门的数字化、信息化建设已取得很大成绩。但由于没有地名信息的支持，与空间有关的信息系统的实用价值大大降低。正是因为地名信息化在空间信息数字化建设中具有如此重要地位，公安、交通、邮电、通信、国防、新闻出版、测绘等部门迫切希望各主管部门尽早建立地名信息系统。

（2）地名信息化建设总体设想。

1）建立功能齐全、覆盖全球范围、能满足地名管理和地名科研及社会各界需要的国家地名信息系统。

2）根据数字地球的要求，进行地名信息网络集成和时空集成。拥有联网的地理空间信息系统是数字地球的重要组成部分，网络是数字地球不可缺少的基础。网络集成就是要创建地名 web 服务站点和空间数据库体系，建立在网络支持下的对象代理机制，实现地名数据库的动态访问、查询、检索、空间分析和政府决策，建立地名元数据和网络信息标准，确保地名数据的共享。

3）实现地名实体的虚拟现实（VR）。利用计算机图形技术、仿真技术、人机接口技术、多媒体技术及传感器技术，由计算机生成地名所代表的地理实体的模拟环境，通过多种传感设备使地名用户"投入"虚拟现实，包括三维立体视觉，实现用户与地名虚拟环境进行自然交互。

4）全面实现地名信息化管理。在各级地名部门基本建成地名信息系统的基础上，一方面，要不断更新、维护地名数据库，研制功能更加齐全的软件，实现地名的信息化管理；另一方面，将地名信息系统融入数字地球，成为数字地球的有机组成部分，为各专业空间信息系统提供基础数据库，同时通过网络走入千家万户，为社会各界的交流服务。

案例阅读

2015 年 5 月 21 日，郑州市人民政府发布《关于祭城路更名为平安大道的通告》，将祭城路更名为平安大道。朱某等四人得知消息后，认为祭城路更名将造成四人身份证、居民户口簿、房屋产权证、营业执照等一系列证照信息的变更，侵犯其财产权益，同时祭城作为全国仅有的地名，已有数千年历史，其承载厚重的祭城历史文化价值，更改路名侵犯其乡愁情结、灵魂归宿等类似人身权性质的特殊精神文化权益，还违背相关地名法规规章。于是，他们先后向郑州市民政局和郑东新区管理委员会社会事业局等单位提出申诉，在申诉无果的情况下，向法院提起行政诉讼，请求撤销该通告并恢复原"祭城路"路名。河南省新乡市中级人民法院一审以原告与被诉道路更名行为之间没有法律上的利害关系，朱某等人不具有起诉主体资格为由，裁定驳回起诉。朱某等人不服，提起上诉，二审法院以同样的理由裁定驳回上诉，维持一审裁定。随后，朱某等人又向最高人民法院申请再审。2018 年 8 月 31 日，最高人民法院依法裁定驳回朱某等人的再审申请，并做出了详细解释。

2011 年 12 月，武汉地铁 2 号线进行站名冠名公开拍卖，江汉路站被冠以"周黑鸭"引发网友热议，认为过度商业化，当月"周黑鸭"冠名被取消，车站标识也进行了更换。

【思考】民政部门在进行地名命名更名时，应该做好哪些工作？

【职业素养】地名命名更名应符合《地名管理条例》和《地名管理条例实施细则》，事先充分征求地方政府有关部门意见和广大市民意见建议，尊重当地群众的风俗习惯和意愿，满足服务片区地名相对稳定、指位性强、好找好记、名称唯一的基本要求。

练 习 题

一、名词解释

行政区划

二、多项选择题

对地名命名、更名的审批权,国务院颁布的《地名管理条例》和其他法规做了规定,主要包括(　　　　)。

A. 全国人民代表大会审批　　　　B. 国务院审批

C. 省级人民政府审批　　　　　　D. 县级人民政府审批

E. 专业主管部门审批　　　　　　F. 地名机构主管

三、问答题

1. 行政区划的使命担当是什么?
2. 行政区划划分需要考虑的因素有哪些?
3. 民政部门代同级政府承办行政区划调整事项,事先应该做好哪些工作?
4. 行政区划重大决策的"四有原则"是什么?
5. 民政部门在承办申请变更行政区划需要向上级人民政府提交的材料包括哪些?
6. 处理边界争议的有效依据有哪些?
7. 民政部门在进行地名命名、更名时,应该做好哪些工作?

项目十一　管理殡葬事务

> **项目概述**
>
> 管理殡葬事务是民政工作的重要内容，主要包括推行殡葬改革；引导社会改革殡葬习俗，规范和管理殡葬服务单位的行为；为客户提供优质的殡仪服务等。
>
> 本项目要求学生通过学习，掌握国家殡葬改革的方向，规范殡葬行为；理解现行殡葬政策，结合各地实际情况，在法律法规允许的范围内，推行殡葬改革，改革丧葬习俗；分析客户殡葬行为的客观性和规律性，服务群众。
>
> 本项目包括：管理殡葬事务与改革殡葬习俗、管理殡仪馆、服务殡仪客户、管理公墓。

背景介绍

生养、死葬是每个公民的基本权利。殡葬是一个不容回避的话题，殡葬活动关系到千家万户，与人民群众的生活密切相关，对社会文明进步产生不可忽视的影响。尊老爱老、善待老人，使老人得以善终，让逝者有尊严地离开亲人，不仅能使家庭和睦，更能实现个人的社会价值，使整个社会充满生机和活力。这些都需要殡葬业的良性发展。

任务一　管理殡葬事务与改革殡葬习俗

任务描述

我国殡葬改革总的宗旨是节约土地、保护环境、移风易俗、减轻群众负担。管理殡葬事务与改革殡葬习俗是实现殡葬改革目标的有效手段。

管理殡葬事务，贯彻落实国家对殡葬业的发展基本要求；区分不同的殡葬机构，采取不同的手段进行管理和服务，满足群众丧葬需求，是有序推进殡葬改革的保障。革除丧葬陋俗，提倡文明节俭办丧事是殡葬改革的重要内容。了解殡葬习俗，一方面能让学生理解殡葬习俗的内涵；另一方面可以使学生更好地了解丧葬文化，了解群众需求，引导群众破除旧俗，创立殡葬新风。

本任务具体内容：一是推行殡葬改革的历程、方针和内容；二是认识管理殡葬事务的主体、职能；三是学习殡葬习俗知识；四是革除丧葬陋俗，建立文明的丧葬习俗。

任务实施

1. 管理殡葬事务：推行火葬与改革土葬

管理殡葬事务主要通过以下程序完成：①制定管理目标，明确管理事项、任务及管理主体；②执行管理职能；③通过反馈和监督，改进管理工作，达到最终目标。当前殡葬改革与管理的主要任务是推行火葬、创新骨灰安葬方式，改革土葬，规范公墓管理，保护生态环境。

（1）推行火葬、创新骨灰安葬方式的实施。

1）推行火葬的实施。根据各地情况，分为火葬区和土葬区。在火葬区内全面推行火葬（少数民族除外），严禁实行土葬。推行火葬的前提条件是有足够的殡葬设施，一般由政府出资兴建殡仪馆和骨灰堂。

当火葬推行已取得一定成效时，可从单纯注重火化率的提高转化为注重遗体火化后的骨灰处理。主要采取以下措施：一是继续加大宣传力度；二是创新骨灰安葬方式，节约殡葬用地；三是加大惠民措施、减轻人民负担。2010年3月，全国共有9个省（自治区、直辖市）、37个地级市、120个县（市、区）实施了不同内容的惠民殡葬政策。2012年民政部颁布《民政部关于全面推行惠民殡葬政策的指导意见》，全面推行惠民殡葬政策，为城乡低收入群众乃至全体社会成员身故后提供遗体接运、存放、火化、骨灰存放等基本殡葬服务。各地也纷纷颁布"实施惠民殡葬的通知"。2021年，甘肃省印发《甘肃省惠民殡葬实施办法》。惠民便民殡葬已成为行业共识，如免费上门服务、便民服务点、免费Wi-Fi、短信提醒、微信公众号查询，开通24小时热线电话等，部分城市开通服务热线。

2）新骨灰安葬方式。推行不占土地或少占土地的骨灰安葬方式。各地出台政策奖励生态葬，生态葬占比逐渐提高。南京市出台《生态葬奖补实施办法》《南京市免除集体江祭费用实施办法》《南京市公益性骨灰堂管理办法》，明确所有公益性骨灰堂均实行骨灰免费安放。从2019年开始，选择不留灰、不立碑生态葬的逝者，一次性最多能给予每户3000元奖励。2020年，南京各大陵园的生态葬总比例已超过20%，雨花功德园生态葬占比超过60%。2020年，北京市生态葬比例达50%；2020年年末，上海生态葬比例已近90%。

（2）改革土葬的实施。改革遗体土葬主要是使土葬少占地，对土地少破坏。要积极推行"新式土葬"，不留坟，不立碑。同时要用易腐木材或再生材料做棺材，促进棺材和尸体速腐，禁止砖石水泥砌穴以保护土壤结构。

运输方便、有条件的地区，建遗体公墓，可以结合新农村建设，推广采用平地深埋、不留坟头，在墓地上种花或其他观赏植物的方式，再加上雕塑或其他装饰物，将遗体公墓建成休闲的公园，满足农村文化休闲的需要。

（3）加强殡葬管理、推进殡葬改革。国家为推进殡葬改革，出台了一系列规范性法律文件，从这些文件的时间、颁发部门以及文件名称，可以初步了解殡葬管理的内容以及殡葬改革的历程。

1983年6月，民政部颁发《殡葬事业单位管理暂行办法》。

1992年8月，民政部颁发《公墓管理暂行办法》。

1998年9月，民政部、海关总署、国家出入境检验检疫局颁发《关于遗体运输入出境事宜有关问题的通知》。

2010年12月，民政部、国家档案局颁发《殡葬服务单位业务档案管理办法》。

2012年3月，国家发展改革委、民政部颁发《关于进一步加强殡葬服务收费管理有关问题的指导意见》。

2012年12月，民政部颁发《民政部关于全面推行惠民殡葬政策的指导意见》。

2013年12月，中共中央办公厅、国务院办公厅印发《关于党员干部带头推动殡葬改革的意见》。

2014年3月，民政部颁发《烈士公祭办法》。

2016年2月，民政部、发展改革委等9部委颁发《关于推行节地生态安葬的指导意见》。

2018年3月，民政部会同16部委颁发《关于进一步推动殡葬改革促进殡葬事业发展的指导意见》。

2018年6月，民政部颁发《民政部关于印发推进"互联网＋殡葬服务"行动方案的通知》。

2018年6月，民政部等9部委制定《全国殡葬领域突出问题专项整治行动方案》。

2018年9月，民政部就《殡葬管理条例（修订草案征求意见稿）》公开征求意见。

2020年12月，民政部立法计划中，计划修订行政法规《殡葬管理条例》。

2. 改革殡葬习俗

（1）革除丧葬陋俗。

1）革除迷信的丧葬习俗，如做道场、择日子而久殡不葬、冥婚等。

2）制止不合法的丧葬习俗，如建超标的豪华墓、活人墓，在田间耕地中建坟，乱埋滥葬墓、遗体火化后骨灰装木棺土葬等违法殡葬行为。

3）改变铺张浪费的厚葬风俗。引导群众合理消费，减少丧葬中的攀比现象。

4）制止有伤风化的新习俗。

（2）建立文明的丧葬习俗。《论语》有云：慎终追远，民德归厚矣。慎终者，丧尽其哀；追远者，祭尽其敬。文明的丧葬习俗表现哀和敬，对死亡的哀伤，对逝者的尊重；对生命的敬畏，对丧亲者的抚慰，让逝者安息，生者慰藉。建立和传承文明的丧葬习俗，让丧葬成为尊重人、抚慰人、教化人、传承生命价值的事业。

2017年5月，山东沂水出台《沂水县文明殡葬规程》，在全县推广"播放哀乐、宣读逝者生平、鞠躬告别"丧礼新"追思会"。截至2021年5月，沂水已有35202户逝者家庭享受到"殡葬全免费"政策，公墓安葬率达100%，"追思会"举办率达90%以上，形成了注重生命文化教育的惠民礼葬模式。

任务引导

1. 了解火葬的风俗，以更好地推行火葬。
2. 关注网上祭奠、代客祭奠等新式祭奠形式。思考它们与骨灰处理新方式之间的联系。

知识链接

1. 殡葬事务管理的主要内容

殡葬管理是一项政府行政行为，它是各级人民政府管理的诸多事务中的一项，是运用行政、法律、经济手段，对人们的殡葬活动进行指导、监督和规范。根据殡葬管理的方针，殡葬管理主要有以下三方面内容：

（1）积极进行法制建设、严格依法管理。

（2）推行殡葬改革，提倡文明节俭办丧事。

（3）兴建殡葬设施，发展殡葬事业。

2. 管理殡葬事务的主体及职能

管理殡葬事务的主体依据管理机构的性质可将其分为三类：

（1）行政管理机构，即国家依法设立的各级民政部门的殡葬管理机构。殡葬行政管理机构分为中央殡葬管理机构和地方殡葬管理机构。民政部是国务院管理全国殡葬工作的主管部门。民政部社会事务司作为我国殡葬管理的业务主管部门是中央殡葬管理机构。

地方各级民政部门是同级政府管理殡葬事务工作的主管部门，包括各省（直辖市）民政厅（局）社会事务处、县市级民政局社会事务科、殡葬管理处以及乡镇的殡葬管理机构。

（2）有部分管理职责的殡葬事业单位。根据《殡葬事业单位暂行办法》，殡葬事业单位包括殡仪馆、火葬场、殡葬服务站、骨灰堂和公墓。殡葬管理所在同级民政部门领导下，负责管理本地区殡葬事宜和对本地区其他殡葬事业单位实行统一领导。

（3）由各级政府和民政部门授权管理部分殡葬事务的社会组织和机构。例如，中国殡葬协会（China Funeral Association，CFA），一零一研究所，各地殡葬协会，各地红白理事会等殡葬组织也承担部分管理职能。这些组织和机构一般由民政部门出资兴建，具有公益单位的性质，主要是从事科研、教育、宣传等工作，为殡葬单位提供各种服务。

3. 殡葬习俗的内涵

葬礼是指人们在丧事活动中所遵守的行为规范。按时间顺序，可将一场完整的殡葬活动分为"殡—葬—祭"三个阶段，每个阶段任务不同，服务项目也不同，靠着一个"传"字将这些活动连在一起。

（1）殡葬的含义。现代殡葬是指处理逝者遗体的方法和对逝者的哀悼形式，包括发讣告、向遗体告别、开追悼会、致悼词、送花圈挽联、出殡送葬、安葬、安放骨灰盒等一系列的丧葬事项。

（2）祭祀的含义。祭祀是指祭神、祭祖，根据宗教或者社会习俗的要求进行的具有象征意义的一系列行动或仪式。对逝者的祭祀是逝者埋葬后对逝者的追忆行为，也是丧葬活动的延续。

4. 我国现行规范殡葬事务管理的法规《殡葬管理条例》的相关内容

第二条　殡葬管理的方针是：积极地、有步骤地实行火葬，改革土葬，节约殡葬用地，革除丧葬陋俗，提倡文明节俭办丧事。

第六条　尊重少数民族的丧葬习俗；自愿改革丧葬习俗的，他人不得干涉。

第九条　任何单位和个人未经批准，不得擅自兴建殡葬设施。

农村的公益性墓地不得对村民以外的其他人员提供墓穴用地。

禁止建立或者恢复宗族墓地。

第十条　禁止在下列地区建造坟墓：

（一）耕地、林地；

（二）城市公园、风景名胜区和文物保护区；

（三）水库及河流堤坝附近和水源保护区；

（四）铁路、公路主干线两侧。

前款规定区域内现有的坟墓，除受国家保护的具有历史、艺术、科学价值的墓地予以保留外，应当限期迁移或者深埋，不留坟头。

第十一条　严格限制公墓墓穴占地面积和使用年限。按照规划允许土葬或者允许埋葬骨灰的，埋葬遗体或者埋葬骨灰的墓穴占地面积和使用年限，由省、自治区、直辖市人民政府按照节约土地、不占耕地的原则规定。

第十三条　遗体处理必须遵守下列规定：

（一）运输遗体必须进行必要的技术处理，确保卫生，防止污染环境；

（二）火化遗体必须凭公安机关或者国务院卫生行政部门规定的医疗机构出具的死亡证明。

任务二　管理殡仪馆

优质的殡仪服务要靠殡葬服务机构来提供，殡仪馆作为殡仪服务的主要提供者，是殡

葬管理工作的重点。本任务主要使学生了解如何管理殡仪馆，殡仪馆如何进行内部管理，以及殡葬单位管理中存在的问题及解决办法。

任务实施

1. 了解殡仪馆服务流程

现代提倡文明节俭办丧事，殡葬仪式较古代简便。大部分丧事在殡仪馆由专业人士协助完成，通常按遗体接运、冷藏、清洗、化妆、整容、举行告别仪式、火化、安葬骨灰、葬后祭祀等程序进行。

（1）确认死亡，办理死亡证明。死亡证明有两种：正常死亡的，由卫生部门出具《居民死亡医学证明书》，凭此证在公安机关销户后，办理《居民死亡殡葬证》；非正常死亡的，有公安机关出具《死亡通知单》。

（2）家属凭死亡证明通知殡仪馆将遗体接送到殡仪馆，确认要办理的殡仪服务事项。

（3）确定开追悼会时间后，通知亲友。

（4）殡仪馆为逝者消毒、防腐、清洗、更衣、化妆或提供其他服务。

（5）开追悼会，亲朋好友参加遗体告别仪式，与逝者最后告别。

（6）火化遗体，领取骨灰。

（7）寄存或安葬骨灰。

（8）葬后祭祀活动主要有七七祭、周年祭、忌日祭、春节祭、清明祭等。

2. 现代城市追悼会（遗体告别仪式）的一般流程

（1）主持人宣布追悼会开始，宣读参加追悼会人员的名单，以及外来唁电、唁函等。

（2）乐队奏哀乐或播放哀乐，全体默哀（1～3分钟）。

（3）由事先指定的人（单位领导或德高望重的人士）致悼词。

（4）来宾代表悼念讲话（好友致辞，缅怀故人）。

（5）逝者亲属代表（孝子或最亲近的人）致答谢词，表达感谢之意。

（6）全体来宾向遗体三鞠躬，以示哀悼之情。

（7）哀乐声中，全体来宾瞻仰遗容，向遗体做最后的告别，握手慰问家属。

（8）宣布追悼会结束，来宾离开，家属自行祭拜。

（9）家属祭拜完毕后，将遗体送去火化。

任务引导

1. 了解殡仪服务流程。
2. 了解现代城市遗体告别仪式的一般流程。

> 知识链接

1. 殡葬服务机构概述

殡仪服务机构是指依法成立的，能够完成遗体接运、遗体化妆、遗体整容、遗体防腐、遗体火化、骨灰寄存，以及各种礼仪服务等丧葬活动的单位和组织。在服务过程中，殡仪服务机构与殡葬消费者具有平等的地位，在协商一致的基础上确定服务项目和费用。

殡仪服务机构主要有以下几种。

（1）殡葬事业单位。根据1983年颁布的《殡葬事业单位管理暂行办法》，殡葬事业单位包括殡仪馆、火葬场、殡葬服务站、骨灰堂和公墓。现阶段，我国殡葬事业单位兼具管理职能和服务职能。

殡葬事业单位是殡仪服务机构的主体。根据民政部《2021年民政事业发展统计公报》，截至2021年年底，全国共有殡葬服务机构4373个，其中殡仪馆1774个，殡葬管理机构815个，民政部门管理的公墓1673个。殡葬服务机构职工8.7万人，其中殡仪馆职工4.7万人，火化炉7043台，全年火化遗体596.6万具。

（2）殡仪服务公司。殡仪服务公司是由一定人员和机构组成的、依法成立的从事殡葬服务的公司和企业。

（3）殡仪服务站。目前，我国的殡仪服务站主要有三种：①殡葬事业单位在各社区设立的分支机构，受殡葬事业单位管理，这些服务站管理比较规范；②在工商部门登记注册的花圈店、寿衣店等；③社区和农村专/兼职从事殡葬服务没有在工商部门登记的服务站。

2. 民政部门对殡仪馆进行外部管理

管理殡仪馆有两层含义：一是外部管理，指行政管理机关对殡仪馆的管理；二是殡仪馆作为经营单位的内部管理。

目前，我国大部分殡仪馆都是殡葬事业单位，国家按照《殡葬事业单位管理暂行办法》和《殡葬管理条例》对殡仪馆和公墓进行日常工作管理。各地民政部门制订计划，监督和指导殡仪馆和公墓的工作。

（1）制定管理目标。管理目标分中长期目标和短期目标。中长期目标：各地政府制定殡葬工作中长期目标，5年、10年工作规划，分阶段进行。短期目标：一年内工作目标。由政府殡葬管理部门（各地民政部门）根据上年工作情况及本地殡葬管理的需要制定当年工作目标，下发各殡葬单位，殡葬单位根据此目标，制订出当年工作计划。

（2）实施计划与工作指导与监督。殡仪馆和公墓实施工作计划，对工作中出现的问题及时向管理部门汇报，接受管理部门指导。各地民政部门根据要求或群众反映的问题对殡仪馆和公墓工作进行检查和监督，监督殡葬单位搞好殡葬服务工作。

（3）工作总结与工作计划。殡仪馆和公墓定期就工作情况进行总结，根据单位发展情况及出现的问题及时反馈，并就以后工作拟订计划。殡葬管理部门根据各单位总结及计划情况制定当地总工作目标,指导工作。

3. 殡仪馆内部管理

殡仪馆一般由民政部门设立,属殡葬事业单位。殡仪馆内部管理的内容大致有四项:人、财、物、事。殡仪馆的人事和财务管理受上级主管部门管理,既是内部管理,又受外部管理制约。由于殡仪馆里存在特殊的物品——遗体,其内部物和事的管理和其他单位略有不同。

(1)殡仪馆人事管理。目前,多数殡仪馆人事由上级主管部门按编制管理,受国家事业单位人事制度改革的制约。随着殡仪服务的不断增多,在部分殡仪馆出现了同一工作岗位上的工作人员身份不同:有在编职工、有长期聘用的合同工、有短期聘用合同工,还有临时工。

(2)殡仪馆财务管理。按照《殡葬事业单位管理暂行办法》的规定:殡葬事业单位要实行"经营承包责任制",逐步"自负盈亏","收入稳定,经费自给有余的单位,除更新改造基金留归本单位外,其余部分实行殡葬事业单位和主管部门盈余分成制。"

内部财务制度和其他单位一样,按照《中华人民共和国会计法》《现金管理暂行条例》等相关法律法规进行,降低成本,增加效益。

(3)殡仪馆内部特殊物管理。殡仪馆内部有两类特殊物的管理。一是遗体。对遗体要文明操作,保护遗体不受损坏是最基本的要求。同时,还要尊重逝者的其他权利,如姓名权,不能写错;隐私权,不能随便让人观看逝者遗体等。二是与逝者有关的物品。与逝者有关的物品带有亲属感情,无法复制,在殡仪服务过程中要特别保护,不能损坏。处理这些物品,一定要得到家属的同意并签字。

(4)殡仪馆内部事务管理。殡仪馆内部事务的管理主要是殡仪馆服务项目的规范化、标准化管理。

殡仪馆主要服务项目有咨询登记、电话预约、代办服务、遗体接运、遗体冷藏、穿衣整容、遗体火化、厅堂服务、花圈出租、丧品销售、鲜花供应、冰棺租用、乐队服务、骨灰寄存、墓地安葬等。销售的丧品种类包括寿衣、垫盖单、文明卫生棺、骨灰坛盒、袖章、小白花、签名册、灵车花球、相框等。

任务三 服务殡仪客户

殡葬服务的宗旨是使"逝者安息,生者慰藉"。分析客户需求,满足人民丧葬需求是

殡仪服务的基本要求。本任务的实施可以训练学生了解殡葬客户的类型、殡葬心理,提高学生服务意识及沟通协作能力。

本任务包括:分析客户与逝者的关系,分析客户的群体特征;分析客户消费类型,为客户提供优质服务。分析客户家庭情况,有针对性地实行惠民政策,满足人民死有所葬的基本需求。

任务实施

1. 确定逝者基本信息及丧事承办人

确定逝者的基本信息,如姓名、性别、出生年月、死亡时间、死亡原因、死亡地点等。可通过下列途径获得逝者的基本信息。

(1)询问前来办理丧事洽谈的有关人员(家属、单位及治丧委员会人员)。

(2)在医院、社区、福利院死亡的,询问医生和有关人员。

(3)根据办理丧事提供的《居民死亡殡葬证》。

(4)根据公安机关出具的《遗体处理通知单》。

在确定逝者身份后,根据我国《继承法》和《民法典》,确定丧事主要承办人。由丧事主要承办人和服务单位协商确定服务方案、服务项目、服务价格及特殊服务要求等。

2. 根据服务项目,组织人力、物力搞好服务

(1)根据不同客户的服务项目和服务时间,为客户提供优质殡葬服务。

(2)根据来宾情况,提供必要的活动、休息、停车场所等服务。

(3)对有特殊要求的客户,提供个性化服务。

(4)对客户临时提出的服务要求,及时沟通,做好服务。

3. 根据客户情况,搞好特殊服务

(1)按惠民政策和措施,为困难群体和符合条件的群众办理减免费用的服务。

(2)为特殊逝者及来宾,提供特殊服务,如设立残疾人通道,安排社工抚慰家属,医疗帮助(为因传染病死亡人员及家属提供消毒)等。

(3)为少数民族及有宗教信仰的人士提供特殊服务。

(4)做好应急措施,应对特殊事件。

任务引导

1. 关注各地惠民政策,为人民服务。

2. 通过书籍、报刊及网络等渠道,了解各地殡葬惠民政策,关注以下内容:对哪些人群优惠、项目有哪些、如何办理相关手续等。

> 知识链接

1. 殡仪服务对象分析

殡仪服务对象有两个：一是逝者或者遗体；二是活人，即逝者亲属及朋友。

殡仪服务的特殊性要求殡葬服务单位必须提供优质的服务满足客户需求。服务要做到精益求精，减少人为事故的发生。对管理者来说，除了加强硬件设施建设，提供必要的服务条件外，还要加强规范市场管理，提高服务人员素质，满足群众需求，更要细分服务市场、制定相应的服务标准，规范服务行为，降低事故发生的可能性。

2. 遗体的所有权与家属的权限

逝者生前有权安排自己的后事，处理自己的遗体。通常在遗嘱里面，可以看到逝者对后事的安排：遗产的安排，身体的处理（捐赠身体器官或遗体的），葬礼的安排，墓地的选择等。尊重逝者最基本的要求是尊重逝者对自己后事的安排，按他们的意愿办后事，这是处理遗体最基本的原则。

一般来说，遗体归其亲属共同所有，大家协商一致，共同处理遗体；如果无法协商一致，按少数服从多数的原则；仍无法确定的，和逝者最亲近关系的人有权决定。参照《民法典》的规定，第一顺序继承人是配偶、子女、父母。第二顺序继承人是祖父母、外祖父母、孙子女、外孙子女、兄弟姐妹。有配偶的，由配偶决定；没有配偶或配偶不愿决定的，由父母决定；配偶、父母都不在或不愿决定的，由子女决定；子女数人，无法决定，由长子长女决定。在没有第一顺序继承人时，第二顺序继承人才可做出决定。

五保户、没有近亲属的遗体，由民政部门或所在单位处理。

近亲属、民政部门或所在单位对遗体的所有权不是完全所有权，对遗体的处理要注意：不能用以收益、抛弃、长期占有不埋葬。

无主遗体又称无名遗体，是不能确认逝者身份，没有家属及单位认领的遗体。无主遗体一般由公安机关出具证明，殡葬单位火化。管理者要加强对无主遗体处理的管理，防止出现毁尸灭迹或死无葬身之地的现象。

3. 殡葬群体及心理分析

现代社会参加葬礼的人主要有直系亲属、姻亲、旁系血亲及朋友群体。

（1）亲属的心理。亲属与逝者有血缘亲情，他们对逝者充满依恋；对逝者的离开，他们感到悲伤、恐惧和无助；他们对逝者充满内疚与报恩心理。这使亲属在办丧事中不理性消费，注重精神消费，不计成本。

（2）协助治丧者心理。助丧者历来是丧事活动的重要参与人。助丧者一般对逝者及亲属充满同情，或者对他们有报答心理，希望帮助他们渡过难关。相对于亲属而言，助丧者较少悲痛心理，比较理性。在服务过程中，要注意安抚亲属，满足他们的需求；服务好助丧者，使丧事办得圆圆满满。

任务四　管　理　公　墓

任务描述

"死有所葬"是每个公民的权利，也是政府的责任。管理好公墓，使逝者有安放之处，让后人能祭奠先人。同时，保护我国有限的土地资源，是殡葬事务管理的重要部分。本任务主要使学生了解国家对公墓管理的基本要求，公墓如何进行内部管理。

本任务包括：公墓内部建设与管理的要求，公墓服务程序及要求。

任务实施

1. 公墓内部建设与管理的要求

（1）按标准进行公墓建设。公墓建设要根据城市总体规划，结合殡葬事业需要，整合现有公墓设施资源，严格限制经营性公墓进展。

（2）实行年检制度。每年将公墓运营情况向民政局进行汇报，严格实施检查监督，保护生态环境和土地资源。

（3）推行节地生态安葬方式。公墓运营中要积极推进生态安葬方式，倡导采取不占或少占土地的方式安葬骨灰，推广骨灰寄存、壁葬、树葬、花坛葬、草坪葬等安葬形式，逐步扩大生态安葬比例。有条件的地区，对生态化安葬方式进行奖励。

（4）推动公墓信息化建设。采用公墓管理系统，对公墓客户、施工需求、价格维护、售后服务等全方位信息化管理，整合、规范、管理业务，提高公墓内部工作效率，为公墓档案资源利用提供便利。

（5）倡导文明祭祀、新型祭祀方式。推动网络祭祀、代客祭祀、集体公祭、社区共祭等祭奠形式，从实地实物祭扫转移到精神传承上来，移风易俗。

（6）积极推行惠民殡葬。逐步扩大惠民殡葬服务对象范围，扩大惠民殡葬项目及减免费用金额，保障生态、公益性安葬方式的积极有效供给。

（7）开展公益性生命教育活动。公墓要充分利用设施设备，开展各类公益活动，倡导认识生命、爱护生命、尊重生命的价值观，使公墓成为生命教育基地，传承优秀传统文化，推动殡葬事业朝着人文化、现代化、专业化、制度化的方向发展。

2. 公墓服务程序及要求

（1）凭火化证选择墓区、墓位、墓型；按照客户要求选择，推行生态化安葬方式。

（2）填写购墓申请单，电脑制单，客户校对确认。

（3）签订合同及支付定金；填写《墓地租用合同》，签字确认后，支付全款或者定金。

（4）制作瓷像及碑文；按照客户选择制作墓碑文。

（5）骨灰安葬服务；客户验收付清余款；安葬后发放《公墓安葬证》。

（6）葬后祭祀服务。发放服务卡，注明后续服务内容和联系方式。

任务引导

结合其他民政工作原理，思考如何在我国地少人多的情况下，解决所有公民"死有所葬"的问题。

知识链接

1. 公墓的分类

根据民政部 1992 年《公墓管理暂行办法》第三条规定："公墓是为城乡居民提供安葬骨灰和遗体的公共设施。公墓分为公益性公墓和经营性公墓。公益性公墓是为农村村民提供遗体或骨灰安葬服务的公共墓地。经营性公墓是为城镇居民提供骨灰或遗体安葬实行有偿服务的公共墓地，属于第三产业。"

从以上规定可以看出，目前我国公墓分为农村公益性公墓和城市经营性公墓，国家对公墓实行分类审批、管理和指导。国家从严审批经营性公墓，禁止公益性墓地对外出售墓穴。未经批准，任何形式的公益性公墓不得转为经营性公墓。

除上述规定公墓外，我国还有专门埋葬回民的回民公墓以及烈士陵园等类型的公墓，对其管理有专门的规定。

2. 公墓的审批

建立公墓应当向管理部门申请：建立公益性公墓，由村民委员会提出申请，报县级民政部门批准；建立经营性公墓，由建墓单位向县级民政部门提出申请，经同级人民政府审核同意，报省、自治区、直辖市民政厅（局）批准。申请时，应向公墓主管部门提交下列材料：

（1）建立公墓的申请报告。

（2）城乡建设、土地管理部门的审查意见。

（3）建立公墓的可行性报告。

（4）其他有关材料。

经营性公墓由建墓单位持批准文件，向当地市场监管部门领取营业执照，方可正式营业。

与外国、港澳台人士合作、合资或利用外资建立经营性公墓，经同级人民政府和省、自治区、直辖市民政厅（局）审核同意，报民政部批准。

3. 公墓内部各项工作和物资的管理

公墓内部各项工作和物资管理的内容包括：客户服务管理、公墓设施设备的维修养护管理、公墓环境保洁与绿化管理以及公墓安全管理等。

客户服务管理主要包括以下内容：接待客户、引导定墓、制作墓碑、安葬骨灰、建立档案和在公墓区组织祭扫活动，以及其他公益活动等。

公墓设施设备的维修养护管理主要内容包括：向客户说明墓地及附属设施的功能及注意事项、制订墓地设施设备养护计划、日常维护、墓地设备更新方案等。

公墓环境保洁与绿化管理工作包括：墓地污染的防治、墓地公用场地的清洁与植物的养护、公墓环境的绿化美化等。

公墓安全管理包括：安全方案的制定、日常安全保卫防护、消防器材的管理与维护、职工安全教育与管理、园区车辆行驶及停放、突发事件应急预案等。

公墓内部事务管理是要营造良好的墓地环境，切实保护客户、墓地使用者的合法权利，提升墓地经济效益、社会效益和生态效益。

4. 公墓年检制度

公墓年检制度是民政部门规范公墓的经营活动，根据验收标准，一年一次对公墓的建设、管理、运行等情况进行检查并验收的制度，具体内容包括：公墓审批手续、墓穴用地、服务设施、服务项目、服务质量、经营管理、绿化美化情况等。

根据检查结果，分别做出处理：年检合格的发给经营合格证，容许继续营业；对于存在问题的，要给予批评，责令改正。对于严重违背殡葬管理法规经营的，实行停业整顿，直至明令取缔。通过年检，还可查处未经批准的非法公墓，并及时清理，保证公墓健康发展。

5. 清明祭祀的管理

清明祭祀管理一直是殡葬管理的一项重要工作。公墓作为祭祀的主要场所，一直是管理重点。民政部在清明节前期，一般要发布清明节工作方案。2021年3月10日，民政部办公厅发布《关于做好2021年清明节祭扫工作的通知》，因为疫情，要求提供现场祭扫服务的地区，采取预约、错峰、限流等措施。没有疫情时，要求启动清明节期间的应急值守工作，收集汇总清明节工作资讯，各观察点按要求上报《清明节观察点群众祭扫情况日报表》等工作。

6. 墓地服务一般要求

（1）安葬服务：安葬前须交清墓穴相关费用，安葬时须凭交款单据及安葬施工单、客户联至安葬部办理安葬相关事宜。

（2）旧墓搬迁：客户凭起墓单取墓，安葬施工单、客户联安葬。

（3）新户选墓：客户凭主办人身份证、逝者死亡证明、逝者身份证或户口簿办理手续。

（4）合墓加字及换碑：客户凭墓穴证书原件、发票、交款单据客户联，主办人身份证原件或复印件，逝者死亡证明等办理手续。

（5）补办墓穴证书：凭主办人身份证原件或复印件，主办人与落葬人关系证明，墓穴证遗失文字材料（单位、街道、居委会证明）等办理手续。

（6）外迁墓：须凭墓穴证书、主办人身份证原件或复印件、主办人与落葬人关系证明（单位、街道、居委会证明）、正规国家公墓接收证明或县级以上主管民政部门接收证明等办理手续。

练 习 题

一、填空题

1. 殡葬服务机构包括_____、殡仪服务公司、殡仪服务站。
2. 墓地选择不占土地的方式安葬骨灰包括将骨灰散撒在花坛、散撒在树林、_____等。
3. 殡葬服务的宗旨是使逝者安息，_____。

二、多项选择题

1. 殡葬管理主要有（　　）内容。

    A. 积极进行法制建设、严格依法管理

    B. 推行殡葬改革，提倡文明节俭办丧事

    C. 兴建殡葬设施，发展殡葬事业

    D. 管理好殡仪馆，禁止大操大办

2. 殡葬管理的方针是（　　）。

    A. 积极地、有步骤地实行火葬，改革土葬

    B. 节约殡葬用地

    C. 革除丧葬陋俗

    D. 提倡文明节俭办丧事

三、判断题

1. 殡仪服务对象只有一个，即逝者或者遗体。（　　）
2. 公墓分为公益性公墓和经营性公墓。（　　）

四、问答题

1. 2018年《殡葬管理条例》修订草案与2012年修订的《殡葬管理条例》有何异同？
2. 不同殡葬群体的心理有何不同？

项目十二　开展老年人福利事业

> **项目概述**
>
> 我国已经进入了人口老龄化阶段，老年人社会福利在社会福利体系中的重要地位与日俱增。本项目要求学生通过学习了解中国人口老龄化的基本情况，熟悉老年人社会福利的主要内容以及我国已初步形成的老年人社会福利服务体系。
>
> 本项目包括：搜集老龄化社会资料，熟悉居家养老、社区养老、机构养老方式。

背景介绍

2021年5月11日，第七次全国人口普查结果公布，全国人口共141178万人，60岁及以上人口占18.7%，65岁及以上人口占13.5%。随着我国老年人口日益增多，老年人福利事业显得尤为重要，如何健康发展老年人福利事业，真正实现老有所养、老有所医、老有所为、老有所学、老有所乐，是我们开展老年人福利事业所追求的目标。

任务一　搜集老龄化社会资料

任务描述

人的一生都要经过幼年、青年、壮年和老年几个阶段，这是不以人的意志为转移的客观规律。我国是一个人口大国，也是老年人口最多的国家之一，老龄问题是一个世界性的社会问题。搜集人口老龄化资料，了解我国人口老龄化的基本情况，有针对性地应对人口老龄化所产生的各种问题，维护老年人的尊严和权利，使他们安享晚年。

任务实施

我国是世界上最大的发展中国家，现在仍处于并将长期处于社会主义初级阶段，但是我们依靠国家立法、行政措施、宣传教育与社会舆论，使全社会尊敬老年人、爱护老年人、赡养老年人，从而促进了社会的安定团结，改善了社会的道德风尚，维护了老年人的尊严和权利。

（1）加强法制建设，建立老龄法律法规体系，依法保障老年人的权利。全国人大及其常委会、国务院以及国家部委颁布的老龄法律、法规、规章及有关政策达500余件，初步形成以《中华人民共和国宪法》为基础，《中华人民共和国老年人权益保障法》为主体，包括有关法律、行政法规、地方性法规、国务院部门规章、地方政府规章和有关政策和技术标准在内的老龄法律法规政策体系框架。地方政府也发布了与养老服务有关的地方性法规、规章和技术标准等300余部。

（2）加强人口老龄化的宣传教育，在全社会树立积极老龄化的新观念。"积极老龄化"把老化过程看作是一个正面的、有活力的过程，倡导老年人必须有健康的生活和贡献社会的机会。

（3）把老龄事业的发展列入整个国民经济发展规划，即把健康、参与、保障列入老龄事业发展规划，列入国家的社会经济发展规划，作为政府的工作目标来落实。

（4）加大对老龄事业的资金投入。根据老龄化发展的实际和国家的经济发展水平，把资金列入财政计划，并做到逐年增长，建立财政资金保障机制。同时要拓宽资金来源渠道，建立多元化的投融资体制。加强对老龄发展资金的管理，做到专款专用，防止资金挪作他用。

（5）调整产业结构，大力发展老龄产业和涉老服务业。为了满足老年人口日益增长的物质和文化的需要，发展老龄产业，增加老年人所需要的社会服务业，改造不适应人口老龄化的住宅、社区和环境，发展老年人衣、食、住、行、用、文等各种消费品。

（6）加快社会保障体系建设。在健全和完善城市社会养老保险、医疗保险的同时，大力推广城乡医疗救助制度，完善农村五保供养制度，实行农村新型合作医疗制度，并建立农村居民最低生活保障制度，积极进行农村养老保险制度的试点工作。

（7）社会福利社会化。经国务院批准，国家发展改革委联合20家部门印发《国家基本公共服务标准（2021年版）》。"一老一小"是社会普遍关注的民生问题，下一步将联合有关部门，制定并发布老年人能力评估国家标准，统一开展老年人能力评估，并完善老年人福利补贴制度，鼓励有条件的地区对老年人福利补贴"提标扩面"。

目前，老年人福利补贴方面的内容，主要包括几个方面：①为65岁以上老年人提供能力综合评估；②为经济困难老年人提供养老服务补贴；③为经认定生活不能自理的经济困难老年人提供护理补贴；④为80岁以上老年人发放高龄津贴。具体认定评估办法和补贴标准由地方人民政府制定。

在实践中，一些有条件的地方做了有益探索，逐步提高了补贴标准和扩大覆盖面。据不完全统计，截至2020年年底，全国共有3000多万老年人享受了福利补贴、护理补贴和高龄津贴，有效缓解了部分老年人实际生活困难。下一步，将联合有关部门，重点做好以下工作：①制定并发布老年人能力评估国家标准，统一开展老年人能力评估，评估结果作为领取老年人福利补贴、享受基本养老服务的依据；②完善老年人福利补贴制度；③鼓励有条件的地区对老年人福利补贴"提标扩面"，不断增加制度的含金量；④不断推进工作的精准化、规范化、便捷化，在 2021 年年底前所有地区都开通亲友代办和线下办理，解决因智能化技术应用给老年人申领补贴带来的困难。

任务引导

通过查阅资料，了解我国是如何应对人口老龄化的。

知识链接

1. 我国人口老龄化的基本状况

（1）老龄社会定义。老龄社会是指老年人口占总人口达到或超过一定的比例的人口结构模型。

（2）老龄化社会标准。按照联合国的传统标准是指一个地区 60 岁以上老年人口占总人口的 10%，或者 65 岁以上老年人口占总人口的 7%，即该地区为老龄化地区。

2021 年 5 月 11 日，第七次全国人口普查结果公布，全国人口共 141178 万人，60 岁及以上人口占 18.7%，65 岁及以上人口占 13.5%，按国际标准衡量，我国已进入了老年化国家行列。

2. 我国人口老龄化的特点

（1）老年人口规模庞大。我国 60 岁及以上人口有 2.6 亿人，其中，65 岁及以上人口 1.9 亿人。31 个省份中，有 16 个省份的 65 岁及以上人口超过了 500 万人，其中，有 6 个省份的老年人口超过了 1000 万人。

（2）老龄化进程明显加快。2010—2020 年，60 岁及以上人口比重上升了 5.44 个百分点，65 岁及以上人口上升了 4.63 个百分点。与上个十年相比，上升幅度分别提高了 2.51 和 2.72 个百分点。

（3）老龄化水平城乡差异明显。从全国看，乡村 60 岁、65 岁及以上老人的比重分别为 23.81%、17.72%，比城镇分别高出 7.99、6.61 个百分点。老龄化水平的城乡差异，除了经济社会原因外，与人口流动也是密切相关的。

（4）老年人口质量不断提高。60 岁及以上人口中，拥有高中及以上文化程度的有 3669 万人，比 2010 年增加了 2085 万人；高中及以上文化程度的人口比重为 13.90%，比十年前提高了 4.98 个百分点。十年来，我国人口预期寿命也在持续提高。2020 年，80 岁及以上人口有 3580 万人，占总人口的比重为 2.54%，比 2010 年增加了 1485 万人，比重提高了 0.98 个百分点。

人口老龄化是社会发展的重要趋势，也是今后较长一段时期我国的基本国情，这既是挑战也存在机遇。例如，人口老龄化从挑战方面看，将减少劳动力的供给数量、增加家庭养老负担和基本公共服务供给的压力。同时也要看到人口老龄化促进了"银发经济"发展，扩大了老年产品和服务消费,还有利于推动技术进步。这都带来一些新的机遇。而且,在我国 60 岁及以上人口中,60～69 岁的低龄老年人口占 55.83%,这些低龄老年人大多具有知识、经验、技能的优势,身体状况还可以,发挥余热和作用的潜力较大。

目前,我国虽已步入老年型社会,但尚处于人口老龄化的早期。未来,我国人口类型将从轻度老龄化转变成深度老龄化,进而转化成重度老龄化,"银发浪潮"将成为 21 世纪我国主要的人口问题之一。如何在应对人口老龄化和促进经济社会发展之间架起一座桥梁,达成双赢的局面,是我们亟待研究思考的问题。

3. 人口老龄化对社会经济发展的影响

人口老龄化是社会文明进步的重要标志,同时也会给经济增长、产业演变、文化进步、社会发展等带来一系列的影响。

(1)老龄人口的增长会改变人口的抚养比,被抚养人口的增加必将加重现有劳动人口的负担。根据测算,1990 年我国每 100 个劳动年龄人口抚养 13.74 个老年人、2000 年抚养 15.60 个老年人、2025 年抚养 29.46 个老年人、2050 年抚养 48.49 个老年人。总抚养比也相应上升,从 2025 年的 59.5% 上升到 2050 年的 76.8%。

(2)伴随人口老龄化而产生的劳动力年龄结构的老龄化,必将对经济发展和劳动生产率的提高产生一定的消极影响。

(3)人口老龄化使用于老年社会保障的费用大幅增加,给政府带来比较沉重的财政负担。

(4)人口老龄化客观上要求调整现有的产业结构,以满足老年人对物质和精神文化特殊的需要。

(5)人口老龄化必然会引起家庭规模和家庭结构的变化,使家庭的养老功能不断削弱。因而迫切要求发展以社区为中心的各项社会福利和社会服务事业,以补充家庭养老功能的不足。

任务二　熟悉居家养老、社区养老、机构养老方式

任务描述

老年人值得尊敬和爱戴,也需要关心和帮助。中华民族素有敬老尊老的传统,随着社会经济的发展,人民生活水平的提高,社会生活方式的转变,老年群体在日常生活照顾、精神慰藉、心理支持、康复、护理、临终关怀、紧急救助等方面的需求日益增长。妥善处理人口老龄化问题,关心老年人的需求,加快发展养老服务业,是坚持以人为本的具体体现。认真解决老年人生活中的实际问题,有利于保持家庭关系稳定和睦,促进老年群体与其他群体和谐相处,这是构建社会主义和谐社会的重要内容,是社会文明进步的重要标志。同时,加快

发展养老服务业，有利于促进相关行业发展，推动经济增长，提高全体人民生活质量和水平。我们要充分认识发展养老服务业的重要意义，采取有效措施，推动养老服务业加快发展。

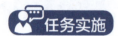

1. 养老服务工作重点

国务院办公厅《关于推进养老服务发展的意见》指出，党中央、国务院高度重视养老服务，按照 2019 年政府工作报告对养老服务工作的部署，为打通"堵点"，消除"痛点"，破除发展障碍，健全市场机制，持续完善居家为基础、社区为依托、机构为补充、医养相结合的养老服务体系，确保到 2022 年在保障人人享有基本养老服务的基础上，有效满足老年人多样化、多层次养老服务需求，老年人及其子女获得感、幸福感、安全感显著提高。该意见提出了六个方面共 28 条具体政策措施。一是深化放管服改革，二是拓展养老服务投融资渠道，三是扩大养老服务就业创业，四是扩大养老服务消费，五是促进养老服务高质量发展，六是促进养老服务基础设施建设。

2. 具体做法

（1）政府重视。养老服务社会化工作是一项系统工程，离不开政府的高度重视和大力支持，不同地方，采取了不同措施：有的成立养老服务社会化工作领导小组；有的将推进养老服务社会化、发展养老服务事业列入经济社会发展规划、城乡建设规划及其他专项规划；有的将养老机构建设、养老服务体系完善列入为民办实事项目和目标考核责任内容。同时，出台优惠政策，扶持社会力量兴办养老机构，使养老服务社会化工作强势推进，蓬勃开展。

（2）居家养老。从出台政策、建立机构、明确任务入手，大力推进居家养老，确立了居家养老在养老服务体系中的基础性地位。居家养老最大的特点是解决了社会养老机构不足的困难，将大龄下岗职工和缺乏生活照顾、需要居家看护的孤老这两个困难群体的需要相结合，调动社会和企业的力量出资建立家庭养老院，成为老人、养护员、政府和多方受益的良好模式。2015 年 5 月 1 日起，《北京市居家养老服务条例》正式实施。河南省郑州市金水区制定了《居家养老服务工作规章制度》《居家养老服务人员守则》《居家养老服务网络及责任分工》等各项制度。天津市塘沽区（已合并为滨海新区）养老服务指导中心对全区居家养老服务工作进行宏观调控、政策指导，严格审批程序，实时对服务质量做出评估；街道养老服务中心组织综合服务项目，因地制宜地为居家老人提供服务；养老服务站对困难老年人家庭状况开展调查、核实，对服务质量进行反馈。

（3）社区服务。2020 年，住房和城乡建设部等六部门发布《关于推动物业服务企业发展居家社区养老服务的意见》，推动和支持物业服务企业积极探索"物业服务+养老服务"模式，切实增加居家社区养老服务有效供给，更好满足广大老年人日益多样化多层次的养老服务需求，着力破解高龄、空巢、独居、失能老年人生活照料和长期照护难题，促进家庭幸福、邻里和睦、社区和谐。

现阶段，我国已有不少物业服务企业参与社区居家养老服务，如卓达物业的"全龄化社区养老"、绿城物业的"学院式养老"、保利物业的"三位一体"养老服务等，在开展社区居家养老服务上进行了有益的探索。随着社会老龄化和高抚养比现象的加剧，专业化的社区养老服务会逐渐成为刚需，将成为物业服务企业发展增值服务的新蓝海。

（4）机构养老。持续加大财政投入，陆续新建、改建、扩建了一批养老机构，极大改善了在院人员的生活条件。2020年，贵州将"新建、改造30个城乡养老机构"列为十件民生实事之一。根据计划，贵州加紧建设，目前已全面完成任务，努力满足人民群众对美好生活的需求。

（5）养老服务补贴及评估制度。适应人口老龄化的形势，加大财政投入，积极探索建立养老服务补贴及评估制度，根据不同的经济状况和服务需求，实施不同的养老服务补贴及服务内容，有力推动了老年社会福利由补缺型向适度普惠型的转变。例如，具有海口市户籍且年龄在80周岁以上的高龄老人可申请"高龄长寿老人补贴"。2021年7月1日，海口市"高龄长寿老人补贴"智能审批系统正式上线试运行，老人足不出户即可"零跑动"办理申领。

（6）民办公助。充分发挥政府投入的带动作用，采取建设补贴、床位补贴、人数补贴及综合补贴等形式多样的方式，对社会力量兴办养老机构进行资助，进一步调动了社会力量参与养老服务事业的积极性，使民办养老机构异军突起，成为推动养老服务事业快速发展的生力军。

为了帮助社会力量顺利"跨过"健康养老服务的准入门槛，常州在江苏省率先出台《市政府关于加快医养融合服务体系建设的实施意见》，开创12条路径全面打通医疗卫生资源和养老服务资源的体制机制壁垒，直接吸引社会资本参与养老机构的建设、运营、管理。对养老服务机构房产税、土地使用税、企业所得税、行政事业性收费给予减免优惠；对新办养老机构按床位给予最高每床10000元、最低2500元的一次性补贴，并给予每床每月80～120元的运行补贴；对非事业编制养老护理员按月发放岗位津贴……除了引导资金和各种补贴，常州还不断扩大政府购买养老服务规模，每年市、区两级投入3500万元资金购买社会组织服务，涵盖助餐、助浴、精神关爱等居家养老等内容。一系列扶持举措促进了常州养老服务类社会组织发展壮大。

（7）公建民营。解放思想，大胆探索，将国办养老机构尤其是将现有管理不规范、服务水平差的机构，委托给社会力量来管理和运营，盘活了国办养老机构的存量，为养老服务事业发展注入了蓬勃的生机和活力。2021年10月14日重阳节，宁海养老事业迎来重大节点，总投资4.5亿多元的宁海养老综合体——县老年公寓正式投入使用。县老年公寓采取"公建民营"模式，环境优美，总建筑面积6.8万多平方米，拥有床位1498张，引进国内康养服务综合运营商九如城集团负责日常运行，提供专业的医疗、康复、养护、颐养等服务，打造成为宁波区域一流的养老社区。

（8）队伍建设。把养老服务队伍建设摆在工作的突出位置，大力进行专业知识和职业技能培训，逐步建立养老护理员职业资格制度，并与促进"4050"人员、下岗失业人员、农村进城务工人员就业和再就业相结合，初步建立起了一支专业化和志愿者相结合的养老服务队伍。例如，河北省秦皇岛市海港区在下岗失业和享受低保的大龄妇女中择优选择了376名养护员，并对选出的养护员进行老年心理特征、老年常见疾病防治急救知识、家政服务等方面培训，培训合格后发放上岗证，切实提高了养护员的服务水平和就业技能；天津市塘沽区把养老服务人员纳入公益岗位，把招聘助老服务员和再就业工程结合起来，制定了聘用助老服务员审批程序和用工补贴标准，以"4050"下岗失业人员为主，组建了专业化的服务队伍，进行了岗前培训，签订了服务协议；北京市广大社区志愿者与2780位居家老人鉴定了帮扶协议，开展"一帮一""多帮一"结对服务，青年志愿者还与孤寡老人、空巢老人开展"认亲助老"活动，通过签订认亲协议，使助老服务制度化。

（9）城乡统筹。在大力发展城市养老服务的同时，积极探索建立适应农村老年人养老服务需求的服务网络，一定程度上提高了农村老年人的生活质量。例如，重庆市忠县采取四种模式实行"委托代养"，解决农村"空巢老人"的生产、生活困难问题。①专业机构托管模式。以敬老院、五保家园和民办老年康乐院等为托养机构，坚持老人自愿入住原则，实行集中委托代养，使一部分家庭经济条件较好的老人享受到养老机构的全面养老服务。②社区结对救助模式。以社区为依托，由村（居）委会班子成员、村（居）民小组组长及志愿者与"空巢老人"签订帮扶协议书，实行一帮一结队帮扶，做到帮扶对象、帮扶责任人、帮扶时间、帮扶地点四落实。③邻里亲友帮扶模式。由社区牵线搭桥，依靠"空巢老人"的友邻关系，确定帮扶对象，安装爱心救助门铃，实行定期上门服务。④以老帮老互助模式。积极鼓励年轻老人照顾高龄老人，形成了相互照应、相互帮助的和谐氛围。

（10）加强管理。通过加强规范、制定标准和严格审批等多种手段的运用，确保了居家养老、社区养老、机构养老的正常运行和健康发展。不少地方正加快研究基本养老服务的制度设计，并陆续出台相关文件。北京市民政局联合市规划和自然资源委员会共同编制《北京市养老服务专项规划（2021—2035年）》，明确各区、各街道（乡镇）养老服务设施的空间布局、功能结构、数量规模以及养老服务产业的中期目标和发展路径。《贵州省养老服务条例》自2021年10月1日起施行，从建立健全城市失能老年人机构照护服务体系、探索建立城市居家上门照料服务体系、探索建立活力老年人康养服务体系、逐步推进农村养老服务体系建设、实施市场主体培育工程等方面健全完善基本养老服务体系。宁波编制实施养老服务设施布局中长期规划（2021—2035年），根据老年人口密度，增加中心城区嵌入式、多功能、综合性养老服务设施，确保每个区县（市）至少建有1家公办养老机构。

任务引导

1. 了解我国养老服务体系。
2. 了解不同形式的养老服务内容。

3. 思考从哪些方面入手能更好地开展我国的养老服务。

知识链接

1. 老年社会福利的内容

老年社会福利是国家为改善老年人物质生活和精神生活所提供的福利项目、设施和服务的总称。老年社会福利具有特殊性，其享受对象是丧失劳动能力、体弱多病的老年人，其内容必须符合老年人的生理和心理特点，需要国家和社会予以特殊考虑和照顾。为做好老年福利工作，《老年人权益保障法》第三十三条规定了各级地方政府在这方面的义务。老年社会福利的内容包括：

（1）满足生存与安全需要的福利，如住房福利、生活照顾福利、医疗护理福利。

（2）满足尊重与享受需要的福利，如建立适合老年生活和活动的配套设施；开展适合老年人的群众性文化、体育、娱乐活动，丰富老年人的精神生活；在参观、游览、乘坐公共交通工具等方面为老年人提供优待和照顾。

（3）满足发展需要的福利，如国家发展老年教育事业，办好各类老年学校，为老年人继续受教育提供方便；国家为老年人参与社会主义物质文明和精神文明建设创造条件，发挥老年人的专长和作用。

2. 我国养老服务体系

养老服务业是为老年人提供生活照顾和护理服务，满足老年人特殊生活需求的服务行业。

民政部《关于加快发展养老服务业的意见》指出：发展养老服务业要按照政策引导、政府扶持、社会兴办、市场推动的原则，逐步建立和完善以居家养老为基础、社区服务为依托、机构养老为补充的服务体系。要建立公开、平等、规范的养老服务业准入制度，积极支持以公建民营、民办公助、政府补贴、购买服务等多种方式兴办养老服务业，鼓励社会资金以独资、合资、合作、联营、参股等方式兴办养老服务业。

3. 居家养老

居家养老是指政府和社会力量依托社区，为居家的老年人提供生活照料、家政服务、康复护理和精神慰藉等方面服务的一种服务形式。它是对传统家庭养老模式的补充与更新，是我国发展社区服务，建立养老服务体系的一项重要内容。

具体来讲，居家养老服务就是在社区建立一个社会化的养老服务体系，为居住在家中的老年人开展社会化服务。老年人按照我国民族生活习惯，喜欢选择居住在家庭中，而不是入住在养老机构内，安度晚年生活的传统养老方式。居家养老的主体是老年人，居家养老的载体是家庭，养老照料的责任是亲属。让老年人生活在熟悉的家庭环境中，接受家庭其他亲属成员对其晚年生活的照顾，享受亲情融合的家庭生活氛围，是符合我国国情的主要养老传统选择。居家养老的服务内容主要是生活照料和康复护理，逐步向精神慰藉领域拓展，居家养老服务的方式主要是上门进行个案服务，同时发展社区老年人日间服务机构，对老年人进行综合性的集中服务照料。

4. 社区养老服务

社区养老服务是指在政府倡导和组织下居民所进行的自助服务，是以社区为单位开展的社会服务，是一种公益性质的福利性便民利民服务，是一种为提高社区居民生活质量、有偿和无偿相结合的社会服务。

为老年群体提供的社区养老服务，主要包括老年人包户服务、老年人收养和寄托服务、老年人文化生活服务、老年人庇护服务、老年人生活综合服务等。

5. 机构养老

机构养老是指以社会机构为养老地，依靠国家资助、亲人资助或老年人自备的形式获得经济来源，由养老机构统一为老年人提供有偿或无偿的生活照料与精神慰藉，以保障老年人安度晚年的养老方式。这样的机构包括老年社会福利院、养老院（老人院）、老年公寓、护老院、护养院、敬老院、托老所或老年人服务中心等。

6. 托老

设有生活起居、文化娱乐、康复训练、医疗保健等多项服务设施的社区养老服务场所（托老所）短期接待老年人托管服务，分为日托、全托、临时托等，属于机构养老的一种形式。

案例阅读

人口老龄化持续加深背景下，老年人养老居住问题备受关注。自2010年以来，我国推行"以居家养老为基础、社区服务为依托、机构养老为支撑"的养老政策，逐步形成了以上海"9073"模式、北京"9064"模式为代表的养老居住格局，即90%的老年人居家养老、6%～7%的老年人依托社区养老、3%～4%的老年人入住养老机构。

居家养老是我国老年人的首选。贝壳研究院《2021社区居家养老现状与未来趋势报告》显示，44.5%的老年人倾向住在普通居民小区，他们能够从社区参与中获得最大化养老需求和心理满足。高龄老年人对专业养老服务的需求更高，他们更需要专业化的服务与照料，在80岁及以上高龄群体中33.2%倾向于住在专业养老公寓。

社区软硬件建设不适应老龄化发展趋势，室内安全性问题是摆在居家养老老年人面前的痛点之一。调查显示，46.4%的老年人认为室内居住空间缺少必要扶手，46.3%的老年人认为室内地面光滑易摔，42.8%的老年人认为厕所或浴室不便，42.8%的老年人表示室内未安装呼叫或报警装置。部分老年群体也面临居住空间舒适性不足问题，表现在室内日照、通风不好，室内居住狭窄等。

近年来，老年人对社区老龄服务项目需求较大，紧急呼叫、走失定位、陪同出行服务占比最高。然而，当前社区老龄服务体制不健全，各项服务项目配置与老年人的实际需求并不匹配。其中57%的老年人表示社区没有提供走失定位的服务，55.1%的老年人表示社区没有提供陪同出行的服务。老年人对社区医疗服务需求也较为强烈，健康监测是老年群体最希望配置的社区医疗服务项目，其次是送医拿药和家庭医生。

【思考】如何针对老年人的不同情况，因地制宜地提供养老服务？

【职业素养】根据老年人的不同情况、不同需求，因地制宜地为他们提供服务，使老年人真正体会到社会这个大家庭的温暖，安享晚年。

练 习 题

一、填空题

1. 我国的老龄法律法规政策体系框架以＿＿＿＿＿＿为基础，《中华人民共和国老年人权益保障法》为主体，包括有关法律、行政法规、地方性法规、国务院部门规章、地方政府规章和有关政策和技术标准。

2. 根据《国家基本公共服务标准（2021年版）》，目前老年人福利补贴方面的内容，主要包括：一是为65岁以上老年人提供能力综合评估。二是为经济困难老年人提供养老服务补贴；为经认定生活不能自理的经济困难老年人提供护理补贴；为＿＿岁以上老年人发放高龄津贴。

3. 老年人口抚养比，也称老年人口抚养系数，是指某一人口中老年人口数与＿＿＿＿之比。

4. 按照联合国的新标准，65岁以上老年人口占总人口的＿＿＿，即该地区为老龄化地区。

二、单项选择题

（　　）是指以社会机构为养老地，依靠国家资助、亲人资助或老年人自备的形式获得经济来源，由养老机构统一为老年人提供有偿或无偿的生活照料与精神慰藉，以保障老年人安度晚年的养老方式。

A. 居家养老　　　　B. 社区养老　　　　C. 集体养老　　　　D. 机构养老

三、多项选择题

《老年人权益保障法》第三十三条规定了各级地方政府在老年社会福利方面的义务，包括（　　）。

A. 满足生存与安全需要的福利　　　　B. 满足尊重与享受需要的福利
C. 满足发展需要的福利　　　　　　　D. 满足老年人长寿的福利

四、判断题

1. 人口老龄化将减少劳动力的供给数量、增加家庭养老负担和基本公共服务供给的压力,因此对经济的发展有百害而无一利。( )

2. 按国际标准衡量,我国还未进入老年化国家行列。( )

五、问答题

1. 国务院办公厅《关于推进养老服务发展的意见》提出了哪六个方面具体的政策措施?

2. 重庆市忠县采取了哪四种模式实行委托代养,解决农村空巢老人的生产、生活困难问题?

项目十三　开展儿童福利事业

> **项目概述**
>
> 　　儿童福利是我国社会福利体系的一个重要内容。本项目要求学生通过学习了解儿童福利事业，熟悉残疾儿童康复服务，熟悉主要的儿童养育模式。
> 　　本项目包括：了解儿童福利事业、农村留守儿童关爱服务和困境儿童保障、管理儿童福利院、熟悉残疾儿童康复服务、熟悉家庭寄养。

背景介绍

　　儿童是祖国和民族的未来，党和政府历来十分重视和关心儿童的生存、保护和发展。儿童年龄小，自我保护能力弱，辨别是非的能力差，易于受到各种违法犯罪行为的侵害。受多种因素影响，城乡各类困境儿童不断涌现，如弃婴、孤儿、残疾儿童、流浪儿童、贫困家庭儿童、受艾滋病影响的儿童、遭受家庭暴力和被拐卖的儿童以及农村留守儿童，他们是需要特别关爱和特别照顾的特殊群体。开展儿童福利事业，对儿童的健康成长有重要意义。

任务一　了解儿童福利事业

任务描述

　　儿童福利事业有广义和狭义之分。广义的儿童福利事业是指为促进儿童身心健康，使儿童健全发展而制定的社会福利政策，以及根据政策由国家和社会举办的社会事业，服务对象是所有的家庭和儿童；狭义的儿童福利事业是指政府和社会为有特殊需要的儿童群体提供特定服务的社会事业，服务对象主要是处于困境的儿童，而服务功能则相应地倾向于救助、矫治、扶助等恢复性功能。儿童福利事业与社会的发展和进步有着密切的联系。

任务实施

　　（1）《宪法》规定，儿童受国家的保护，禁止虐待儿童，国家培养儿童在品德、智力、体质等方面全面发展。为发展儿童福利事业提供了重要的法律依据。

（2）新中国成立以来，我国各项儿童福利法规政策取得了重要进步，不仅签署了联合国《儿童权利公约》，颁布施行了《未成年人保护法》《义务教育法》《禁止使用童工规定》等相关法规，而且先后出台了几部中国儿童发展规划纲要。2021年9月8日，国务院印发《中国儿童发展纲要（2021—2030年）》。

（3）将儿童福利事业纳入国民经济和社会发展规划，促进儿童福利事业的发展水平与国民经济和社会发展水平相适应。建立专门的国家儿童行政管理机构，进而形成一个普惠、多元的儿童福利体系，给"最脆弱的儿童"提供受保护、有尊重、可发展的成长环境。

（4）加强基础设施建设，增加对儿童（社会）福利院的资金投入。民政部在"十一五"期间实施"儿童福利机构建设蓝天计划"，资助地方政府在大中城市新建、改建和扩建一批功能完善、设施齐全、环境优美的儿童福利机构。截至2021年5月，我国已建成儿童福利机构1217家，计划到2025年，全面完成儿童福利机构优化提质和创新转型工作。

（5）提高社会福利机构中收养儿童的生活费标准，儿童生活费标准不低于当地居民平均生活水平。

（6）建立和完善对孤儿和弃婴的救治制度。民政部等部门对孤残、流浪、大病、贫困，以及受艾滋病影响的儿童，都有救助政策，涵盖了儿童的基本生活保障、医疗、教育及预防性保护等内容。

（7）扶持儿童福利事业的发展。教育部门对福利院收养的学龄儿童免收学杂费和书本费，福利机构的车辆减免征收养路费，重视儿童福利院的专业技术人员和其他各类工作人员的配备和队伍的稳定工作，建立一支专业化、职业化的儿童福利工作人员队伍，在社区设立专业专职的儿童福利工作岗位，培养一批儿童养护人员和社工。

（8）加强对孤残儿童的保护，维护儿童的切身利益。

（9）建立多维度的儿童福利的目标体系，纳入儿童照料、经济保障、成长发展和社会参与等多方面的需求，建立以公民权利为基础的儿童福利制度。

任务引导

1. 掌握儿童福利的主要内容。
2. 结合我国儿童福利事业的现状和存在的问题，思考如何有针对性地开展儿童福利工作。

知识链接

1. 弃婴出现的原因

（1）重男轻女。
（2）婴儿患有先天性疾病或身体残疾。

(3)对计划生育认识不足。

(4)私生子女被遗弃。

2. 孤儿问题主要原因

(1)各种自然灾害的发生。

(2)各种不幸事故的发生。

3. 我国儿童福利事业的现状

长期以来,民政部门儿童福利工作的服务对象主要是无劳动能力、无经济来源、无法定抚养义务人的孤残儿童,但在实际工作中主要限于社会福利机构集中养育的孤儿和弃婴,福利服务范围通常局限于基本生活服务,服务对象和服务范围相对较窄。

截至 2021 年 5 月,我国共有儿童福利机构 1217 家,其中,市级以上儿童福利机构 336 家,县级儿童福利机构 881 家。近年来,我国儿童福利事业取得长足进步,但也面临一些普遍性的问题需要统筹解决。我国孤儿总数从 2012 年的 57 万人下降至目前的 19 万人,下降了 66%。其中,全国儿童福利机构养育的儿童只有 5.9 万人,与 2017 年的 8.6 万人相比,下降了 30%。全国近 70% 的县级儿童福利机构养育儿童不到 10 人,大量儿童福利机构出现了资源闲置。同时,大多数县级民政部门设立的儿童福利机构风险防范能力不足,人员素质、设施设备、管理水平等方面均存在问题;儿童福利机构养育的儿童已经从健康儿童为主转变为重病重残儿童为主;儿童在医疗、康复、特教、社会工作等方面的专业服务需求十分迫切。

4. 我国儿童福利事业存在的困难和问题

福利院数量少,规模小,床位不足,收养能力低;生活标准低,医疗、教育、康复比较困难;基础设施差;工作人员队伍不稳定。

5. 儿童福利的主要内容

(1)儿童普遍社会福利。①对儿童的养育。儿童福利的重要内容之一就是通过多方努力,促进对儿童良好的养育。首先是保护儿童的生命健康,保证儿童不被虐待、遗弃;其次是保证儿童的营养;再次是保证儿童良好的居住环境。②对儿童的教育。对儿童的教育应该是全面的,通过教育使儿童学会做事,学会与人相处,学会生存的本领。③儿童的卫生保健,包括妇婴保健、预防接种等。④儿童的娱乐游戏,包括修建儿童活动场所、推广有益有趣的儿童游乐形式、普及儿童娱乐知识、举行竞赛活动等。⑤儿童权益的保护。保护他们的合法权益,保护他们健康成长。

(2)特殊儿童社会福利。特殊儿童是指那些患有残疾或被遗弃的儿童,他们除了享受与正常儿童同等的待遇外,还应该在国家、政府、个人为他们创造的团结、友爱、互助的社会环境中得到特别的照顾和保护。一是对孤儿、被遗弃儿童的救助,主要方式有儿童福利院、家庭辅助、家庭寄养、收养等。二是对残疾儿童的康复和教育。

> **案例阅读**

2021年9月初，在陕西省蒲城县未成年人保护中心，一对夫妻带着一个小姑娘正和工作人员道别，从这天起，小姑娘青青（化名）就结束了在县未成年人保护中心一个多月的生活，将跟随母亲和继父到山东开启新生活。一个多月的朝夕相处，大家都很喜欢这个懂事的小姑娘，所有的担心和祝福都汇聚在一句句"听妈妈话""好好学习""有事打电话"的叮嘱中。

11岁的青青是罕井镇上报的困境儿童，父母离异后和父亲一起生活，因父亲患病住院致使孩子无人照料。儿童主任还了解到，她父亲平日里游手好闲没有固定工作，青青跟着东奔西走只上过一年学。现在，青青母亲带着她的妹妹在山东生活，改嫁后正怀着二胎，母亲愿意抚养青青，只是因疫情原因暂时无法来蒲城，所以青青由县未成年人保护中心临时监护照料。

为了帮助青青母亲更好地监护和抚养她，镇儿童督导员帮其申请了法律援助，解决孩子的监护问题。未成年人保护中心工作人员、镇儿童督导员、村儿童主任多方协调沟通，在协办孩子户籍的同时考虑解决孩子的上学问题。最后，青青母亲和继父驱车1000余公里从山东赶来，接青青回家。看着他们的车缓缓离开，县未成年人保护中心的工作人员介绍，接下来他们将继续关注青青的情况，确保孩子能安全健康地成长。

青青的案例是蒲城县未成年人保护工作的一个缩影。近年来，蒲城县民政局高度重视未成年人救助保护工作，坚持最有利于未成年人的原则，不断强化基层儿童工作队伍。2020年，启动实施了《蒲城县农村留守儿童和困境儿童关爱计划》。2021年，将农村留守儿童困境儿童关爱保护设为专项行动，作为蒲城县民政局九项重点工作之一全力推进，助力全县儿童保护工作高质量发展。

在蒲城县未成年人保护工作领导小组的领导下，县里33个部门形成合力，为未成年人提供"六位一体"（家庭保护、学校保护、社会保护、网络保护、政府保护、司法保护）的全方位保护。蒲城县民政局充分运用县、镇（街）、村三级工作网络，通过数据筛查与入户摸底调查，摸清17个镇（街）困境儿童现状与需求，及时防范和化解儿童领域的重大风险。对全县41名社会散居孤儿、54名事实无人抚养儿童开展入户排查，由儿童主任根据风险等级开展常态化跟进，如遇紧急情况便履行强制报告义务。以荆姚镇、高阳镇为试点，通过摸底排查，对荆姚镇106名、高阳镇57名留守困境儿童实行一人一档动态管理。县未成年人保护中心负责人李健说："只有掌握了一手情况，才能查漏补缺，将政策保障落到实处，才能做到'应纳尽纳、应保尽保'"。

在青青的案例中，儿童主任、儿童督导员都发挥了应有的作用。但县未成年人保护中心在实际工作中发现，有些儿童主任、儿童督导员存在政策盲区，对儿童福利政策的申请以及认定程序"拿不准、吃不透"。于是，县未成年人保护中心便开展了"儿童福利政策进村（居）"等活动，帮助他们吃透政策、厘清申请和认定程序。不断的培训，提升了基层未成年人保护工作人员的工作积极性和主动性。在日常工作中，县未成年人保护中心工作人员在接到基层的咨询政策的电话或微信留言时,都会及时给予指导,有时还会现场指导,切实提升了未成年人保护工作的服务水平,使困难儿童能够得到及时有效帮助。

县未成年人保护中心根据儿童实际需求,近一年来,开展了98场多种多样的活动,受益儿童4900余人次。开展了35场儿童成长关爱活动,如"秋天成诗,秋叶成画""青春年少,未来可期""童心向党,献礼百年"等主题活动,帮助农村留守儿童和困境儿童自我认知、情绪处理、人际沟通、自我探索等,受益儿童4000余人次。开展了8次儿童安全教育培训,如预防校园欺凌、安全用火用电等,为农村留守儿童和困境儿童普及安全知识,受益儿童369人次。

蒲城县民政局通过线上与线下多种渠道,大力支持社会力量参与未成年人保护工作,链接各方资源为困境儿童捐赠衣物、书包、玩具以及开展公益兴趣培训等,受益儿童823人次。同时,为西藏民族大学、渭南师范学院社会工作专业学生提供实习机会,做强社会工作力量。

【思考】如何更好地开展我国困境儿童保障事业?

【职业素养】儿童是祖国的未来,是民族的希望,要高标准、严要求、实举措,确保各项未成年人保护政策落实落细,为农村留守儿童和困境儿童撑起一片天。

任务二　农村留守儿童关爱服务和困境儿童保障

任务描述

随着我国社会政治经济的快速发展,越来越多的青壮年农民走入城市,在广大农村也随之产生了一个特殊的未成年人群体——农村留守儿童。农村留守儿童是指父母双方外出务工或一方外出务工另一方无监护能力,无法与父母正常共同生活的不满16周岁农村户籍未成年人。留守的少年儿童正处于成长发育的关键时期,他们无法享受到父母在思想认识及价值观念上的引导和帮助,成长中缺少了父母情感上的关注和呵护,极易产生认识、价值上的偏离和个性、心理发展的异常。农村留守儿童的社会问题有:监护不力,九年义务教育难以保证、缺乏抚慰,身心健康疏于照顾、令人担忧。截至2018年8月底,全国共有农村留守儿童697万人。困境儿童则是指重残重病儿童和父母无力或无法履行抚养义务、监护职责的儿童。

任务实施

党中央国务院高度重视儿童福利工作,特别是对农村留守儿童和困境儿童格外关心。2016年,国务院先后印发了《关于加强农村留守儿童关爱保护工作的意见》和《关于加强困境儿童保障工作的意见》。在党中央、国务院的正确领导下,农村留守儿童关爱保护和困境儿童保障工作取得了重大进展，政策体系进一步健全，工作机制进一步完善、工作力度进一步加大，关爱服务水平进一步提升。但目前关爱服务体系建设仍然存在很多短板，例如机构建设还不够到位，工作力量配备不够足、社会力量参与度不够广泛等，客观上影响和制约了农村留守儿童和困境儿童关爱服务向更深层次、更高质量发展。

为深入贯彻落实习近平总书记关于民政工作重要指示精神和第十四次全国民政会议精神，进一步聚焦特殊群体、聚焦群众关切，切实加强农村留守儿童和困境儿童关爱服务，2019年5月27日，民政部联合教育部、公安部、司法部、财政部、人力资源和社会保障部、国务院妇儿工委办公室、共青团中央、全国妇联、中国残联等10部门制定出台了《关于进一步健全农村留守儿童和困境儿童关爱服务体系的意见》，主要从4个方面做了部署要求：

1. 进一步明确了未成年人救助保护机构和儿童福利机构的职能定位和发展方向

（1）厘清两类机构功能定位。在儿童福利领域保护机构有两类，一类是传统的儿童福利院，主要负责收留抚养由民政部门担任监护人的未满18周岁儿童，其主要承担的是长期监护责任。还有一类是"十三五"期间集中建设的未成年人保护中心，明确未成年人救助保护机构对生活无着的流浪乞讨、遭受监护侵害、暂时无人监护等未成年人实施救助，协助民政部门推进农村留守儿童和困境儿童关爱服务等工作，其主要承担临时监护责任和组织开展农村留守儿童和困境儿童关爱服务职责。

（2）提出未成年人救助保护机构转型升级思路。分三种情况：①对于已设立流浪未成年人救助保护机构的，推进其向未成年人救助保护机构转型；②对于尚未建立未成年人救助保护机构的，推进其整合现有资源，明确救助管理机构、儿童福利机构等来承担未成年人救助保护机构相关工作；③对于已设立未成年人救助保护机构，但抚养照料儿童能力不足的，推进其就近委托儿童福利机构代为养育。

（3）要求拓展儿童福利机构社会服务功能。该意见提出，各地要因地制宜优化儿童福利机构区域布局，推动将孤儿数量少、机构设施差、专业力量弱的县级儿童福利机构抚养的儿童向地市级儿童福利机构移交，就是目前正在推广的区域性养育。对于已经将孤儿转出的县级儿童福利机构，推进其设立儿童福利指导中心或向未成年人救助保护机构转型。鼓励有条件的地市级以上儿童福利机构不断拓展集养、治、教、康于一体的社会服务功能，力争将儿童福利机构纳入定点康复机构，探索向贫困家庭残疾儿童开放。

2. 进一步明确了加强基层儿童工作队伍建设的总体要求

（1）明确了人员组成。该意见要求，在村（居）一级设立"儿童主任"，由村（居）民委员会委员、大学生村官或者专业社会工作者等担任，优先安排村（居）民委员会女性委员担任，具体负责村（居）农村留守儿童和困境儿童关爱服务工作。在乡镇（街道）一级设立"儿童督导员"，由乡镇（街道）人民政府明确一名工作人员担任，具体负责乡镇（街道）的关爱服务工作。之前，名称是不统一的，有的地方称为儿童福利主任，有的叫儿童权利监察员,有的叫儿童福利督导员,有的叫未成年人保护专干,对此,该意见进行了规范,今后村(居)一级的统称为"儿童主任"、乡镇(街道)一级的统称为"儿童督导员",进一步明确了身份和职责,也便于社会认知和关心支持他们的工作。

(2)明确了培训原则。该意见要求各地按照"分层级、多样化、可操作、全覆盖"的原则组织开展儿童工作业务骨干以及师资培训,地市级民政部门负责培训到儿童督导员,县级民政部门负责培训到儿童主任,每年至少轮训一次,初任儿童督导员和儿童主任经培训考核合格后方可开展工作。

(3)明确了跟踪管理。该意见要求各地要建立和完善儿童督导员、儿童主任工作跟踪机制,对认真履职、工作落实到位、工作成绩突出的予以奖励和表扬,并纳入有关评先评优表彰奖励推荐范围;对工作责任心不强、工作不力的及时做出调整。各地要依托全国农村留守儿童和困境儿童信息管理系统,对儿童督导员、儿童主任实行实名制管理,并及时录入、更新人员信息。

3. 进一步明确了多方力量共同参与的儿童关爱服务工作格局

(1)提倡培育孵化社会组织。要求各地民政部门及未成年人救助保护机构要通过多种方式,积极培育儿童服务类的社会工作服务机构、公益慈善组织和志愿服务组织。要支持相关社会组织加强专业化、精细化、精准化服务能力建设,在场地提供、水电优惠、食宿保障、开通未成年人保护专线电话等方面提供优惠便利条件。

(2)要求推进政府购买服务。要求各地将农村留守儿童关爱保护和困境儿童保障纳入政府购买服务指导性目录,加大政府购买力度,重点购买热线运行、监护评估、精准帮扶、政策宣传、业务培训、家庭探访等关爱服务。同时,要引导承接购买服务的社会组织优先聘请村(居)儿童主任协助开展上述工作,并适当帮助解决交通、通信等必要费用开支。

(3)发动社会各方参与。支持社会工作者、法律工作者、心理咨询工作者等专业人员,针对农村留守儿童和困境儿童不同特点,提供专业的关爱服务。积极倡导企业履行社会责任,重点加强贫困农村留守儿童和困境儿童及其家庭救助帮扶,引导企业督促员工依法履行对未成年子女的监护责任。

4. 进一步明确了儿童关爱服务工作保障措施

(1)协调机制。要求各地调整健全省、市、县农村留守儿童关爱保护和困境儿童保障工作领导协调机制,民政部门充分发挥牵头职能,会同有关部门共同推进农村留守儿童和困境儿童关爱服务体系建设。

(2)经费保障。要求各地结合实际需要,做好农村留守儿童和困境儿童关爱服务经费保障。特别是要求各地统筹使用困难群众救助补助等资金,用于农村留守儿童和困境儿童关爱服务工作。民政部本级和地方各级政府用于社会福利事业的彩票公益金,要逐步提高儿童关爱服务使用比例。

（3）明确职责。明确了 10 个部门的各自职责，要求各部门切实履职尽责，合力推进农村留守儿童和困境儿童关爱服务工作。

此外，该意见对加强贫困地区农村留守儿童和困境儿童关爱服务体系建设提出了具体要求。例如，要求支持贫困地区尤其是"三区三州"等深度贫困地区未成年人救助保护机构、儿童福利机构提升服务能力；要求加大对贫困地区儿童督导员、儿童主任培训工作的支持；要求统筹推动深度贫困地区儿童服务类社会组织发展；要求继续向贫困地区进行资金倾斜等。

下一步，民政部将指导各地结合工作实际，认真贯彻落实该意见要求，进一步完善基层关爱服务体系，提升关爱服务能力，切实维护农村留守儿童和困境儿童合法权益。

任务引导

知道我国是如何完善农村留守儿童关爱保护和困境儿童保障工作的。

知识链接

1. 儿童督导员工作职责

儿童督导员在乡镇人民政府（街道办事处）领导和上级民政部门指导下，组织开展以下工作：

（1）负责推进农村留守儿童关爱保护和困境儿童保障等工作，制订有关工作计划和工作方案。

（2）负责儿童主任管理，做好选拔、指导、培训、跟踪、考核等工作。

（3）负责农村留守儿童、困境儿童、散居孤儿等信息动态更新，建立健全信息台账。

（4）负责指导儿童主任加强对困境儿童、农村留守儿童、散居孤儿的定期走访和重点核查，做好强制报告、转介帮扶等事项。

（5）负责指导村（居）民委员会做好儿童关爱服务场所建设与管理。

（6）负责开展农村留守儿童、困境儿童、散居孤儿等未成年人保护政策宣传。

（7）负责协调引进和培育儿童类社会组织、招募志愿者或发动其他社会力量参与儿童工作。

（8）负责协助做好农村留守儿童、困境儿童、散居孤儿社会救助、精神慰藉等关爱服务工作。

2. 儿童主任工作职责

儿童主任在乡镇人民政府（街道办事处）、村（居）民委员会指导下，组织开展以下工作：

（1）负责做好农村留守儿童关爱保护和困境儿童保障日常工作，定期向村（居）民委员会和儿童督导员报告工作情况。

（2）负责组织开展信息排查，及时掌握农村留守儿童、困境儿童和散居孤儿等服务对象的生活保障、家庭监护、就学情况等基本信息，一人一档案，及时将信息报送乡镇人民政府（街道办事处）并定期予以更新。

（3）负责指导监护人和受委托监护人签订委托监护确认书，加强对监护人（受委托监护人）的法治宣传、监护督导和指导，督促其依法履行抚养义务和监护职责。

（4）负责定期随访监护情况较差、失学辍学、无户籍以及患病、残疾等重点儿童，协助提供监护指导、精神关怀、返校复学、落实户籍等关爱服务，对符合社会救助、社会福利政策的儿童及家庭，告知具体内容及申请程序，并协助申请救助。

（5）负责及时向公安机关及其派出机构报告儿童脱离监护单独居住生活或失踪、监护人丧失监护能力或不履行监护责任、疑似遭受家庭暴力或不法侵害等情况，并协助为儿童本人及家庭提供有关支持。

（6）负责管理村（居）民委员会儿童关爱服务场所，支持配合相关部门和社会力量开展关爱服务活动。

案例阅读

为进一步做实、做细对留守儿童的关爱服务工作，不断促进留守儿童健康快乐成长，2022年1月20日，在新春佳节来临之际，盱眙县维桥乡中心幼儿园关工委开展了"手拉手传递温暖，心连心共促成长"留守儿童关怀活动，为孩子们送上了节日的慰问和新春祝福，送去了幼儿园全体教师的关爱与温暖，在寒冬里，为他们增添一丝暖意。

在活动中，志愿者教师们与孩子们谈心交流，细心询问孩子们的生活情况，并为他们送上了牛奶、围巾等生活用品以及新春的祝福，同时叮嘱孩子们在节日期间要注意自身安全，快乐生活、健康成长，做个让父母、让老师放心的好孩子。

手拉手传递温暖，心连心共促成长。此次关怀活动，让留守儿童在远离父母严寒的冬日里感受到了节日的快乐和幼儿园大家庭的温暖。关爱留守儿童是一项功在当代、利在千秋的宏伟事业，维桥幼儿园将一如既往地关注留守儿童，给他们送去温暖，送去帮助，让孩子们健康快乐成长。

【思考】关怀留守儿童怎样才能做得更好？

【职业素养】我们要充分认识加强农村留守儿童关爱保护工作的重要性和紧迫性，增强责任感和使命感，加大工作力度，采取有效措施，确保农村留守儿童得到妥善监护照料和更好关爱保护。

任务三　管理儿童福利院

任务描述

儿童福利院是孤残儿童温暖的家，它使孤残儿童的养育、医疗、康复、教育等得到基本保障，合法权益得到维护，心灵得到安抚，为孤残儿童的成长提供了良好的环境。随着我国社会经济的蓬勃发展，儿童福利院也得到了长足发展，加强儿童社会福利机构的规范化管理，有助于维护儿童权益，促进儿童社会福利事业的健康发展。

任务实施

1. 对儿童福利机构进行标准化管理

以天津市儿童福利院为例，其通过建立健全高效的管理体制，实现管理观念转变；通过引进国际先进的管理理念，强化管理体系的形成；通过持续改进、不断完善，提升整体管理质量水平。经过努力，已经将儿童利益优先、完善管理程序、确定服务标准落实到每个细节。通过规范化管理搭建了高质量的孤残儿童养育平台，奠定了机构标准化管理的根基。

2. 对儿童福利机构进行细节化管理

（1）将亲情与中西方理念相结合投入到儿童抚育中。在婴幼儿抚育、养护方面，没有仅仅停留在单纯的养育照料层面，而是同时对儿童开展早期康复、亲子教育和按需喂养。在养育方式上，将我国的传统养育模式和西方的育儿理念相结合，通过游戏，使婴幼儿与护理人员在互动中产生交流，在交流中增进了解，在了解中增进亲情，从而达到训练他们的空间能力、思维能力、听觉能力及手、眼和身体的协调性。同时按照孩子年龄段的不同，按月、季度、年度定期进行体检，每月评估婴幼儿体重增长情况，随时了解、跟踪、掌握孩子的身体变化。

（2）以"引导式教育""作业疗法""音乐疗法""聋儿语训"及导平、针灸、水浴疗法、熏蒸、功训等专业性、多样化康复手段进行康复训练。

（3）坚持把适龄儿童送回到社会主流学校接受正规教育，经常组织参观和开展各种比赛活动，用爱的教育为孩子搭建成长的阶梯。

（4）尊重生命、解救病痛、重建新生。坚持预防为主，所有孩子从入院起建立预防接种证，预防接种证由所在部门保管，了解孩子在不同年龄段应该进行的接种计划，计划内疫苗确保接种，计划外疫苗也应根据传染病的流行趋势积极为孩子接种。同时，按照季节的变化，定期进行预防投药，降低儿童的发病率，提高孩子的生命质量，使孩子少受痛苦。确实需要手术治疗的，做到每名患病孩子都能得到及时救治。

（5）本着首先收养、其次寄养、最后机构照料的原则，积极为儿童寻找符合条件的家庭收养，满足儿童最大需求，还孤残孩子一个家。

3. 人性化管理

规章制度的规范化、服务内容的细节化固然非常重要，但是构建人性化的服务环境和通过人性化的管理推动团队建设，也是工作的重中之重。

任务引导

1. 了解儿童福利院的管理制度。
2. 了解儿童福利院的工作方针。
3. 思考各地如何结合本地实际，实行儿童福利院规范化、细节化、人性化管理。

知识链接

1. 儿童福利院的管理制度

根据相关法律政策，民政部研究制订了《儿童福利机构管理办法》，自2019年1月1日起实施。该办法明确了儿童福利机构的服务对象，扩大了收留抚养儿童的范围。除传统上儿童福利机构收留抚养的无法查明父母或者其他监护人的儿童、父母死亡或者宣告失踪且没有其他依法具有监护资格的人的儿童外，还包括父母没有监护能力且没有其他依法具有监护资格的人的儿童；经人民法院指定由民政部门担任监护人的儿童；需要集中供养的未满16周岁的特困儿童；法律规定应当由民政部门担任监护人的其他儿童。儿童福利机构还可以接受未成年人救助保护机构委托，收留抚养由民政部门承担临时监护责任的儿童。

同时，该办法规定了儿童福利机构在入院筛查、户口登记、生活照料、医疗服务、康复服务、教育服务、依法送养、儿童离院、成年安置等方面服务内容及具体要求。例如，规定了儿童福利机构接收儿童后，应当及时送医疗机构进行体检和传染病检查；要根据儿童的残疾状况提供有针对性的康复服务；规定了除重度残疾儿童外，对于6周岁以上儿童，儿童福利机构要按照性别区分生活区域；女童必须由女性工作人员提供生活照料服务等内容。

该办法要求，儿童福利机构应当按照国家有关规定建立健全安全、食品、应急、财务、档案管理、信息化等相关制度，并逐一进行细化明确。例如，规定了儿童福利机构要在各出入口、接待大厅、楼道、食堂、观察室以及儿童康复、教育等区域安装具有存储功能的视频监控系统,不能有死角,监控录像资料保存期不少于3个月;儿童福利机构应当实行24小时值班巡查制度,做好巡查记录,在交接班时重点交接患病等特殊状况儿童;要建立儿童个人档案,做到一人一档,要保存儿童随身携带的能够标识其身份或者具有纪念价值的物品等。

2. 儿童福利院的工作方针

我国的儿童福利院实行"养、治、教"相结合的办院方针,重养、重治、重教。羸弱无助的孤儿和被遗弃的病残儿童在福利院得到精心照料和养育,他们中的许多人在这里长大成人后走上了社会。1976年,唐山大地震造成了4200余名失去父母的孤儿,大的16岁,小的才几个月,在政府和社会各界的热忱关心和帮助下,他们中除由亲属领养外,其余先后被安置在邢台市的儿童福利院和唐山市、石家庄市等地的孤儿学校,生活和学习费用大都由国家负担。1995年10月,由福利院监护养育的最后一位唐山大地震的孤儿王安也离开了福利院,到一家医院工作。

来到福利院的儿童,有的入院时身患重病或有严重的先天性残疾。儿童福利院很重视对这些儿童的医疗和康复,使病残儿童最大限度得到救治。对重度病残儿童,福利院将其送往所在地区的医院进行治疗。儿童福利院均配有医生、康复师、营养师,设置医务室、康复室、抢救室、化验室和药房,对监护养育儿童所患疾病及时进行医治。

从1995年起,民政部与卫生部在全国实施了残疾孤儿康复工程,大型医院对施行手术的孤儿免费住院,半费收取手术费和治疗费。福利院的残疾儿童都不同程度地参加了形式多样的康复训练。一些经过康复训练的残疾儿童已恢复或基本恢复了身体功能。

在孤儿保障方面,2019年对孤儿基本生活保障费,中央财政补助地方标准提高了50%。集中供养孤儿和散居孤儿生活补贴的标准远远高于其他被保障人群,体现了党和国家对儿童特别是对孤儿的关爱。面对孤儿当中残疾儿童比较多的现象,民政部启动了"明天计划",对这些孩子进行康复治疗,共投入福利彩票公益金17亿元,惠及22万多人次的孤儿,使这些孤儿最大限度地得到康复,能够自立,能够融入社会。同时,针对孤儿考上中专、大专、大学、研究生的情况,民政部还启动了"孤儿助学工程",每年拿出2.7亿元资金资助孤儿上学,支持他们继续读书。

3. 儿童福利院收养对象的变化

新中国成立初期儿童福利院的收养对象,主要是旧社会留下来的大量弃婴、孤儿和流浪儿童。20世纪80年代以来,儿童福利院收养的绝大部分是各种残疾的婴幼儿。

4. 儿童福利院的行业标准

儿童福利院的行业标准有民政部社会福利和慈善事业促进司、中国社会福利协会等起草的《儿童福利机构基本规范》(MZ010—2013),从2013年12月4日起实施。

任务四　熟悉残疾儿童康复服务

任务描述

残疾儿童康复是一项抢救性工程，是中国儿童福利事业的重要内容之一，全社会共同关心和支持残疾儿童康复，推进残疾儿童康复事业健康发展，使残疾儿童能够得到及时、有效的康复训练和服务，对残疾儿童的成长具有重要意义。

任务实施

（1）将残疾预防纳入国民经济和社会发展规划，相继出台一系列法律法规，如《中华人民共和国残疾人保障法》《中华人民共和国母婴保健法》等，用法律法规的形式在全国范围内广泛采取婚前保健、孕产期保健、新生儿保健、出生缺陷监测、新生儿疾病筛查等措施，有效控制致残疾病，减少和预防残疾的发生。

（2）扩大计划免疫规划、提高免疫覆盖率，基本消灭脊髓灰质炎，有效控制新生儿破伤风、麻疹、乙脑、流脑等急性传染病，降低因上述传染病所致的残疾；推广全民食用合格碘盐和为特需人群补碘等措施，大幅度减少因缺碘导致的智力残疾和听力残疾。

（3）促进医学技术不断进步和新药物的使用，使许多患病儿童得到及时、有效的治疗，减少残疾的发生；同时，规范使用药品，降低因滥用、误用药物导致的残疾。

（4）促进我国国民经济、科学、文化和教育的迅速发展，不断提高城乡人民物质和文化生活水平，日益改善医疗卫生条件，不断提高残疾预防意识，有效地控制残疾的发生。

（5）开展白内障复明、小儿麻痹后遗症矫治、聋儿听力语言训练、特需人群补碘、精神病防治康复、残疾人用品用具供应、社区康复等一系列康复工作，不断拓展残疾儿童康复业务领域，逐步增加服务项目，使康复机构从无到有，专业队伍由小到大，工作体系、业务格局、运行机制日臻完善，服务能力不断提高；促进康复和康复医学研究不断发展，康复观念得到社会的广泛认同，康复知识得以普及，残疾儿童家长康复意识普遍提高，使广大残疾儿童得到不同程度的康复。

（6）2004年5月，民政部在全国启动"残疾孤儿手术康复明天计划"，为城乡各类社会福利机构中0～18周岁具有手术适应证的残疾孤儿进行手术矫治和康复，由福利彩票公益金提供相关的支持。多年来，民政部本级彩票公益金共投入13.3亿元，共帮助12.5万名残疾孤儿进行了手术康复，其中有2.5万名康复儿童通过收养途径回归了家庭。

其后，民政部又制定了《"孤儿医疗康复明天计划"项目实施办法》，于2019年3月1日起实施。该办法扩大了受益孤儿的范围，主要是0～18周岁所有孤儿以及年满18周岁以后仍在校就读的孤儿，如果需要还可以提供支持。另外，该办法扩大了项目资金资助范围。进一步明确资金资助范围包括诊疗费用、康复费用、特殊药品费用、辅助器具配置费用等项目，并适当降低了诊疗起付标准，提高康复资助限额以及住院服务费用标准，让孤儿得到更多实惠。该办法还规范了项目管理，优化了工作程序、简化了工作流程，要求各省级民政部门将"明天计划"作为儿童福利工作的一项重要内容，纳入本省年度常态化工作部署，最大限度地让孤儿及时得到康复治疗和手术矫正。

（7）2008年4月，民政部与李嘉诚基金会联合启动"重生行动——全国贫困家庭唇腭裂儿童手术康复计划"，资助全国贫困家庭中患有唇腭裂及相关畸形、年龄在0～18周岁的未成年人接受手术矫治（贫困家庭中的成年人符合救助条件的也可酌情考虑），使他们能够摆脱疾患，建立信心，重塑命运，并由此在国内推动建立集手术治疗、康复训练一体化的唇腭裂综合治疗模式，探索社会力量参与社会救助的有效途径，引领社会掀起"助无助者"的慈善风气。

（8）2009年，中国残联制定《中国残联贫困残疾儿童抢救性康复项目实施方案》，此方案旨在"使脑瘫儿童提高运动功能、生活自理、社会适应和学习能力，使家长掌握康复的基本原则，坚定信心、坚持训练，为社会和家庭减轻负担。"各省残联选择省、市、区具有脑瘫儿童康复工作基础的康复服务机构承担任务。

（9）2014年8月，中国肢残人协会启动"站立计划"，该计划旨在帮助贫困地区肢残群体实现站立行走的梦想，先后于2014年、2015年和2021年获中央财政项目资助，累计获得中央财政资金280万元，带动社会资金560万元，累计救助患者450名。

（10）2016年，中国残疾人福利基金会启动"集善工程——助听行动"，为轻度听力障碍的孤残儿童装配助听器、重度听力障碍的孤残儿童装配人工耳蜗，帮助他们告别无声世界，受益人达3000人。

（11）2021年，北京春晖博爱儿童救助公益基金会深入江西省赣州市12个县（市、区），开展"困境儿童和孤弃儿童心理健康评估"项目，帮助300多个困境儿童家庭开展儿童心理健康评估及心理行为支持性服务。

任务引导

1. 思考如何采取措施减少和预防残疾的发生。
2. 通过查阅资料，了解我国相关部门为残疾儿童康复提供了哪些服务。

> 知识链接

1. 中国残疾儿童状况

根据第二次全国残疾人抽样调查推算，我国有 0～6 周岁残疾儿童 160 余万，每年新增残疾儿童 20 余万。

2. 残疾儿童康复现状

（1）随着我国国民经济和社会发展总体水平的提高，以及残疾人事业的迅速发展，0～6 周岁残疾儿童的康复现状也得到了较大的改善。在党中央、国务院高度重视和社会各界的共同关心努力下，残疾儿童康复工作被纳入经济社会发展规划，残疾儿童康复状况获得了显著改善。"十二五"以来，通过实施聋儿听力语言康复训练、肢体残疾儿童矫治手术和康复训练、孤独症儿童康复训练等抢救性康复项目，60 余万人（次）残疾儿童得到基本康复服务。残疾儿童康复事业取得长足进步，各类残疾儿童康复服务机构发展到近 7000 个。

（2）特殊教育事业稳步发展。教育部发布 2020 年全国教育事业统计主要结果，包括学前教育、义务教育、高中阶段教育、高等教育、特殊教育等有关统计情况。据教育事业统计，2020 年，全国共有特殊教育学校 2244 所，招收各种形式的特殊教育学生 14.90 万人，在校生 88.08 万人，特殊教育学校共有专任教师 6.62 万人。

（3）群众性助孤活动蓬勃开展。我国政府倡导助孤活动，要求全社会都来关心和帮助孤儿健康成长。近几年，我国群众性助孤活动日益深入。

群众性献爱心活动广泛开展，涌现出一批志愿者队伍。在上海、北京等地开展的"好心人抱一抱孤儿""为孤残儿童献爱心、送健康""援助孤儿大行动""爱心同盟"等活动，均得到社会各界的积极响应。在这些活动中，众多城市的许多家庭或在节假日或在平时纷纷将福利院的儿童接到自己家中，使他们能享受到家庭的温暖和爱抚。

成立中华慈善总会，宣传慈善事业，广泛募集捐助。中华慈善总会成立于 1994 年，目前在全国拥有 401 个会员单位，所募集的慈善款物有相当一部分用于资助孤儿就业培训和为孤儿实施脱残手术。

社会各界关心儿童福利院，向儿童福利院捐款捐物，支持儿童福利院不断改善养育、救治和教育条件。

3. 残疾儿童康复需求

虽然残疾儿童的康复现状有了明显的改善，但是与日益增长的残疾儿童康复需求仍存在较大差距。目前，残疾儿童的康复以家庭康复为主，但对特殊机构、医院治疗、普通机构的需求明显上升，说明残疾儿童对专业化的康复服务及技术指导的需求越来越大。不同种类的残疾儿童的康复现状也存在差别，视力和精神残疾儿童的康复现状不容乐观，这与残疾儿童家长缺乏相应的康复训练知识和意识，以及专业技术资源不足有关。

案例阅读

患儿张××在出生后5个月即被确诊为先天性极重度耳聋，必须植入人工电子耳蜗才能真正解决听力残疾问题，但近20万元的人工电子耳蜗费用让工薪阶层的父母根本无力承受。2008年年底《北京市残疾儿童少年康复补助暂行办法》出台，为聋儿康复带来了曙光。在市、区残联的帮助下，张××有幸成为政策实施后的首批受益儿童。2009年1月16日，张××在北京友谊医院接受了人工电子耳蜗植入手术，成为《北京市残疾儿童少年康复补助暂行办法》实施后，首例享受植入人工电子耳蜗全部免费政策的儿童。张××的父亲激动地说："作为第一个政府补助免费植入人工电子耳蜗的听障儿童家庭，我们太幸运了！党、政府的好政策改变了我儿子的人生，也改变了我们家庭的命运。"

【思考】如何推进我国残疾儿童康复事业健康发展？

【职业素养】残疾儿童的康复是修复生命的工程，全国各地纷纷实施的残疾儿童康复工程，是逐步实现残疾人"人人享有康复服务"目标的重要举措，将帮助残疾儿童有更好的条件在将来实现就学、就业。

任务五　熟悉家庭寄养

任务描述

家庭寄养是为孤儿、弃婴回归家庭、融入社会而采取的一种养育方式。它既符合儿童成长规律和我国目前的经济、社会发展水平，又发扬了中华民族爱幼护幼的优良传统，对于发挥民间力量，减轻政府和社会福利机构的压力，塑造儿童健康心理和性格，具有重要作用。

任务实施

1. 确立家庭寄养关系的程序

（1）申请。拟开展寄养的家庭应当向儿童福利机构提出书面申请，并提供户口簿、身份证复印件，家庭经济收入和住房情况、家庭成员健康状况，以及一致同意申请等证明材料。

（2）评估。儿童福利机构应当组织专业人员或者委托社会工作服务机构等第三方专业机构对提出申请的家庭进行实地调查,核实申请家庭是否具备寄养条件和抚育能力,了解其邻里关系、社会交往、有无犯罪记录、社区环境等情况,并根据调查结果提出评估意见。

(3)审核。儿童福利机构应当根据评估意见对申请家庭进行审核,确定后报主管民政部门备案。

(4)培训。儿童福利机构应当对寄养家庭主要照料人进行培训。

(5)签约。儿童福利机构应当与寄养家庭主要照料人签订寄养协议,明确寄养期限、寄养双方的权利义务、寄养家庭的主要照料人、寄养融合期限、违约责任及处理等事项。家庭寄养协议自双方签字(盖章)之日起生效。

2. 寄养家庭应当履行的义务

(1)保障寄养儿童人身安全,尊重寄养儿童人格尊严。

(2)为寄养儿童提供生活照料,满足日常营养需要,帮助其提高生活自理能力。

(3)培养寄养儿童健康的心理素质,树立良好的思想道德观念。

(4)按照国家规定安排寄养儿童接受学龄前教育和义务教育。负责与学校沟通,配合学校做好寄养儿童的学校教育。

(5)对患病的寄养儿童及时安排医治。寄养儿童发生急症、重症等情况时,应当及时进行医治,并向儿童福利机构报告。

(6)配合儿童福利机构为寄养的残疾儿童提供辅助矫治、肢体功能康复训练、聋儿语言康复训练等方面的服务。

(7)配合儿童福利机构做好寄养儿童的送养工作。

(8)定期向儿童福利机构反映寄养儿童的成长状况,并接受其探访、培训、监督和指导。

(9)及时向儿童福利机构报告家庭住所变更情况。

(10)保障寄养儿童应予保障的其他权益。

3. 儿童福利机构主要承担的职责

(1)制订家庭寄养工作计划并组织实施。

(2)负责寄养家庭的申请、评估、审核、培训和签约。

(3)培训寄养家庭中的主要照料人,组织寄养工作经验交流活动。

(4)定期探访寄养儿童,及时处理存在的问题。

(5)监督、评估寄养家庭的养育工作。

(6)建立家庭寄养服务档案并妥善保管。

(7)根据协议规定发放寄养儿童所需款物。

（8）向主管民政部门及时反映家庭寄养工作情况并提出建议。

任务引导

1. 了解寄养家庭应具备的条件。
2. 掌握寄养家庭和家庭寄养服务机构各自的主要工作内容。

知识链接

1. 家庭寄养的含义

家庭寄养是指经过规定的程序，将民政部门监护的儿童委托在符合条件的家庭中养育的照料模式。家庭寄养应当有利于被寄养儿童的抚育、成长，保证被寄养儿童的合法权益不受侵犯。寄养父母把孤残儿童带回家，要视其为家庭成员，给孩子温暖与关爱。孩子的法定监护人仍是儿童福利院。

2. 家庭寄养的法律依据

《家庭寄养管理办法》已经2014年9月14日民政部部务会议通过，自2014年12月1日起施行。

3. 寄养家庭应具备的条件

寄养家庭是指经过规定的程序，受县级以上地方人民政府民政部门或者民政部门批准的家庭寄养服务机构委托，寄养不满18周岁的孤儿、查找不到生父母的弃婴和儿童的家庭。

寄养家庭应当同时具备以下条件：

（1）有儿童福利机构所在地的常住户口和固定住所。寄养儿童入住后，人均居住面积不低于当地人均居住水平。

（2）有稳定的经济收入，家庭成员人均收入在当地处于中等水平以上。

（3）家庭成员未患有传染病或者精神疾病，以及其他不利于寄养儿童抚育、成长的疾病。

（4）家庭成员无犯罪记录，无不良生活嗜好，关系和睦，与邻里关系融洽。

（5）主要照料人的年龄在30周岁以上65周岁以下，身体健康，具有照料儿童的能力、经验，初中以上文化程度。

具有社会工作、医疗康复、心理健康、文化教育等专业知识的家庭和自愿无偿奉献爱心的家庭，同等条件下优先考虑。

案例阅读

春节将至，西安市长安区杨沟村已经透出"年"的气息。刚走进西安市儿童福利院设立在该村的一寄养点，就听到从屋内传来"妈妈！妈妈！"的呼唤。

"妈妈"韩玉芬正在喂4岁多的奇奇吃饼干。韩玉芬家领养的孩子奇奇患有先天性心脏病，自做完手术后就寄养在她家，和其他的小朋友一样，奇奇如今享受着"爸爸""妈妈"的呵护，幸福地生活着。

"妈妈"韩玉芬每天都要为她活动手脚，教她走路。现在日子长了，也摸到了孩子的脾气，孩子路走得稳当了，吃饭、上厕所基本也能自理。为保证营养，"妈妈"每天都要变着法地给孩子做不同的饭菜。

【思考】对家庭寄养应如何管理？

【职业素养】在我们的社会中，有些富有爱心的家庭愿意抚养孤残儿童并把他们视为自己的孩子。家庭寄养能使这些孩子在普通家庭中享受到家庭式的生活。孩子进入家庭改变以往集体供养的生活模式，享受到了家庭的温暖、父母的关怀、兄弟姐妹的手足亲情，使孩子和家庭相互联系起来，形成新的一家人，弥补了儿童生理、心理上的缺陷。同时，培养了自尊、自强的性格，促进孩子健全人格的培养，为今后融入社会奠定了基础。

拓展知识

SOS 儿童村

SOS 儿童村是一个国际性的民间慈善组织，总部设在奥地利的首都维也纳，创始人是奥地利著名医学博士赫尔曼·格迈纳尔（Hermann Gmeiner）先生。他于1949年在奥地利的伊姆斯特建立了第一所SOS儿童村。

SOS 儿童村办村宗旨是以家庭方式抚养、教育孤儿，让孤儿得到母爱、家庭温暖，使其身心得到健康的发展，将来能够自立于社会，并用SOS这个国际上通用的求救信号，呼吁全社会都来关心和帮助那些在灾难中幸存的孩子。

建立SOS儿童村都要遵循以下四个原则：SOS妈妈与孩子们生活在一起，对每个孩子进行抚养和照料。SOS儿童互为兄弟姐妹，数名不同性别不同年龄的孩子和妈妈生活在一个家庭中，SOS家庭都有自己独立的住宅，SOS村由若干个家庭组成，村子是与外界联系的桥梁。

儿童村采用小家庭分养方式，每个家庭有6～8名不同年龄、不同性别的孤儿。由一个妇女充当家庭中的妈妈，该女要有献身精神，喜欢孩子，爱护孩子，并能教育孩子，使他们的身心健康成长，这位母亲角色的生活态度和行为方式与正常家庭中的母亲一样。

在我国政府的亲切关怀下，已在天津、烟台、齐齐哈尔、南昌、开封、成都、莆田、乌鲁木齐、拉萨、北京建立了SOS儿童村，还在烟台和齐齐哈尔建立了2所以赫尔曼·格迈纳尔博士名字命名的学校。几十年来，中国SOS儿童村收养、抚育了大批原本失去父母、失去家庭的孤儿，共培养了758名大专生、291名大学本科生、50名研究生、16名国外留学生。自2012年起，居住在SOS儿童村的孩子们，连续十年高考升学率100%。

练 习 题

一、填空题

1. 特殊儿童指那些_____或被遗弃的儿童。
2. _____是儿童福利机构标准化管理的灵魂。
3. 我国的儿童福利院实行_____相结合的办院方针。

二、单项选择题

"残疾孤儿手术康复（　　）"，为城乡各类社会福利机构中0～18周岁具有手术适应证的残疾孤儿进行手术矫治和康复。

A. 彩虹计划　　　　B. 蓝天计划　　　　C. 白云计划　　　　D. 明天计划

三、判断题

1. 《宪法》规定，儿童受国家的保护，禁止虐待儿童，国家培养儿童在品德、智力、体质等方面全面发展。为发展儿童福利事业提供了重要的法律依据。（　　）
2. 《儿童福利机构管理办法》明确了儿童福利机构服务对象，专指儿童福利机构收留抚养的无法查明父母或者其他监护人的儿童。（　　）
3. 《儿童福利机构管理办法》规定除重度残疾儿童外，对于10周岁以上儿童，儿童福利机构要按照性别区分生活区域。（　　）

四、问答题

1. 儿童普遍社会福利包括哪些？
2. 特殊儿童社会福利包括哪些？
3. 试阐述我国弃婴出现的原因。

项目十四　开展残疾人福利事业

> **项目概述**
>
> 残疾人福利是我国社会福利体系的重要内容之一。本项目要求学生通过学习了解我残疾人福利事业，熟悉残疾人康复和就业状况，了解精神病人福利事业。
>
> 本项目包括：了解残疾人福利事业、熟悉残疾人康复、熟悉残疾人就业。

背景介绍

据世界卫生组织（WHO）估计，全世界大约有10亿残疾人，其中有80%生活在发展中国家。残疾人数量持续增长的原因，一是与人口老龄化密切相关，二是与残疾有关的慢性疾病状况增加有关，如糖尿病、心血管疾病和精神疾病。以全球70亿人口来计算，在这个世界上，平均每7人中就有1名残疾人。

中国残联统计的数据显示，截至2021年8月，中国各类残疾人总数已达8500万，约占中国总人口的6.21%。中国人口残疾率与世界平均水平基本相同，但中国残疾人口绝对数量多，负担残疾人的担子重。中国残疾人口主要集中在听力、语言、智力方面，合计占残疾人口总数的53.89%。

党中央、国务院历来重视残疾人事业的发展，对广大残疾人朋友给予极大的关心、扶持。2021年3月5日，李克强总理在十三届全国人民代表大会第四次会议上所做的政府工作报告中指出，"十四五"时期是开启全面建设社会主义现代化国家新征程的第一个五年，就业优先政策要继续强化、聚力增效，完善残疾人、零就业家庭成员等困难人员就业帮扶政策。健全帮扶残疾人、孤儿等社会福利制度，提升残疾康复服务质量；加强和创新社会治理，保障妇女、儿童、老年人、残疾人合法权益。

进一步做好残疾人工作，给予残疾人更多的温暖和关爱，使残疾人更多地享受到改革开放和经济社会发展的成果，这是坚持以人为本的必然要求，是构建和谐社会的应有之义，也是社会文明进步的重要标志。

任务一　了解残疾人福利事业

任务描述

残疾人事业包括残疾人康复、教育、就业、社会保障等，改革开放以来，我国残疾人事业不断发展壮大，残疾人参与社会生活的环境和条件明显改善，生活水平和质量不断提高，但是，我国残疾人事业基础还比较薄弱，残疾人社会保障政策措施还不够完善，残疾人在基本生活、医疗卫生、康复、教育、就业、社会参与等方面还存在许多困难，总体生活状况与社会平均水平存在较大差距。社会上歧视残疾人、侵害残疾人权益的现象时有发生。促进残疾人事业发展，改善残疾人状况，已成为当前一项重要而紧迫的任务。

任务实施

（1）加强法制建设，建立残疾人事业法律法规体系，依法保障残疾人的权利。我国逐渐形成以《宪法》为核心，以《残疾人保障法》为主干，以《残疾人教育条例》《残疾人就业条例》《无障碍环境建设条例》和《残疾预防和残疾人康复条例》等行政法规和地方性法规为重要支撑，以规范性文件为补充的残疾人事业法律法规体系。

（2）实施发展残疾人事业的国家计划和行动。两次开展全国残疾人抽样调查，摸清了残疾人的基本情况和基本需求，为制定发展残疾人事业、保障残疾人权益的法律、政策和发展规划提供了科学准确的依据；实施五个发展残疾人事业国家计划，全面开展残疾人康复、教育、就业、扶贫、社会保障、维权、文化体育、无障碍环境建设、残疾预防等各项事业；出台《中共中央、国务院关于促进残疾人事业发展的意见》，全面阐述了促进残疾人事业发展的重要意义和指导思想，提出了当前和今后一个时期的目标任务、指导原则和一系列重大措施，对发展残疾人事业做出重大部署；设立政府残疾人工作机构，综合协调有关残疾人事业方针、政策、法规、规划的制定与实施，协调解决残疾人工作中的重大问题。

（3）加强残疾人康复工作。随着我国残疾人事业的快速发展，加强残疾人康复机构规范化建设，持续深化社区康复工作，残疾人康复服务机构也在不断增加。2020年，民政部、国家卫健委共同开展残疾儿童康复救助定点服务机构管理试点工作，制定出台《精神障碍社区康复服务规范》，开展全国残联系统康复人才实名制培训。截至2020年年底，全国有残疾人康复机构10440个，其中残联系统康复机构2550个。

（4）发展残疾人教育。截至"十三五"末，残疾人受教育水平显著提高，各类残疾儿童少年义务教育入学率超过95%，5.8万名残疾学生进入高等院校就读，每年1万名残疾人进入大学读书。

（5）促进残疾人就业。"十三五"期间新增城乡就业残疾人180.8万人，越来越多残疾人通过按比例就业、集中就业、灵活就业和自主创业等多种形式，实现了就业增收。

（6）保障残疾人基本生活。截至"十三五"末，经过精准扶贫精准脱贫，710万名建档立卡贫困残疾人摆脱绝对贫困。107.5万名残疾人得到特困人员救助供养，1000多万名残疾人纳入最低生活保障范围，1200多万名困难残疾人领取生活补贴，1400多万名重度残疾人得到护理补贴。

（7）加快无障碍建设和改造。大中城市普遍开展无障碍环境建设，设置和改造了一大批无障碍设施，一些公共服务机构提供了无障碍信息服务。

（8）加大对残疾人法律援助、司法救助工作力度。截至2020年年底，全国成立残疾人法律救助工作协调机构2881个，建立残疾人法律救助工作站2795个。

（9）发展残疾人文化体育事业。群众性残疾人体育运动蓬勃发展，积极参加残奥会、特奥会、聋奥会；公共文化活动场所为残疾人提供方便和服务，定期开展残疾人艺术汇演并打造一批经典文艺作品。

（10）加强残疾人工作队伍建设。广泛动员社会力量，发展壮大助残志愿者队伍。作为改革开放的前沿阵地，广州是国内志愿服务事业起步早、发展快、规模大的城市之一。近年来，广州共青团整合各类社会资源，大力推动志愿服务事业发展，逐步形成"队伍专业化＋项目多元化＋阵地规范化＋经验体系化＋水平国际化"的运转体系，成效较为显著。截至2021年5月12日，在"志愿时"平台上，全市实名注册志愿者人数达400.3万人，累计志愿服务时长超1.27亿小时。

（11）促进残疾人广泛参与社会活动。残疾人组织和残疾人代表在国家经济、政治、文化、社会生活中的民主参与、民主管理和民主监督作用得到进一步发挥。

（12）推进残疾人事业国际交流合作。积极参与国际残疾人事务，发起并推动《联合国残疾人权利公约》的制定和通过，与多个国家的残疾人组织建立交流与合作关系。

任务引导

1. 掌握残疾人福利事业的主要内容。
2. 思考国家应从哪些方面入手帮助残疾人更好地参与社会生活？

知识链接

1. 残疾人的概念及分类

残疾人是指在心理、生理、人体结构上，某种组织、功能丧失或者不正常，全部或者部分丧失以正常方式从事某种活动能力的人。残疾人包括视力残疾、听力残疾、语言残疾、肢体残疾、智力残疾、精神残疾、综合残疾和其他残疾的人。

（1）视力残疾。视力残疾是指由于各种原因导致双眼视力障碍或视野缩小，而难以做到一般人所能从事的工作、学习或其他活动。视力残疾包括盲和低视力两类。

（2）听力语言残疾。听力语言残疾是听力残疾和语言残疾的合称。听力残疾是指由于各种原因导致双耳听力丧失或听觉障碍，而听不到或听不真周围环境的声音。语言残疾是指由于各种原因导致不能说话或语言障碍，从而难以同一般人进行正常的语言交往活动。听力语言残疾包括：①听力和语言功能完全丧失（既聋又哑）；②听力丧失而能说话或构音不清（聋而不哑）；③单纯语言障碍，包括失语、失音、构音不清或严重口吃。

（3）肢体残疾。肢体残疾是指人的四肢残缺或四肢、躯干麻痹、畸形，导致人体运动系统不同程度的功能丧失或功能障碍。肢体残疾包括：①上肢或下肢因外伤、病变而截除或先天残缺；②上肢或下肢因外伤、病变或发育异常所致的畸形或功能障碍；③脊椎因外伤、病变或发育异常所致的畸形或功能障碍；④中枢、周围神经因外伤、病变或发育异常造成躯干或四肢的功能障碍。

（4）智力残疾。智力残疾是指人的智力活动能力明显低于一般人的水平，并显示出适应行为的障碍。智力残疾包括在智力发育期间（18岁之前），由于各种有害因素导致的精神发育不全或智力迟缓；智力发育成熟以后，由于各种有害因素导致的智力损害或老年期的智力明显衰退。

（5）精神残疾。精神残疾是指精神病患者病情持续一年以上未痊愈，从而影响其社会交往能力和在家庭、社会应尽职能上出现不同程度的紊乱和障碍。精神残疾包括：①脑器质性、躯体疾病伴发的精神障碍；②中毒性精神障碍，包括药物、酒精依赖；③精神分裂症；④情感性、偏执性、反应性、分裂情感性、周期性精神病等造成的残疾。

（6）综合残疾。综合残疾亦称多重残疾，是指一个人在视力、听力语言、智力、肢体和精神病五类残疾中，具有两类或两类以上残疾的。综合残疾的等级按症状分别评定。

2. 残疾人的主要特征

（1）生理和心理缺陷。如盲人视力障碍，精神病者精神障碍。

（2）生理功能代偿。残疾人部分生理功能的丧失或不全，可以从其他健全器官的生理功能中得到一定代偿，如盲人丧失视觉，而手和耳的功能增强，触觉、听觉超过常人。

（3）较强的自卑感。表现在经历婚姻、升学、就业上的不顺利后，产生失望、忧虑、悲观等情绪。

3. 残疾人的社会问题

由于城乡差别日趋明显，城镇和农村中的残疾人所面临的问题，表现有所不同。

城镇残疾人的主要问题：①就业难，家庭经济收入较少而开支却较多，所以比一般健全人家的经济状况有明显的困难；②住房困难是当前城市居民生活中普遍存在的大问题，残疾人家庭的这种困难在相当长的时间里难以解决；③在婚姻恋爱方面，不仅残疾人本身困难重重，而且直接影响残疾儿童的丧偶父母再婚和残疾人的兄弟姐妹寻偶；④残疾人家庭在成员患病时,大多数面临比健全人家庭更大的困难,不仅残疾人求医有特殊困难,而且作为配偶或父母的残疾人,当其他成员因病求医或住院治疗时,自己缺乏帮助的能力,这个问题在夫妻双方都是残疾人的家庭中特别突出;⑤残疾家庭大多数存在着社会交往方面的困难。由于世俗的偏见、物理性障碍和心理负担,作为配偶或父母,残疾人参与社会交往的机会很少,有时不得不放弃。

城镇残疾人家庭的上述问题,对于生活在农村的残疾人来说也普遍存在,而农村残疾人更为突出的问题是:①交通不便严重影响残疾人求学、就医、就业和其他社会交往,由于大多数农村地区道路崎岖、交通工具少,或山路狭窄、泥泞,或缺乏轮椅、支具,使残疾人很难离开居室;②难于从事繁重的体力劳动,生活缺乏保障,农村一些地方没有在贯彻《残疾人保障法》时颁布相应的优惠政策和具体措施,残疾人家庭照样负担分配耕地,而残疾人本身无力参加繁重的田间劳动,使很多残疾人家庭困难重重;③农村缺医少药,给残疾人家庭求医治病造成了比城市更多的困难。

4. 残疾人社会福利的含义

残疾人社会福利是指国家和社会根据社会经济、社会文化发展状况,通过制定相关的法律和政策,不仅给予残疾公民在年老、疾病、退休、失业等情况下能够获得国家和社会基本的物质帮助,还包括国家和社会举办的残疾人康复、教育、劳动就业、文化生活和社会环境等权益的保护,目的是改善残疾人的生活状态,提高残疾人的生活质量,帮助他们参与社会生活的各个领域,与健全人一道前进,从而实现残疾人"平等、参与、共享"的目标。

> **案例阅读**
>
> 从外出务工到创办两家公司带动上百名残疾人就业,28岁的云南小伙肖韬只用了3年多时间。这位先天患有脑瘫、肢体残疾、言语障碍的多重残疾人,在创业路上始终怀揣着坚定的梦想——让家乡更多的残疾人有活干。
>
> 肖韬的老家在云南省曲靖市富源县后所镇老牛场村。他高中毕业,由于家境贫困放弃升学。此后,他下过煤矿、洗过车、卖过报纸、开过鞋店、搞过小商品批发。他说:"我深深体会到了残疾人的艰辛,但仍然坚定地选择追逐我的梦想。"
>
> 改变始于2017年。通过曲靖市残联组织的电商培训,肖韬在一个月时间里逐步掌握了电商运营知识,萌生了创业的想法。此后,在各级残联的帮助下,他在曲靖成立了一家电子商务公司,残联帮忙组织货源,创业之路就这样起步了。
>
> 2018年冬天,得知老家的小米辣滞销,肖韬连夜赶回老牛场村,以每公斤高于市场价0.3元至0.5元的价格收购1300吨小米辣,解决了群众的燃眉之急。肖韬说,我永远都忘不了那个寒冬的深夜,老人们在村口背着辣椒排着队等着我们的场景。那一刻,肖韬深刻感受到了自己创业的责任与价值,并更加坚定了带动更多残疾人就业的决心。

为了收小米辣等农产品，弟弟肖略就开车带着肖韬走村串户。一次，他们来到小湾头村，了解到手臂残疾的朱明果依靠低保维持生计。肖韬二话不说给了朱明果两包小米辣种子："你把种子拿去种，种出来，我负责收。"如今朱明果流转了 40 多亩（1 亩 = 666.67 平方米）土地来种植小米辣，成了村里的致富带头人。无论走到哪里，肖韬和各地的农户说得最多的话是："我提供种子，只要你把产品种出来，销售我来管！"

"我们的运营理念是产销一体，携手共进。"肖韬希望带领更多残疾人摘掉贫困的帽子。随着公司的发展，此后他又在云南曲靖、德宏建立农产品基地 5000 亩，主要种植小米辣和玉米，带动 200 多名残疾人和 300 多个建档立卡贫困家庭实现就业。2019 年，肖韬的电商公司先后获评曲靖市和云南省残疾人创业就业示范点。2020 年，受疫情冲击，云南部分农产品滞销。复工复产后，肖韬第一时间奔赴产地收购农产品，加班加点助力"战疫"。仅 2020 年 2 月就累计销售土豆 500 吨、大蒜 800 吨、玉米 1000 吨。

残疾人创业需要付出更多努力，但肖韬从不缺斗志，他用行动告诉身边的残疾人，身体的残缺阻挡不了逐梦的脚步。对于未来，肖韬希望有更多人加入他的创业实践，进一步扩大农产品基地，带动全省更多残疾人参与农产品种植，过上更好的生活。他说："我看见，梦想就在前方。"

【思考】如何解决我国残疾人事业发展中遇到的困难和问题？

【职业素养】康复难、上学难、就业难……与健全人相比，残疾人的生活充满艰辛。要积极发动社会力量，共同关注帮扶残疾人，开辟多种渠道，保障残疾人受教育的权利、就业的权利，不断促进残疾人平等参与社会生活，实现全面发展。

任务二　熟悉残疾人康复

任务描述

《残疾人保障法》明确规定：国家保障残疾人享有康复服务的权利。各级人民政府和有关部门应当采取措施，为残疾人康复创造条件，建立和完善残疾人康复服务体系，并分阶段实施重点康复项目，帮助残疾人恢复或者补偿功能，增强其参与社会生活的能力。

康复工作是残疾人事业不可缺少的重要组成部分，是帮助残疾人恢复或补偿功能、提高生活自理能力和社会适应能力的重要途径，是残疾人的基本需求。通过给残疾人提供系统的康复服务，如医学、教育、职业和社会康复，协助残疾人尽量发挥本身的体能、智能及适应社会生活的能力，鼓励他们融入社区和投入社会。

1. 加强康复制度建设与政策研究

结合国家医疗卫生、社会保障等重点领域的政策，加强残疾人医疗及康复保障制度建设，积极将有关残疾人康复的内容纳入其中，扩大残疾人康复服务受益面和长效机制的建立。

2. 加大城乡残疾人社区康复工作力度

坚持典型引路，以点带面，在积极开展残疾人社区康复示范县（市、区）培育活动的同时，探索和总结具有普遍指导意义的做法和经验，带动残疾人社区康复工作扎实、有效、深入地全面开展，在城市社区主要解决康复服务质量，在农村社区主要解决康复服务覆盖面。不断深化康复服务内涵，探索有特色、满足社区残疾人需求的康复服务模式，提高服务质量和水平。特别是通过开展农村康复示范县培育活动，取得农村地区社区康复工作的突破。

3. 做好康复人才培养工作

多途径、多形式培养康复人才，着力推动康复知识和技能进学校、进课堂、进医院、进社区。做好残疾人康复咨询师等相关执业资格申报、人员培训和管理工作。

4. 推进残疾人康复机构规范化建设

按照有关规范和要求，结合实际确定各级各类残疾人康复机构的定位、发展方向，充分整合资源，不断加强康复机构的软硬件建设。促进各级各类残疾人康复机构全面发展，不断提高专业化服务能力和水平。

5. 做好各类康复救助项目

开展好白内障患者复明工程，做好残疾人事业专项彩票公益金项目、贫困残疾儿童抢救性康复项目、辅助器具服务车配置项目、长江新里程计划项目等各类救助项目工作，适时进行督导检查，总结推广经验，发现存在问题，采取措施予以改正。加强项目管理人员和技术人员培训，提高项目管理水平。以项目工作带动康复救助制度建设和各地残疾人康复救助水平的提高。

6. 推动残疾预防工作，宣传普及康复知识

协调有关部门开展出生缺陷防治和残疾儿童康复工作，共同开展儿童残疾预防工作调研，制订儿童残疾预防行动计划，探索建立相关部门分工协作、共同推进的工作体系，形成早预防、早筛查、早转介、早治疗、早康复的工作机制。利用多种形式，宣传残疾人康复事业和康复项目，向公众、残疾人及其亲友普及康复知识。

7. 利用社会和民间的力量开展残疾儿童医疗教育福利

2021年5月16日是第三十一次全国助残日，助残日的主题是："巩固残疾人脱贫成果，提高残疾人生活质量"。在助残日期间，中国康复研究中心围绕5月12日国际护士节开展

系列活动；以南皮县康复扶贫成果为切入点，与中央电视台合作录制专题节目——《再学行走的大男孩》；适时开展慰问孤独症患儿、党员进社区报到服务、康复科普宣教等活动，提升康复服务能力，宣传残疾人康复事业。中国听力语言康复研究中心开展"康复成长、有你有我"主题活动，多个部门的专业人员参与这次活动，共同助力宝贝的全面康复和成长，为孩子们提供更加丰富、自然和生动的人际交往和沟通表达机会，同时让家长有更多机会与中国听力语言康复研究中心的众多专家进行面对面交流和咨询。

任务引导

1. 明白城市社区和农村社区残疾人康复工作的侧重点。
2. 思考相关部门应如何分工协作，共同推进残疾人康复工作。

知识链接

1. 康复的定义

康复是采用医学的、工程的、心理的、社会的和教育的各种手段，使残疾人的功能恢复到尽可能好的水平，以便在身体、精神、社会活动、教育就业等方面的能力得到最大限度的发挥，从而最大限度地实现回归社会。在工作实践中，康复概念有广义和狭义之分。广义康复也就是全面康复，包括医学康复、教育康复、职业康复和社会康复等一整套完整的内容；狭义康复是指医学康复。现代康复提出：对残疾儿童要早发现、早治疗、早康复；对成年残疾人要树立自尊、自强、自立的信念，积极参加康复训练，同时要学习健康的心理知识。

2. 康复类型

（1）医学康复。医学康复是康复首要的内容，也是使残疾者全面康复的基础。

（2）教育康复。应用文化教育及技能教育等对残疾人进行康复工作。教育康复包括对肢体残疾者进行的普通教育，以及对智力残疾、精神残疾、视力残疾、听力残疾及语言残疾者进行的特殊教育等。

（3）职业康复。职业康复包括职业评定、职业咨询、职业培训和职业指导等四个连续的过程，最终使残疾者能找到从事某个适合本人能力的工作岗位。

（4）社会康复。社会康复是使残疾者在完成各项康复的同时，为其创造一个必要的社会环境条件。这个社会环境包括了文化、经济、社会生活、法律等方面，使残疾人与健全人一样获得平等的权利和尊重。

3. 康复模式

我国目前采用的康复模式主要有以下几种：

（1）世界卫生组织模式。世界卫生组织模式主要由卫生部门负责，是以社区和家庭为基础，依靠初级卫生保健系统及上级医疗系统，建立社区康复网，通过残疾人及病人家属、社区康复员，采用简单、实用、有效、经济的康复措施。

（2）社区服务模式。社区服务模式主要由民政部门负责，是将社区康复纳入社区服务系列，为残疾人、老年人及生活能力有限的人提供职业康复和医学康复。例如，开办福利工厂、敬老院、残疾儿童寄托所、工疗站、康复站、残疾人用品用具供应服务站等社区康复机构。

（3）家庭病床模式。家庭病床模式主要由社区卫生部门和康复医疗机构负责，向社区康复对象提供在家庭进行的医疗、预防、保健、护理和康复服务。

（4）特殊类型残疾人的社区康复模式。特殊类型残疾人的社区康复模式主要由民政部门与社区卫生部门、社区康复组织负责，专门为特殊类型的残疾人提供社区康复服务。

4. 社区康复

社区康复是指以社区为基地开展残疾人康复工作。它是一种康复方式和制度，与过去一向实行的"医院康复"完全不同。2004年，世界卫生组织、联合国教科文组织、国际劳工组织更新了社区康复的定义，反映了社区康复方法从提供服务到社区发展的转变。

社区康复是"为受伤病人及残疾人康复、机会均等、减少贫困和融入社会的一种社区发展战略"，需要"通过残疾人自己、他们的家庭、组织及社区，以及相关的政府和非政府卫生、教育、职业、社会和其他服务的共同努力"，以促进社区康复项目的完成。

案例阅读

甘肃永登的蒙向延，因摔下悬崖后冻伤被截去四肢，他只能将破篮球绑在下肢残端上跪行，度日维艰，想一死了之。"长江新里程计划"中的"长江普及型假肢"让他又站了起来。贵州息烽的宋露露、宋娇娇两位盲人姐妹，早已过了入学年龄，却因贫寒而失学，得到了"长江新里程计划"的相关项目资助使她们走进课堂。田楠自幼失聪，也是得益于"长江新里程计划"的聋儿语训项目使她学会了说话，能与健全孩子一起在普通学校学习……

【思考】如何加强残疾人康复工作，实现残疾人"人人享有康复服务"？

【职业素养】不同类型的残疾，需要采取不同的康复手段：肢体残疾的人希望通过治疗、训练和配备假肢等康复手段，提高或恢复肢体功能；听力残疾的人希望通过听力检测、助听器验配和康复训练指导等，补偿听力缺陷，增强听觉能力；视力残疾的人希望通过手术、配镜等方法，恢复视力，重见光明；精神残疾的人采取药物治疗、心理疏导、康复训练和社会服务等措施，促进康复……

任务三　熟悉残疾人就业

任务描述

残疾人是最需要关心、扶持和帮助的特殊困难群体。做好残疾人就业工作，帮助残疾人全面参与社会活动，给予其参与社会生活和国家建设的平等地位和均等机会，是一个重要的社会问题。它不仅关系到广大残疾人及其家庭成员的切身利益，而且事关改革发展稳定的大局，事关构建社会主义和谐社会目标的实现。

任务实施

1. 党和政府通过制定法律法规给予保障，并出台相应优惠政策予以支持和鼓励

《宪法》明确规定："国家和社会帮助安排盲、聋、哑和其他有残疾的公民的劳动、生活和教育。"《残疾人保障法》规定："国家保障残疾人劳动的权利。各级人民政府应当对残疾人劳动就业统筹规划，为残疾人创造劳动就业条件。"《残疾人就业条例》对用人单位按比例安排残疾人的责任、各级政府保障残疾人就业的政策措施、政府为残疾人提供免费就业服务等做出了更加具体的规定。这一系列的法律法规和政策，有力地保障了残疾人的劳动权利。

2. 具体办法

用人单位安排残疾人就业的比例不得低于本单位在职职工总数的1.5%（具体比例由省、自治区、直辖市人民政府根据本地区的实际情况规定），达不到其所在地省、自治区、直辖市人民政府规定比例的，应当缴纳残疾人就业保障金。

集中使用残疾人的用人单位中从事全日制工作的残疾人职工，应当占本单位在职职工总数的25%以上。

用人单位招用残疾人职工，应当依法与其签订劳动合同或者服务协议，应当为残疾人职工提供适合其身体状况的劳动条件和劳动保护，不得在晋职、晋级、评定职称、报酬、社会保险、生活福利等方面歧视残疾人职工，应当根据本单位残疾人职工的实际情况，对残疾人职工进行上岗、在岗、转岗等培训。

县级以上人民政府应当采取措施，拓宽残疾人就业渠道，开发适合残疾人就业的公益性岗位，保障残疾人就业。

国家鼓励扶持残疾人自主择业、自主创业。

各级人民政府和有关部门应当为就业困难的残疾人提供有针对性的就业援助服务，鼓励和扶持职业培训机构为残疾人提供职业培训，并组织残疾人定期开展职业技能竞赛。

3. 集中就业

由政府和社会依法兴办残疾人福利企业、盲人按摩机构和其他福利性单位，集中安置残疾人。国家对上述单位实行资格认定和税收优惠，并在生产、经营、技术、资金、物资、场地使用等方面给予扶持。

（1）适当发展非营利性的福利事业单位。

（2）注意发展保障性就业训练的社会福利机构。

（3）积极探索适合残疾人就业的社会服务性项目或行业。例如，洗车、网吧、书报亭、彩票销售点等是最适宜残疾人就业的岗位。由于社会需求量大、范围广、服务性强，把它们作为残疾人专营的项目或行业，对于解决大批残疾人就业是比较直接的、有效的方法。

4. 分散就业

国家机关、企事业单位、社会团体，都要依法按照职工人数的一定比例安排残疾人就业，并为残疾人提供适当的工种、岗位。

5. 自主择业、自主创业

对残疾人从事个体经营的，国家给予税收优惠和小额信贷扶持，有关部门免收管理类、登记类、证照类的行政事业性收费。贫困的残疾人个体经营者参加养老保险，残疾人就业保障金给予补贴。

任务引导

1. 掌握我国残疾人就业方针。
2. 了解残疾人的就业途径。

知识链接

1. 残疾人就业方针

残疾人劳动就业，实行集中就业与分散就业相结合的方针，县级以上人民政府应当将残疾人就业纳入国民经济和社会发展规划，采取优惠政策和扶持保护措施，通过多渠道、多层次、多种形式，使残疾人劳动就业逐步普及、稳定、合理。

2. 保障残疾人劳动权的有关规定

国家对残疾人福利性企业事业组织和城乡残疾人个体劳动者，实行税收减免政策，并在生产、经营、技术、资金、物资、场地等方面给予扶持。地方人民政府和有关部门应当确定适合残疾人生产的产品，优先安排残疾人福利企业生产，并逐步确定某些产品由残疾人福利企业专产。政府有关部门下达职工招用、聘用指标时，应当确定一定数额用于残疾人。对于申请从事个体工商业的残疾人，有关部门应当优先核发营业执照，并在场地、信贷等方面给予照顾。对于从事各类生产劳动的农村残疾人，有关部门应当在生产服务、技术指导、农用物资供应、农副产品收购和信贷等方面，给予帮助。

国家保护残疾人福利性企业事业组织的财产所有权和经营自主权，其合法权益不受侵犯。对于国家分配的高等学校、中等专业学校、技工学校的残疾毕业生，有关单位不得因其残疾而拒绝接收；拒绝接收的，当事人可以要求有关部门处理，有关部门应当责令该单位接收。

案例阅读

丈八北路上的巧手盲人按摩店里，樊新明穿着白大褂，动作熟练地为一位客人进行按摩。

樊新明双眼视力均不足0.1，年少时便辗转在各地的工地、厂子里，做一些零工。2011年，樊新明对按摩产生兴趣，在安康一家培训机构学习盲人按摩。但学习结束后回到西安，他却苦于找不到工作。在雁塔区残联的帮助引荐下，樊新明进入了一家盲人按摩店边工作边继续学习。随着按摩技艺的提高，他的工资收入也逐渐提高。现在的他，不仅开了一家属于自己的盲人按摩店，还成为家里的经济支柱。

雁塔区残联也一直为樊新明创业提供帮扶，申请减免店铺租金。"现在不管是政策还是社会环境对残疾人都很友好，残疾人就业、创业变得不再难。我知道很多像我一样有视力障碍的人，大家都在努力生活、积极工作，我不是孤身一人。"樊新明明白，只要自己勤劳、肯干，生活就会好起来，也完全可以靠自己奋斗出幸福的生活。

【思考】残疾人就业难表现在哪些方面？如何解决残疾人就业难的问题？

【职业素养】我国政府把就业作为残疾人改善生活状况、自强自立、实现人生价值的主要途径。

拓展知识

工程管理专业毕业的小张已有多年相关行业的工作经验，然而因为一次意外不幸落下了右腿残疾，好在还能勉强走路，为了生活他重新出来找工作，发现有家公司有个岗位正在招人，自己刚好符合专业和工作经验要求。然而，等了几天后该公司告知小张条件不符合，询问该公司人事后得知是因为自己身有残疾而不被招聘。

某市政工程有限责任公司招聘启事

为进一步提高城市建设管理水平，某市政工程有限责任公司现面向社会公开招聘工程管理专业技术人员。现就有关事项公告如下：

招聘条件

（一）拥护中华人民共和国宪法，拥护党的路线、方针、政策，遵纪守法，品行端正。

（二）热爱市政事业，有较强的事业心和责任感。

（三）年龄在45周岁以下的男性公民。

（四）具有正常履行职责的身体条件，五官端正，体态均匀，无残疾，无传染性疾病，无文身，品行良好，举止端庄，无违法犯罪记录。

明明有能力胜任这个岗位却被残忍拒绝，陷入绝望的小张望着受伤的腿，不知道该怎么办才好……

倘若残疾朋友遭遇这种情况？能否为自己讨回公道？

【案例分析】

就业歧视一般是指基于人的性别、身高、相貌、年龄、家庭出身、身体特征、残疾状况、户籍、血型等与个人能力无关的因素，用人单位对应聘者或其雇员采取不合理的区别对待，该区别对待剥夺或者损害了应聘者或其雇员的就业机会或职业机会均等或待遇平等的行为。

案例中的招聘启事涉及岗位为普通技术岗位，该岗位性质本身对身体条件没有过高要求，只需具有正常履行职责的身体条件即可。但是招聘条件要求"无残疾"明显剥夺了残障人士平等就业的机会，属于基于残疾的就业歧视。

另外，该招聘启事还涉及其他方面的就业歧视，如要求45周岁属于年龄歧视；要求男性属于性别歧视；另外无传染性疾病、无文身等均涉嫌构成就业歧视。

根据法律法规的规定，用人单位招用人员不得实施就业歧视，用人单位发布的招用人员简章或招聘广告，不得包含歧视性内容。

对于案例所涉的违法行为，可以采取以下方式维权：

（1）向劳动部门进行举报投诉，由劳动部门进行调查核实并根据调查结果对实施就业歧视的用人单位进行处罚。

（2）如果求职者因用人单位的歧视行为遭受损害的，可以直接向人民法院起诉。就小张而言可以以侵犯平等就业权为由向人民法院起诉，要求用人单位赔礼道歉、赔偿精神抚慰金及其他经济损失。

练 习 题

一、填空题

1. 中国残疾人事业法律体系是以《中华人民共和国宪法》为核心，以_____为主干，以《残疾人教育条例》《残疾人就业条例》《无障碍环境建设条例》和《残疾预防和残疾人康复条例》等行政法规和地方性法规为重要支撑，以规范性文件为补充。

2. 2021年5月16日是第三十一次全国助残日，助残日的主题是巩固残疾人脱贫成果，_____。

二、多项选择题

1. 精神残疾包括（　　　）。
   A. 脑器质性、躯体疾病伴发的精神障碍
   B. 中毒性精神障碍，包括药物、酒精依赖
   C. 精神分裂症
   D. 情感性、偏执性、反应性、分裂情感性、周期性精神病等造成的残疾
2. 康复类型包括（　　　）。
   A. 医学康复　　　B. 教育康复　　　C. 职业康复　　　D. 社会康复

三、判断题

1. 《残疾人就业条例》规定，用人单位安排残疾人就业的比例不得低于本单位在职职工总数的 3.5%，达不到其所在地省、自治区、直辖市人民政府规定比例的，应当缴纳残疾人就业保障金。　　　　　　　　　　　　　　　　　　　　　　　　　　（　　）
2. 残疾人事业包括残疾人康复、教育、就业、社会保障等。　　　　　　（　　）
3. 残疾人社会福利的目的是改善残疾人的生活状态，提高残疾人的生活质量，帮助他们参与社会生活的各个领域，与健全人一道前进，从而实现残疾人"平等、参与、共享"的目标。　　　　　　　　　　　　　　　　　　　　　　　　　　　　（　　）

四、问答题

1. 我国目前采用的康复模式主要有哪些？
2. 城镇残疾人面临的主要社会问题有哪些？
3. 农村残疾人面临的主要社会问题有哪些？

项目十五　认知慈善募捐

项目概述

慈善工作是一项爱心工作，发展慈善事业可以改善贫苦困难群体的生存状况，维护人的尊严和追求幸福的权利。开展慈善募捐工作正是实现这一目的的有效过程。慈善工作怎样弘扬慈善文化，营造慈善募捐氛围，让更多的人心系弱势人群，让更多的企业、社会组织、群团组织、党政机关以及企业家、职工、社会爱心人士，参与慈善募捐，使滴水成海、孤木成林，是值得我们认真思考的重要课题。只要我们用心用情做好了慈善工作，困难群体的救助就不会捉襟见肘，社会的公平与正义就不是停留在观念上，而是落实到行动中，社会会变得更加美好、和谐和进步。

本项目包括：熟悉慈善募捐工作、熟悉善款筹集与使用。

背景介绍

20世纪90年代初期，随着我国改革开放的不断深入和发展，社会发生了巨大变革，一些深层次社会矛盾日渐显现，效率与公平的协调问题成为社会关注的热点之一。弘扬中华民族乐善好施、扶贫济困的传统美德，整合社会慈善资源，协调效率与公平，为政府分忧，为弱势群体解愁成为老一辈慈善活动家奋斗的目标。以中华慈善总会的成立为标志，中国慈善事业得到了飞速发展。近年来，各级慈善组织"立足民政，面向社会，服务大局"，以社会救助为己任，充分发挥慈善事业筹集善款、善物的功能，在救助弱势群体，促进社会公平，缓解社会矛盾，构建和谐社会等方面，发挥了重要作用。2016年3月16日，第十二届全国人民代表大会第四次会议通过了《中华人民共和国慈善法》（以下简称《慈善法》），规定每年9月5日为"中华慈善日"。该法的颁布为开展慈善工作提供了强大的法律保障，慈善工作从此走上了规范化、法制化的道路。

任务一　熟悉慈善募捐工作

任务描述

慈善募捐工作是慈善事业的重要组成部分，开展各种形式的慈善募捐活动，需要动员社会各界力量积极参与、解囊相助、奉献爱心；要广辟渠道、多方筹集、创新思路，形成慈善捐赠工作的长效机制。同时，慈善募捐还需要在政府推动下，实行公开公正、无偿自愿的原则，以真正达到扶贫济困的目的。

任务实施

1. 开展慈善募捐的主要形式

（1）在公共场所设置募捐箱。

（2）举办面向社会公众的义演、义赛、义卖、义展、义拍、慈善晚会等。

（3）通过广播、电视报刊、互联网等媒体发布募捐信息。

（4）其他公开募捐方式。

慈善组织采取上述（1）、（2）形式开展公开募捐的，应当在其登记的民政部门管辖区域内进行，确有必要在其登记的民政部门管辖区域外进行的，应当报其开展募捐活动所在地的县级以上人民政府民政部门备案。捐赠人的捐赠行为不受地域限制。

慈善组织通过互联网开展公开募捐的，应当在国务院民政部门统一或者指定的慈善信息平台发布募捐信息，并可以同时在其网站发布募捐信息。

2. 开展慈善募捐的相关要求

（1）开展公开募捐，应当制定募捐方案。募捐方案包括募捐目的、起止时间和地域、活动负责人姓名和办公地址、接受捐赠方银行账户、受益人、募得款物用途、募捐成本、剩余财产的处理等。募捐方案应当在开展募捐活动前报慈善组织登记的民政部门备案。

（2）开展公开募捐，应当在募捐活动现场或者募捐活动载体的显著位置，公布募捐组织名称、公开募捐资格证书、募捐方案、联系方式、募捐信息查询方法等。

（3）不具有公开募捐资格的组织或者个人基于慈善目的，可以与具有公开募捐资格的慈善组织合作，由该慈善组织开展公开募捐并管理募得款物。

（4）广播、电视、报刊以及网络服务提供者、电信运营商，应当对利用其平台开展公开募捐的慈善组织的登记证书、公开募捐资格证书进行验证。

（5）慈善组织自登记之日起可以开展定向募捐。慈善组织开展定向募捐，应当在发起人、理事会成员和会员等特定对象的范围内进行，并向募捐对象说明募捐目的、募得款物用途等事项。

（6）发生重大自然灾害、事故灾难和公共卫生事件等突发事件，需要迅速开展救助时，有关人民政府应当建立协调机制，提供需求信息，及时有序地引导开展募捐和救助活动。

（7）开展募捐活动，应当尊重和维护募捐对象的合法权益，保障募捐对象的知情权，不得通过虚构事实等方式欺骗、诱导募捐对象实施捐赠。

（8）开展募捐活动，不得摊派或者变相摊派，不得妨碍公共秩序、企业生产经营和居民生活。

（9）禁止任何组织或者个人假借慈善名义或者假冒慈善组织开展募捐活动，骗取财产。

任务引导

1. 了解慈善募捐的主要形式。
2. 注意慈善募捐的相关要求。

知识链接

1. 慈善工作的含义

慈善工作是指众多社会成员建立在志愿基础上所从事的一种无偿的、对不幸无助人群的救助行为。它通过合法的社会组织，以社会捐赠的方式，按特定的需要，把可汇聚的财富集中起来，再通过合法途径，用于无力自行摆脱危机者。

2. 慈善工作的意义

（1）发扬人道主义精神，弘扬中华民族扶危济困的传统美德，帮助社会上不幸的个人和困难群体，开展多种形式的社会救助工作，为建设和谐社会尽一份心力。

（2）遵守宪法、法律、法规和国家政策，遵守社会道德风尚，发扬人道主义精神，弘扬中华民族尊老爱幼、扶危济困的传统美德，筹募慈善资金，开展安老、扶幼、助学、济困等社会救助，扶助弱势群体，促进社会的公平和进步。

（3）做公益活动其实不只是在物质方面给予，最重要的是散播爱的力量，代表这个世界有爱心，还有互相关怀及无条件奉献的精神，散布爱的光辉，提升这个世界的正能量。

3. 慈善工作的主要目标

（1）大力宣传慈善文化，增强公民的慈善意识和慈善理念，全民参与慈善活动，形成慈善事业高尚的社会氛围。

（2）健全各类慈善组织和慈善机构以及慈善服务网点，加强慈善组织的能力建设和公信力建设，形成以国家举办的福利机构为示范、社会力量兴办的福利机构为骨干、社区福利服务网点为依托的慈善组织机制。

（3）加强志愿者服务队伍建设，建立和健全志愿服务政策和制度，不断拓宽服务领域，形成较为完善的志愿服务体系。

（4）不断健全和完善慈善工作的政策、法律、法规，初步形成良好的政策和法制环境，建立适应慈善事业发展的政策法律体系，依法推进慈善事业的健康发展。

4. 慈善工作的主要原则

（1）扶贫济困原则。发展慈善事业要重视弱势群体，解决困难群众的基本生活，帮助困难群众排忧解难，提高困难群众的生活水平。

（2）自愿无偿原则。慈善捐赠不得强行摊派或者变相摊派，要由捐赠人自愿无偿地实施捐赠行为。

（3）公开公正原则。要将捐赠的程序、捐赠的款物以及管理使用情况向社会公开透明地公布，接受社会监督。同时，公布捐赠款物要尊重捐赠人的意愿，得到捐赠人的许可。

（4）政府推动原则。要制定慈善政策法规和优惠政策，依法有效地实施监督管理，规范募捐行为，规范使用各类捐赠款物，切实维护好慈善组织和捐赠人、受益人的合法权益。

（5）民间实施的原则。发挥慈善组织的主体作用，正确引导群众的慈善行为，营造良好的社会慈善氛围，大力调动和整合各类慈善资源、推动各类志愿服务活动不断向前发展。

5. 慈善组织

慈善组织是指依法成立、符合《慈善法》规定，以面向社会开展慈善活动为宗旨的非营利性组织。

慈善组织可以采取基金会、社会团体、社会服务机构等组织形式。

慈善组织应当符合下列条件：

（1）以开展慈善活动为宗旨。

（2）不以营利为目的。

（3）有自己的名称和住所。

（4）有组织章程。

（5）有必要的财产。

（6）有符合条件的组织机构和负责人。

（7）法律、行政法规规定的其他条件。

我国的慈善总会是由中国公民、法人及其他社会组织自愿参加的非营利公益社会团体。慈善总会分为国家级和地方级两大类。国家级慈善总会即中华慈善总会于1994年成立，具有独立的法人资格，业务主管单位为中华人民共和国民政部，接受民政部的业务指导和监督管理。地方级慈善会可分为省、地（地级市）、县三级，各自具有独立的法人资格，当地政府民政部门和社会组织管理局对其进行业务指导和监督管理。

拓展知识

慈善超市

慈善超市是在政府支持下，直接面对属地困难群体，以实物（生活必需品为主）济困为基本功能，以领用券为兑换凭证，由各类组织严格以慈善为目的开办的超市。其目的是以随时、就近的方式接受单位和个人捐赠的闲置物品，并以属地帮困对象自选的方式领取物品，既实现物尽其用，又实现一线帮困。

慈善超市起源于美国的好意慈善事业组织（Good Well），是非营利机构开办的一种免税"公司"，至今已有100多年的历史。其主要业务是接受、处理、销售市民捐赠的旧物，一般采用前店后厂模式，即前面是慈善商店，后面是捐赠物品的维修处理车间、工厂。我国的慈善超市首先出现于上海，随后广州、沈阳、温州、苏州等地也都陆续开办起来。

慈善超市是社会捐助和慈善事业结合的重要载体，是新型社会救助体系落实在基层的重要平台。慈善超市救助的对象是社会困难群众，包括城乡低保户、高于低保标准的边缘户和因突发事件造成生活困难的其他居民。

募捐箱

募捐箱的形式除了传统的塑料和有机玻璃箱外，还有近两年来出现的多媒体慈善募捐箱。这种多媒体慈善募捐箱不仅改变了募捐箱的"原始"质地，同时对募捐箱赋予了更多的内涵和功能。从多媒体募捐箱的电子屏幕上可以看到受助对象的情况简介，一方面让资助者能够了解到个人资助经费的使用方向，另一方面更容易让人对受助对象的困境有认同感，激发乐善好施的同情心，方便人们的日常捐款。

任务二　熟悉善款筹集与使用

任务描述

善款筹集与使用主要是围绕资金展开的，通过什么方式和渠道筹集资金，怎样使用好这些资金，如何管理好这些资金。根据基金会的相关条例，如何募集和使用好这些专项基金是本任务中需要重点掌握的内容。

任务实施

1. 善款筹集的方式和渠道

（1）接受国内外各种机构、企业和个人的现金捐赠。接受社会各界爱心人士和单位的主动捐赠是目前筹集善款的主要方式之一。

（2）组织举办义演、义卖等社会活动。通过组织各种大型的文艺演出活动、物品拍卖活动筹集资金。例如，举办慈善晚会，举办书画、古董拍卖活动等。

（3）建立符合所在基金会活动宗旨的基金。通过成立各种类型的基金会，创立慈善基金。例如"中国青少年基金会""中国扶贫基金会""深圳壹基金公益基金会"等。

（4）其他合法方式的筹集。一切符合国家法律法规和慈善宗旨的筹集方式都可使用。

2. 善款的使用发放原则

（1）举办或资助各类慈善事业和公益事业。主要用于各种慈善项目。

（2）开展社会救助，帮助社会上有困难的家庭和个人。用于无依无靠的孤儿、家庭贫困无法上学者、遭遇天灾人祸的家庭、生活困难的残疾人等困境群体。

（3）开展国内外慈善活动的费用。用于开展各种慈善活动的工作经费。

（4）运用创始基金利息支付工作人员工资、福利及办公费用。

（5）符合其宗旨的其他费用。符合慈善工作宗旨和各类型基金会宗旨的经费都可使用。

3. 善款的管理办法

（1）建立严格的财务管理制度，确保会计资料合法、真实、准确、完整，配备具有专业资格的会计人员。任何单位、个人不得侵占、私分和挪用善款。

（2）善款必须用于规定的业务范围和事业的发展，不得超范围使用。

（3）建立监察机构，对善款的使用实施全程跟踪监督。

（4）接受审计机关的审计，并将经费的使用情况以适当的方式定期向社会公布，提高资金使用的透明度。

任务引导

1. 掌握善款筹集的方式和渠道。
2. 能正确使用和管理善款。

知识链接

1. 资金捐赠的具体方式

（1）双向上门捐款的方式。捐款人可以自己亲自到慈善机构上门捐款（现金、支票），身体不便时也可委托他人帮忙捐款，但要写委托书，以免发生纠纷。捐款后慈善机构会出具专用统一的捐赠发票并发放捐赠荣誉证书。慈善机构还可根据捐赠人的意愿派人上门服务。

（2）银行转账和邮局汇款的方式。捐赠人将自己银行账户内的资金划拨到慈善机构的银行账户内（此法较多用于单位转账）。慈善机构收到转账后，将根据捐款人提供的联系方式给捐款人邮寄捐赠发票和捐赠荣誉证书。银行转账必须弄清楚慈善机构的开户银行、账号、户名、详细地址等，以免款项不能及时到账。捐款人也可以到所在地附近的邮局将现金汇到慈善机构，慈善机构收到汇款后，将根据汇款地址给捐款人邮寄捐赠发票和捐赠证书。

（3）网络通信捐赠的方式。捐款人可以通过网上银行，将自己银行账户里的资金划拨到慈善机构的银行账户内。慈善机构收到转账后，将根据捐款人提供的联系方式给捐款人邮寄捐款发票和捐赠证书。也可通过手机编辑短信和固定电话语音提示的方式进行捐款。现在各地慈善机构都开通了捐赠热线，以及捐赠二维码等。

（4）募捐箱的方式。现在各地慈善机构在宾馆、商店、超市、机场、影院、银行、大卖场等公共场所都设立了募捐箱，捐款人可就近将善款投到募捐箱内并提供个人基本信息，以便慈善机构出具发票和捐赠证书。

（5）信用卡捐款的方式。基于刷卡消费方式，持卡人可直接到慈善机构刷卡捐款，也可用信用卡到银行汇款。

（6）微信、支付宝捐赠方式。可通过微信、支付宝向慈善机构指定银行账户汇款，但要留下姓名、地址，便于慈善机构邮寄收据和捐赠证书。

案例阅读

近年来，一些娱乐明星屡屡陷入"诈捐"风波，假借慈善名义、"口头捐赠"不兑现。2019年9月2日，民政部举行第四个"中华慈善日"专题新闻发布会。会上，我国慈善领域的政府最高奖项"中华慈善奖"首次明确，在慈善捐赠活动中有严重失信行为的组织或个人，均不能参评。

第十一届"中华慈善奖"评选共设置四类奖项，分别为慈善楷模奖、慈善项目和慈善信托奖、捐赠企业奖、捐赠个人奖，表彰总名额原则上不超过150个。评选对象为在我国慈善活动中，特别是扶贫济困活动中事迹突出、影响广泛的单位、个人、志愿服务等爱心团队、慈善项目、慈善信托等。

本届评选首次明确了不授予"中华慈善奖"的三大类情形。一是存在严重违纪违法行为，或者造成不良社会影响的。二是填报参评材料时隐瞒情况、弄虚作假的，或者在网络投票中弄虚作假的。三是在慈善捐赠活动中有严重失信行为的单位或个人也将无法参评。包括被民政部门按照有关规定列入社会组织严重违法失信名单的慈善组织；被民政部门列入社会组织严重违法失信名单的慈善组织的法定代表人和直接负责的主管人员；在通过慈善组织捐赠中失信，被人民法院依法判定承担责任的捐赠人；被公安机关依法查处的假借慈善名义或者假冒慈善组织骗取财产的单位、个人。

清华大学公益慈善研究院副院长邓国胜认为，民政部此次明确失信行为主体不可参选"中华慈善奖"，对于慈善捐赠活动中的守信行为将是一个很好的鼓励和引导。慈善失信行为及其原因多种多样。有的恶意诈捐，有的捐赠主体承诺捐赠之后分多年捐款，但之后便不了了之；有的是因为减免税政策不落地，无法如期捐赠，有的是经营困难无法兑现承诺。此外，还应注意慈善组织失信行为，例如不按照捐赠人意愿使用善款，不按照合同约定使用善款。解决捐助领域失信行为最好的方法是通过法律手段，但慈善组织一般不愿意打官司，卷入法律纠纷，加之此类纠纷的解决十分复杂，而有的捐款没有指明具体捐款对象，只是承诺捐赠，更难追究其履行承诺责任。对于慈善组织的失信行为，除政府列入失信名单，禁止评奖之外，还可通过第三方慈善组织信用评级防范慈善失信行为。

【思考】

（1）对不讲信誉的认捐企业，应采取怎样的追缴程序？

（2）怎样将募集资金落到实处？请你提出更好的方式方法。

【职业素养】企业既要献爱心，又要讲诚信，不能只追求荣誉。捐款不能停留在口头上，落不到实处。慈善是一项公益事业，需要社会的理解和支持，更需要诚信和信誉做保证。

拓展知识

中国慈善机构

中华慈善总会

作为中国规模较大、业绩较好的公益组织之一，自1994年4月在民政部老部长崔乃夫的倡导下成立，总会发扬人道主义精神，弘扬中华民族扶贫济困的传统美德，帮助社会上不幸的个人和困难群体，开展多种社会救助工作。

按照该会章程，其最高权力机构是会员代表大会，每届五年，理事会是会员代表大会的执行机构，每年召开一次，该会经费来自会费、政府资助、利息、核准业务范围内开展活动或服务的收入及其他合法收入，行政经费来源于创始基金增值部分、会费、行政经费专项捐赠、政府资助、捐赠款利息、新办实体的收入等。

中国青少年基金会

1989年在北京正式成立的中国青少年基金会是以中国青少年教育、科技、文化、体育、卫生、社会福利事业和环境保护事业发展为宗旨的全国性非营利的社会团体。它所实施的项目包括人们熟知的希望工程以及保护母亲河行动、中华古诗文经典诵读工程、公益信托基金、国际青少年消除贫困奖、中国十大杰出青年评选。

在这些项目中，最主要、最有影响力的是希望工程。这是一项被社会广泛关注的公益事业，旨在通过筹款，资助中国农村贫困地区的少年儿童获得受教育的机会。

中国扶贫基金会

中国扶贫基金会于1989年3月成立，初创期该基金会努力争取海内外各界人士对扶贫事业的理解和支持，动员社会各界人士积极加入扶贫行列。

1996—1999年，是中国扶贫基金会发展的第二阶段。这一阶段基金会主要采用扶贫到户和开发式扶贫工作模式实施了"贫困农户自立工程""科技扶贫""教育及医疗设施援建"等项目。

从1999年下半年起中国扶贫基金会进入了第三个发展阶段。这一年也是中国扶贫基金会第二个十年的开始,这一阶段的工作方式是:通过项目援助、受援人参与等方式,帮助贫困社区的困境群体改善生产、生活和健康条件并提高其素质和能力,实现脱贫致富。

在社会各界的支持下,截至2020年年底,累计筹措资金和物资78.36亿元,受益人口和灾区民众4841.86万人次。

中国妇女发展基金会

中国妇女发展基金会向国内外企事业单位、社会组织和个人募集资金和物资,旨在全面提高妇女素质,维护妇女合法权益,促进社会为妇女发展创造良好环境。

该基金会的最高权力机构是理事会,由会长、副会长、常务理事、秘书长和理事组成。理事会实行届任制,每届任期三年,每年召开一次会议,遇有特殊情况,也可以采用其他形式召开。

中国妇女发展基金会的基金来源主要是:①接纳海内外热心妇女事业的企业、社会组织、人士的捐赠;②国家政策允许的基金增值和服务收入;③利息及其他合法收入。基金的增值部分必须用于基金的使用范围,基金的使用需根据与捐赠人、资助人约定的目的、对象方式合法使用。

中华环保基金会

1992年,在巴西里约热内卢的联合国环境与发展大会上,为奖励首任国家环保局局长曲格平教授为环境保护做出的贡献,特别颁发十万美金作为奖金。这笔钱后来成为中国第一个具有独立法人资格、非营利性的专门从事环境保护事业的民间基金会——中华环保基金会成立的基础资金。

1993年4月,中华环保基金会正式成立,其宗旨主要是通过资助和奖励对中国环保事业做出贡献的个人和组织,推动中国环境的保护和管理、科学研究、人才培训及国际合作等各项环保事业的发展。该基金会的基金来源主要有三条途径:①国内外热心于环保的企事业单位、团体的捐赠;②其他组织、个人的捐赠;③国内外有关组织和友好人士的捐赠。

该基金会的最高权力机构为理事会。理事会设常务理事长一名、副理事长若干名、秘书长一名、常务理事和理事若干名。理事会聘请若干国内外著名人士担任名誉理事长。

中华见义勇为基金会

中华见义勇为基金会1993年6月由公安部、中宣部、中央综治委、民政部、团中央等部委联合发起成立,面向公众募捐的地域范围是全国各地。其以发扬中华民族的传统美德,以德治国,倡导见义勇为,弘扬社会正气,促进社会主义精神文明建设,为维护社会稳定和社会主义现代化建设创造良好的社会风尚为宗旨。

统计数据显示,全国共有28个省、自治区、直辖市,近千个市、县设有见义勇为社会组织，从事见义勇为工作的人员近万人。近十年来，各级见义勇为社会组织已募集资金十几亿元。

中国光彩事业促进会

中国光彩事业促进会是1994年4月为配合"国家八七扶贫攻坚计划"而发起的，是以十位民营企业家在全国工商联七届二次常委会议上，联名倡议"让我投身到扶贫的光彩事业中来"，进而在中共中央统战部、中华全国工商业联合会发起下成立的。

光彩事业的实践和取得的成就，赢得了国内外的广泛关注和认同。1999年10月，经国际小天体命名委员会批准，中国科学院北京天文台将发现并获得国际永久编号的一颗小行星命名为"光彩事业星"；2000年10月，联合国经社理事会正式会议授予中国光彩事业促进会特别咨商地位；2021年2月，中央统战部光彩事业指导中心荣获全国脱贫攻坚先进集体。该促进会的经费来源一是会费，二是有关社会团体、企业人士的赞助，三是其他资助。

练 习 题

一、填空题

1. 2016年3月16日，第十二届全国人民代表大会第四次会议通过了《中华人民共和国慈善法》，规定每年_____为中华慈善日。

2. 慈善组织是指依法成立、符合《慈善法》规定，以面向社会开展慈善活动为宗旨的_____组织。

3. 中华慈善总会于1994年成立，具有独立的_____资格，业务主管单位为中华人民共和国民政部，接受民政部的业务指导和监督管理。

二、多项选择题

1. 慈善组织应当符合（　　　）条件。

   A. 以开展慈善活动为宗旨　　　　　　　B. 不以营利为目的
   C. 有自己的名称和住所　　　　　　　　D. 有组织章程
   E. 有必要的财产　　　　　　　　　　　F. 有符合条件的组织机构和负责人
   G. 法律、行政法规规定的其他条件

2. 善款筹集的方式和渠道主要有（　　　）。

   A. 社会群体　　　　　　　　　　　　　B. 个人
   C. 慈善基金会　　　　　　　　　　　　D. 外国友人

三、判断题

慈善工作是指众多的社会成员建立在志愿基础上所从事的一种有偿的、对不幸无助人群的救助行为。　　　　　　　　　　　　　　　　　　　　　　　（　　）

四、名词解释

慈善工作

五、问答题

1. 慈善工作的意义是什么？
2. 慈善募捐的几种主要形式是什么？
3. 善款的使用发放原则有哪些？
4. 慈善募捐如何体现它的社会效益？

项目十六　认知福利彩票

> **项目概述**
>
> 　　福利彩票是社会福利事业的重要工作之一，是国家社会福利经费的重要补充。福利彩票的发行与销售可以救助社会上的弱势群体和困难群体，开展社会公益活动，促进社会公平正义，对于构建和谐社会，加强社会主义精神文明建设，推动社会公益事业的不断发展具有重要的意义。
>
> 　　本项目要求学生通过学习掌握福利彩票的基本含义、彩票的发行和销售管理、福利彩票资金的管理使用，让学生对整个福利彩票工作有一个基本认知和了解。
>
> 　　本项目包括：熟悉福利彩票发行和销售管理、熟悉福利彩票资金使用与管理。

背景介绍

> 　　彩票在我国的发行始于20世纪80年代中期。1987年，第一张中国福利彩票（当时叫"中国社会福利有奖募捐券"）面世，标志着新中国福利彩票业的起步。经过几十年的发展，现已成为国家、省、地、县筹集社会公益资金，兴办社会公益事业的重要资金渠道。

任务一　熟悉福利彩票发行和销售管理

任务描述

　　在我国社会主义市场经济条件下，彩票业是一个新兴的事业，彩票的销售和管理是福利彩票工作的重要环节和重要内容。它关系到彩票事业能否健康、顺利地向前发展。掌握和熟悉福利彩票发行和销售的管理规定、管理要求是彩票业不断向前发展的重要推手，更是广大民政人和福彩工作者需要共同努力的目标和方向。

　　开展社会福利事业要坚持两条腿走路，一是靠国家和各级地方财政投资，二是要坚持社会福利事业社会化。福利彩票是社会福利事业向社会筹资的重要渠道。本任务要求学生熟悉福利彩票发行和销售的管理规定、管理要求，让福利彩票越来越深入民众生活，为我国社会公益事业筹集越来越多的资金。

了解福利彩票发行和销售的相关管理规定。

（1）管理机构。国务院民政部门依法设立的福利彩票发行机构（以下简称彩票发行机构），负责全国的福利彩票发行和组织销售工作。

省、自治区、直辖市人民政府民政部门依法设立的福利彩票销售机构，负责本行政区域的福利彩票销售工作。

（2）开设、停止、变更彩票品种的规定。彩票发行机构申请开设、停止福利彩票的具体品种（以下简称彩票品种）或者申请变更彩票品种审批事项的，应当依照规定的程序报国务院财政部门批准。

国务院财政部门根据彩票市场健康发展的需要，按照合理规划彩票市场和彩票品种结构、严格控制彩票风险的原则，对彩票发行机构的申请进行审查。

彩票发行机构申请开设彩票品种，应当经国务院民政部门审核同意，向国务院财政部门提交下列申请材料：

① 申请书。
② 彩票品种的规则。
③ 发行方式、发行范围。
④ 市场分析报告及技术可行性分析报告。
⑤ 开奖、兑奖操作规程。
⑥ 风险控制方案。

国务院财政部门应当自受理申请之日起 90 个工作日内，通过专家评审、听证会等方式对开设彩票品种听取社会意见，对申请进行审查并做出书面决定。

彩票发行机构申请变更彩票品种的规则发行方式、发行范围等审批事项的，应当经国务院民政部门审核同意，向国务院财政部门提出申请并提交与变更事项有关的材料。国务院财政部门应当自受理申请之日起 45 个工作日内，对申请进行审查并做出书面决定。

彩票发行机构申请停止彩票品种的，应当经国务院民政部门审核同意，向国务院财政部门提出书面申请并提交与停止彩票品种有关的材料，国务院财政部门应当自受理申请之日起 10 个工作日内，对申请进行审查并做出书面决定。

经批准开设、停止彩票品种或者变更彩票品种审批事项的，彩票发行机构应当在开设、变更、停止的 10 个自然日前，将有关信息向社会公告。

因维护社会公共利益的需要，在紧急情况下，国务院财政部门可以采取必要措施，决定变更彩票品种审批事项或者停止彩票品种。

（3）设备和技术服务要求。彩票发行机构、彩票销售机构应当依照政府采购法律、行政法规的规定，采购符合标准的彩票设备和技术服务。

彩票设备和技术服务的标准，由国务院财政部门会同国务院民政部门依照国家有关标准化法律、行政法规的规定制定。

（4）安全管理。彩票发行机构、彩票销售机构应当建立风险管理体系和可疑资金报告制度，保障彩票发行、销售的安全。

彩票发行机构、彩票销售机构负责彩票销售系统的数据管理、开奖兑奖管理以及彩票资金的归集管理，不得委托他人管理。

（5）代销规定。彩票发行机构、彩票销售机构可以委托单位、个人代理销售彩票。彩票发行机构、彩票销售机构应与受委托的彩票代销者签订彩票代销合同。福利彩票代销合同示范文本由国务院民政部门制定。

彩票代销者不得委托他人代销彩票。

彩票销售机构应当为彩票代销者配置彩票投注专用设备。彩票投注专用设备属于彩票销售机构所有，彩票代销者不得转借、出租、出售。

（6）场所要求。彩票销售机构应当在彩票发行机构的指导下，统筹规划彩票销售场所的布局。彩票销售场所应当按照彩票发行机构的统一要求，设置彩票销售标识，张贴警示标语。

（7）职责要求。彩票发行机构、彩票销售机构、彩票代销者不得有下列行为：

① 进行虚假性、误导性宣传。

② 以诋毁同业者等手段进行不正当竞争。

③ 向未成年人销售彩票。

④ 以赊销或者信用方式销售彩票。

需要销毁彩票的，由彩票发行机构报国务院财政部门批准后，在国务院民政部门的监督下销毁。

彩票发行机构、彩票销售机构应当及时将彩票发行、销售情况向社会全面公布，接受社会公众的监督。

任务引导

1. 了解彩票发行机构申请开设彩票品种，需提交的申请材料。
2. 掌握彩票发行机构、彩票销售机构、彩票代销者的相关管理要求。

知识链接

1. 福利彩票的含义及渊源

福利彩票是指国家为筹集社会公益资金，促进社会公益事业而特许发行、依法销售，自然人自愿购买并按照特定规则获得中奖机会的凭证。福利彩票不返还本金，不计付利息。

1986年6月18日，民政部向国务院正式报送《关于开展社会福利有奖募捐活动的请示》。12月20日，国务院第128次常务会议讨论，同意由民政部组织一个社会福利有奖募捐委员会，在全国范围内开展有奖募捐活动。1987年2月5日，中央书记处12届第323次会议讨论并原则同意民政部的报告，明确指出"除民政部门开展社会福利有奖募捐活动外，其他单位和个人一律不准搞类似有奖募捐活动"。中央书记处的意见报中央政治局常委后，常委们均表示同意。3月13日，中共中央统战部和全国政协联合召开了关于社会福利有奖募捐活动问题的座谈会，经过与会的27个民主党派充分讨论，最后达成一致意见，同意开展这项工作。

1987年6月3日，中国社会福利有奖募捐委员会（简称中募委）在北京成立，同时召开了第一次全体委员会议，通过了中募委章程。1987年7月28日，第一批福利彩票在河北石家庄市销售。

2. 福利彩票的几种主要类型

（1）即开型。即开型彩票是指彩票发行者在某一固定奖组的彩票中，将中奖符号印制在彩票介质上加以遮盖，并事先公告中奖符号，购买者从同一奖组的彩票中选购后可即时刮开遮盖物以确定是否中奖和兑奖的彩票游戏，其特点是预先印制，即买、即开、即兑。例如：福利彩票"刮刮乐"就属于即开型彩票。

（2）乐透型。乐透型彩票是指由购买者从M个号码中选取N个号码（M>N）的组合为一注彩票进行投注，并与彩票发行者在投注活动结束后某一时点从M个号码中随机抽取的N个开奖号码的组合比对，以确定是否中奖和中奖奖级的彩票游戏。例如：福利彩票双色球、七乐彩等属于乐透型彩票。

（3）数字型。数字型彩票是指购买者从由0至9个号码构成的N组数列中选取其中一组排列号码为一注彩票进行投注，并与彩票发行者在投注活动结束后某一时点从相同数列集合中随机抽取的某一组开奖排列号码比对，以确定是否中奖和中奖奖级的彩票游戏。例如：福利彩票"3D"就属于数字型彩票。

（4）基诺型。基诺型彩票采用组合方法进行选号，即从M个数字（M为连续、无重码的正整数）组成的区域中任选1到N个号码（N为大于1小于M的正整数），作为投注号码，开奖号码是从M个数字组成的区域中摇出L（M>L>N）个号码作为中奖号码的赔率计奖与奖池相结合、定期开奖的短周期彩票游戏。例如：福利彩票"快乐8"就属于基诺型彩票。

3. 福利彩票发行的管理机构

1994年9月16日，民政部部长办公会议研究了中募委领导体制问题，同意将"中国社会福利奖券发行中心"更名为"中国福利彩票发行中心"，面市的奖券也更名为"中国福利彩票"。2001年7月15日，中央机构编制委员会办公室批复中国社会福利有奖募捐委员会更名为中国福利彩票发行管理中心。

中国福利彩票发行管理中心是民政部直属事业单位，负责全国福利彩票发行和销售业务，对各地福利彩票发行销售机构实施业务领导和全面监控。

省级福利彩票发行中心是福利彩票的销售机构,受当地民政部门的行政领导,同时受上级发行机构的业务领导和监督检查。

地市、县销售机构是福利彩票的基层销售单位,其工作以直接组织销售福利彩票为主。

> **拓展知识**
>
> ### 全面推动福彩事业高质量发展迈向新阶段
> ——2021年全国福利彩票发行销售工作会议在浙江嘉兴召开
>
> 2021年,全国福利彩票发行销售工作会议3月30—31日在浙江省嘉兴市召开。
>
> 会议强调,要以习近平新时代中国特色社会主义思想为指导,深入学习贯彻党的十九大和十九届二中、三中、四中、五中全会精神,认真总结近年来福利彩票工作,分析福利彩票发展面临的形势和任务,坚守初心、稳中求进,科学谋划部署"十四五"工作,推动福利彩票事业高质量发展迈向新台阶,以优异成绩庆祝中国共产党成立100周年。
>
> 会议指出,党的十八届六中全会以来,福利彩票工作取得显著进步、发生全方位变化。不断强化首先从政治上看福利彩票事业的意识,福利彩票的人民性、国家性和公益性进一步彰显,为推动新时代福彩事业高质量发展打下了坚实的思想基础;认真完成中央巡视整改任务,风清气正的政治生态得到巩固发展;坚决贯彻落实党中央决策部署,积极投身脱贫攻坚主战场,为全面建成小康社会做出积极贡献;全力抗击新冠肺炎疫情,有序推进复工复市,持续加大扶持力度,福彩领域"六稳""六保"工作取得积极成效;发行销售提质增效,创新发展成果显现,有力推动社会福利和社会公益事业发展。
>
> 会议强调,要深刻领会新发展阶段、新发展理念、新发展格局对福彩工作的新要求,深入贯彻落实稳中求进的工作总基调,正确处理"稳"和"进"的辩证关系,以稳求进、以进促稳,不断开创福彩事业发展新局面。要在服务国家大局、满足人民新需求、顺应科技新潮流、推进转型新变革中坚定信心,以监管倒逼转型,以市场倒逼改革,汇聚攻坚克难的强大力量。要以政治建设为统领,强化政治建设意识,强化初心使命意识,不断提高政治判断力、政治领悟力、政治执行力,把准福彩事业发展政治方向。要强化风险防范意识,恪守依法运作底线,着力从标准、制度、机制上防控风险,加强监督检查,确保福彩事业安全平稳运行。
>
> 会议要求,要精准务实推进"十四五"福彩高质量发展。要发挥全面从严治党引领保障作用,深入推进反腐败斗争,巩固巡视整改成果,完善监督体系,扎紧扎密制度笼子。要全面加强对福彩工作的领导,提高发行销售工作水平。要加快构建多样化产品体系,调整优化渠道网络布局。要推进规范化标准化建设,全面开展优质服务。要加强责任彩票建设,把责任彩票理念贯穿到发行销售各环节,防范和化解非理性购彩。要推进营销宣传协同,提高营销宣传效果,提升福利彩票社会形象。

本次会议将工作部署与党史学习教育紧密结合，通过聆听"红船精神"专题党史辅导报告、参观南湖革命纪念馆、重温入党誓词并瞻仰红船，动员和激励全国福彩系统干部职工不忘初心、牢记使命，传承和发扬好"红船精神"，汲取前进之智、激发奋进之力，在新阶段新征程上更好推进福彩事业高质量发展。

资料来源：中国福彩网。

任务二　熟悉福利彩票资金使用与管理

任务描述

发行福利彩票，为筹集社会公益资金开拓了一条社会化的新渠道，有效地弥补了国家资金的不足。社会福利彩票资金必须全部用于社会福利事业，专款专用；要建立健全各项财务制度，接受审计部门的审计和社会的监督；要有利于社会福利事业的健康发展，保证良好的社会效益；真正做到取之于民，用之于民，达到扶老、助残、救孤、济困、赈灾的目的。

任务实施

1. 福利彩票资金使用与管理

（1）彩票资金包含的种类和比例构成。彩票资金包括彩票奖金、彩票发行费和彩票公益金。彩票资金构成比例由国务院决定。

彩票品种中彩票资金的具体构成比例，由国务院财政部门按照国务院的决定确定。

随着彩票发行规模的扩大和彩票品种的增加，可以降低彩票发行费比例。

（2）开设专用账户。彩票发行机构、彩票销售机构应当按照国务院财政部门的规定开设彩票资金账户，用于核算彩票资金。

（3）建立信息系统。国务院财政部门和省、自治区、直辖市人民政府财政部门应当建立彩票发行、销售和资金管理信息系统，及时掌握彩票销售和资金流动情况。

（4）彩票奖金的支付要求。彩票奖金用于支付彩票中奖者。彩票单注奖金的最高限额，由国务院财政部门根据彩票市场发展情况决定。

逾期未兑奖的奖金，纳入彩票公益金。

（5）彩票发行费的要求。彩票发行费专项用于彩票发行机构、彩票销售机构的业务费用支出，以及彩票代销者的销售费用支出。

彩票发行机构和彩票销售机构的业务费实行收支两条线管理，其支出应当符合彩票发行机构、彩票销售机构财务管理制度。彩票发行机构、彩票销售机构应当按照国务院财政部门的规定，及时上缴彩票发行费中的业务费，不得截留或者挪作他用。财政部门应当及时核拨彩票发行机构、彩票销售机构的业务费。

（6）彩票公益金的要求。彩票公益金专项用于社会福利等社会公益事业，不用于平衡财政一般预算。彩票公益金按照政府性基金管理办法纳入预算，实行收支两条线管理。

彩票发行机构、彩票销售机构应当按照国务院财政部门的规定，及时上缴彩票公益金，不得截留或者挪作他用。

彩票公益金的分配政策，由国务院财政部门会同国务院民政部门提出方案，报国务院批准后执行。彩票公益金的管理、使用单位，应当每年向社会公告公益金的使用情况。

国务院财政部门和省、自治区、直辖市人民政府财政部门应当每年向本级人民政府报告上年度彩票公益金的筹集、分配和使用情况，并向社会公告。

（7）依法接受监督　彩票发行费、彩票公益金的管理、使用单位，应当依法接受财政部门、审计机关和社会公众的监督。

2. 彩票公益金的分配使用原则

（1）上缴中央财政的彩票公益金，用于社会福利事业，补充全国社会保障基金和国务院批准的其他专项公益事业，具体使用管理办法由财政部会同民政部制定。

（2）中央财政安排用于社会福利事业的彩票公益金，按照以下程序审批执行：

1）财政部每年根据国务院批准的彩票公益金分配政策核定用于社会福利事业彩票公益金预算支出指标，分别列入中央本级支出以及中央对地方转移支付预算。

2）列入中央本级支出的彩票公益金，由民政部提出项目支出预算，报财政部审核后在部门预算中批复；民政部根据财政部批准的预算，组织实施和管理。

3）列入中央对地方转移支付预算的彩票公益金，由民政部会同财政部确定资金分配原则，并提出分地区建议数，报财政部审核下达。

（3）中央财政安排用于补充全国社会保障基金的彩票公益金，由财政部每年根据国务院批准的彩票公益金分配政策核定预算支出指标，并按照有关规定拨付全国社会保障基金理事会。

（4）中央财政安排用于其他专项公益事业的彩票公益金，按照以下程序审批执行：

1）申请使用彩票公益金的部门、单位，应当向财政部提交彩票公益金项目申报材料，财政部提出审核意见后报国务院审批。

2）经国务院批准后，财政部向申请使用彩票公益金的部门单位批复项目资金使用计划，并根据彩票公益金年度收入和项目进展情况，分别列入中央本级支出和中央对地方转移支付预算。

3）申请使用彩票公益金的部门、单位，根据财政部批复的项目资金使用计划和预算，在项目管理办法制定后组织实施和管理。项目资金使用计划因特殊原因需要进行调整的，应当报财政部审核批准。

（5）上缴省级财政的彩票公益金，由各省、自治区、直辖市人民政府财政部门（以下简称省级财政部门）负责执收，具体收缴程序按照省级财政部门的有关规定执行。省级财政部门应当于年度终了后30日内，向财政部报送彩票公益金统计报表。

（6）省级以上民政部门、单位，申请使用彩票公益金时，应当向同级财政部门提交项目申报材料。项目申报材料应当包括以下内容：

1）项目申报书。

2）项目可行性研究报告。

3）项目实施方案。

4）同级财政部门要求报送的其他材料。

（7）彩票公益金项目资金使用计划和预算批准后，应当严格执行，不得擅自调整。因特殊原因形成的项目结余资金，经财政部门批准后可以结转下一年度继续使用。

（8）彩票公益金资金支付按照财政国库管理制度有关规定执行。

（9）省级以上民政彩票公益金使用部门、单位，应当于每年3月底前向同级财政部门报送上一年度彩票公益金使用情况。具体包括：

1）项目组织实施情况。

2）项目资金使用和结余情况。

3）项目社会效益和经济效益。

4）同级财政部门要求报送的其他材料。

（10）省级以上民政彩票公益金使用部门、单位，应当建立彩票公益金支出绩效评价制度，将绩效评价结果作为安排彩票公益金预算的依据。

3. 福利彩票公益金的使用范围

（1）老年人福利方面。主要用于新建和改扩建以服务生活困难和失能失智老年人为主的城乡特困供养服务设施、城乡老年社会福利机构、城乡社区养老服务设施等；对社会力量举办的养老机构给予床位建设补贴和运营补贴，公办养老机构和城乡社区居家养老服务补贴，为留守、困难等特殊家庭老年人提供生活照料、康复护理、精神慰藉等关爱养老服务支出和购买服务支出，经济困难的高龄、失能老年人养老服务补贴等。

（2）残疾人福利方面。主要用于开展精神障碍社区康复服务机构建设，精神卫生社会福利机构、民政部门直属康复辅具机构以及其他残疾人服务机构建设和设施设备配置等；残疾人康复辅助器具科研、配置及残疾预防、康复服务，精神障碍社区康复服务及政府购买服务等。

（3）儿童福利方面。主要用于儿童福利机构建设和设施设备配置、城乡社区"儿童之家"建设、孤儿教育培训机构和设施设备配置等；儿童福利机构内儿童"养治教康"项目，残疾孤儿手术康复明天计划项目和残疾儿童托养康复服务、困境儿童和农村留守儿童关爱服务等。

（4）社会公益方面。主要用于流浪乞讨人员救助管理站建设、未成年人救助保护中心功能建设、殡仪馆新建改扩建和基本殡葬设施设备更新改造项目、公益性骨灰安放设施，资助社会捐助体系建设和慈善超市示范化建设、民政社会公共服务综合信息平台建设、城市社区公益服务设施建设等；为老年人、残疾人、孤儿等特殊困难群体提供康复护理、心理和社会工作等方面的社会工作人才队伍培养和业务技能培训项目；资助社会力量开展社会救助、社会福利、社区服务等社会公益项目，以及围绕特殊群体需求开展的政府购买社会服务和志愿者服务项目等。

同等条件下，福彩公益金要优先资助贫困地区社会福利事业。

掌握福利彩票资金使用与管理要求。

知识链接

彩票开奖和兑奖管理

（1）彩票发行机构、彩票销售机构应当按照批准的彩票品种的规则和开奖操作规程开奖。国务院民政部门、体育行政部门和省、自治区、直辖市人民政府民政部门、体育行政部门应当加强对彩票开奖活动的监督，确保彩票开奖的公开、公正。

（2）彩票发行机构、彩票销售机构应当确保彩票销售数据的完整、准确和安全。当期彩票销售数据封存后至开奖活动结束前，不得查阅、变更或者删除销售数据。

（3）彩票发行机构、彩票销售机构应当加强对开奖设备的管理，确保开奖设备正常运行，并配置备用开奖设备。

（4）彩票发行机构、彩票销售机构应当在每期彩票销售结束后，及时向社会公布当期彩票的销售情况和开奖结果。

（5）彩票中奖者应当自开奖之日起60个自然日内，持中奖彩票到指定的地点兑奖，彩票品种的规则规定需要出示身份证件的，还应当出示本人身份证件。逾期不兑奖的视为弃奖。

（6）禁止使用伪造、变造的彩票兑奖。彩票发行机构、彩票销售机构、彩票代销者应当按照彩票品种的规则和兑奖操作规程兑奖。

彩票中奖奖金应当以人民币现金或者现金支票形式一次性兑付。

（7）不得向未成年人兑奖。彩票发行机构、彩票销售机构、彩票代销者以及其他因职务或者业务便利知悉彩票中奖者个人信息的人员，应当对彩票中奖者个人信息予以保密。

案例阅读

福彩为汶川灾后重建筹集"赈灾公益金"逾 39 亿元

2010 年 5 月 12 日是汶川地震两周年纪念日。自汶川大地震发生之日起，汶川的一切就牵动着福彩人的心弦，时至今日，福彩人为灾区重建所做的筹款公益工作也从未停止。两年前，福彩人不仅通过捐款捐物的形式支援灾区，还启动了"福彩赈灾专项募集活动"，从 2008 年 7 月 1 日起历时两年半的时间内，销售网点即开票和中福在线即开型彩票所筹集的公益金作为"福彩赈灾公益金"，全部用于汶川大地震灾后恢复重建。

据悉，从 2008 年 7 月 1 日到 2010 年 4 月 30 日，各地福彩机构通过积极开展"福彩赈灾专项募集活动"，网点即开型彩票和中福在线即开型彩票共销售 200 多亿元，所筹集的 39 亿多元公益金全部用于汶川大地震灾后恢复重建。其中，50% 上缴中央财政统筹安排用于汶川大地震灾后重建，50% 通过地方政府支援汶川大地震灾后重建，有对口支援任务的省、自治区、直辖市，纳入本地政府对口支援资金，没有对口支援任务的省、自治区、直辖市，由当地政府选择支援对象、项目，地震灾区各省可直接用于本省灾后重建。

据了解，筹集到的部分公益金已经投入灾区的福利事业的建设中，如敬老院和福利院的建设，提高五保对象的供养水平，解决汶川地震农村新"三孤"人员和无房散居五保对象的住房问题，以及对于遭受地震影响特困人群的补助等。如今再去看望汶川等地，昔日的满目疮痍已不见踪影，新设施、新建筑布满原来的震区，到处呈现其乐融融的景象，赈灾彩票公益金的确用在了实处。

资料来源：中彩网。

【思考】"赈灾公益金"如何更好地发挥出社会效益？

【职业素养】社会福利资金必须取之于民，用之于民。必须遵循扶老、助残、救孤、济困、赈灾的宗旨。汶川灾后重建筹集的"赈灾公益金"用于敬老院和福利院的建设，提高了民政对象的供养水平和生活质量，充分体现了社会福利资金的社会效益。

拓展知识

111 亿元中央专项彩票公益金助力教育事业发展

从中国教育发展基金会秘书处获悉，从 2007 年开始，截至 2020 年年底，中央专项彩票公益金已经累计投入 111 亿元用于支持我国的教育助学"三项计划"。

百年大计，教育为本。助力教育事业，一直是我国彩票肩负的责任。不过，鲜为人知的是，中央专项彩票公益金在支持教育事业的道路上一直发挥着重要的作用。在校内，中央专项彩票公益金从 2007 年就开始支持与教育助学有关的项目；在校外，从"十五"

时期开始,中央专项彩票公益金就开始支持未成年人校外教育项目。

1. 校内:"三项计划"

提及中央专项彩票公益金支持教育助学,有三项计划不得不提,这三项计划分别是"滋蕙计划""励耕计划""润雨计划"。

"滋蕙计划"资助对象为普通高中在校品学兼优的家庭经济困难的学生。

"励耕计划"资助对象为公办小学、初中、普通高中和中职学校家庭经济特别困难的教师。

"润雨计划"资助对象为各类普惠性幼儿园家庭经济特别困难的教师,重点资助因遭受自然灾害、突发事故或重大疾病等原因造成家庭经济特别困难的教师。

2007年至今,中央专项彩票公益金教育助学项目通过上述三项计划,奖励普通高中品学兼优的家庭经济困难的学生,资助家庭经济特别困难的教师,救助遭遇突发灾害的教师。

仅"十三五"期间,财政部、教育部共安排中央专项彩票公益金共50亿元,"滋蕙计划"奖励普通高中品学兼优的家庭经济困难的学生75万人次,"励耕计划"资助小学、初中、普通高中和中职学校家庭经济特别困难的教师15万人次,"润雨计划"资助普通高校家庭经济困难的新生80余万人次,资助家庭经济特别困难的幼儿教师2.5万人次。

负责项目实施的中国教育发展基金会秘书处相关负责人介绍:近几年来,这"三项计划"每年总共投入中央专项彩票公益金10亿元,不同的项目有不同的标准,总体来说,对学生的资助从500元到2000元不等,对老师的资助基本额度在1万元。

2. 校外:未成年人校外教育

未成年人校外教育是社会热点话题,是指利用校外各类场所等资源提升学生综合素质的公益性教育活动,是促进未成年人德智体美劳全面发展的重要途径。

中央财政从"十五"时期起至今一直使用中央专项彩票公益金支持未成年人校外教育事业发展,特别是中小学生研学旅行活动,不断丰富和充实广大中小学生的课余精神文化生活。其中,仅"十三五"期间的5年,中央财政就安排了46亿元中央专项彩票公益金支持未成年人校外教育事业发展,主要包括校外活动保障和能力提升项目以及中小学生研学旅行营地建设项目,资金分配适度向经济欠发达地区倾斜,优先支持包括建档立卡学生在内的低收入家庭青少年参加基地、营地以及校外活动场所组织开展的公益性校外教育活动。

以2019年为例,当年中央专项彩票公益金共投入9.2亿元用于未成年人校外教育项目,资金用途为支持校外活动保障和能力提升、中小学生研学旅行营地建设等。

3. 项目资金主要部分

项目资金主要分为三部分

第一部分为活动补助,用于资助未成年人校外活动场所开展普及性的非营利性公益活动。

第二部分为能力提升，用于改造提升和修缮维护建设时间较早的未成年人校外活动场所，并添置、更新设备。

第三部分为人员培训，用于培训未成年人校外活动场所的管理人员和骨干教师，并且项目资金由各级财政部门会同同级未成年人校外活动场所主管部门和单位管理监督检查，确保资金专款专用。

此外，在财政部每年公布的中央专项彩票公益金使用方向中，与教育事业相关的项目还有：乡村学校少年宫建设、大学生创新创业项目、足球公益事业、留守儿童快乐家园。以2019年为例，当年中央专项彩票公益金支持的16个项目中，有5个项目均与教育有关，包括：未成年人校外教育9.2亿元、乡村学校少年宫建设7.39亿元、教育助学10亿元、大学生创新创业0.5亿元、留守儿童快乐家园0.15亿元、足球公益事业4亿元。

资料来源：国彩推送。

练 习 题

一、填空题

1. 1987年6月3日，中国社会福利有奖募捐委员会（简称中募委）在_____成立，同时召开了第一次全体委员会议，通过了中募委章程。1987年7月28日，第一批福利彩票在河北石家庄市销售。

2. 1994年9月16日，民政部部长办公会议研究了中募委领导体制问题，同意将"中国社会福利奖券发行中心"更名为"中国福利彩票发行中心"，面市的奖券也更名为_____。

3. 彩票公益金按照管理办法纳入政府性基金预算实行_____管理。

4. 福利彩票公益资金重点用于_____事业，不用于财政一般预算。

二、多项选择题

1. 省级以上民政部门、单位，申请使用彩票公益金时，应当向同级财政部门提交项目申报材料，包括（　　　）。

   A. 项目申报书　　　　　　　　　　B. 项目可行性研究报告
   C. 项目实施方案　　　　　　　　　D. 同级财政部门要求报送的其他材料

2. 省级以上民政彩票公益金使用部门、单位，应当于每年3月底前向同级财政部门报送上一年度彩票公益金使用情况，具体包括（　　　）。

   A. 项目组织实施情况　　　　　　　B. 项目资金使用和结余情况
   C. 项目社会效益和经济效益　　　　D. 同级财政部门要求报送的其他材料

三、判断题

社会福利彩票是指国家为筹集社会公益资金，促进社会公益事业而特许发行、依法销售，自然人自愿购买并按照特定规则获得中奖机会的凭证。福利彩票不返还本金，不计付利息。

（　　）

四、名词解释

福利彩票

五、问答题

1. 彩票发行机构申请开设彩票品种，须提交哪些申请材料？
2. 彩票发行机构、彩票销售机构、彩票代销者不得有哪些不正当行为？

参 考 文 献

[1] 李宝库. 中国民政工作手册 [M]. 北京：人民日报出版社，2007.
[2] 江立华. 社区工作 [M]. 武汉：华中科技大学出版社，2009.
[3] 张良礼，刘爱莲. 民政运作体系探索与构建 [M]. 北京：社会科学文献出版社，2007.
[4] 金双秋，李少虹. 民政概论 [M]. 北京：北京大学出版社，2009.
[5] 周良才. 民政工作 [M]. 2 版. 天津：天津大学出版社，2018.
[6] 陈良瑾. 中国社会工作百科全书 [M]. 北京：中国社会出版社，1994.
[7] 李迎生. 社会工作概论 [M]. 2 版. 北京：中国人民大学出版社，2010.